HEYNE BÜCHER

ESOTERISCHES WISSEN

Herausgeber dieser Reihe Michael Görden

David Hoffmann

Das Findhorn-Kräuter-Heilbuch

Heilpflanzen und geistige Heilung – das Handbuch zum kundigen Umgang mit den Geschenken der Natur

WILHELM HEYNE VERLAG
MÜNCHEN

HEYNE ESOTERISCHES WISSEN
08/9606

Aus dem Englischen übertragen
von Petra Stein

Titel der Originalausgabe:
THE HOLISTIC HERBAL
erschienen bei Findhorn Press, Scottland

Genehmigte Taschenbuchausgabe
erschienen im Wilhelm Heyne Verlag GmbH & Co. KG, München
Printed in Germany 1992
Umschlaggestaltung: Atelier Adolf Bachmann, Reischach
Umschlagillustration: Elmar Kohn, Landshut
Satz: Kort Satz GmbH, München
Druck und Bindung: RMO, München

ISBN 3-453-05735-X

Inhalt

Vorwort

Dieses schöne und faszinierende Buch erweist sich als weit offene Tür zu einem wunderbaren Wissensgebiet. Der Anfänger versteht es leicht, und der Fachmann kann großen Nutzen daraus ziehen. Man muß David zu dieser Errungenschaft gratulieren.

Das erste Prinzip des esoterischen Wissens sagt, daß Universum und Geist eine Einheit bilden, einen Ozean von lebendiger Intelligenz; als zweites Prinzip ergibt sich das Gesetz der Wirkung – wie oben, so unten; wie im größten, so im kleinsten; wie im Makrokosmos, so im Mikrokosmos.

Ganzheitliches, holistisches Heilen verweist auf diese großen Wahrheiten. So kann die Reflexologie alle Unausgeglichenheiten unseres Organismus von den Füßen ablesen, die Iridiologie erkennt sie aus den Augen, die richtig angewandte Phrenologie aus der Form des Schädels. Jeder Teil birgt in sich das Ganze, genau wie es uns von einer zerbrochenen holographischen Platte so anschaulich demonstriert wird. Die Kräuterkunde bietet uns so die bereits überall verborgenen Geschenke der Natur für eine ganzheitliche Heilweise.

Unser Verstand ist noch immer damit beschäftigt, die Jahrhunderte seiner Konditionierung zum Denken ›im Getrenntsein‹ zu überwinden. Die ganzheitliche Weltsicht hebt uns aus dieser Trennung. Wir lernen, die Wahrheit als eine schwebende kristalline Struktur mit vielen Facetten zu sehen. Sie sehen eine dieser Facetten, ich sehe eine andere, und die separatistische Denkweise kommt leicht zu dem Schluß, wenn ich beweisen kann, daß ich recht habe, müssen Sie unrecht haben. Aber alle funkelnden Facetten zusammen ergeben erst Wahrheit, und wir stellen fest, daß die Kunst wahrer ›Konversation‹ darin besteht, uns gegenseitig dabei zu helfen, das Wunder des Ganzen in jedem Teil aufscheinen zu sehen. Damit erheben wir uns über die intellektuelle Diskussion und erst recht über diese unsinnige Form des Informationsaustausches, die man Streit nennt.

Wenn wir ganzheitlich denken, werden wir Eklektiker und lernen unsere Wahrheiten aus vielen sich ergänzenden unterschiedlichen Quellen zu schöpfen. So öffnet uns auch die Kräuterkunde die Tür zu einem wunderbaren Feld der Naturheilkunst. David Hoffmann wird hier für viele zu einem Führer werden, denn die Arbeit mit Kräutern ist ein grundlegender Aspekt natürlicher Heilverfahren.

In unserer Zeit der Drogen und Chemikalien finden wir hier einen Weg zur sicheren Krankheitsbehandlung, die die Einheit allen Lebens respektiert. Man kann Findhorn Press nur zur wunderschönen Illustration und Aufmachung dieses Buches gratulieren. Alle, die sich zu unserer Bewegung der Erneuerung des Planeten hingezogen fühlen, werden ihre Freude daran haben.

George Trevelyan

Einführung zur englischen dritten Auflage

Transformation liegt in der Luft. Wandel scheint das Leitmotiv von allem zu sein, was wir sehen, tun und hören. Unsere Leben werden von innen und außen transformiert, manchmal zu positivem Wachstum, manchmal auch zu schmerzhafter Veränderung, aber sie bleiben in ständigem Wandel. Die Ziele unserer individuellen Leben und der Weg, den unsere Gesellschaft einschlägt, sind nicht mehr wie früher; sie spiegeln die Veränderungen an der Basis unserer Glaubenssysteme und unserer kollektiven Realität. Eine fundamentale Veränderung von gesellschaftlichen Perspektiven und ihrem Umfeld hat auch Auswirkungen auf das Gebiet der Kräuterkunde und der ganzheitlichen Heilverfahren gehabt, seit dieses Buch 1983 zum ersten Mal erschienen ist.

Die Kräuterheilkunde beruht auf Wechselwirkungen – zwischen Pflanze und Mensch, zwischen Pflanze und Planet, zwischen Mensch und Planet. Die Verwendung von Pflanzen zu Heilzwecken bedeutet die Teilnahme an einem ökologischen Kreislauf. Das bietet uns die Gelegenheit, bewußt die Gegenwart der lebendigen vitalen Welt zu erleben, von der wir selbst ein Bestandteil sind. Wir können so durch den bewußten Umgang mit den Naturheilmitteln die Ganzheitlichkeit, die Einheit mit der Welt, in unser Leben einladen. Die Kräuter können uns mit dem weiten Umfeld der planetaren Ökosphäre verbinden, so daß wir selbst das Bewußtsein einer ganzheitlichen Wechselwirkung erarbeiten, während sie an uns ihre medizinische und physiologische Arbeit erfüllen.

Betrachten wir zum Beispiel die Behandlung eines Magengeschwürs mit Kräutern im Vergleich zu Medikamenten der chemischen Industrie. Beinwell, Mädesüß, Süßholz und Kanadische Gelbwurzel können alle dabei helfen, das Geschwür zu beruhigen und abzuheilen, und wenn dazu die richtige Ernährung und Lebensweise kommt, braucht es nie wieder aufzutreten. Dazu ergibt sich für den Kranken die Gelegenheit zu erfahren, wie ihm die natürliche Umgebung mit ihren Pflanzen heilend zur Seite steht, so daß er sich selbst in dieser Umwelt besser vergegenwärtigen kann – er kann sich als ihr Teil empfinden. Vielleicht kann er sich sogar auf die Heilpflanzen einstimmen, Orte, an denen sie wachsen, besuchen und durch den Heilprozeß eine stärkere Verbundenheit mit der Natur spüren. So leistet die Behandlung des Magengeschwürs einen Beitrag zu einem tiefergehenden Transformationsprozeß.

Wenn wir uns jetzt die Behandlung mit Medikamenten auf die gleiche Art ansehen, entdecken wir verschiedene Probleme. Eine der chemischen Substanzen, die regelmäßig zur Linderung von Übersäuerung des Magens eingesetzt wird, ist Cimetidin. Sie verändert sehr schnell biochemische Abläufe, die zu Bildung und Wachstum eines Geschwürs beitragen, und lindert so effektiv die Beschwerden. Aber betrachtet man diese Chemikalie in einem breiteren Kontext, stößt man auf problematische Zusammenhänge. Der chemische Prozeß ihrer Herstellung hat äußerst giftige Auswirkungen auf unsere Umwelt. Anstelle uns mit der Ganzheit der Natur zu verbinden, lassen wir uns so auf eine Wechselwirkung mit dem Schmerz zerstörter Natur ein – auf eine direkte Verbindung zwischen unserem Magen und toten Fischen in verseuchten Flüssen. Dazu muß man auch noch an die Versuchstiere denken, die in den pharmazeutischen Labors für die Entwicklung des Medikaments umgebracht wurden und an die Abhängigkeit von einer internationalen Pharma-Industrie, die nicht gerade für ihre Selbstlosigkeit berühmt ist!

Wenn ganzheitliches Denken mehr bedeutet als nur einfach eine breitere pathologische Perspektive und einen individuellen ›lifestyle‹, dann hat die Wahl zwischen diesen beiden unterschiedlichen Beziehungsfeldern für den Heilprozeß eine gewichtige Bedeutung. Ganzheitliche Medizin kann ihrem Namen nur wirklich gerecht werden, wenn sie den sozialen und kulturellen Kontext der ›Krankheit‹ und ihrer Heilung mit in Betracht zieht. Es ist therapeutisch und moralisch falsch, Naturheilverfahren einfach nur zur Linderung von Beschwerden und Krankheiten einzusetzen, aber den Patienten danach wieder den Gedankenmustern, dem Verhalten, der Arbeit und dem sozialen Umfeld zu überlassen, die ihn erst krank gemacht haben.

Leider liegt es in der Natur der Dinge, daß in diesem weitgefaßten Umfeld Verbesserungen nicht allein mit Kräutern zu bewirken sind.

Aber es wird immer wichtiger für alle, die mit Naturheilverfahren arbeiten, öffentlich Stellung zu beziehen, die damit verbundenen Risiken einzugehen und deutlich auf dieses gesamtgesellschaftliche Umfeld hinzuweisen. Die Dinge werden sich entweder durch unser Handeln ändern lassen, oder sie werden sich durch unser Nichtstun verschlimmern. Einsichten, die wir durch die Erforschung der Naturheilverfahren gewinnen, verstärken die Kräfte zu einer liebevollen positiven Veränderung unserer Umwelt. Ich denke, es ist angebracht, daß die Praktizierenden der ganzheitlichen Medizin sich in den Problemen unserer Zeit deutlich engagieren. Einsichten aus der Anwendung der ökologisch orientierten Kräuterheilkunde können wichtige Beiträge liefern zum Umweltschutz, gegen die Bedrohung durch Atomenergie und Atombomben und zur Auflösung des Zustandes von Angst, Aggression, Entfremdung und Unterdrückung auf diesem Planeten. Er ist unser Zuhause – wir müssen das endlich begreifen lernen. Das Geschenk der Naturheilmittel kann da wie ein Wegweiser zur Erkenntnis dieser planetaren Wirklichkeit wirken. Wir erkennen uns als Teil eines wunderbar aufeinander abgestimmten Ganzen. Die Kräuter sind nicht Stoff für vagen Idealismus oder mystische Erfahrungen, sondern für eine handfeste Realität, auf die dieses Buch und die Naturheilkunde aufgebaut sind.

Die ganzheitliche Medizin

Kräuterheilkunde ist ein ganzheitliches Heilverfahren, aber auch die Schulmedizin oder andere Therapieformen können ganzheitlich angewendet werden. Was ist also ganzheitliche Medizin, außer einem geläufigen Mode-Schlagwort?

Während immer mehr Menschen in allen Bereichen des Lebens mit der Anwendung eines holistischen und ökologischen Weltbildes beginnen, kann die Medizin dabei eine Vorreiter-Rolle spielen. Wir sind inzwischen in der Lage, über die ganzheitliche Therapievorstellung, »den ganzen Menschen zu behandeln, nicht nur ein paar Symptome«, hinauszugehen und ein ganzheitliches Gesundheitswesen zu definieren.

Ganzheitliche Medizin befaßt sich mit dem physischen, dem geistigen und dem spirituellen Zustand derjenigen, die ihre Hilfe suchen. Sie betrachtet Gesundheit als eine Form von Aktivität, nicht als die bloße Abwesenheit von Krankheit. Sie legt auf die Einzigartigkeit jedes Individuums Wert und betont den individuellen Zuschnitt jeder

Behandlung. Die Förderung der Gesundheit und die Vorbeugung von Krankheit besitzt Priorität, was dem einzelnen eine besondere Verantwortung für seine eigene Gesundheit einräumt. Die angewandten Heilverfahren zielen darauf ab, die dem Patienten eigenen Selbstheilungskräfte zu aktivieren und zu stärken.

Ohne die gelegentliche Notwendigkeit schneller und massiver, auch chirurgischer Eingriffe zu bezweifeln, unterstützt die ganzheitliche Medizin den Menschen dabei, durch richtiges Verständnis zur Selbsthilfe zu finden, fördert die Gesundheitserziehung und die Selbstbehandlung und vermeidet therapeutische Abhängigkeit und Fremdbestimmung. Krankheit kann auch eine Chance zum besseren Selbstverständnis werden und ist nicht nur ein persönliches Unglück.

Ganzheitliche Gesundheitsfürsorge beinhaltet das Verständnis und die Behandlung des Menschen im Kontext seines kulturellen und sozialen Umfeldes. Die entschlossene Arbeit an der Änderung der Faktoren dieses Umfeldes, die Krankheit auslösen, gehört ebenso dazu, wie die Betonung der persönlichen Verantwortung des Patienten. Und an wichtigster Stelle – die ganzheitliche Medizin transformiert den Praktizierenden genauso wie seinen Patienten.

Notwendig ist dabei eine intensive Beziehung zwischen den ›alternativen‹ Heilmethoden und der Schulmedizin zu entwickeln. Erst damit wird der Rahmen entstehen, in dem sich unsere Hoffnungen auf Gesundheit und Wohlbefinden erfüllen.

Die Kräuterheilkunde kann zum Aufbau eines ganzheitlichen Gesundheitswesens einen wichtigen Beitrag leisten, indem sie die Heilpflanzen anwendet, die uns von der Natur geschenkt sind. Kräuter bei der Heilung zu verwenden, bringt uns augenblicklich in Verbindung mit unserem Planeten und hebt unser Bewußtsein. Viele Leiden unserer Zeit gründen sich in unserem Gefühl des Getrenntseins von der Erde, dem Boden unserer Existenz. So kann die Kräutermedizin neben ihrer wertvollen und effektiven Heilwirkung auch ein Beitrag zur persönlichen und kulturellen Transformation sein.

Für mich ist es so etwas wie ein besonderer Segen, daß mir mit diesem Buch erlaubt ist, einen kleinen Beitrag zum großen Feld der Naturheilkunde zu leisten, die ein Aspekt unseres erwachenden Bewußtseins von der liebevollen Umarmung Gaias ist, in der wir leben.

David Hoffmann
The Redwoods, Nordkalifornien
Juni 1990

Für Jess und die Kinder dieser Welt,
damit ihre Welt heiler werden möge.

Ich möchte meiner Familie in Findhorn für all ihre Hilfe und ihre Unterstützung danken, besonders Peter Königs, Robyn Gaston und John Button. Ebenso Kathy Thermod, Jane Crosen, Taras und Moia, Sabrina Dearborn, Doc. Monocle, Erica Cook, Michael und Linda Gardiner, Joy Drake, Kathy Tyler, Angé Stephens, Phoebe Reeves, der Spiele-Deva, Michael Lindfield, Binka Popov und dem Engel von Findhorn.

Danke, Amanda,
ohne dich wäre das Buch niemals fertig geworden!

ÜBER DEN GEBRAUCH DIESES BUCHES

Das *Ganzheitliche Kräuterheilbuch* besteht aus vier Teilen. Der erste Teil *Der ganzheitliche Ansatz* bringt die Heilpflanzenkunde in einen Sinnzusammenhang, in dem die Pflanzen und ihre Beziehungen zur Heilkunde und zur Menschheit aufgezeigt werden. Der zweite Teil untersucht Heilpflanzen und ihre Anwendung bei der Behandlung der Körpersysteme. Der dritte Teil entspricht einem herkömmlichen Heilpflanzenbuch, das die einzelnen Pflanzen genau beschreibt und sowohl über deren chemische Zusammensetzungen und Wirkungen als auch über das Sammeln und die Zubereitung informiert. Der vierte Teil enthält ein Krankheiten-Register und ein Sachverzeichnis.

Es gibt verschiedene Möglichkeiten, dieses Buch zu benutzen. Als Einführung in die Heilpflanzenkunde kann es Seite für Seite gelesen werden; es kann darüber hinaus als Lehrbuch benutzt werden; es kann uns als Informationsquelle dienen, um mehr über die ganzheitliche Behandlung spezifischer Krankheitsbilder und Beschwerden zu erfahren; wir können es aber auch als herkömmliches Heilpflanzen buch gebrauchen, um mehr über ein bestimmtes Heilkraut herauszufinden.

Der in diesem Buch vertretene Ansatz zur Heilpflanzenkunde verwendet Pflanzen entsprechend ihren Heilwirkungen, die dem Körper in einer synergistischen Art und Weise und auf dem jeweils am besten geeigneten Weg bei Krankheiten helfen. In diesem Buch wird die synergistische (zusammenwirkende) Anwendung von Heilpflanzen empfohlen. Eine Kombination der Wirkstoffe einzelner oder verschiedener Heilpflanzen muß sehr sorgfältig durchdacht werden, um im Krankheitsfall die angemessenste Hilfe leisten zu können. Es ist notwendig, die Beschwerden einheitlich anzugehen. Der Leser muß entscheiden, welche Heilwirkungen verlangt werden, um entweder das Kapitel *Die Heilpflanzen* – es gibt eine allgemeine Beschreibung jeder Heilpflanze und ihrer Wirkungen – oder das Kapitel *Die Heilwirkungen der Pflanzen* zu konsultieren.

Um Informationen über bestimmte Krankheiten zu sammeln, sollte man im *Inhaltsverzeichnis* das Kapitel nachschlagen, in dem das Problem behandelt wird, oder im *Sachverzeichnis* nach Verweisen suchen.

Das Kapitel *Die Heilpflanzen* ist alphabetisch geordnet. Um eine bestimmte Pflanze aufzufinden, kann das *Sachverzeichnis* benutzt werden.

Um herauszufinden, welche Heilpflanzen bei einer bestimmten Krankheit hilfreich sein könnten, sollte zuerst im *Krankheiten-Register* und dann im *Heilpflanzenbuch*-Abschnitt nachgesehen werden, um detaillierte Angaben zu finden.

Verwendung von Heilpflanzen

Heilpflanzen können als Teil der persönlichen Lebensweise ohne Einschränkung und bedenkenlos angewendet werden, ohne sie dabei als ›Arzneien‹ zu betrachten. Die wirkungsvollste Anwendung bei spezifischen Gesundheitsproblemen wäre eine vorbeugende – um das Auftreten von Beschwerden zu verhindern.

Es gibt spezifische Heilpflanzen, die einzelne Organe kräftigen und tonisieren. Diese können wir anwenden, wenn eine Tendenz zu einer bestimmten Krankheit erkannt wurde, die aber nicht ausgebrochen ist.

Auch ist es durchaus möglich, Schwächezustände durch den Gebrauch von Heilpflanzen zu überwinden.

Jeder Mensch sollte einen eigenen Pflanzen-›Verbündeten‹ finden; die nachfolgenden Heilpflanzen können in jedem Fall bedenkenlos über längere Zeiträume hinweg angewendet werden:

Kreislaufsystem	*Weißdornbeeren*
Atmungssystem	*Königskerze*
Verdauungssystem	*Mädesüß*
Nervensystem	*Helmkraut*
Haut	*Brennessel*
Muskel- und Knochensystem	*Sellerie*
Sexualsystem	*Himbeerblätter*
Harnsystem	*Bucco*

Heilpflanzen werden – außer zur Vorbeugung und zum Würzen von Speisen – bei spezifischen Krankheitsbildern eingesetzt. Für derartige Fälle werden in allen Abschnitten dieses Buches Anregungen gegeben, doch ist von einer Eigendiagnose abzuraten. Wenn möglich, sollte ein heilpflanzenkundiger Heilpraktiker oder ein Arzt aufgesucht werden, um das Problem zu diagnostizieren.

Dauer der Behandlung

Die Dauer einer angemessenen Behandlung spezieller Leiden wird von Fall zu Fall variieren. Die Wirkung bei Verstopfung sollte rasch einsetzen, wohingegen eine Gelenkentzündung meistens längere Zeit in Anspruch nimmt. Im allgemeinen aber sollten wir uns zwei bis drei Wochen gedulden, bis erste Heilerfolge erwartet werden können. Im Zweifelsfalle sollte ein Heilpflanzenkundler hinzugezogen werden.

Dosierung

Im Kapitel *Die Heilpflanzen* wird für jedes Heilkraut die durchschnittliche Dosierung für Erwachsene angegeben, das gleiche gilt für Mischungen, die im Text angegeben werden. Für Kinder unter zwölf Jahren sollten diese Angaben um ein Viertel, für Kinder unter sieben Jahren um die Hälfte verringert werden. Ebenso sind die Dosierungen für über Fünfundsechzigjährige um ein Viertel und für Menschen über siebzig um die Hälfte zu reduzieren. Diese Angaben sind sehr weit gefaßt und werden für einen hochgewachsenen und rüstigen fünfundsiebzigjährigen Menschen weniger zutreffen als für eine kleine, gebrechliche fünfundsechzigjährige Person.

Chemische Arzneimittel (Drogen)

Normalerweise ist die gleichzeitige Anwendung von Heilpflanzen und chemischen Arzneimitteln gefahrlos, es gibt jedoch eine Reihe wichtiger Ausnahmen. In solchen Fällen sollte man einen Arzt *und* einen Heilpflanzenkundigen konsultieren. Bedauerlicherweise wird der Arzt in der Regel kaum etwas über Heilpflanzen wissen!

Zubereitung und Dosierung von Heilteemischungen

In vorliegendem Buch werden Heilpflanzenmischungen vorgeschlagen, die den Körper bei der Selbstheilung unterstützen. Diese Mischungen können dem speziellen Fall angepaßt werden. Mit jeder Mischung werden Empfehlungen zur Zubereitungsart gegeben. Die jeweiligen Mittel werden in *Teilen* angegeben, womit Gewichtsanteile der getrockneten Kräuter gemeint sind. Für die Teezubereitung gilt Entsprechendes. (Getrocknete Heilkräuter können durch andere Formen ersetzt werden, z. B. durch Tinkturen; hierbei gilt das gleiche Mischungsverhältnis. Detaillierte Dosierungsangaben für Tinkturen sind im Heilpflanzen-Abschnitt zu finden.)

Die Mischungsmenge pro Tasse Wasser wird mit Symbolen angegeben, bei Teelöffeln. Wird die Mischung als Aufguß zubereitet, finden wir eine Tasse; ein Topf weist auf eine Abkochung hin. Genaue Informationen über die Zubereitung eines Aufgusses oder einer Abkochung gibt der Abschnitt *Zubereitung der Heilpflanzen.* Wie lange die Mischung ziehen oder leicht kochen muß, wird in Minuten angegeben.

So bedeutet, daß pro Tasse Wasser 1–2 Teelöffel der Mischung 10–15 Minuten ziehen sollten, um einen Aufguß zu bereiten.

bedeutet, daß pro Tasse Wasser 1 Teelöffel der Mischung 10 Minuten auf kleiner Flamme kochen sollte, um eine Abkochung herzustellen.

Die Heilpflanzen-Hausapotheke

Es gibt weit über zweitausend Pflanzen, die in der Heilpflanzenkunde der westlichen Welt verwendet werden. Über die ganze Erde verteilt ist das Angebot wesentlich größer. Mit welchen Pflanzen läßt sich nun eine Hausapotheke ausstatten? Die Aussichten für den noch unerfahrenen Kräutersammler sind zunächst einmal entmutigend. Dennoch ist es möglich, eine kleine Heilpflanzen-Hausapotheke für den täglichen Bedarf zusammenzustellen, hat man sich erst einmal eingehender mit diesem Buch beschäftigt. Die nachfolgende Heilpflanzenliste gibt eine Übersicht aller Hauptwirkungen wie auch Angaben zu Mitteln mit spezieller Wirkung. Diese 25 Pflanzen sollten wir eingehend kennenlernen, wenn wir uns eine Hausapotheke einrichten und die Kräuter nach eigener Einschätzung verwenden. Sie können als getrocknete Heilpflanzen oder in Form von Tinkturen aufbewahrt werden.

Anis
Baldrian
Beinwell
Brennessel
Eibisch
Große Klettenwurzel
Helmkraut
Heloniaswurzel
Holunder
Huflattich
Kamille
Kletten-Labkraut
Krauser Ampfer
Löwenzahn
Mädesüß
Paprika
Pfefferminze
Schafgarbe
Schwarzweide
Sellerie
Senna
Sonnenhutwurzel
Thymian
Wasserhanf
Nordamerikanischer Wermut

Zusätzlich zu diesen speziellen Heilpflanzen sollten folgende in Form von Salbe griffbereit sein:

Arnika, Beinwell, Ringelblume, Vogelmiere.

*Hamamelis*wasser (aus der Apotheke) sollte ebenfalls vorhanden sein.

Erster Teil

Ganzheitliche Pflanzenheilkunde

Wir sind auf der Suche, jeder für sich und alle gemeinsam, um Ganzheit in uns und in unserem Leben zu schaffen, sie in uns zu entdecken und freizusetzen – ein Prozeß der Gemeinschaft und Erziehung. Was geschaffen wird, werden nicht Trennung, Streit und Ungleichheit zwischen den Völkern sein, sondern Ganzheit, Einheit, Friede; eine neue Erde für die Menschheit, welche die Einheit und Ganzheit der Erde widerspiegelt, wie sie seit Anbeginn besteht.

David Spangler

DER GANZHEITLICHE ANSATZ

In den Händen eines Therapeuten, der ganzheitlich mit der Lebenskraft und dem integrierten Ganzen, das den Körper ausmacht, arbeitet, werden Heilpflanzen zu einem äußerst wichtigen Instrument. Mit diesem Buch möchte ich einen Ansatz vorstellen, der das ganzheitliche Arbeiten mit Heilpflanzen aufzeigt. Was wir heute brauchen, sind neue Kräuterbücher, die über den üblichen medizinischen Ansatz hinausgehen, der Heilpflanzen nur alphabetisch auflistet, Vorkenntnisse voraussetzt oder Symptome und die entsprechenden Heilmittel aufführt. Mit Heilpflanzen lassen sich Symptome sehr wirkungsvoll behandeln, aber ein solcher Ansatz stellt lediglich eine organische Medikamentenbehandlung dar, wenn nicht gleichzeitig der ganze Mensch betrachtet wird. Ich schreibe dieses Buch für alle, die Heilpflanzen benutzen, mit Heilkunde arbeiten, und für alle, die sich mehr und mehr der ökologischen Zusammenhänge bewußt werden.

Bei der ganzheitlichen Auffassung von Heilkunde erkennen wir, daß »jede Krankheit das Ergebnis gehemmten Seelenlebens ist – das gilt für alle Erscheinungsformen in allen Bereichen des Lebens. Die

Kunst des Heilers besteht darin, die Seele freizusetzen, damit ihr Leben durch die... Erscheinungsform fliesen kann.«* Jede Krankheit ist Ausdruck des Leidens im gesamten Wesen. Um wirklich zu heilen, müssen wir das Verbundensein und das dynamische Spiel aller Teile in ihrer Gesamtheit betrachten – den physischen, emotionalen und mentalen Körper sowie die belebende Gegenwart der Seele. Schließlich müssen wir unseren Blickwinkel noch erweitern und diese Ganzheit als Teil eines größeren Ganzen sehen: das soziale Umfeld der Person, die Menschheit, den gesamten Planeten; alle diese Teile wirken in einem dynamischen, integrierten System zusammen.

Dieses Idealbild mag zuerst erschrecken, aber es bietet die Gelegenheit – und kann damit zum Geschenk werden –, diese Vision zu erforschen und in die Wirklichkeit umzusetzen. Die vielen neuen Therapieansätze mit ihren unterschiedlichen Einstellungen und Ausdrucksweisen tragen zu einer weltweiten Veränderung bei. Wie der Tibeter in Alice Baileys mystischen Schriften sagt: »Es gibt heute keine Schule, die man beibehalten sollte. Alle Schulen verkörpern irgendeine nützliche Wahrheit, ein Prinzip oder eine Idee. Ich möchte darauf hinweisen, daß selbst eine synthetische Gruppe immer noch eine abgesonderte und sich absondernde Einheit wäre, und keine solche Gruppe ist unser Ziel. Wünschenswert ist die Synthese des Lebens und des Wissens. Wir wollen hoffen, daß es schließlich einmal Hunderte und Tausende von Gruppen in der ganzen Welt geben wird, die diese neue Einstellung dem Heilen gegenüber zum Ausdruck bringen; die durch ihr gemeinsames Wissen und ihre Ziele miteinander verbunden sind; die jedoch all dies nach bestem Können auf ihrem eigenen, speziellen Gebiet, in der ihnen eigenen Weise und mit ihren eigenen Begriffen zum Ausdruck bringen.«**

Heilpflanzen sind ein Teil unserer Ökologie, und sie bieten sich uns an, damit wir unseren physischen Körper vervollkommnen und heilen können. Wenn wir den größeren Zusammenhang des gesamten Wesens betrachten, können wir erkennen, wie dieser innere Wandel zur Ganzheitlichkeit einen weltweiten Wandel, ein tiefgreifendes Zusammenkommen widerspiegelt. Auf unserem Weg in das neue Zeitalter wird das Bewußtsein mehr und mehr erforscht; eine Forschungsreise, an der wir alle beteiligt sind. Der Gebrauch von Heilpflanzen kann dazu beitragen, Ganzheitlichkeit zu erkennen und

---

* Alice Bailey, *Esoterisches Heilen,* Genf 1973

** Alice Bailey, a. a. O.

unser Bewußtsein zu erweitern. Bei der Behandlung müssen wir das gesamte Wesen der Patienten mit unserem Bewußtsein erfassen, einschließlich ihrer Lebensumstände. Wir fordern die Patienten auf, darüber nachzudenken, wie sie ihre Umwelt, ihre Gewohnheiten und ihr Handeln lebensbejahend gestalten können, und tragen damit zu einer Veränderung des Bewußtseins bei. Darüber hinaus erkennen wir in zunehmendem Maße, daß wir die Fähigkeit besitzen, unsere Realität und unsere Beziehungen bewußt zu gestalten. Mit wachsender Bewußtheit tragen wir zu unserer Erleuchtung und zur Erleuchtung unserer Welt bei. Unsere planetarischen Begleiter, die Pflanzen, stellen sich in den Dienst der Menschheit. Vielleicht wird die Menschheit, indem sie dieses Geschenk erkennt, endlich anfangen, unserem Planeten wirklich zu dienen und Heilung und Erneuerung zu ermöglichen. Mit dieser Vision, diesem Ideal, schreibe ich *Das Ganzheitliche Kräuterheilbuch.*

Gaia – lebendige Erde

Die große Aufgabe der heutigen Zeit besteht darin, unsere Ganzheit zu erkennen, als Einzelperson, als Gruppe und als planetarisches Ganzes. Das vielleicht eindrucksvollste Symbol für die Geburt dieser Vision der Ganzheit im Herzen und Geist der Menschheit war das erste Foto unserer Erde, das die Apollo-Astronauten vom Weltraum aus machten. Dieses Bild hat uns seit über einem Jahrzehnt begleitet und hat während dieser Zeit als eine Art ›Treibmittel‹ für das anwachsende Bewußtsein der Menschheit gewirkt.

Unsere Welt als ein Ganzes zu sehen, hilft uns zu erkennen, daß wir uns an einem Wendepunkt des »Tastens der Menschheit nach dem Licht« befinden, wie Teilhard de Chardin es beschrieben hat. Es wird immer offenkundiger, daß unsere Welt nicht nur ein passives geophysikalisches Objekt ist, auf dem alles wahllos und zufällig geschieht. Der Planet Erde kann vielmehr als aktiver Teilnehmer bei der Erschaffung seiner eigenen Geschichte angesehen werden, als ein lebendiges Wesen, das nach der Erdgöttin der griechischen Mythologie *Gaia* genannt wurde. Gaia wird beschrieben als »komplexes Wesen, das die Biosphäre, die Meere und den Erdboden einbezieht; wobei die Gesamtheit ein Rückkoppelungs- oder kybernetisches System darstellt, das optimale chemische und physikalische Umweltbedingungen für das Leben auf diesem Planeten sucht. Die Aufrechterhaltung relativ konstanter Bedingungen durch *aktive Kontrolle* läßt sich mit dem Begriff ›Homöostase‹ zutreffend beschreiben.«*

Diese Beschreibung geht davon aus, daß unsere Welt als Einheit handelt, um die besten Voraussetzungen zu schaffen, unter denen alles Leben gedeihen und sich entwickeln kann. Ein wesentlicher Teil dieser Entwicklung ist die Evolution des Bewußtseins in seinen vielen Formen. Damit bietet sich jetzt die Möglichkeit, unsere Rolle im umfassenden Wesen Gaias bewußt zu erkennen und anzunehmen. Diese Erkenntnis ist nicht neu; sie wurde von Mystikern aller Religionen verinnerlicht, seitdem die Menschheit nach mystischer Wahrheit sucht. Wir haben jetzt jedoch einen Punkt in der Entwicklung der menschlichen Kultur erreicht, an dem diese Einsichten auch zu wissenschaftlichen Themen werden, an dem die ›Spiritualisierung des Irdischen‹ wirklich stattfindet.

Die Offenbarung unserer Einheit mit Gaia bietet uns einen neuen Erkenntniszusammenhang, in dem wir unsere Welt und die menschlichen Handlungsweisen betrachten können. Die einzelnen Aspekte unserer Wirklichkeit als solche ändern sich nicht, indem wir uns aber über die Wechselbeziehung zwischen einzelnen Teilen innerhalb eines Ganzen bewußt werden, rückt diese Sichtweite die Dinge in ein anderes Licht.

Als die Relativitätstheorie aufgestellt wurde, gab es in der Physik ähnliche Entwicklungen; sie änderte nichts an den Grundsätzen der Thermodynamik oder an der Physik Newtons, doch wurden diese Gesetze in eine wesentlich weitere und umfassendere Weltsicht integriert, deren Auswirkungen bis auf den heutigen Tag nicht vollständig verinnerlicht worden sind.

---

* J. E. Lovelock, *Unsere Erde wird überleben: Gaia – eine optimistische Ökologie*, München/Zürich 1982

Gerade diese Fähigkeit, die Erde als Gaia, als lebendig zu begreifen, zeigt die Erweiterung des Bewußtseins an, wie sie die gesamte Menschheit gerade erfährt. Bis vor kurzem bildeten Mystizismus und Spiritualität die einzigen Bereiche menschlicher Bestrebungen, die umfassend und ganzheitlich genug waren, Einsichten zu begreifen, die auf unsere Einheit hindeuteten. Einige dieser Ideen sind in die Lehren spirituell erleuchteter Menschen, in die Werke von Dichtern, Künstlern und Musikern eingeflossen. Inzwischen wird deutlich, daß sogar in der materialistischsten aller Wissenschaften, nämlich der Physik, die Grenzen der Reduktionstheorie erreicht worden sind. Um das Wesen der Welt noch weiter zu erforschen, müssen die Parameter in einem Maße erweitert werden, daß die Gesamtheit des jeweiligen Systems erfaßt wird. Das Ganze ist immer mehr als die Summe seiner Teile. Etwas lediglich auf seine Bestandteile hin zu analysieren und zu reduzieren, kann uns nur begrenzte Erkenntnisse vermitteln. Um mehr darüber zu erfahren, müssen die einzelnen Teile in einem erweiterten Zusammenhang gesehen werden, der sowohl ihre Funktion als auch ihre Beziehungen einschließt. Egal, ob es sich dabei um ein Atom, ein Gänseblümchen oder einen Arbeiter in einer Fabrik handelt, sie alle können nur in Beziehung zu einem größeren Ganzen gesehen und verstanden werden. Dies bildet den Ausgangspunkt der ganzheitlichen Sehweise.

Die Arbeit des theoretischen Physikers David Bohm liefert ein gutes Beispiel dafür, wie die Wissenschaft allmählich beginnt, die Wirklichkeit als ein dynamisches Netzwerk von Beziehungen anzusehen, das nicht verstanden werden kann, wenn nicht das Bewußtsein als wesentlicher Bestandteil des Universums vorausgesetzt wird.* Bohms Theorie erforscht die Ordnung, von der er annimmt, daß sie auf einer ›nichtmanifestierten‹ Ebene des kosmischen Netzwerks der Beziehungen besteht, welches die ›ungebrochene Einheit‹ ausmacht. Diese Ordnung nannte er ›implizit‹ oder ›eingefaltet‹, im Gegensatz zu ›expliziten‹ oder ›entfalteten‹ Strukturen des Universums. Eine nützliche Analogie bildet das Hologramm, eine speziell hergestellte transparente Scheibe, die ein dreidimensionales Bild produziert, wenn sie von einem Laserstrahl beleuchtet wird. Das Außergewöhnliche daran ist, daß jeder Teil der Scheibe die Information für das gesamte Bild enthält. Auch wenn nur ein Teil der holographischen Scheibe von einem Laserstrahl beleuchtet wird, erscheint das Ge-

* David Bohm, *Wholeness and the Implicate Order,* London 1980

samtbild (obwohl weniger detailliert). Die Information des Ganzen ist in allen seinen Teilen enthalten (oder eingefaltet).

Dies ist die wahre Natur unserer Welt, unseres Universums; innerliche Einheit und Ganzheit als Grundlage und Wesen der Schöpfung. Diese Anschauung erkennt auch die dynamische Natur des Universums mit dem Konzept der ›Holo-Bewegung‹ an, in dem die dynamischen Erscheinungen betrachtet werden, aus denen alle Erscheinungsformen des materiellen Universums entstehen. Das Hauptinteresse der Forschung hat sich von der Untersuchung der Struktur von Objekten zur Erforschung der Struktur von Bewegung verschoben, welche die in der Holo-Bewegung beschriebene Ordnung verdeutlicht. In dieser Betrachtung unserer Realität spielt das Bewußtsein eine zentrale Rolle. Geist und Materie stehen nicht in einer ursächlichen Beziehung zueinander, obwohl zwischen ihnen Wechselbeziehungen und gegenseitige Abhängigkeiten bestehen. Geist und Materie sind voneinander abhängige Projektionen einer höheren Realität, die selbst weder Materie noch Bewußtsein ist.

Durch diese Entwicklung in der Physik und durch die Anerkennung von Gaia in den Sozialwissenschaften wird deutlich, daß sich die Weltanschauung, auf der die Wissenschaft aufbaut, drastisch verändert. Diese Weltanschauung nähert sich den Erkenntnissen von Mystikern und östlichen spirituellen Lehrern an.* Mit dem Wort ›ganzheitlich‹ werden integrierte Gesamtheiten beschrieben, deren Eigenschaften sich nicht auf die Eigenschaften kleinerer Einheiten reduzieren lassen. Ganzheitliche Vorstellungen treten in allen Lebensbereichen hervor, von der Landwirtschaft und der Medizin bis hin zur Politik. Das Wort hat seinen Ursprung im griechischen holos (›ganz‹) und wurde von Arthur Koestler verwendet, um den Begriff ›Holon‹ zu prägen, mit dem er zu verdeutlichen suchte, wie Systeme als Gesamtheiten wirken können, während sie gleichzeitig Teile noch größerer Gesamtheiten sind. Von daher finden wir in jedem Holon zwei gegenläufige Strömungen; eine integrierende Strömung, um als Teil eines größeren Ganzen zu wirken, und eine selbstbestimmende Strömung, um die eigene Unabhängigkeit zu erhalten. Bei diesen Untersystemen, die als Holons bezeichnet werden, kann es sich um Individuen, um Ökosysteme oder um einzelne Zellen handeln. Wichtig ist, daß zur Erhaltung der Gesundheit auf jeder Organisationsebene die

---

* Diese Parallelen untersucht Fritjof Capra in seinem ausgezeichneten Buch *Der Kosmische Reigen*, München 1977

gegensätzlichen und sich doch ergänzenden Strömungen in einem dynamischen Gleichgewicht stehen müssen. Zwischen Integration und Selbstbestimmung muß ein harmonisches Verhältnis bestehen, wodurch das ganze System flexibel wird und Veränderungen gegenüber offenbleibt.

Damit wird deutlich, daß bei der Betrachtung von Heilung – ob auf medizinischer oder sozialer Ebene – die Bedürfnisse des einzelnen oder eines Körperorgans im größeren Zusammenhang gesehen werden müssen, in dem sie existieren. Es ist deshalb wesentlich, sich auf die Beziehungen zwischen dem einzelnen und der Gesellschaft, zwischen Organ und Organismus zu konzentrieren. Es läßt sich aufzeigen, daß diese dynamische Beziehung zwischen Teil und Gesamtheit das zentrale Moment in jedem Problembereich ist. Die entsprechenden Zusammenhänge, die sich hieraus für die Heilung ergeben, werden in vorliegendem Buch untersucht. Es lassen sich aber noch umfassendere und tiefergehende Schlußfolgerungen ziehen.

Langsam wird deutlich, daß sich sowohl Blickwinkel als auch Betrachtungszusammenhänge in einem grundlegenden Wandel befinden. Der Übergang zu einer ganzheitlichen Weltanschauung ist lediglich der Ausdruck einer grundlegenden Neuorientierung im menschlichen Bewußtsein, vielleicht als Reaktion auf eine innere Veränderung im Gefüge der Menschheit. Wenn wir Evolution als die sich entfaltende Geschichte des Bewußtseins in unserer Welt interpretieren, dann hat die Menschheit jetzt einen Punkt erreicht, der eine Schwelle auf dem Wege zu tiefgreifender und gründlicher Erweiterung von Bewußtseinsinhalten und Bewußtseinszusammenhängen bildet. Das riesige Aufgebot von Krisensituationen, denen wir heute gegenüberstehen, kann als das Ergebnis menschlicher Begrenzungen angesehen werden. Diese Krisen können nur durch eine Öffnung und Entwicklung in tiefere, breitere und umfassendere Bedeutungshorizonte gelöst werden. Die Erkenntnis von Gaia und von der Einheit der Welt ist Teil des Übergangs zu einem planetarischen Bewußtsein, in dessen Rahmen unsere Probleme angegangen werden können. Ob wir sie dann lösen, ist eine andere Frage.

In der heutigen, von Krisen und Veränderungen bestimmten Zeit gibt es keine bequemen Ratschläge; es gibt keine Reiseführer, nur gelegentliche Straßenschilder, die eine Richtung andeuten. Die engen Muster, in denen sich Gedanken und Erkenntnisse bewegten und für lange Zeit bewährten, sind heute lediglich Ursache von Schmerz und Krise. Aber Krise bedeutet auch Gelegenheit; durch den Druck und die Unannehmlichkeiten unseres individuellen und sozialen Lebens treten die ersten Risse im Gehäuse des menschlichen Daseins auf. Wir befinden uns mitten in einem Quantensprung des Bewußtseins und der Chancen. Dazu Marilyn Ferguson: »Unsere Vergangenheit ist kein Bild unserer Möglichkeiten.«*

Die Wiederentdeckung der spirituellen Wurzeln der Menschheit regt zu Veränderungen an, treibt uns weiter, weckt uns auf. Was diese Veränderung bedeutet, ist schwer zu sagen, obwohl gewisse Umrisse erkennbar sind. Während die Probleme die gleichen bleiben, wird die Qualität, mit der wir sie angehen, dadurch verbessert, daß wir sie als Gesamtheiten in größeren Gesamtheiten ansehen. Der Schlüssel liegt vielleicht darin, Probleme umfassend und vorurteilsfrei anzugehen und zu überlegen, welche Beziehungen zwischen den jeweiligen Elementen der Gesamtheit angebracht sind, anstatt sich kritisch auf deren Unterschiede zu konzentrieren. Seit Jahrtausenden wird der Menschheit vermittelt, daß Liebe der eigentliche Schlüssel ist; wir alle spielen eine Rolle in der Erforschung des Neuen, bei der Aufdeckung unserer neuen Rahmenbedingungen, im Tasten nach dem Licht.

Diese grundlegende spirituelle Veränderung drückt sich unter anderem im Bereich kultureller Werte und Einstellungen aus und führt zu einer ›Verschiebung des Paradigmas‹, einer Verschiebung in den Mustern der Gedanken, Erkenntnisse und Wertvorstellungen, die unsere jeweilige Vorstellung von der Wirklichkeit prägen. Das bezieht sich auch auf alle Vorstellungen darüber, was eine Gesellschaft für ihre Realität hält. Wie die Wissenschaft durch diesen Wandel verändert wird, haben wir bereits kurz angesprochen. Darüber hinaus sind aber die kulturellen Veränderungen oft tiefgreifend und schmerzvoll. Unsere ganze Welt – ob die des einzelnen, die von Zivilisationen oder die der Biosphäre – durchläuft die Krise von Geburt und Veränderung. Den Schmerzen dieses Wachstums sollte nicht ausgewichen werden; die kulturelle Transformation läßt sich nicht verhindern. Es scheint, als müssen wir durch das Trauma des Geburtsvorgangs hindurch, um einen Ausweg aus Krise und drohendem Zusammenbruch zu finden.

Auf das Chaos, das diese Übergangszeit zu kennzeichnen scheint, können wir vollkommen frei und offen reagieren. In vielen Bereichen läßt sich eine deutliche Entwicklung hin zu dieser neuen Vision feststellen; das zeigt sich besonders in verschiedenen Bereichen von

* Marilyn Ferguson, *Die Sanfte Verschwörung*, Basel 1982

Wissenschaft und Kunst, in der Entwicklung von Kollektiven und Kommunen, und der zunehmenden Verbreitung von Ideen und Prinzipien der humanistischen Psychologie und der Spiritualität. In anderen Bereichen wird jedoch an der alten Vision und dem alten Paradigma verbissen festgehalten. Da die alten Muster nutzlos geworden sind und keine Orientierungshilfe mehr bieten, wird Schmerz und Leid verursacht. Das Gedankengut von Politik und Wirtschaftstheorie steckt noch immer in den alten fragmentarischen Vorstellungen und versucht sind standhaft gegen den Ansturm der neuen Ideen zur Wehr zu setzen. Erst wenn sich eine Bewegung hin zu umfassenderen Grundsätzen und Haltungen entwickelt und wir die Einheit unserer Welt erkennen, besteht noch Hoffnung, unsere Mega-Krise zu überwinden. Aus dem Blickwinkel des neuen Paradigmas betrachtet, stellen sich die Verhältnisse jedoch ganz anders dar. Obwohl die Lage nicht einfach ist, kann sich unsere Kultur doch in viele Richtungen bewegen. Der Geist von Ganzheitlichkeit, den die Idee des Holismus der Menschheit bietet, kann uns wie ein Leuchtfeuer den Weg erhellen, auf dem wir nach Hause stolpern.

Die Vision von Gaia bietet dem Bewußtsein der Menschheit einen Weg, um mit der Gesamtheit des Planeten zu harmonisieren. Umschlossen von dem Wesen, das unser Planet, das Gaia ist, können Vision und Bestimmung der spirituellen Antriebskräfte der Menschheit durch bewußte Prozesse wissenschaftliche Bemühungen bestimmen und eine dynamische Beziehung zwischen der Menschheit und anderen Bereichen der Natur fördern.

Durch den freien Energiefluß innerhalb eines Systems – eines Körpers, eines Ökosystems – entsteht ökologische Harmonie, entsteht Heilung. Mit vorliegendem Buch möchte ich ein Konzept der Pflanzenheilkunde als Ausdruck des Wirkens von Gaia übermitteln, die uns gibt, was wir brauchen, um Gesundheit und Lebenskraft unseres physischen Körpers zu erhalten – wodurch sich für uns wiederum die Möglichkeit ergibt, verstärkt an der Gesamtheit mitzuwirken.

Ganzheitliche Heilkunde bietet eine Vielfalt wichtiger und wertvoller Methoden und spiegelt damit die Vielseitigkeit des menschlichen Bewußtseins wider. Es ist nicht nötig, die Heilpflanzenkunde von anderen ganzheitlichen Methoden oder gar der allopathischen Medizin zu isolieren; sie alle nehmen eine wichtige Stellung in der Heilkunst ein. In diesem Buch liegt der Schwerpunkt auf Heilpflanzen und ihrer Rolle in der Heilung, auf ihrem Wirken als Heiler, die ein Geschenk Gaias an die Menschheit sind.

Heilpflanzen und Ökologie

»Du lässest Gras wachsen für das Vieh und Saat zu Nutz der Menschen.« *Psalm 104:14*

Heilpflanzen bilden einen großen Teil der Pflanzenwelt und sind ein Bindeglied im Körper Gaias. Sie sind ein Bindeglied zwischen zwei Naturreichen. Wo Menschen und Pflanzen aufeinandertreffen, kann synergistische Energie erzeugt und ausgetauscht werden. Dabei können innere und äußere Ökologie in Einklang kommen und sich aufeinander einstimmen. Hierbei wird durch eine harmonisierte Außenwelt (Natur) ein ökologisch integrierter Prozeß angeregt, der die Innenwelt (den menschlichen Körper) heilt und harmonisiert.

Blütenpflanzen tauchten in der Erdgeschichte erstmalig vor ungefähr 135 Millionen Jahren in der Kreidezeit auf. In erstaunlich kurzer Zeit entwickelten sie sich zu den wichtigsten Blütenpflanzenfamilien, die wir heute kennen. Dies verwunderte die Botaniker lange Zeit, bis sie erkannten, daß sich die Pflanzen im Umfeld einer ökologischen Einheit und nicht als isolierte Individuen entwickelten. Sie entwickelten sich in dem Ökosystem, in dem sie lebten. Diese sehr schnelle Differenzierung wurde durch die Interaktion zwischen Pflanzen und Insekten hervorgerufen; die Zusammenarbeit zwischen Pflanzen- und Tierreich erzeugte den evolutionären Antrieb.

Wenn wir an das Konzept von Gaia denken, erkennen wir, daß die Evolution sowohl von Zusammenarbeit als auch von Konkurrenz bestimmt wird, wobei beide Aspekte in einem Gewebe gegenseitiger Beeinflussung zusammenspielen und das komplexe Muster der heutigen Ökologie, ein verwobenes dynamisches System ergeben. Das Ökosystem kann nur als Ganzes verstanden werden – als eine integrierte und selbsterhaltende Einheit. Alles, was für die Erhaltung der Teile des Ganzen nötig ist, wird von ihr zur Verfügung gestellt; muß sogar vom System zur Verfügung gestellt werden, da außerhalb des Systems nichts existiert. Könnte das System nicht für sich selbst sorgen, wäre es nicht überlebensfähig.

Ein spezifisches Beispiel ist das Phänomen der sekundären Pflanzenprodukte. Einige Pflanzen erzeugen eine Reihe komplexer chemischer Substanzen, deren Rolle im pflanzlichen Stoffwechsel nicht klar zu identifizieren ist; sie werden sekundäre Pflanzenprodukte genannt. Ihre Funktionen in der jeweiligen Pflanze lassen sich wissenschaftlich nur durch die Annahme erklären, daß hier auf komplizierte

Weise Stoffwechselprodukte der Pflanze isoliert werden. Dagegen spricht aber, daß die Pflanzenwelt in bezug auf Arbeitsweise und Struktur geniale Lösungen entwickelt hat.

Sekundäre Pflanzenprodukte, wie die Alkaloide, die Glykoside und andere Gruppierungen üben eine starke und deutliche Wirkung auf die Physiologie von Mensch und Tier aus. Wie Pharmazeuten inzwischen herausgefunden haben, unterscheiden sich die Heilkräuter von anderen Pflanzen durch eben diese Stoffe. Das ist nicht nur ein glücklicher Zufall. Es ist vielmehr das Kennzeichen Gaias. Indem wir Pflanzen essen, stehen wir in Verbindung mit einem Kreislaufsystem in der Biosphäre und mit der Energiequelle, der Sonne, denn die Pflanzen stellen ihre Nährstoffe mit Hilfe des Sonnenlichts her. Die sekundären Pflanzenprodukte nehmen an diesem Kreislauf teil, um uns zu erreichen und das homöostatische Gleichgewicht zu fördern. Auf diese umfassende und geniale Weise kann unsere Nahrung unsere Heilung sein.

Das Pflanzenreich stellt uns alles zur Verfügung, was unser Körper für ein ausgeglichenes und integriertes Leben braucht. Aber wir sind mehr als nur ein Körper: Wir haben auch ein Bewußtsein, wodurch andere Faktoren ins Spiel gebracht werden. Wir müssen nicht nur unseren Körper, sondern auch unsere Emotionen, unseren Geist und unser spirituelles Wesen berücksichtigen. Und so wird Harmonie nicht nur zu einer Frage richtiger Ernährung oder gar der richtigen Heilpflanzen, sondern auch zur Frage richtiger Gefühle, richtiger Gedanken, Lebensweisen, Einstellungen, Handlungen – Harmonie durch die richtige Beziehung zur Welt und zu uns selbst. Wenn uns einmal klar wird, mit welchem Bereich wir arbeiten müssen, ergibt sich eine Auswahl verschiedener Möglichkeiten.

Es ist unmöglich, allgemein gültige Aussagen über den relativen Wert der Methoden zu machen, die mit dem Körper, mit den Emotionen oder der spirituellen Energie arbeiten. Alle spielen eine Rolle und arbeiten zusammen, um eine Heilung herbeizuführen. Wir können sagen, daß Gesundheit auf richtiger Ernährung oder der richtigen Anwendung allopathischer Medikamente oder dem freien Energiefluß der Seele beruht. Alle diese Aussagen sind gleichzeitig richtig und relativ.

Wie paßt die Heilpflanzenmedizin in dieses Bild? Durch das Wesen der Pflanzenstruktur wirken die Heilkräuter auf den physischen Körper ein. Sie wirken integrierend und ausgleichend auf seine physiologischen Funktionen und verstärken seine angeborene Vitalität. Wenn der Körper ausgeglichen ist, wird der Integrationsprozeß anderer Aspekte unseres Wesens unterstützt und gefördert. Wenn Heilpflanzen auch wichtige Techniken, wie Gesprächstherapie oder Meditation, nicht ersetzen können, so helfen sie doch dem Körper, stark und aufnahmefähig zu sein und die feineren Aspekte des menschlichen Lebens zu unterstützen.

Ökosysteme und die Biosphäre

Jede Kultur kannte eine eigene Heilflora, aus der die einzelnen Heilmittel ausgewählt wurden. Diese Pflanzenarten unterschieden sich je nach Gebiet, abhängig vom jeweiligen Ökosystem. Es ist aber bemerkenswert, daß wir in Wales, Südamerika, den nordamerikanischen Ebenen oder anderen Gegenden Heilpflanzen finden, deren Wirkungsweisen sich entsprechen. Die Pflanzenfamilien, sogar die botanischen Gruppierungen, können vollkommen unterschiedlich sein, doch der Bereich menschlicher Probleme, die botanisch behandelt werden können, ist der gleiche. Während dies die Vorstellung unterstützt, daß Gaia mit Hilfe von Heilkräutern Möglichkeiten zur Heilung anbietet, stellt sich die Frage, ob wir uns heute auf die Flora beschränken sollten, die uns von dem örtlichen Ökosystem, in dem wir leben, geboten wird.

Nicht nur das örtliche Ökosystem steht uns zur Verfügung, wie auch unsere menschliche Kultur und unser Bewußtsein nicht länger örtlich begrenzt sind. Wir sind zu planetarischen Wesen geworden, wenn auch noch nicht unbedingt aus eigenem Entschluß. Unsere Nahrung wird aus allen Teilen der Welt zusammengetragen, und die moderne Informationstechnologie bringt die Welt zu uns nach Hause und setzt unsere Gedanken und unser Gefühlsleben einem weiteren Spektrum von Einflüssen aus. In vielen Bereichen sind wir bereits Weltbürger. Als planetarischen Weltbürgern in Gaias Körper steht uns mit Recht die Flora der ganzen Welt zur Verfügung.

Außerdem müssen wir den Einfluß der Menschen auf die örtlichen Ökosysteme berücksichtigen. In Wales war es zum Beispiel möglich, sehr viele Pflanzen in ihrer natürlichen Umgebung zu finden. Heutzutage gibt es – aufgrund der intensiven Landwirtschaft, der Abholzung und der Wiederaufforstung mit fremden Nadelhölzern und der Ausdehnung und der Industrialisierung der Städte – nur noch wenige natürliche und ursprüngliche Lebensräume; in unserer jeweiligen Umgebung stehen uns daher längst nicht mehr so viele Pflanzen zur Verfügung. Dies ist der Teil der ökologischen Auswirkungen der Menschheit, die sich ganzer Systeme und der Wichtigkeit ihrer Beziehungen nicht bewußt ist.

Pflanzen in der Heilkunde

Zu allen Zeiten haben sich verschiedene therapeutische Schulen die Heilwirkungen der Kräuter zunutze gemacht. Innerhalb des indischen ayurvedischen Systems wurden Pflanzen eingesetzt, und die chinesische Medizin verwendete sie neben der Akupunktur und anderen Techniken. Pflanzen spielten eine äußerst wichtige Rolle in der spirituellen Heilökologie der nordamerikanischen Indianer. In der hochwissenschaftlichen und technisierten Pharmazie und in der allopathischen Medizin dienen sie als Quelle für Arzneimittel.

Es verhält sich aber so, daß die allopathische Medizin – die heute vielfach als Schulmedizin bezeichnet wird – ihre Wurzeln in der Heilpflanzenkunde hat. Bis vor ungefähr fünfzig Jahren basierten in den Arzneimittelbüchern fast alle Eintragungen über die Zubereitung von Arzneimitteln auf Heilpflanzen. Erst seit der Weiterentwicklung chemischer Verfahren ist die Verwendung von Heilpflanzen offensichtlich immer mehr zurückgegangen. Trotz dieser Entwicklungen sind die Ausgangssubstanzen vieler Arzneimittel noch immer pflanzlichen Ursprungs. Einige einfache Beispiele werden dies erläutern.

Die Amphetamine basieren auf dem Alkaloid Ephedrin und spielen als anregende und antiasthmatische Arzneimittel eine wichtige Rolle in der Medizin. Ihre Nutzung basiert auf der Entdeckung des aktiven Wirkstoffs Ephedrin in dem chinesischen Heilkraut Ma Huang, *Ephedra sinica.* Die Steroide, die Wunderdrogen der 60er Jahre, bei denen inzwischen unerwünschte Nebenwirkungen festgestellt wurden, werden noch immer aus einer chemischen Substanz synthetisiert, die aus der westafrikanischen Yamswurzel, *Dioscorea sp.,* gewonnen wird. Auch das Aspirin wurde im vergangenen Jahrhundert in mehreren Pflanzen entdeckt, zum Beispiel in Mädesüß und der Schwarzweide. Sogar sein Name leitet sich von dem alten botanischen Namen für Mädesüß, Spirea, ab.

Damit wird deutlich, daß auch die allopathische Medizin sich weiterhin der Heilpflanzen bedient, wenn auch in eingeschränkter Art und Weise. Pflanzen werden als Quelle aktiver Bestandteile und spezifischer biologisch wirksamer Chemikalien angesehen, die analysiert, synthetisiert und in Form stark wirksamer Arzneimittel verwendet werden können. Der Körper wird dabei als hauptsächlich biochemischer Natur begriffen, d. h., Störungen im Körpersystem werden einzig als Problem auf der Ebene von chemischen Prozessen und Molekülen angesehen. Um den Körper wieder richtig in Gang zu bringen, müssen wir also folgerichtig chemische Stoffe verwenden. Wenn dem so ist, warum sollten dann Pflanzenbestandteile nicht auch isoliert verwendet werden. Immerhin liefert uns die Natur stark wirksame Mittel, wie z. B. Morphium, das noch immer eines der besten Schmerzmittel ist. Von der wissenschaftlichen Betrachtungsweise ausgehend, scheint es gerechtfertigt und begründet, den menschlichen Körper als biochemisches Labor zu betrachten, in dem spezifische Chemikalien wiederum spezifische Auswirkungen haben.

Aber können wir einen Menschen wirklich auf die Ebene von Molekülen reduzieren? Der Mensch übersteigt mit seiner Schönheit und mit der dynamischen Komplexität von Form und Funktion, mit seinen Ausdrucksmöglichkeiten und mit seiner Kreativität jegliche Beschreibung. Natürlich ist unser Körper auf physischer Ebene *auch* biochemischer Natur, doch seine Organisation geht weit über die Bereiche biochemischer Lehrbücher hinaus. Selbst wenn wir die komplexen molekularen Zusammenhänge begreifen würden, würden wir dabei nicht herausfinden, was einen Menschen eigentlich ausmacht. In uns wirkt eine starke synergistische Kraft – ob wir sie Leben, Lebensenergie, Vitalkraft oder anders benennen –, die uns ausmacht und die mit unserer Ganzheit auf allen Ebenen zusammenspielt, nicht nur auf der biochemischen. Im Tod sind dieselben chemischen Stoffe vorhanden, die erwähnte Lebensenergie und deren Verbindungen aber sind nicht mehr präsent. Es ist unmöglich, diese Kraft zu definieren, aber der ganzheitliche Ansatz basiert auf und arbeitet mit der Vorstellung von einer Menschheit, die von ihr belebt ist.

Pflanzenheilkunde im ganzheitlichen Sinne begreift die Menschheit als Ausdruck des Lebens, als durch Lebenskraft belebt, wobei die Heilpflanzen mit diesem gesamten Wesen arbeiten und nicht nur spezifische Symptome angehen. Sie wirken zwar durch chemische Prozesse und spezifische Anwendungsarten, doch in einer Art und Weise, die die lebenswichtigen Vorgänge im Körper unterstützt. Auf der biochemischen Ebene arbeiten die zahlreichen Substanzen einer Heilpflanze auf synergistische Weise zusammen, wobei Elemente beteiligt sind, die die Chemie nicht einmal für wirksam halten würde.

In den nachfolgenden Kapiteln wird dies eingehender untersucht werden, im Kapitel über den Kreislauf zum Beispiel, beim Vergleich zwischen *Fingerhut* und *Maiglöckchen*.

Wenn wir Heilpflanzen nur als Quelle wertvoller Chemikalien betrachten, schränken wir damit ihre Heilkräfte ein, denn sie arbeiten über den physischen Bereich hinaus auch auf der Ebene der Lebenskräfte. Da sie unsere Körper heilen, können sie auch unsere Herzen und unseren Geist heilen, denn sie öffnen den Körper für den reinen Fluß integrierender und synergistischer Vitalenergien.

Homöostase

Der Körper sorgt für gleichmäßige innere Bedingungen, bei denen die Temperatur, der Blutzuckerspiegel und andere veränderliche Größen in engen Grenzen gehalten werden. Dieser Prozeß ist als Homöostase bekannt. Diese Fähigkeit ist eine Voraussetzung für das Leben, Ausdruck einer inneren Kraft, die Harmonie und Integration anstrebt. Könnte der Körper dieses homöostatische Gleichgewicht nicht aufrechterhalten, würden wir nicht lange überleben.

Dieses homöostatische Prinzip gilt auch für unsere Umwelt. Unsere Umwelt paßt sich Veränderungen an, doch kann sie das nur, wie wir auch, in sehr engen Grenzen. Werden diese Grenzen überschritten, stirbt auch die Umwelt.

Als Menschen leben wir im Kontakt mit zwei ›Umwelten‹ – der äußeren ökologischen und der inneren physiologischen. Wir können die Heilpflanzen dabei als Brücke zwischen der Außen- und Innenwelt begreifen, die unsere Gesundheit stärken, indem sie Harmonie und Resonanz zwischen diesen beiden Welten fördern. Sind wir dann wieder im Gleichgewicht, können wir unsere bessere Gesundheit auf das Ökosystem, aus dem die Pflanzen stammen, zurückstrahlen lassen.

Verändern wir unsere Betrachtungsweise nur ein wenig, so erkennen wir, daß wir tatsächlich ein Teil der gesamten Ökologie und nicht getrennt von ihr sind. Wenn wir mit Hilfe der Pflanzen geheilt werden, wird ein Teil der Ökologie geheilt. Durch die Heilung von Körper und Geist werden wir als ganze, vollständige Wesen sehr viel gegenwärtiger sein. Und es besteht die Hoffnung, daß unsere Gesundheit das Wachstum eines neuen Bewußtseins ermöglicht, damit wir mit der Natur zusammen bewußt zu Mitschöpfern werden und nicht länger unsere Welt schädigen und vergewaltigen, wie wir es die letzten Jahrzehnte immer wieder getan haben. Einheit und Gesundheit können sich auf die gesamte Umwelt auswirken. Sie wirken sich auf unsere Beziehungen aus, die wiederum auf die Gesellschaft einwirken und so möglicherweise die Heilung der Menschheit bewirken.

Wenn wir an die Theorie von Gaia denken und uns daran erinnern, daß die Erde ständig darauf hinarbeitet, in einem homöostatischen Gleichgewicht zu bleiben, wird uns die Rolle der Heilpflanzen als homöostatische Vermittler klar. Ihre Aufgabe besteht darin, ein Element der Ökologie – die Menschheit – integriert und in Harmonie mit der gesamten Ökologie zu bewahren. Wir können diese Aufgabe mit der von Hormonen vergleichen. Die Hormone werden in einem Bereich des Körpers ausgeschüttet und führen zu einer bestimmten Wirkung in einem anderen Teil des Körpers. Dabei integrieren und harmonisieren sie unsere Innenwelt.

Diese Wirkungsweise der Heilpflanzen kann nicht durch eine Behandlung mit chemischen Mitteln ersetzt werden. Chemische Stoffe arbeiten nicht auf die Integration eines Systems hin; sie können bestenfalls bestimmte Elemente neu aufeinander abstimmen. Wir können Gesundheit genau wie jedes andere ökologische System betrachten, das nach Homöostase strebt. Es ist immer in Bewegung, wobei die unterschiedlichsten Elemente das System von außen beeinflussen, während es sich bemüht, im Gleichgewicht zu bleiben und zu überleben. Gesundheit läßt sich als Zustand definieren, in dem das persönliche Ökosystem, die Innenwelt, im Gleichgewicht ist mit der Außenwelt und beide eine Einheit bilden.

Selbstheilung

Das Wort heilen wurzelt im griechischen ›holos‹ und ist auch der Ursprung der englischen Wörter ›whole‹ (das Gesamte betreffend, intakt, vollständig) und ›holistic‹ (ganzheitlich). Heilen ist ein Ausdruck von Vollständigkeit (wholeness). Gesundheit *ist* Vollständigkeit. Die Erfahrung und der Ausdruck dieser Qualität können nur aus dem einzelnen Menschen heraus entstehen und nicht von außen, zum Beispiel von einem Lehrer oder von einem Therapeuten an uns herangetragen werden. So wie alle Wege spiritueller Entwicklung dahin führen, daß wir in uns hineinschauen sollen, so müssen wir auch nach innen blicken, um Heilung zu erlangen.

Gesundheit ist auch Ausdruck eines integrierten Wesens, das durch die Person konkrete Form erhält. Die Emotionen, die Gedankenwelt und das spirituelle Fließen sind für die Gesundheit genauso wichtig wie der Zustand von Organen und Körpergewebe. Ob wir uns nun um unsere Gesundheit sorgen, wieder gesund werden oder vollkommenere Gesundheit erlangen möchten, unser gesamtes Wesen ist an diesem Prozeß beteiligt.

Der ›kranke‹ Mensch ist der eigentlich Heilende. Wir können Hilfe bei den ›Experten‹ suchen, bei Allopathen oder Heilpraktikern, Psychotherapeuten oder Wunderheilern, aber die eigentliche Verantwortlichkeit für die Heilung kann keiner anderen Person übertragen werden als dem erkrankten Menschen selbst. Heilung entsteht im Inneren, indem wir die in uns fließende Lebenskraft akzeptieren. Heilpflanzen unterstützen diesen Prozeß, aber Heilung an sich ist untrennbar mit dem Leben verbunden. Sie ist unser Geschenk und sie ist unsere Verantwortung. Das mag überraschend klingen, wo wir es doch gewohnt sind, eigene Fähigkeiten an Experten zu delegieren, seien es Ärzte oder Politiker. Wir sind frei für den Heilungsprozeß, wie auch für alle anderen Bereiche des Lebens, und wir sind die göttlich befugte Autorität, die über die Entfaltung unseres eigenen Lebens entscheidet.

Heilen ist selten ein bewußtes Nutzbarmachen innerer Energie und inneren Lichts, sie stellt aber immer eine Freisetzung und einen Ausdruck dieser innerlichen Kraft dar. Der Heilungsprozeß ist einzigartig, doch dieser wunderbare Vorgang des Lebensausdrucks eines Menschen kann durch verschiedene Hilfsmittel und Techniken unterstützt werden.

In der Entwicklungsgeschichte der menschlichen Kultur wurden zahlreiche Therapieformen entwickelt, die uns hilfreich zur Seite stehen können. Indes, Techniken allein heilen nicht. Sie können nicht heilen, sie können den Körper in seinen ihm innewohnenden eigenen Heilkräften nur unterstützen.

Die augenscheinliche Vielfältigkeit der Heilmethoden, die sich häufig sogar widersprechen, kann als wechselseitig wirkende Ökologie verschiedener Ansätze gesehen werden. Ich nenne dies therapeutische Ökologie. Durch die Verbindungen zwischen den verschiedenen Heilmethoden wird deutlich, daß eine bestimmte Kombination von Therapieformen für den einen Menschen geeignet und für den anderen ungeeignet ist. Die Entscheidung über die jeweils beste Art der Selbstheilung bleibt uns überlassen.

Das Diagramm auf der Seite 45 stellt das Individuum – Herz und Zentrum der Selbstheilung – in den Mittelpunkt verschiedener Therapieformen. Gaia, unser geliebter Planet, bildet das Fundament, sie erhält uns und sorgt für uns. Die über allem waltende Gegenwart ist die Gnade, die uns mit dem Wunder Gottes liebender Gegenwart umschließt und erleuchtet.

Ich schlage eine Unterteilung der verschiedenen Heiltechniken in folgende vier Gruppen vor: Medizin, Körperarbeit, Psychotherapien und Methoden spiritueller Integration. Jede dieser Gruppen ist wiederum unterteilt und weist einzelne Therapieformen auf, die stellvertretend für viele andere sind. Dieses Diagramm ist insofern eine beschränkte Betrachtungsweise, als es nur zweidimensional ist und voraussetzt, daß die Wechselbeziehungen zwischen den einzelnen Methoden für die Selbstheilung linear sind. Nichts könnte der Wahrheit weniger entsprechen, denn die wirklichen Wechselbeziehungen sind komplex und zahlreich und schaffen eine bunte Vielfalt. Dieses Diagramm sollte als Teil eines dreidimensionalen Netzes betrachtet werden, das ein geodätisches Muster der verschiedensten Heilmethoden bildet. Ein Beispiel dafür wäre ein Behandlungsansatz, der auf Heilpflanzen, Massage, Psychosynthese und Meditation beruht. Eine solche Kombination könnte dem Menschen genau das geben, was für den Selbstheilungsprozeß förderlich ist. Vielleicht wäre aber auch eine nur homöopathische Behandlung die richtige. Durch verschiedene Kombinationsmöglichkeiten läßt sich die Behandlung sehr feinfühlig an die jeweiligen Erfordernisse anpassen.

Medizin

Der Begriff ›Medizin‹ wird hier verwendet, um all das zu beschreiben, das wir einnehmen können – all das, was die Erde uns schenkt. Es kommt uns auf den ersten Blick vielleicht etwas seltsam vor, daß chemische Arzneimittel zusammen mit Heilpflanzen und homöopathischen Mitteln in einer Gruppe zu finden sind. Sie sind aber alle *Dinge* und als solche Teil der Reichhaltigkeit und der Fülle unseres Planeten. Ob es sich dabei um Hydrocortison, die Heloniaswurzel oder ein Bach-Blüten-Mittel handelt, sie alle gehen aus dem Körper der Erde hervor.

Es wäre falsch, das eine gegen das andere Mittel aufzuwägen. Sie alle erfüllen eine Aufgabe. Es ist allerdings wichtig, die jeweils einzigartigen Menschen sorgfältig und bewußt auszuwählen.

Körperarbeit

Der physische Körper besitzt eine tiefe Weisheit, die weit über die Fähigkeit des Intellekts hinausgeht, den Körper zu begreifen. Um diese Weisheit und die Selbstheilungskräfte des Körpers freizusetzen, wurden eine ganze Reihe von Methoden entwickelt. Die wohl am stärksten begrenzte und primitivste Methode ist die Chirurgie. Es gibt aber Situationen, in denen die einzige Möglichkeit zu helfen darin besteht, erkranktes Gewebe zu entfernen. Das ist sehr viel seltener notwendig, als unsere Chirurgen annehmen, doch es stellt noch immer eine wichtige und gelegentlich angebrachte Form von Körpertherapie dar. Eine sehr gute Methode, mit dem Körper zu arbeiten, ist die Akupunktur, die alte chinesische Heilkunst, um Energien ins Gleichgewicht zu bringen. Außer diesen beiden – sehr unterschiedlichen – Körpertherapien gibt es die manipulativen Techniken der Physiotherapie, Osteopathie, Chiropraktik, Massage und Rolfing. Zu diesen Methoden, die *mit* uns arbeiten, kommen solche, die wir selbst anwenden können. Dazu gehören Yoga, Jogging, Tanz und alle Körperübungen und körperlichen Ausdrucksformen.

Psychotherapien

Viele Schmerzen und traumatische Erfahrungen in unserem Leben sind das Ergebnis emotionaler und geistiger Probleme. Es gibt eine Reihe von Therapieformen, die dazu beitragen können, uns auf ein inneres Wissen und eine integrierende Neuausrichtung unseres psychologischen Selbst hinzubewegen. Nicht nur Menschen, die in ihren Emotionen verletzt oder geistig verwirrt sind, profitieren von einer Erforschung und Heilung der Tiefen unserer emotionalen und geistigen Strukturen. Jeder einzelne Mensch kann noch vieles lernen, um Vollkommenheit zu entwickeln. Die Potentiale eines Menschen freizusetzen kann ihn ganzheitlich verändern und sich auf seine Welt auswirken. Die eigenen Ansichten, das Bild, das wir von uns selbst haben, die Verhaltensmuster und die tiefsitzenden Motivationen in einem klaren Sinnzusammenhang zu überprüfen kann große Reserven heilender Energie freisetzen und das Leben und den Lebenssinn des einzelnen bestärken.

Innerhalb der verschiedenen Therapieansätze kann es unterschiedliche Betrachtungsweisen darüber geben, wie die menschliche Psyche aufgebaut ist, da sie sich jeweils auf unterschiedliche Teile unserer ›inneren Geographie‹ konzentrieren. Doch können alle dazu beitragen, geistige und emotionale Blockaden aufzulösen. Solche Behandlungsansätze reichen von der herkömmlichen Psychoanalyse bis hin zu humanistischer und den als transpersonal bezeichneten Therapien, bei denen die spirituellen Dimensionen genau wie andere Aspekte unseres Daseins beachtet und einbezogen werden.

Spirituelle Integration

Zu der ganzheitlichen Betrachtungsweise der Menschheit gehört die Erkenntnis eines integrierenden Zentrums, eines spirituellen Kerns, einer Quelle des Lebens und der Liebe. Heilung kann erreicht werden, indem die Erfahrungen des täglichen Lebens mit dem inneren Kern unseres Lebens in Einklang gebracht werden. Es gibt sehr viele spirituelle Wege, die Wege zu Gott sind so zahlreich wie die Menschen, die sich auf ihnen bewegen. Wenn wir menschliche Spiritualität unter dem Gesichtspunkt der Heilkunde angehen, gibt es Wege, mittels derer wir uns unserem höheren Selbst öffnen können, und Wege, mittels derer andere auf unsere ›spirituellen Körper‹ einwirken können. Gebet oder Meditation stellen eine Vorgehensweise dar, eine andere wäre spirituelles Heilen oder die Methoden, die mit dem sogenannten ›subtilen Körper‹ arbeiten. Ein weiterer Faktor, der nicht übersehen werden sollte, ist die Möglichkeit der Wunder; sie ist eine Art des Heilens, vielleicht die einzige, bei der die Heilung *für* einen Menschen vollzogen wird, und dies geschieht immer nur auf seelisch-geistiger Ebene.

Diese Aufzählung gibt uns zu erkennen, wie der innere Heilungsprozeß durch eine Vielfalt von Behandlungsformen unterstützt werden kann. Es gibt so viele Möglichkeiten, die angeborenen Fähigkeiten des Körpers zu Vollständigkeit und Erneuerung freizusetzen. Indes, ganz gleich, wie aufrichtig unsere Heilungsversuche sein mögen: wenn wir nicht auch unsere Lebensweise überprüfen, um allfällige Veränderungen vorzunehmen, kann wirkliche Heilung nicht stattfinden.

Ein wichtiger Schritt im Heilungsprozeß ist das Zurücklassen, das Ablegen von Werturteilen. Kranksein ist nicht ›schlecht‹ und Gesundsein nicht ›gut‹. Das soll nicht bedeuten, daß das eine nicht vorzuziehen wäre, doch der Druck, den jede Beurteilung von gut und schlecht ausübt, wird seinerseits zur Krankheit beitragen. Kranksein bedeutet oft eine Chance für Veränderungen und Transformation im

Leben; und von dieser Einstellung aus betrachtet, könnte sie mit viel weniger Widerstand und Mißbilligung angegangen werden. Es gibt Zeiten, in denen ein Problem die Gelegenheit bietet, starken Willen aufzubringen und die Krankheit zu besiegen, und es gibt Zeiten, in denen man ruhig und gelassen abwarten sollte. Es lassen sich unmöglich allgemeine Aussagen darüber machen, wie die gebotenen Lernmöglichkeiten angegangen werden sollen.

Erinnern wir uns, daß wir das sind, was wir essen, aber wir sind auch das, was wir atmen, was wir denken, was wir sagen, was wir sehen. Während alles eben Erwähnte unser inneres Leben betrifft, sollten wir bedenken, daß die Interaktion mit der von uns gewählten Umwelt ebenso wichtig ist. *Auswählen* ist hierbei das entscheidende Wort. Wir können uns für eine Veränderung entscheiden, wir können sie wählen.

Wir sind frei und stark in unserem Leben. Wenn wir die Umwelt nicht verändern können, dann können wir unsere Einstellung dazu verändern.

Die Lebensphilosophie, mit der wir die Welt interpretieren, färbt unsere Erfahrungen mit der Welt wie auch mit uns selbst. Vorgefaßte Meinungen können unseren Ausdruck und den ungehinderten Energie- und Bewußtseinsfluß einschränken. Es lohnt sich, die eigenen Einstellungen zu erforschen und herauszufinden, ob sie für unser Leben und unsere Lebensaufgabe förderlich sind. Dies gilt auch für das Bild, das wir von uns selbst haben. Die Art, in der wir uns, unsere Fähigkeiten und Grenzen, unsere Bedürfnisse und Stärken, unsere physische Erscheinung und unsere Gesundheit betrachten, formt uns zu einem wesentlichen Teil. Das Selbstbild kann tiefgehende Auswirkungen auf die Gesundheit haben, wie Haut- und Gewichtsprobleme aufzeigen, obwohl bei diesen Störungen durchaus auch andere Faktoren beteiligt sein können.

Wenn unsere Beziehungen nicht gesund sind, werden wir es auch nicht sein. Wir können Beziehungen schaffen, die uns stärken, die unsere Bewegung hin zu Gesundheit und Vollständigkeit unterstützen. Wir sollten uns die Menschen, mit denen wir leben und arbeiten, bewußt aussuchen. Spiegeln dein Zuhause, dein Arbeitsplatz, deine Freizeit dir Freude und Positives wider? Wenn nicht, dann solltest du jene Gegebenheiten oder dich selbst verändern. Unter Umständen ist das schwierig, doch gerade darum geht es ja beim Heilen, es geht um unsere eigene Transformation und um die Transformation unserer Welt.

Die wichtigste aller Beziehungen ist möglicherweise die, die wir zur Natur und zum Planeten Erde haben. Wohlergehen ist von unserer Interaktion mit Gaia abhängig, und Ganzheit kann durch eine bewußte Interaktion mit dem größeren Ganzen, von dem die Menschheit ein Teil ist, ausgedrückt werden. Der Lebensgeist kann ungehindert von der Natur zur Menschheit fließen, wenn er Gelegenheit dazu bekommt. Dadurch wird eine Gegenseitigkeit des Lebens geschaffen, ein Einklang, in dem alle gesunden Beziehungen aufgebaut werden.

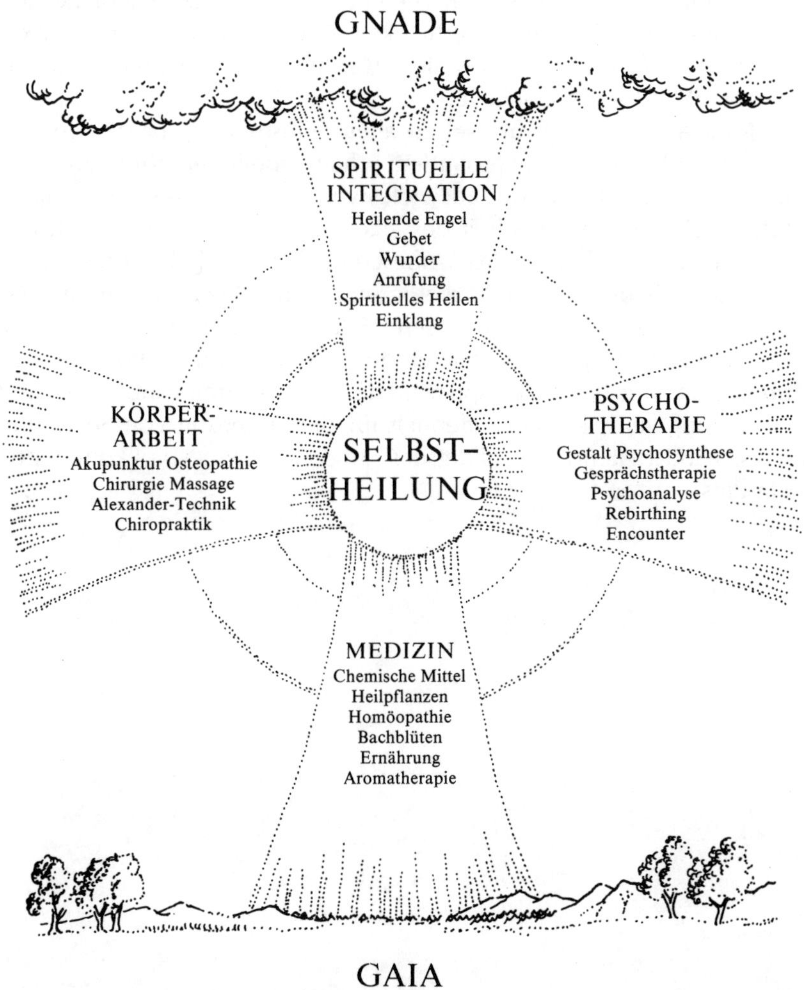

Die Natur erfahren kann heißen, daß wir Berge ersteigen oder unter einem Baum sitzen. Die Form ist unwichtig, es zählt allein die Bereitschaft zum Austausch mit der Natur.

Wie steht es denn mit den Büchern, die wir lesen, mit Filmen und Fernsehbeiträgen, die wir sehen, mit der von uns vertretenen Politik? Ist die Musik, die wir hören, gut für unsere Gesundheit? Sind unsere Freunde gut für uns? Das alles sind Fragen, auf die es keine vorgefertigten Antworten gibt. Gesunde Musik ist die Musik, die dazu beiträgt, Ganzheit zu erfahren. Für manche Menschen geschieht dies mit Bach, andere verlangt es nach The Grateful Dead. Die wirkliche Aufgabe besteht darin, Verantwortlichkeit für das eigene Leben zu übernehmen. Wir können auswählen, wer wir sein möchten, und uns entsprechend selbst erschaffen!

Mitgefühl ist ein Schlüssel zu allen Selbstheilungsprozessen. Für sich selbst Mitgefühl zu empfinden, schafft eine innere Ruhe und eine klare Perspektive, von der aus vieles verändert werden kann. Mitgefühl wächst durch Offenheit des eigenen Lebens für den Geist. Die Form ist nicht wichtig. Das Unbeschreibliche muß Teil unseres Lebens sein; Bedeutung und tieferer Sinn, ganz gleich, wie undefinierbar oder subtil, müssen in unserer Erfahrung und in unserem Ausdruck gegenwärtig sein, vermittelt durch Meditation, Gebet oder was immer uns am besten entspricht. Die Form ist irrelevant, Inhalt und Einstellung sind wichtig. Offenheit für die Erfahrung von Seele und Geist wirkt heilend und bildet das Fundament eines vollkommenen Daseins.

Zweiter Teil

Heilpflanzen und Körpersysteme

Das Blut ist Leben; und der freie Austausch, freies Teilen, freies Kreisen all dessen, was für die rechte menschliche Lebensweise nötig ist, wird die kommende Welt auszeichnen. Heute sind diese Bedingungen noch nicht vorhanden; der Menschheitskörper ist erkrankt und sein Innenleben gestört. Statt freiem Fluß zwischen allen Teilen, die das Leben ausmachen, kam es zu Absonderung, blockierten Kanälen, Stauung und Stillstand. Die schreckliche Gegenwartskrise war nötig, um dem Bewußtsein der Menschheit diese krankhafte Situation klarzumachen.

Alice Bailey

DAS KREISLAUF-SYSTEM

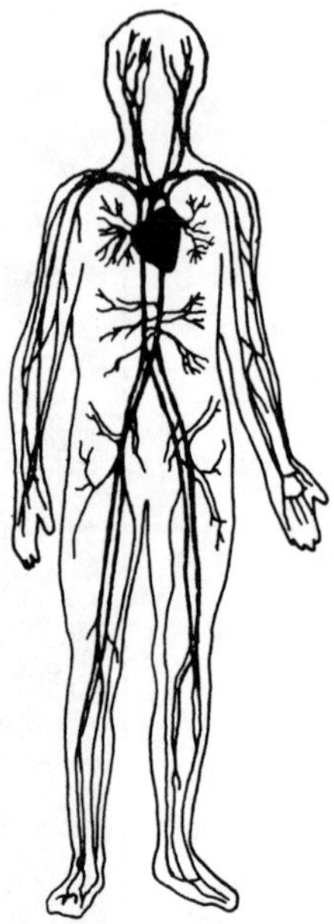

Wir beginnen unsere Reise durch die Körpersysteme mit einem Blick auf das Kreislaufsystem, denn es verbindet und beeinflußt alle anderen Systeme.

Betrachten wir das Kreislaufsystem, dürfen wir nicht vergessen, daß wir es hier mit einem *Transportsystem* zu tun haben. In diesem Abschnitt werden wir uns noch nicht mit der Substanz befassen, die transportiert wird – nämlich dem Blut, das ein Gemisch unterschiedlichster Bestandteile ist, die in verschiedenen Teilen des Körpers entstehen. Wir wollen über die Gesundheit und die richtige Funktion des *Herzens* und der *Blutgefäße* sprechen.

Das Zusammenwirken aller Körperteile in vollkommener Einheit – unserem Leben – hängt grundlegend von der Vitalität und dem harmonischen Funktionieren des gesamten Kreislaufsystems ab. Ist der Kreislauf schwach oder gestört, wird sich dies auf andere Gewebe und Organe auswirken. Wenn das Blut gesund ist, die Versorgung der Organe mit diesem Blut aber nicht angemessen ist, werden Probleme auftreten. Auch wenn die Abfallstoffe, die durch den Stoffwechsel im

Gewebe gebildet werden, nicht gründlich beseitigt werden, kommt es sehr schnell zu Schädigungen des Gewebes.

Daraus können wir schließen, daß jede Krankheit mit Schwerpunkt in einem beliebigen Organ ihre Ursache in einer Schwäche des Kreislaufsystems haben kann – entweder da das Organ nicht ausreichend mit Blut versorgt wurde oder weil die von ihm produzierten Abfallstoffe nicht völlig abtransportiert wurden.

Wenn wir den Körper ganzheitlich betrachten und jede Krankheit holistisch behandeln, erkennen wir, daß alle Organe und Körpersysteme miteinander verbunden sind und sich gegenseitig beeinflussen. Wir müssen betrachten, was jedes Organ, jedes Körperteil zum Gesamtbild beiträgt. Die Herzgefäße können bei jeder Krankheit eine Rolle spielen und müssen im Heilungsprozeß entsprechend berücksichtigt werden.

In unserer Gesellschaft ist das Kreislaufsystem besonders anfällig für – oft lebensgefährliche – Erkrankungen; bedingt durch unsere Lebensweise und unsere Lebenseinstellung nehmen wir keine Rücksicht auf Herz und Blutgefäße. Die Vorsorge gegen Kreislaufprobleme ist einfach; nachfolgend sind einige Anleitungen zu finden.

Vorsicht ist aber geboten, wenn das Herz bereits offensichtlich gefährdet ist. Zwar bietet die Heilpflanzenkunde viele Möglichkeiten, die Heilung von Herzversagen und anderen Herzproblemen zu unterstützen, doch sollte jede Behandlung nur unter qualifizierter Aufsicht stattfinden.

Vorbeugung gegen Kreislauferkrankungen

Vorbeugen ist besser als heilen. Vorbeugen bedeutet, Wohlbefinden (englisch: *ease*) für Körper, Geist und Seele zu erlangen. Krankheit (englisch: *dis-ease*) nennen wir einen Zustand, in dem der Körper so erschöpft ist, daß er beginnt, Symptome zu entwickeln. Meist dauert es einige Jahre, um in eine solche Verfassung zu geraten, denn normalerweise ist der Körper in der Lage, vieles zu verkraften, ohne sofort zu versagen. Oft ist es ein langsamer und stetiger Verschlechterungsprozeß; wir fühlen uns nicht so kräftig und energiegeladen wie im Jahr zuvor, unser Gesundheitszustand ist nicht so gut, wie er sein könnte. Er verschlechtert sich immer mehr auf einen Krankheitszustand hin, doch wir bemerken es erst, wenn sich Symptome zeigen und wir erkrankt sind.

Wir sollten spezielle, das Herz- und Gefäß-System betreffende Einzelheiten beachten. Sie gelten nicht nur für alle, die bereits Probleme mit diesem System haben oder die durch ihre Lebensumstände zur Gruppe der besonders Kreislaufgefährdeten gehören. Sie gelten auch für alle, die in diesem Bereich keine Probleme entstehen lassen wollen. Vier Faktoren sind zu beachten:

Bewegung

Es ist lebensnotwendig für das ganze System, daß es benutzt und wenigstens hin und wieder stark beansprucht wird. Der einzige Weg, sicherzustellen, daß Herz und Blutgefäße wirklich beansprucht werden, ist der, daß wir uns genug bewegen, damit der Herzschlag beschleunigt wird und wir außer Atem geraten. Das heißt nicht, daß man jeden Tag bis zur völligen Erschöpfung joggen sollte! Am besten sind regelmäßige Übungen, die angenehm sind und Spaß machen. Wichtig ist das richtige Maß – und zwar auf allen Ebenen, Körperübungen eingeschlossen.

Ernährung

Mehr als von jedem anderen Ernährungsfaktor hängt die Gesundheit des Kreislaufsystems davon ab, wieviel Fett wir zu uns nehmen – die meisten von uns essen viel zuviel davon. Während der letzten Jahre haben wir vieles über die Wechselwirkung zwischen dem Verzehr gesättigter Fette und dem Blutcholesterinspiegel erfahren, der verschiedene kardiovaskuläre Erkrankungen verursacht. Es wurde empfohlen, ungesättigte Fette anstelle der gefährlichen gesättigten zu verzehren, hauptsächlich durch einen Wechsel von tierischen zu pflanzlichen Fetten. Nach neueren Untersuchungen ist das jedoch nicht ganz so einfach. Vieles deutet darauf hin, daß auch bei der Aufnahme von ungesättigten Fetten Gefahren bestehen. Der einzig sichere Ausweg ist die Einschränkung der gesamten Fettaufnahme, das heißt, ganz auf Fett zu verzichten. Dies bedeutet zum einen, weniger von den sichtbaren Fetten zu uns zu nehmen (in Fleisch, Butter, Ölen), und ebenso, die unsichtbaren Fette zu meiden (in Kuchen, Gebäck, Soßen, Mayonnaise, Milch, Käse und anderen Milchprodukten), die meist den Hauptanteil unserer Fettaufnahme ausmachen. Statt dessen sollte unsere Nahrung aus reichlich frischem Gemüse und Obst, Vollgetreide, Bohnen und Erbsen bestehen, wobei letzteren die Fähigkeit zugesprochen wird, den Blutcholesterinspiegel herabzusetzen.

Tabak und Alkohol

Es ist unbedingt notwendig, daß jeder, der auf seine Gesundheit Wert legt und sich besonders um Herz- und Blutgefäße kümmert, mit dem Rauchen aufhört und den Alkoholkonsum auf ein vernünftiges Maß herabsetzt.

Streß

Das Ausmaß an Streß in unserem Leben und das Auftreten von Gesundheitsproblemen – insbesondere von Herz- und Kreislauferkrankungen – stehen in einem engen Zusammenhang. ›Streß‹ ist ein relativer Begriff. Anstatt Streßfaktoren an sich zu betrachten, sollte die Fähigkeit des einzelnen untersucht werden, mit Streß im täglichen Leben umzugehen. In der heutigen Zeit stehen uns eine ganze Reihe von Möglichkeiten zur Verfügung, die uns helfen können, Selbstverantwortung für unser Leben zu übernehmen und mit Streß und emotionalen Belastungen umzugehen. Es ist möglich, Belastungen und Spannungen mit Heilpflanzen zu mildern, aber es ist weitaus besser und realistischer, die zugrundeliegenden Ursachen in uns zu erkennen und zu verändern. Dazu sind Bewußtheit und manchmal auch Mut nötig. Entspannungstechniken und Methoden aus der humanistischen und transpersonalen Psychotherapie können uns dabei helfen. Krankheiten (dis-ease) können verhindert werden, wenn wir Wohlbefinden (ease) in unser Leben bringen. Psychologische und spirituelle Harmonie schaffen die inneren Bedingungen für körperliche Harmonie.

Heilpflanzen für das Kreislaufsystem

Wie bei allen anderen Körpersystemen bildet die Aufzählung von Heilpflanzen auch für dieses System eine notwendige Vereinfachung. Der menschliche Körper ist ein integriertes Ganzes, und die Heilpflanzenkunde begreift ihn als solches. Jegliches Problem, das in einem bestimmten System auftaucht, kann vom schlechten Gesundheitszustand und mangelnder Vitalität in irgendeinem anderen Teil des Körpers verursacht worden sein – so könnte jede Heilpflanze eine Rolle bei der Behandlung eines jeden Systems spielen. Um jedoch unserem begrenzten menschlichen Fassungsvermögen zu ermöglichen, die Grundlagen der Heilpflanzenkunde zu begreifen, ist es angebracht, einzelne Heilpflanzen herauszustellen, die in diesem System eine Rolle spielen.

Der Klarheit halber und um komplexe Gruppierungen zu vermeiden, werden wir die Heilpflanzen danach einteilen, ob sie direkt auf das Herz oder auf die peripheren Gefäße einwirken.

Herz-Stärkungsmittel

Zu den wichtigsten Heilpflanzenmitteln für das Herz zählen *Besenginster, Braunwurz, Herzgespann, Königin der Nacht, Maiglöckchen, Weißdorn* und *Wolfstrapp.*

Bestimme Heilpflanzen, wie z. B. *Fingerhut* (Digitalis) und *Meerzwiebel,* fehlen auf dieser Liste, obwohl die konventionelle Medizin gerade diese Heilpflanzenmittel zur wirksamen Behandlung von Herzversagen verwendet. Da der Gebrauch von *Fingerhut* ausgesprochen gefährlich ist, wurde diese giftige Pflanze hier ausgelassen. Das bedeutet nicht, daß uns keine wirksamen Herzmittel zur Verfügung stehen. *Maiglöckchen* ist das bei weitem wichtigste auf unserer Liste. Wir werden an dieser Stelle etwas abschweifen, um die Heilwirkung dieser Pflanze zu besprechen und sie mit *Fingerhut* zu vergleichen, um Wissenswertes zu erfahren.

Wie bereits im Kapitel über die Pflanzenbestandteile erwähnt, sind die meisten Herzmittel reich an Herzglykosiden, einer bestimmten chemischen Gruppe. Diese komplexen Wirkstoffe besitzen die erstaunliche Fähigkeit, die Herzmuskeln so anzuregen, daß deren Kontraktion verstärkt wird und somit mehr Blut durch den Körper gepumpt werden kann. Die Leistungsfähigkeit des Herzens wird hierdurch gesteigert, aber mit Hilfe dieser chemischen Wirkstoffe wird der Sauerstoffbedarf des Herzens für diese Arbeit nicht gesteigert – wir müssen daher keinen Sauerstoffmangel befürchten.

Bei der Verabreichung von *Fingerhut* besteht aber die Gefahr, daß sich einige seiner Bestandteile im Körper ansammeln und zu einer Vergiftung führen, was bei *Maiglöckchen* nicht vorkommt. Wie die pharmakologische Analyse zeigt, enthält *Maiglöckchen* eine Anzahl von verschiedenen Herzglykosiden wie Convallatoxin, Convallatoxol, Convallamarin, Convallasid und Convallatoxolosid. (Die Wurzel all dieser Fremdwörter ist der lateinische Name der Pflanze, *Convallaria majalis.*) Obwohl so viele biochemische Wirkstoffe enthalten sind, wirken nur zwei von ihnen direkt auf das Herz ein – das wichtigste hierbei ist das Convallatoxin.

Für einen Pharmazeuten würde das bedeuten, daß die anderen Wirkstoffe nutzlos sind. Nichts könnte der Wahrheit weniger entsprechen, denn es wurde festgestellt, daß die anderen Glykoside die Löslichkeit der aktiven bis um das 500fache verstärken. Dadurch, und dies ist offensichtlich von Vorteil, wird nur eine geringe Menge benötigt, denn ein Anstieg der Löslichkeit erhöht auch die ›biologische Verfügbarkeit‹. Außerdem hat sich herausgestellt, daß die gesamte Pflanze länger wirksam ist, als das vom schnell wirksamen Convallatoxin zu erwarten wäre, das rasch oxydiert und ausgeschieden wird. Andere scheinbar inaktive Glykoside werden vom Körper bei Bedarf in die direkt aktiv wirkenden umgewandelt. Bei *Maiglöckchen* besteht keine Vergiftungsgefahr, denn die einzigartige chemische Struktur seiner Glykoside stellt sicher, daß sie leicht ausgeschieden werden können und sich nicht im Körper ansammeln.

Maiglöckchen ist ein gutes Beispiel für die synergistische Art, in der Heilpflanzen wirken können. Durch all diese analytischen und biochemischen Untersuchungen können wir erkennen, daß das Ganze wirklich mehr ist als die Summe seiner Teile. Da die Funktion der Wirkstoffe von Heilpflanzen von komplexen Wechselwirkungen hervorgerufen wird, können wir die Heilwirkung der gesamten Pflanze nicht allein durch die Kenntnis der einzelnen chemischen Bestandteile bestimmen. Hier sehen wir deutlich, wie uralte Weisheit, die von Generation zu Generation weitergegeben wurde, von der modernen Wissenschaft bestätigt werden kann, wenn nur ihr Blick dafür offen ist.

Wenden wir uns nun den bereits erwähnten speziellen Herz-Stärkungsmitteln zu. Sie alle wirken spannkrafterhöhend und kräftigend auf das Herz. Nachfolgend werden einige kurze Hinweise über ihre Verwendung für das Kreislaufsystem gegeben. Bitte im dritten Teil im Kapitel *Die Heilpflanzen* nach detaillierten Angaben zu den jeweiligen Pflanzen schauen.

Maiglöckchen: Kann bei unzureichender Kraft des Herzens angewendet werden, z. B. bei Angina pectoris, bei der Behandlung des alternden Herzens, besonders bei Ablagerungen in den Blutgefäßen.

Königin der Nacht: Kann ähnlich wie *Maiglöckchen* angewendet werden, besonders hilfreich ist die Pflanze bei Herzrhythmusstörungen.

Weißdornbeeren: Die *Weißdornbeere* ist eines der wertvollsten Heilmittel für das Herz- und Gefäß-System. Sie kräftigt die Kontraktionsfähigkeit des Herzmuskels, während sie gleichzeitig die Herzkranzgefäße erweitert. Sie kann bei den meisten Kreislaufbeschwerden angewendet werden, denn sie wirkt amphoterisch (d. h., sie entspannt oder stimuliert das Herz je nach Bedarf) und normalisiert die Herzfunktion.

Herzgespann: Diese Pflanze ist ein entspannendes Nervenstärkungs- (Nerventonikum) und wertvolles menstruationsförderndes Mittel (Emmenagogum). Ihr Wert für das Kreislaufsystem läßt sich auch am lateinischen Namen *Leonurus cardiaca* erkennen.

Herzgespann kräftigt und normalisiert die Herzfunktion in hohem Maße.

Besenginster: Diese Pflanze kann als das beste Diuretikum (wassertreibendes Mittel) für das Herz betrachtet werden. Während *Besenginster* den Herzschlag kräftigt und normalisiert, befreit es den Körper von jeglicher Wasseransammlung, die ihre Ursache in einem zu schwachen Herzen hat. Dennoch ist Vorsicht geboten, denn *Besenginster* kann den Blutdruck erhöhen.

Braunwurz: Auch diese Pflanze stärkt die Kontraktionen des Herzens, obwohl sie in erster Linie als Mittel bei Hautproblemen bekannt ist.

Wolfstrapp: Während diese Pflanze den Herzschlag stärkt, vermindert sie gleichzeitig die Zahl der Schläge. Außerdem ist sie ein wertvolles Entspannungsmittel (Relaxans).

Heilpflanzen für den Kreislauf

Ähnlich wie bei den Heilpflanzen für das Herz gibt es eine ganze Reihe von Heilmitteln, um die Gefäße des Kreislaufsystems zu kräftigen und zu heilen. Wir beschränken uns hier jedoch auf die spezifischen Beispiele.

Zu den wichtigsten Heilpflanzenmitteln gehören *Besenginster, Buchweizen, Ingwer, Lindenblüten, Löwenzahn, Mistel, Paprika, Roßkastanie, Schafgarbe* und *Weißdorn.*

Wir sehen, daß einige dieser Pflanzen auch Herz-Stärkungsmittel sind, andere sind schweißtreibend (diaphoretisch) und stimulieren die periphere Durchblutung *(Ingwer, Paprika),* wiederum andere wirken harntreibend, diuretisch *(Schafgarbe).* Dies hängt wieder damit zusammen, daß der Körper zwar Beschwerden in einem begrenzten Bereich aufweist, diese aber von einer ganzen Reihe von Ursachen und Faktoren im Gesamtzusammenhang des Körpers verursacht werden können.

Harntreibende Mittel (Diuretika)

Bei Kreislaufproblemen ist es oft unumgänglich, dem Körper zu helfen, Wasseransammlungen aus dem System auszuscheiden. Ist das Herz schwach und deshalb nicht ausreichend in der Lage, das Blut durch die Nieren zu leiten, oder wenn die Blutgefäße (speziell im Venensystem der Beine) schwach sind, kann es zu Wasseransammlungen kommen.

In solchen Fällen können Diuretika wie *Besenginster, Löwenzahn, Maiglöckchen* und *Schafgarbe* sehr wirkungsvoll sein. Das vielleicht wichtigste Diuretikum bei Kreislaufproblemen ist *Löwenzahn.* Wird ein anderes Mittel benutzt, die Kraft des Herzens zu stärken, so besteht die Gefahr, Kaliummangel herbeizuführen und somit das Herzproblem zu verschlimmern.

Deshalb verschreibt die konventionelle Medizin zu einem Diuretikum zusätzlich auch noch Kalium. Da *Löwenzahn* jedoch bereits viel Kalium enthält, kommt es bei seiner Anwendung als Diuretikum zu einer Kaliumzunahme, was seine Bedeutung für solche Probleme deutlich macht.

Die herz-aktiven Heilpflanzen *Besenginster* und *Maiglöckchen* gehören ebenfalls zu dieser Gruppe; *Besenginster* ist ein wirksames Diuretikum, *Maiglöckchen* wirkt ebenfalls diuretisch, wenn die Ursache der Beschwerden beim Herzen liegt.

Nervenstärkende Mittel (Nerventonika)

Angst und Streß können zum Auftreten von kardio-vaskulären Problemen führen, und es ist oft unmöglich, die genaue Ursache festzustellen.

Jedes Einzelproblem ist das Ergebnis des Zusammenspiels von Lebensweise, innerer Realität und körperlichen Tendenzen. Bei allen kardio-vaskulären Beschwerden sollte die Anwendung von entspannenden Nerventonika in Erwägung gezogen werden, denn Angst und Streß sind in vielen Fällen beteiligt. Manchmal werden sie sogar von diesen Beschwerden verursacht.

Die wirksamsten Nerventonika sind *Baldrian, Helmkraut, Herzgespann, Hopfen, Küchenschelle, Lindenblüten* und *Melisse.* Um die für den Einzelfall geeigneten Pflanzen zu bestimmen, sollten die zugeordneten Heilwirkungen im Heilpflanzen-Abschnitt des Buches berücksichtigt werden.

Krankheitsbilder

Die bewußte und ganzheitliche Anwendung der Heilpflanzenkunde bietet uns viele Möglichkeiten, Kreislaufprobleme anzugehen. Es muß hier jedoch nochmals betont werden, daß schwerwiegende Erkrankungen des Herzens nur unter qualifizierter Aufsicht behandelt werden sollten.

Während wir im folgenden die Krankheitsmuster und speziellen Krankheitsbilder eingehend betrachten, müssen wir berücksichtigen, daß jeder Mensch einzigartig ist. Menschen sind keine Lehrbücher!

Herzschwäche

Die konventionelle Medizin unterteilt Herzprobleme in viele verschiedene Gruppen, aber das ist beim Gebrauch von Heilpflanzen meist nicht notwendig, denn wir beschäftigen uns hier mit solchen, die übergreifend kräftigend wirken. Es muß nochmals betont werden, daß chronische Herzprobleme nur von dafür Ausgebildeten behandelt werden dürfen. Um das Herz zu kräftigen, sollte folgende Mischung über einen längeren Zeitraum eingenommen werden:

Weißdornbeeren	2 Teile
Herzgespann	2 Teile
Maiglöckchen	1 Teil

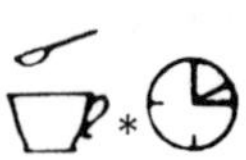
*

Dreimal täglich eine Tasse. Gleichzeitig ist auf eine ausreichende Versorgung mit Kalium zu achten, z. B. durch den Verzehr von Weintrauben oder Tomaten. Kommt es zu Wasseransammlungen, sollte der Mischung 1 Teil *Löwenzahn* beigefügt werden. Treten Verspannung oder Angstzustände auf, wird die Mischung erweitert:

Melisse	1 Teil
Lindenblüten	1 Teil

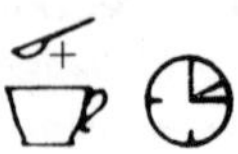

Diese Mischung sollte ebenfalls dreimal täglich getrunken werden; eine Steigerung der Menge ist unbedenklich. Falls sich dies als nicht stark genug erweist, können statt dessen *Helmkraut* und *Baldrian* genommen werden (siehe Beschreibung im Kapitel über das Nervensystem).

* Symbolerklärung siehe Seite 19

Herzklopfen

Herzrasen kann unabhängig von jeglicher organischen Krankheit des Herzens auftreten und durch eine ganze Anzahl von Faktoren hervorgerufen werden – vom Einsetzen der Wechseljahre oder von Allergien bis hin zu Angst und sexueller Erregung.

Natürlich sollte man etwas gegen die spezifischen Ursachen unternehmen, soweit dies angemessen ist; darüber hinaus gibt es aber einige sehr wirksame Heilmittel, die einen unregelmäßigen und schnellen Herzschlag beruhigen, ohne dabei das Herz in schädlicher Weise zu beeinflussen. Neben den allgemein normalisierenden Herzkräutern sind *Baldrian, Herzgespann, Besenginster, Passionsblume* und *Wolfstrapp* am wirksamsten.

Weit verbreitet ist die Pulsbeschleunigung durch Streß und Angstzustände, die nervöse Tachykardie. Folgendes ergibt eine ausgezeichnete Grundmischung für dieses Problem:

Herzgespann	2 Teile
Mistel	1 Teil
Baldrian	1 Teil

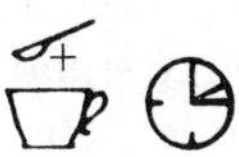

Dieser Tee sollte dreimal täglich (bei Bedarf häufiger) getrunken werden. Falls Anzeichen für zu hohen Blutdruck oder von Herzproblemen vorliegen, sollten der Mischung *Weißdornbeeren* zugefügt werden.

Angina pectoris

Zu diesem äußerst schmerzhaften und beunruhigenden Zustand kommt es, wenn die Blutversorgung des Herzens selbst unzureichend ist und so ein Mangel an verwendbarem Sauerstoff im Zellgewebe des Herzens entsteht – oft verursacht durch physische Anstrengung oder emotionalen Streß. Dieses Problem kann erfolgreich behandelt und beseitigt werden, wenn sich die Behandlung über einen ausreichend langen Zeitraum erstreckt. Ziel der Therapie ist es, mehr sauerstoffreiches Blut über die Herzkranzgefäße zum Herzen zu bringen. Dazu ist zweierlei nötig. Anfangs können die Gefäße erweitert werden, damit mehr Blut durch sie fließen kann, doch muß eine langfristige Behandlung bewirken, daß jegliche vorhandene Blockierung beseitigt wird. *Weißdorn* kann beides bewirken, vorausgesetzt, die Beeren werden regelmäßig und über einen längeren Zeitraum angewendet.

Eine Beimischung von *Lindenblüten* führt zu ausgezeichneten Ergebnissen, denn sie besitzen die einzigartige Fähigkeit, die Gefäße von jeglicher Cholesterin-Ablagerung zu reinigen und sie gegen weitere Ablagerungen dieser Substanz zu schützen. Eine Grundmischung:

Weißdornbeeren	3 Teile
Herzgespann	2 Teile
Lindenblüten	2 Teile
Maiglöckchen	1 Teil

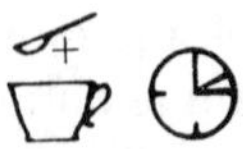

Dieser Tee sollte dreimal täglich über einen längeren Zeitraum getrunken werden; die Schmerzen eines Anfalls werden durch ihn nicht sofort beseitigt.

Falls der Blutdruck zu hoch ist, sollte der Mischung *Mistel* beigefügt werden.

Angina pectoris muß unter Beachtung des gesamten Gesundheitszustandes behandelt werden; der individuelle Mensch muß als ungeteiltes Wesen behandelt und jegliches andere Problem ebenso in Betracht gezogen werden. Der Zustand des Nervensystems sollte untersucht und auf geeignete Weise behandelt werden. Außerdem kann sich der Zustand des Verdauungssystems sehr stark auswirken. Da eine chronische Verstopfung das Herz unnötig belastet, muß sie vorrangig behandelt werden.

Die Hinweise zu Beginn des Kapitels betreffs möglicher Vorbeugemaßnahmen sollten berücksichtigt werden; besonders die Beschränkungen in der Ernährung und das Erkennen von Streß sind lebenswichtig. Die körperliche Belastung sollte mäßig und leicht sein, bis der Krankheitszustand unter Kontrolle ist, sonst besteht trotz Heilpflanzenbehandlung die Gefahr eines Anfalls.

Hoher Blutdruck

Hoher Blutdruck (Hypertonie) ist ein in unserer Gesellschaft weit verbreitetes Problem. Er kann von einer ganzen Reihe physischer Faktoren verursacht werden, die entsprechend behandelt werden müssen. Er kann aber auch ohne erkennbaren Grund auftreten. Wir werden uns hier mit der sogenannten ›essentiellen Hypertonie‹ befassen. Läßt sich auch bei dieser weitverbreiteten Form zu hohen Blutdrucks kein spezifischer Grund finden, so lassen sich doch einige Faktoren aufzeigen, die dazu beitragen. Oft besteht eine genetische Veranlagung (Disposition), mit der uns die Eltern beschenkt haben. Diese Tendenz muß sich allerdings nicht unbedingt körperlich durchsetzen, wenn Vorsorgemaßnahmen getroffen werden.

Bei dieser Krankheit spielen Streß und Angst eine große Rolle. Emotionale Probleme, Arbeitsdruck und der allgemeine Zustand der Welt (besonders der Zustand der Welt!) können zu einer Gemütslage führen, die sich im Körper als Spannung, Starrheit und Verkrampfung ausdrückt und zu einer Anspannung des ganzen Wesens führt, was wiederum den Blutdruck erhöht. Die Gemütslage wird direkt von den Nerven übertragen und führt zu einer Verengung der peripheren Blutgefäße und beeinflußt den Herzschlag. Entspannungstherapie und körperbezogene Therapieformen, wie z. B. Massage, sind in solchen Fällen sehr hilfreich, denn sie lockern den Körper.

Die Ernährung kann ebenfalls auf zwei Arten eine Rolle spielen. Wenn die Nahrung zu reich an Fetten und Kohlenhydraten ist, besteht die hohe Wahrscheinlichkeit, daß überschüssiges Fett in den Blutgefäßen abgelagert wird. Dieses Atherom (Fettablagerung) erhöht direkt den Blutdruck. Hoher Blutdruck kann auch durch eine Allergie gegen bestimmte Nahrungsmittel hervorgerufen werden. Während die Allergie häufig leicht erkennbar ist, treten die Zusammenhänge in vielen Fällen nicht klar in Erscheinung und sind nur schwer nachzuweisen. Leichte und versteckte Allergien zeigen sich oft in einer Erhöhung des Blutdrucks. Ein weitverbreiteter Auslöser ist eine Allergie gegenüber allen Milchprodukten. Sie läßt sich relativ leicht feststellen, indem wir alle Milchprodukte für eine oder zwei Wochen vermeiden, auftretende Veränderungen beobachten, anschließend diese Produkte erneut verzehren und während dieser Zeit den Blutdruck und die eigenen Wahrnehmungen registrieren und vergleichen.

Die Höhe des Blutdrucks wird im Körper von einem komplexen Mechanismus aufrechterhalten. Wir können uns diesen komplexen Vorgang mit Grundprinzipien aus der Hydraulik verdeutlichen: Steigt die Flüssigkeitsmenge im System an, wird sich der Druck erhöhen. Verringert sich das Volumen des Systems, oder verstärkt sich der Pumpdruck, erhöht sich der Druck ebenfalls. Diese physikalischen Vorgänge geben uns einen Einblick in die Ansatzweise der Heilpflanzenkunde.

Eine ganze Anzahl von Heilpflanzen erweitert die peripheren Blutgefäße und erhöht damit das Gesamtvolumen des Systems. In ähnlicher Weise regen andere die Nieren an, mehr Wasser auszuscheiden, und reduzieren somit die Flüssigkeitsmenge im System. Wiederum andere normalisieren die Aktivität des Herzens und mindern den Druck, mit dem das Blut durch die Gefäße gepumpt wird. Die wichtigsten Heilmittel sind *Buchweizen, Knoblauch, Lindenblüten, Mistel, Schafgarbe, Schneeball* und *Weißdornbeeren.*

Wie in allen Fällen variiert auch hier die Behandlung je nach den individuellen Erfordernissen. Als Grundmischung ist folgendes sehr wirksam:

Weißdornbeeren	2 Teile
Lindenblüten	2 Teile
Schafgarbe	2 Teile
Mistel	1 Teil

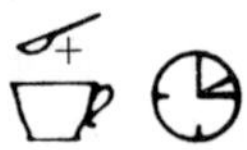

Dieser Tee sollte dreimal täglich getrunken werden. Zusätzlich dazu sollte *Knoblauch* gegessen werden, vorzugsweise roh. Ist der Körper sehr angespannt, sollte der Mischung 1 Teil *Schneeball* zugegeben werden; bei Angstzuständen und Streß *Helmkraut* und *Baldrian.* Begleiten Kopfschmerzen den hohen Blutdruck, wird die Mischung um *Betonienkraut* erweitert. Vorsicht: *Besenginster* darf bei erhöhtem Blutdruck nicht als harntreibendes Mittel eingesetzt werden!

Durch Anwendung dieser Mischung über einen längeren Zeitraum hinweg wird sich der Blutdruck normalisieren. Diese Heilteemischung ist ungefährlich und senkt den Blutdruck nicht auf künstliche Art und Weise. Keine dieser Heilpflanzen ist in der Lage, das zu bewirken, sie wirken normalisierend und senken den Blutdruck in angemessener Weise.

Niedriger Blutdruck

Wenn der Blutdruck unter den normalen Wert sinkt, kann dies ebenso problematisch wie erhöhter Druck sein. Abgesehen von direkten organischen Ursachen besteht oft ein Zusammenhang mit Erschöpfungs- und Schwächezuständen.

Die Heilpflanzenkunde verbindet in solchen Fällen die Behandlung der physischen und nervlichen Erschöpfung mit Mitteln, die den Kreislauf stärken und den Blutdruck normalisieren. Je nach Ursache können verschiedenste Heilpflanzen angezeigt sein. Spielen Streß und nervöse Erschöpfung eine Rolle, sollten Nervenstärkungsmittel (nervine Tonika) angewendet werden, vor allem *Hafer, Kolanuß* oder

Helmkraut, je nach individuellem Bedarf. Bittermittel wie *Enzian* und *Wermut* sollten in Erwägung gezogen werden, um den Verdauungsprozeß zu aktivieren. Eine Grundmischung:

Besenginster	1 Teil
Weißdornbeeren	1 Teil
Kolanuß	1 Teil

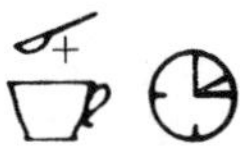

Dieser Tee kann dreimal täglich getrunken werden. Bei Anzeichen von allgemeinen Schwächezuständen ist die regelmäßige Einnahme von *Ginseng* sehr zu empfehlen.

Arterienverkalkung (Arteriosklerose)

Arteriosklerose ist gekennzeichnet durch die Verdickung und Verhärtung der Arterienwände. Im frühen Stadium wird dieser Vorgang durch eine allmähliche Kalkablagerung verursacht, die den Blutfluß zu den Körperzellen behindert. In späteren Stadien können sich Cholesterin und Fett an den Wänden ablagern, was zu einer beschleunigten Degeneration der Gefäße führt und tiefgreifende Beschwerden verursacht. Diese Atherom genannten Fettablagerungen können sich in der Aorta, in den Arterien des Herzens und des Gehirns entwikkeln. Arteriosklerose ist eine der häufigsten Todesursachen in der westlichen Welt.

Arteriosklerose ist die direkte Folge eines unangemessenen Lebensstils. Wenn wir unsere Lebensweise den Notwendigkeiten entsprechend ändern, können wir viel zur Heilung unseres Körpers beitragen. Ernährung, Streß und der Mangel an Bewegung sind ebenso beteiligt wie der Konsum von Tabak und Alkohol. Ein Großteil der Behandlungsvorschläge von Arteriosklerose kann dem Abschnitt ›Vorbeugung gegen Herz- und Kreislaufprobleme‹ entnommen werden.

Außerdem helfen bei diesem Krankheitsbild eine ganze Reihe von Heilpflanzen, vor allem *Lindenblüten,* die eine spezifische, gegen Atherom gerichtete Heilwirkung besitzen. Bei langfristiger Anwendung schützen sie vor der Ablagerung von Cholesterin und unterstützen den Körper beim Abbau bereits bestehender Ablagerungen. Ein ähnlicher Effekt läßt sich mit der langfristigen Anwendung von *Knoblauch* erzielen.

Zu den speziellen Heilpflanzen für diese Krankheit gehören *Knoblauch, Lindenblüten, Mistel, Scharfgarbe* und *Weißdornbeeren.* Diese

Heilpflanzen sind auch sehr wirksam bei erhöhtem Blutdruck, der in vielen Fällen die Arteriosklerose begleitet. Von daher kann die gleiche Heilteemischung angewendet werden wie sie für zu hohen Blutdruck empfohlen wurde, nur sollte der Anteil an *Lindenblüten* auf drei Teile erhöht werden.

Thrombose und Venenentzündung

Bei Atheromen besteht die zusätzliche Gefahr, daß ein Teil der Ablagerungen oder sonstige Blutgerinnsel in den Blutstrom gelangen. Beides kann die Blockierung eines Blutgefäßes verursachen, was zu einem Sauerstoffmangel in dem Bereich führt, der jenseits der Blokkierung liegt. Die Gefährlichkeit von Thrombose hängt davon ab, wo die Blockierung im Körper auftritt. Sie kann ungefährlich sein, kann aber auch oft zum Tod führen. Um sicherzugehen, daß sich keine weitere Brutstätte für die Entstehung von Blutgerinnseln entwickeln kann, muß die Thrombose unbedingt behandelt werden. Die Anweisungen betreffs Arteriosklerose sollten befolgt werden, ansonsten sollte die Behandlung auf Heilpflanzen basieren, die eine gesunde Kreislauffunktion gewährleisten.

Das Auftreten eines Gerinnsels in den Venen der Beine nennen wir Venenentzündung. Bei lokalen Entzündungen und Schmerzen sind Lotionen, Kompressen oder Umschläge am wirksamsten. Für die äußerliche Behandlung eignen sich *Arnika, Beinwell, Ringelblume* und *Weißdornbeeren.*

Krampfadern

Mangel an Bewegung, Fettleibigkeit, Schwangerschaft und anderes, das die Blutzirkulation in den Beinen negativ beeinträchtigt, wie z. B. das Sitzen mit gekreuzten Beinen, kann zur Entwicklung von Krampfadern beitragen. Krampfadern sind Venen, die vergrößert, verzerrt und geschwollen sind. Sie können überall im Körper auftreten, finden sich aber meist in den Beinen, denn das Herz ist nicht stark genug, um das venöse Blut aus dem unteren Teil des Körpers ohne die pumpende Unterstützung der Beinmuskeln zurückzuführen. Die Muskeln wirken aber nur dann fördernd, wenn sie auch benutzt und beansprucht werden. Angemessene Übungen sind notwendig. Um der Schwerkraft entgegenzuwirken, sollten die Füße bei längerem Sitzen hochgelegt werden.

Die Heilpflanzenkunde bietet ausreichende Möglichkeiten, um diese Krankheit zu heilen, doch sollte die Heilwirkung der Pflanzen durch Körperübungen unterstützt werden. Die Ernährung sollte reich an Obst und frischem Gemüse sein. Verstopfung muß vermieden werden. Der Ernährung sollten Vitamine des B-Komplexes und die Vitamine C und E beigegeben werden. Die verwendeten Heilpflanzen sollten die periphere Durchblutung anregen und auf diese Weise den Blutstrom in den Beinen unterstützen. Geeignete Heilpflanzen sind *Gelbholzrinde* oder *-beeren, Ingwer* und *Paprika.* Dazu kommen Heilpflanzen, die die Blutgefäße stärken, z. B. *Buchweizen, Roßkastanie* oder *Weißdornbeeren.* Wenn Wasseransammlungen zum Anschwellen der Knöchel oder der Beine führen, sollten zusätzlich Diuretika wie *Löwenzahn* oder *Schafgarbe* angewendet werden. Die folgende Mischung geht das Problem von allen Seiten an:

Roßkastanie	3 Teile
Weißdornbeeren	3 Teile
Gelbholzrinde (oder *Beeren*)	2 Teile
Schafgarbe	2 Teile
Ingwer	1 Teil

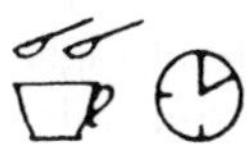

Dieser Tee sollte dreimal täglich getrunken werden.

Krampfadergeschwür (Unterschenkelgeschwür)

Zwischen dem Auftreten von Krampfadergeschwüren und dem Allgemeinzustand der Venen, ihrer Leistungsfähigkeit und Spannkraft, besteht ein enger Zusammenhang, der sich auch bei Krampfadern widerspiegelt. Wenn Blut und Gewebsflüssigkeit nur unzureichend aus den Beinen abgeleitet werden – aufgrund der Faktoren, die auch für Krampfadern gelten –, führt die Übersättigung mit Wasser zu einer Zerstörung des Gewebes und damit zur Entwicklung von Geschwüren. Diese Geschwüre sind erfahrungsgemäß sehr schwer zu heilen. In derartigen Fällen ist es noch wichtiger, für angemessene Körperbewegung zu sorgen und die Füße hochzulagern, um der Schwerkraftwirkung auf die Beine entgegenzuwirken.

Die hier angezeigten Heilpflanzen sind dieselben wie gegen Krampfadern, doch muß der Anteil an Diuretika (harntreibende Mittel) und Blutreinigungsmitteln erhöht werden. Eine äußerliche Behandlung ist in diesem Fall unbedingt erforderlich. Durch die Geschwüre hervorgerufene Infektionen können mit *Eibisch-, Ringelblumen-* oder *Sonnenhutwurzel*-Kompressen behandelt werden, die oft gewechselt werden müssen.

Hat die Infektion nachgelassen, kann die Kompresse durch einen Umschlag aus *Beinwell, Eibisch* und *Ringelblume* ersetzt werden. Die drei Mittel werden pulverisiert und zu einer dicken Paste verarbeitet, auf das entzündete Gewebe aufgetragen und mit einer elastischen Binde befestigt.

Schlechte Durchblutung und Frostbeulen

Reicht die Durchblutung der Extremitäten nicht aus und führt zu kalten Händen und Füßen, kann folgende Mischung helfen:

Gelbholzrinde (oder *Beeren)*	3 Teile
Weißdornbeeren	3 Teile
Ingwer	1 Teil

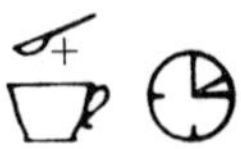

Dieser Tee sollte dreimal täglich getrunken werden. Sind die Frostbeulen noch geschlossen, hilft das dünne Auftragen einer Salbe aus *Paprika*.

Das Lymphsystem

Das Lymphsystem besteht aus Gefäßen, deren Aufgabe es ist, Flüssigkeiten aus Gewebe und Gewebszwischenräumen in den Blutkreislauf zurückzubefördern. Dieser Vorgang ist lebenswichtig, wenn es auch auf den ersten Blick so aussieht, als handele es sich hierbei nur um einen passiven Transport. Unser Körper wird vor allem dadurch gereinigt, daß die Zellen, das Gewebe und die Organe mit Hilfe des Lymphsystems durchspült und gereinigt werden. Von daher hängen alle Körperfunktionen vom freien Fluß der Lymphflüssigkeit ab, und das Lymphsystem muß bei einer ganzheitlichen Behandlung entsprechend aufmerksam betrachtet werden. Eine zweite wichtige Funktion dieses Systems fällt den Lymphdrüsen zu, nämlich die Abwehr fremder Mikroorganismen. Auf diese Funktion wird in verschiedenen Teilen des Buches eingegangen, insbesondere im Kapitel über Hals, Nase, Ohren und Augen. Drüsenschwellungen können überall auftreten, wo sich Lymphdrüsen befinden, z. B. am Hals, unter den

Armen, an den Brüsten und in der Leistengegend. Heilpflanzen wie *Kanadische Gelbwurzel, Kermesbeere, Klettenlabkraut, Ringelblume* und *Sonnenhutwurzel* wirken reinigend auf das Lymphsystem und können je nach Bedarf angewendet werden.

Eine reinigende Diät ist selbst bei einem Verdacht auf lymphatische Beschwerden notwendig. Das beste Mittel ist frisches Obst. Folgende Nahrungsmittel sollten vermieden oder auf ein Minimum beschränkt werden, um dem Lymphsystem eine Ruhepause von belastenden Stoffen zu gewähren:

- Rotes Fleisch
- Fette und gebratene Speisen
- Käse, Butter, Sahne, Milch
- Essig und sauer Eingemachtes
- Alkohol
- Zucker und zuckerhaltige Süßigkeiten
- Künstliche Zusätze, Konservierungsstoffe, Farb- und Aromastoffe

Wenn wir diese Nahrungsmittel vermeiden, helfen wir dem Körper bereits, doch darüber hinaus können wir ihn aktiv reinigen, indem wir uns richtig ernähren. Frisches Obst und Gemüse sollten die Grundlage unserer Ernährung bilden, wobei eine reine Früchte-Diät für eine gründliche Reinigung am geeignetsten ist und anfänglich für einige Zeit eingehalten werden sollte. Nach einer Weile können andere Nahrungsmittel wieder hinzukommen. Die nachfolgende Liste gibt die besten Nahrungsmittel an:

- Frisches Obst, insbesondere Orangen, Trauben und Äpfel
- Frisches grünes Gemüse
- Weißes Fleisch und weißer Fisch, falls danach Verlangen besteht

Folgende Heilpflanzenmischung ist dem Lymphsystem in jedem Fall zuträglich:

Sonnenhutwurzel	2 Teile
Kanadische Gelbwurzel	1 Teil
Klettenlabkraut	1 Teil
Kermesbeere	1 Teil

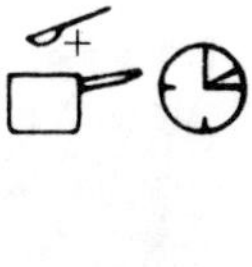

Dreimal täglich eine Tasse.

Diese Mischung kann bei allen anderen Krankheiten angewendet werden, wenn eine Unterstützung der lymphatischen Drainage angebracht scheint.

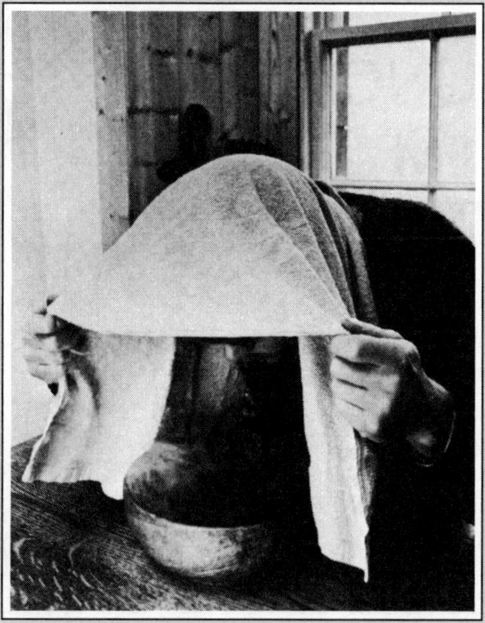

Der Lebensatem wird für jeden zur Todesursache,
der in einem geschlossenen Gehäuse lebt.

Alice Bailey

DAS ATMUNGS-SYSTEM

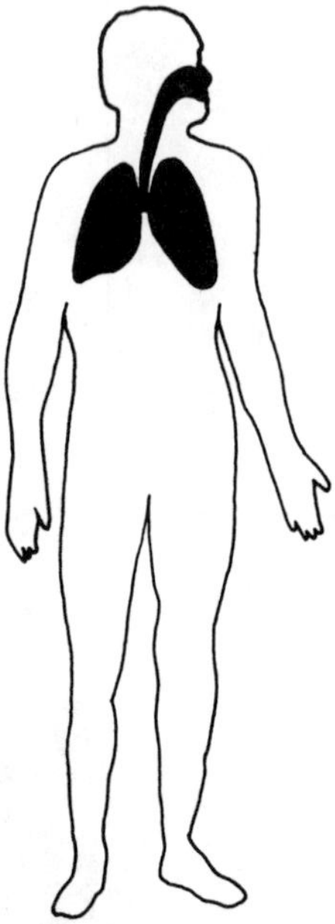

Durch die Luft, die wir atmen, stehen wir in direkter spiritueller und ökologischer Verbindung mit unserer Umwelt. Wenn wir den Atem des Lebens einatmen, teilen wir diese Luft mit allen anderen Menschen, mit allem Leben auf unserem Planeten. Durch das Atmen wird unser Eins-Sein mit den Bäumen zur Tatsache, unsere Verbindung mit den Meeren wirkt sich unmittelbar aus. Durch den Austausch der Gase und der Energie der Atmosphäre zeigt sich die Realität der planetarischen Einheit, mit all ihren Auswirkungen auf das menschliche Leben. Diese Vorstellung liegt der ganzheitlichen Heilkunde ebenso zugrunde wie der Ökologie – der Wissenschaft des Ganzen, der Einheit.

In jeder Minute atmen wir – meist unbewußt – zwischen zehn- und fünfzehnmal ein und aus. Wir bewegen jeden Tag eine ausreichend große Luftmenge, um mehrere tausend Luftballons damit zu füllen. Auf diese Weise kann der Körper der Luft den benötigten Sauerstoff entnehmen und überflüssiges Kohlendioxyd aus dem Blut ausscheiden.

Nur ein Fünftel der Luft ist Sauerstoff. Und genau dieses Element braucht unser Körper, um zu überleben, denn jede Körperzelle benötigt Sauerstoff, um die in den Nahrungsreserven eingeschlossene Energie freizusetzen.

Viele Zellen können für einige Zeit ohne Sauerstoff auskommen, andere müssen ständig versorgt werden. Hirnzellen sterben nach nur wenigen Minuten ohne Sauerstoff ab und können nicht mehr ersetzt werden.

Atmungs- und Kreislaufsystem sind für die Versorgung der Körperzellen mit Sauerstoff verantwortlich. Dieser Prozeß wird vom Gehirn durch die *Medulla oblongata* im Gehirnstamm kontrolliert, in dem die Informationen über die Blutzusammensetzung mit anderen Informationen integriert werden und so den richtigen Atemrhythmus steuern.

Durch das Auf und Ab des Atems nehmen wir Lebensenergie auf. Von daher können Atmungsstörungen, die den Gasaustausch hemmen, zu einer Verringerung der körperlichen Vitalität, zu einer Zunahme von Stoffwechselstörungen und zu einer Degeneration des Gewebes führen.

Die Funktion und der Aufbau des Atmungssystems stellen eine komplexe und gleichzeitig schöne Verkörperung von Integration und Ganzheit dar.

Vorbeugung gegen Atmungserkrankungen

Wir sind nicht nur das, was wir essen, sondern auch das, was wir atmen. Jede Atmungsstörung beeinflußt nicht nur andere Organe und Systeme, sondern kann sogar Krankheiten verursachen. Da der Körper eine Ganzheit darstellt, trifft natürlich auch das Gegenteil zu. Werden die Lungen behandelt, müssen wir auch den Kreislauf beachten; vieles von dem, was wir über Herz und Kreislauf erfahren haben, ist auch für die Lungen wichtig. Ebenso sollten wir den Zustand des Verdauungssystems und besonders der Ausscheidungsorgane beachten, denn die Lungen teilen die Rolle von Darm, Nieren und Haut, nämlich die der Ausscheidung von Abfallprodukten. Tauchen Probleme in irgendeinem dieser Systeme auf, kompensiert das der Körper, indem er die anderen Systeme mehr belastet. Der Fähigkeit der Lungen, Abfallprodukte auszuscheiden, sind Grenzen gesetzt, wenn beispielsweise die Därme verstopft sind.

Die meisten krankhaften Gewebeveränderungen können verhindert werden, wenn das Zellmilieu ständig sauerstoffreich ist. Wieviel Sauerstoff durch den Kreislauf zum Gewebe transportiert wird, hängt hauptsächlich von der Atmung ab.

Aus all dem läßt sich schließen, daß regelmäßige Körperübungen und richtiges Atmen die besten Vorbeugemaßnahmen für dieses System sind. Wir nehmen das Atmen als selbstverständlich hin, doch selbst die konventionelle Medizin weiß um den unschätzbaren Wert des bewußten und richtigen Atmens. Auch die Schlüsselrolle des Atems bei vielen spirituellen Richtungen kann uns hier einen Anhaltspunkt geben.

Wie bei allen Krankheiten gilt auch hier die Devise: Die beste Prophylaxe ist die richtige Lebensweise. Ernährung, Bewegung und Lebensqualität beeinflussen in hohem Maß die Gesundheit der Lungen.

Um die Lungen gesund zu erhalten, müssen sich Innenwelt und Außenwelt in harmonischem Fluß befinden. Ist die Luft, die wir atmen, verschmutzt, wird die Ökologie der Lungen ebenso zerstört wie die der Wälder. Durch Chemikalien und Schwebeteilchen, Gase und Rauch verunreinigte Luft sollte gemieden werden. Womit wir beim Thema Tabak angelangt sind. Das Rauchen baut eine Mauer aus Teer und Asche zwischen dem Einzelmenschen und der übrigen Welt auf und verhindert so den freien ökologischen Austausch in den Lungen. Dies kann zu einer Vielzahl gravierender Probleme von Bronchitis bis Krebs führen – ohne hier auf die Auswirkungen einer verminderten Sauerstoffversorgung auf den restlichen Körper einzugehen. Wenn wir uns und unsere Welt heilen wollen, bietet sich hier eine gute Möglichkeit, damit anzufangen. Biologische Kost und Leben auf dem Lande verblassen etwas neben zwanzig oder mehr Zigaretten am Tag!

Doch bestehen noch andere spezifische Gefahren, die erkannt und vermieden werden können. Die einfachste Möglichkeit, eine Infektion zu verhindern, wäre, den Kontakt mit ihr zu meiden. Da uns dies aber oft unmöglich ist, müssen wir unsere Abwehrmechanismen in Höchstform halten. An dieser Stelle einige Worte zur fragwürdigen Praktik der Impfungen. Geben wir dem Körper eine Chance, ist er zu wahren Meisterleistungen in der Selbstverteidigung fähig – solange wir ihn mit einer ausgewogenen vitaminreichen Ernährung unterstützen und mit einer Lebensweise, bei der Gedanken, Gefühle und Handlungen ausgewogen und gesundheitsfördernd sind. In diesem

Zusammenhang ist es notwendig, den Mißbrauch von Antibiotika einzudämmen. Diese Drogen können – zur rechten Zeit und in richtiger Weise angewendet – Leben retten, sind aber auch in der Lage, die angeborenen Abwehrsysteme des Körpers auf absolute Impotenz zu reduzieren.

Außerdem können sie auf lange Sicht höchst resistente Bakterien heranzüchten (in evolutionärem Sinne), und dadurch wird es immer problematischer, die bestehenden Krankheiten zu behandeln. Während der letzten dreißig Jahre mußten Ärzte alarmierende Entwicklungen in dieser Hinsicht beobachten. Antibiotika können oft durch eine richtige Lebensweise und durch Anwendung von Heilpflanzenmitteln vermieden werden.

Heilpflanzen für das Atmungssystem

Alle Bereiche des Atmungssystems können vom Gebrauch angemessener Heilpflanzen profitieren. Diese können die Aktivität der Schleimhäute unterstützen und sicherstellen, daß der Gasaustausch durch diese Membrane erfolgen kann; sie vermögen die Ausscheidungen des Lungengewebes zu aktivieren, so daß die Luft ausreichend befeuchtet wird und die Membranen geschützt sind; sie können die neurologischen Reaktionen, die den Atem steuern, stärken; sie können den Kreislauf unterstützen und gewährleisten, daß das Gewebe ausreichend durchblutet wird, und sie helfen durch Anregung der gesamten Drüsen- und Ausscheidungsprozesse, reine und harmonische innere Lebensbedingungen zu gewährleisten.

Sehen wir das Atmungssystem im Gesamtzusammenhang, so wird deutlich, daß wir den ganzen Körper betrachten und eventuell behandeln müssen, um jegliche in diesem Bereich auftretende Krankheit wirklich zu heilen.

Da uns die Natur ausreichend mit Heilpflanzen bedacht hat, die neben ihrer ›pektoralen‹ Wirkung auch noch auf anderen Gebieten wirksam sind, ist es uns möglich, in einem umfassenden Zusammenhang zu arbeiten.

Obwohl es hier unangebracht ist, die Heilpflanzen streng nach ihrer Wirkungsweise einzuordnen, sollten wir doch einige grobe Richtlinien angeben. Im folgenden betrachten wir atmungsstimulierende, atmungsentspannende, amphotere und schleimhautschützende Mittel (Demulcentia).

Atmungsstimulierende Mittel

Heilpflanzen dieser Kategorie regen die Nerven und Muskeln des Atmungssystems an, indem sie einen neurologischen Reflex über die Nervenenden im Verdauungssystem auslösen. Dies verursacht dann einen ›Auswurf‹. Expectorantia (schleimlösende Mittel) unterstützen die Loslösung von Schleim und den Auswurf aus dem Atmungssystem. Zu diesen Heilpflanzen zählen: *Bittersüß-Stengel, Gänseblümchen, Lebensbaum, Meerzwiebel, Schlüsselblume, Rote Seifenwurzel* und *Senega.*

Atmungsentspannende Mittel

Diese Pflanzen entspannen in erster Linie das Lungengewebe und sind daher bei allen durch Anspannung und Überaktivität hervorgerufenen Problemen angezeigt. In anscheinend paradoxer Weise fördert die Lösung der Anspannung den Schleimfluß und ermöglicht so den Schleimauswurf. Dieser Kategorie können viele Pflanzen zugerechnet werden, folgende sind jedoch gute Beispiele: *Alant, Anis, Breitwegerich, Engelwurz, Giftlattich, Grindeliakraut, Leinsamen, Meerträubchen, Pillenwolfsmilch, Sonnentau, Thymian* und *Wildkirschenrinde.*

Amphotere Mittel

Das Modell amphoterer Wirkungsweise kann helfen, wenn wir es mit den offensichtlich widersprüchlichen Wirkungen vieler Pflanzen zu tun haben. Der Begriff ist der Chemie entliehen und beschreibt Substanzen, die sowohl als Säure wie als Base reagieren. Amphotere Mittel sind regulierende, normalisierende Mittel, sie verändern ihre Heilwirkung je nach Krankheitsbild und passen diese Wirkungen dem jeweiligen Problem an. Vielleicht erscheint es auf den ersten Blick etwas merkwürdig, daß ein solches Konzept in der Heilpflanzenkunde zur Anwendung kommt. Die konventionelle Medizin verlangt von jedem Heilmittel eine klar definierte Wirkung, die von der Dosierung abhängig und leicht zu kontrollieren sein sollte. Das ist so lange sinnvoll, wie wir den Körper im wesentlichen als Maschine sehen. Für eine ganzheitliche Betrachtungsweise sollten wir uns jedoch vor Augen halten, daß der Körper als integriertes, synergistisches Ganzes gesehen wird und die Aufgabe des Heilenden darin besteht, die natürlichen vitalisierenden Genesungsprozesse zu unterstützen und zu steigern. Und so stellen wir fest, daß die amphoteren Mittel jeweils in der Art wirken, die dem betreffenden System in dem Moment zuträglich ist, wobei sie sich der Weisheit des Körpers bedienen, um zu bewirken, was gerade angebracht ist. Die besten amphoteren Mittel für das Atmungssystem sind *Weißer Andorn, Kanadische Blutwurzel, Kleine Königskerze* und *Knollige Schwalbenwurzel.*

Demulcentia (schleimhautschützende Mittel)

Diese Mittel lindern, entlasten und erweichen gereizte oder entzündete Schleimhäute. Ihre schleimigen, glitschigen Eigenschaften schützen Häute und die Oberflächen anderer Gewebe und machen sie gleitfähig. Mit ihrer Hilfe kann die Heilung erfolgen.

Viele der bereits erwähnten Heilpflanzen sind gleichzeitig auch Demulcentia; die wertvollsten für die Lungen sind: *Beinwell, Eibischblätter, Huflattich, Kleine Königskerze, Leinsamen, Lungenflechte* und *Süßholz.*

Krankheitsbilder des Atmungssystems

In der Praxis können die verschiedenen Atmungserkrankungen und Syndrome, die namentlich bestimmt worden sind, als Ausdruck zweier Formen von Atmungsstörungen betrachtet werden: als Stauungs- oder als Krampfzustand. Stauungszustände entstehen durch Überbelastung der Lungen mit Schleim, entweder durch Überproduktion oder durch mangelhafte Ausscheidung des Schleims. Mit der Zeit wirkt dieser Zustand degenerativ. Krämpfe der Bronchialmuskeln bilden eine andere Gruppe der Atmungserkrankungen, die von vielen verschiedenen Faktoren hervorgerufen werden können.

Während einige Krankheitsbilder weder in die eine noch in die andere Kategorie passen (z. B. Lungenkrebs), geben sie einen brauchbaren Rahmen für eine ganzheitliche Behandlung ab.

Stauungszustand (Kongestion)

Die konventionelle Medizin betrachtet oft Bakterien- oder Virusinfektionen als Ursache für Stauungszustände von Lunge, Nase oder Hals. Es scheint jedoch zutreffender, die Infektion als *Ergebnis* eines Staus im Lungengewebe zu betrachten. Erreger können im Körper nur gedeihen, wenn sie den richtigen Nährboden finden. In den Lungen liefert ein Stauungszustand den geeigneten Boden für eine Infektion, aber das ist nicht der Normalzustand. Wenn nur die Infektion beseitigt wird, ändert sich nichts an der eigentlichen Krankheitsursache. Der Stauungszustand muß ebenfalls behandelt werden, damit ein Wiederauftreten der Symptome verhindert wird.

Häufig spielt der Schleimgehalt der Ernährung bei diesem Stau in der Lunge eine Rolle. Wenn wir mehr schleimbildende Nahrungsmittel aufnehmen als der Körper benötigt, wird verstärkt Schleim ausgeschieden, z. B. in den Lungen. Wird dieser natürliche Reinigungsprozeß unterdrückt, z. B. durch Antibiotika, ebnen wir den Weg für chronische oder eventuell degenerative Erkrankungen als Folge einer Kongestion.

Deshalb sollte man sich bei jeder Erkrankung des Atmungssystems, die mit großen Schleimmengen verbunden ist, auf eine Ernährung einstellen, die gering an schleimbildenden Nahrungsmitteln ist. Wenn es bereits zu einer Schleimansammlung gekommen ist, wie z. B. bei einer Nebenhöhlenentzündung, kann eine entsprechende Ernährung helfen, die wenig Bestandteile enthält, die die Entwicklung von Katarrhen (Schleimhautentzündung) begünstigen. Man sagt, daß selbst im normalen Zustand vermehrter Katarrh, oder Schleim, Abfallprodukte des Stoffwechsels und andere giftige Stoffe in sich birgt, die den Körper auf lange Sicht überlasten und zu degenerativen Erkrankungen führen können. Schleim ist an sich nichts Schlechtes, er besteht aus natürlichen körpereigenen Kohlenhydraten und dient als Gleitmittel und zur Beseitigung von Abfallstoffen. Wir sollten nur darauf achten, daß die Schleimproduktion nicht überhandnimmt, und dazu müssen wir auch die Quellen dieser Substanz in der Nahrung kennen. Sie sind:

- Milchprodukte, einschließlich Ziegenmilch und Joghurt
- Eier
- Getreide, insbesondere glutenreiche Arten wie Weizen, Hafer, Roggen und Gerste
- Zucker
- Kartoffeln und andere stärkereiche Wurzelgemüse wie Steckrüben und weiße Rüben

Um eine schleimfreie Diät einzuhalten, sollten diese Nahrungsmittel durch frisches Obst und Säfte ersetzt werden.

Husten

Husten kann mit vielerlei Heilpflanzen behandelt werden, jeder Kräuterkundige gebraucht wohl eine bevorzugte Pflanze oder eine eigene Kräutermischung. *Huflattich* ist bei weitem das beste Standardmittel. In vielen Fällen ist aber eine Kombination weitaus effektiver. Eine wohlschmeckende Grundmischung besteht zu gleichen Teilen aus:

Huflattich
Königskerze
Süßholz

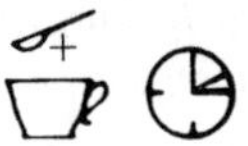

Potters *New Cyclopedia* gibt eine nur aus Blüten bestehende Heilteemischung an, die nicht nur sehr wirksam ist, sondern auch ausgezeichnet schmeckt.

Potters Hustentee Nr. 1:

Eibischblüten
Malvenblüten
Huflattichblüten
Veilchenblüten
Königskerzenblüten
Mohnblüten

werden zu gleichen Teilen gemischt und aufgegossen.

Beide Mischungen sollte man dreimal täglich zu sich nehmen, sie können jedoch auch öfter, aber höchstens alle drei Stunden genommen werden.

Weißer Andorn ist ein anderes äußerst wirksames Heilmittel, dessen unangenehmer Geschmack aber durch Mischen mit *Süßholz* oder *Anis* überdeckt werden muß. Ursprünglich war *Weißer Andorn* (unter Zugabe von reichlich Zucker) Hauptbestandteil von Hustenbonbons.

Wirkt der Husten belastend auf ein schwaches Herz, ist ein Zusatz von *Herzgespann* zu empfehlen. Es fördert die Herztätigkeit, ohne das Herz zu überlasten.

Trockenen Reizhusten lindern atmungsentspannende und schleimhautschützende Mittel wie *Huflattich* und *Giftlattich.* Diese Art Husten ist oft nervösen Ursprungs, in solchen Fällen ist es ratsam, nervenentspannende Mittel zu nehmen.

Bronchitis

Bronchitis nennen wir eine Infektion der Bronchien, dem gegabelten Teil der Luftröhre. Unter Bronchitis versteht man alle leichten Infektionen der Lunge, wenn wir uns aber der Heilpflanzenkunde bedienen, sind die begrifflichen Feinheiten nicht so ausschlaggebend. Die besten Heilpflanzen sind in diesem Fall Hustenmittel, die eine auswurffördernde Wirkung mit einer schleimhautschützenden Eigenschaft verbinden, um das entzündete Gewebe zu beruhigen. Zu diesen gehören *Alantwurzel, Weißer Andorn, Anis, Beinwellwurzel, Engelwurz, Huflattich, Kanadische Blutwurzel, Kleines Habichtskraut, Kleine Königskerze, Leinsamen, Lobelie, Lungenkraut, Senega, Thymian* und *Ysop.*

Um eine Infektion zu bekämpfen, sind auch antibakterielle Heilpflanzen angezeigt. Die vielleicht wichtigste ist der *Knoblauch,* der in jeder Form genommen werden kann, sei es roh, als Öl oder in Kapselform. Andere, bei Bronchitis sehr wirksame antibakterielle Heilpflanzen sind *Eukalyptus, Sonnenhutwurzel* und *Thymian.* Die in *Eukalyptus* und *Thymian* enthaltenen leicht flüchtigen Öle können auch in Bädern oder für Inhalationen äußerst wirksam angewendet werden. Für ein Heilbad bei Bronchitis und anderen Infektionen der Atemwege werden *Eukalyptus-* und *Thymianblätter* zu gleichen Teilen verwendet. Mit einem Liter kochendem Wasser übergießen und dreißig Minuten ziehen lassen, bevor der Sud abgegossen und dem Badewasser zugegeben wird. Bei 38° C etwa fünfzehn Minuten lang baden.

Unter Umständen ist es angebracht, zusätzlich das Lymphsystem zu unterstützen, insbesondere, wenn die Drüsen geschwollen sind. Es ist ebenfalls von Vorteil, die Ausscheidungen anzuregen, hierfür sind *Klettenlabkraut* und *Kermesbeere* empfehlenswert.

Rippenfellentzündung

Hat sich eine Infektion zu einer Rippenfell- oder Lungenentzündung entwickelt, muß der Patient in erster Linie auf Fieber hin behandelt werden, um den Körper, besonders die Brust zu entlasten. Hierbei sind schweißtreibende Mittel (Diaphoretika) von großem Wert, die meist zusammen mit Atmungs-Demulcentia verwendet werden. *Amerikanischer Wasserhanf, Paprika, Beinwellwurzel, Ysop, Knoblauch, Alant* und *Kleine Königskerze* sind sehr wirksam. Dem Zustand des ganzen Körpers entsprechend ausgewählt, bereitet man sie als Aufguß zu. Zusätzlich zur innerlichen Anwendung sind bei Rippenfellentzündungen Packungen und Umschläge unumgänglich. Eine *Leinsamen*-Packung ist bei Brustbeschwerden eine ausgezeichnete Hilfe: Eine Handvoll *Leinsamen* wird so lange in kochendem Wasser gerührt, bis das Ganze die Konsistenz einer dicken Paste erreicht hat. Diese Paste wird zentimeterdick auf ein Leinentuch aufgetragen, wobei Klumpen vermieden und die Tuchränder freigelassen werden sollen. Die Packung so heiß wie möglich auflegen (die ganze Brust sollte bedeckt sein) und zwei Stunden einwirken lassen. Einige Stunden später oder am nächsten Tag wiederholen. Nach Entfernen der Packung die betroffenen Körperstellen mit warmem Wasser abwaschen und trocknen. Um die Wirksamkeit zu erhöhen, sollte man *Senfmehl* über die Packung streuen. Bei kleinen Kindern oder Personen mit empfindlicher Haut sollte *Senfmehl* jedoch nie angewendet werden. Alternativ kann ein feuchter Umschlag aus einem *Paprika*-Aufguß verwendet werden.

Keuchhusten

Da diese Krankheit zu starken Komplikationen und konstitutionellen Schwächen im späteren Leben führen kann, sollte sie gründlich behandelt werden. *Sonnentau* (Dunkelfärbung des Urins möglich) und *Kleines Habichtskraut* sind spezifische Heilpflanzenmittel und sollten wie folgt gemischt werden:

Kleines Habichtskraut	2 Teile
Weißer Andorn	1 Teil
Huflattich	1 Teil
Sonnentau	1 Teil
Thymian	1 Teil

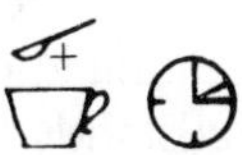

Dreimal täglich zu trinken. Die Mischung kann mit *Anis* oder *Süßholz* geschmacklich verbessert werden. Sind die Hustenanfälle von Erbrechen begleitet, sollte der Tee unmittelbar nach einem Anfall verabreicht werden. Eine *Leinsamen*-Packung kann bei Keuchhusten ebenfalls gut helfen.

Die Heilpflanzentherapie kann bei der Behandlung von ernsthafteren und chronischen Atmungserkrankungen – wie Lungenerweiterung (Euphyrem) oder Bronchienerweiterung (Bronchietasie) – eine große Rolle spielen. Auswurffördernde Mittel – wie *Alant* oder *Beinwellwurzel* – sollten besonders in Betracht gezogen werden. Die für

Asthma empfohlenen Heilpflanzen helfen, die Spannkraft des Gewebes wiederzuerlangen. In erster Linie sollten jedoch Atemübungen gemacht werden.

Krämpfe (Spasmen)

Eine andere wichtige Art von Atmungserkrankungen wird durch Krämpfe in den Bronchien charakterisiert. Asthma ist die wohl bekannteste Krankheit dieser Gruppe. Die Krämpfe sind nicht die Ursache dieses Problems, sie sind immer das Ergebnis komplexer Körpervorgänge – die Spitze des Eisbergs. Von daher muß jede Behandlung den gesamten Gesundheitszustand berücksichtigen.

Asthma

Asthma kann aus einer Verbindung verschiedener Ursachen entstehen. Oft besteht eine allergische Komponente, die asthmatische Anfälle auslöst. In manchen Fällen ist die Ursache rein genetischer Natur, in anderen eine erworbene Reaktion auf Reizstoffe. Auch der Zustand der Spannkraft kann zu Bronchialkrämpfen führen. Bei anfälligen Menschen können Anspannung, Ängste, Hyperaktivität und Erschöpfung so viel Streß verursachen, daß ein Asthma-Anfall ausgelöst wird. Ebenso können Krämpfe oder Atmungsschwierigkeiten daher stammen, daß die Stelle, an der der Brustnerv aus der Wirbelsäule tritt, deformiert oder überbelastet ist.

Normalerweise ist der Körper in der Lage, eine Vielzahl von Einflüssen auszugleichen – doch unsere Lebensweise und Ernährung, unsere Stellung im und Einstellung zum Leben tragen alle zur Entstehung des jeweiligen Körperzustands bei und müssen bei einer Behandlung mit berücksichtigt werden.

Asthma spricht auf eine Heilpflanzenbehandlung gut an, doch ist es unmöglich, ein Rezept anzugeben, das in allen Fällen hilft – denn die Heilmittel müssen entsprechend aller beteiligten Faktoren ausgewählt werden.

Zu den Heilpflanzen, die krampflösend wirken und die Atmung erleichtern, gehören *Grindeliakraut, Lobelie, Kleines Habichtskraut, Pillenwolfsmilch, Sonnentau* und *Wildkirsche.*

Bei übermäßiger Speichelbildung können schleimlösende Mittel wie *Anis, Kanadische Blutwurzel, Beinwellwurzel, Huflattich, Senega* und *Süßholz* hilfreich sein.

Die chinesische Heilpflanze *Meerträubchen* (Ephedra sinica, in Deutschland nur auf Rezept erhältlich) ist bei allergischen Reaktionen angezeigt.

Herzgespann ist durch seine sanft stärkende Wirkungsweise von unschätzbarem Wert, wenn die Anfälle das Herz belasten.

Bei zu hohem Blutdruck sind *Lindenblüten* und *Weißdorn* wertvolle Hilfen. Angst- und Anspannungszustände werden am besten mit *Baldrian, Helmkraut* und *Hopfen* behandelt.

Hin und wieder kommt es vor, daß Asthma auf die alleinige Behandlung mit nervenstärkenden Mitteln anspricht, denn Angst ist einer der wesentlichsten Auslöser eines Asthma-Anfalls. Es kann sogar die Angst vor dem Anfall selbst sein, die ihn auslöst. In solchem Fall ist alles zu empfehlen, was die innere Kraft und das Selbstbewußtsein eines Menschen stärkt. Nervine (nervenstärkende Mittel) unterstützen diesen Prozeß, doch sollte er auf psychotherapeutischem Weg gefördert werden.

Noch etwas zum Thema Milchprodukte. In vielen Fällen von Kindheitsasthma und Ekzemen wurde Milch als der Auslöser allergischer Reaktionen nachgewiesen, die vielleicht auch viele Erkrankungen Erwachsener bedingt. Es ist unumgänglich, daß unsere Kinder so lange wie möglich gestillt werden. Nach dem Entwöhnen sollten sie nicht mit Kuhmilch, die eine Reihe schädlicher Zusätze enthält, ernährt werden. Im Gegenteil, Milchprodukte sollten ebenso wie raffinierte Nahrungsmittel – besonders Zucker – in der Diät fehlen. Auch rotes Fleisch ist nicht zu empfehlen. Hingegen verursachen Ziegenmilch und Ziegenkäse nicht jene Probleme, die die Kuhmilch mit sich bringt, und können hier als Ersatz dienen.

Den Sinnen ist von vielen Lernenden auf ihrem Pfad mißtraut worden; es ist die Welt der Sinne, die transzendiert werden muß. Und in unseren modernen Städten werden diese kostbaren Fähigkeiten täglich mit grellen Eindrücken, schlechter Luft und mißtönenden Geräuschen bestürmt. Doch wenn wir die Sinne vorsichtig einsetzen, können wir Freude und Schönheit auf dieser Erde erfahren, Feingefühl und Unterscheidungsfähigkeit entwickeln. Durch den richtigen Gebrauch der Sinne wissen wir um die Immanenz des Geistes in der Materie.

Heinrich S. Ripszam

HALS, NASE, OHREN UND AUGEN

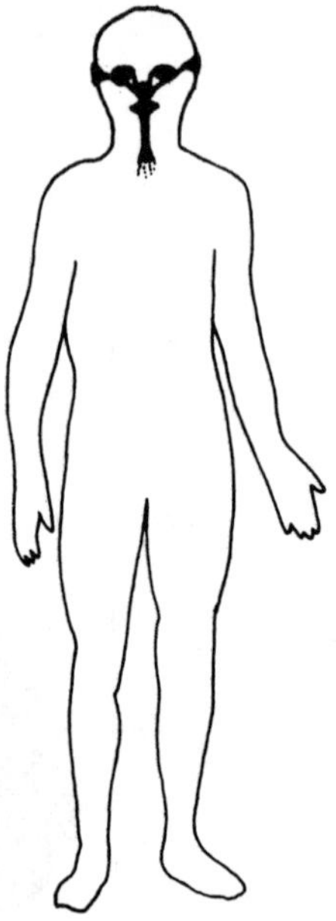

Alle Organe, die in diesem Kapitel besprochen werden, haben etwas Wesentliches gemeinsam: Sie liegen anatomisch nahe beieinander, üben verwandte Funktionen aus und spielen wichtige Vermittlerrollen zwischen Innen- und Außenwelt. Diese Vermittlerrolle zeigt sich auf körperlicher Ebene z. B. beim Gasaustausch während des Atmungsprozesses und in der Nahrungsaufnahme beim Essen, aber auch in Bereichen wie Kommunikation und Bewußtsein. Mit unseren Ohren vernehmen wir den Klang unserer Welt; dieser Sinn widerspiegelt die spirituelle Qualität des Verstehens. Mit unserer Nase riechen wir; dies ist der äußere Ausdruck von spiritueller Erkenntnis und Idealismus. Durch den Mund eröffnet sich uns die Welt des Geschmackssinns, der wiederum ein Tor zur Unterscheidungsfähigkeit ist. Die Stimme, die in der Kehle gebildet wird, ermöglicht Kommunikation. Durch die Augen wird uns Licht offenbart, und damit das Tor zur Göttlichkeit.

Der Austausch mit der Außenwelt und die enge Verbindung dieser Organe durch eine zusammenhängende gemeinsame Schleimhautschicht erklären viele der möglichen Krankheitsbilder in diesem Bereich. Natürlich kann man einfach von einer bakteriellen Infektion reden, oder annehmen, daß eine allergische Reaktion von den Pollen einer bestimmten Gras-Sorte hervorgerufen wurde – doch das ist eine sehr kurzsichtige Einschätzung von Symptomen. Man muß sowohl die Wurzeln einer angeborenen Abwehrschwäche in entsprechenden Körpersystemen suchen als auch nach den Ursachen einer immunologischen Überempfindlichkeit forschen.

Zwischen Atmungssystem und Hals, Nase und Ohren besteht eine enge Verbindung. Die Art und Weise, in der von den Schleimhäuten Schleim produziert wird, ist ein gutes Beispiel für das synergistische Funktionieren und die Selbstheilungskräfte des Körpers. Eine Aufgabe des Schleims ist das Einschließen von Fremdkörpern und der Schutz von Schleimhäuten gegen das Eindringen von Mikroorganismen. Der Schleim wird durch den sogenannten ›Schleim-Fahrstuhl‹ weggeschafft. Auf den Zellen, die Hals und Nase auskleiden, sitzen kleine Flimmerhaare. Diese schlagen mit wellenartigen Bewegungen in eine Richtung und fördern den Schleim abwärts in Richtung Speiseröhre und in den sterilisierenden Magen. Auf den Zellen, die die Bronchien auskleiden, sitzen Flimmerhärchen, die den Schleim nach oben bewegen und somit dem gleichen Schicksal aussetzen. In gesundem Zustand funktioniert das vollkommen. Verändert sich jedoch die Konsistenz des Schleims, kann dieser Mechanismus nicht mehr wirkungsvoll arbeiten. Die Heilpflanzenbehandlung von Erkrankungen, die von Verschleimungen begleitet werden, beruht hauptsächlich auf einer Veränderung der Schleimkonsistenz – die Flimmerhaare besorgen dann den Rest.

Heilpflanzen für Hals, Nase, Ohren und Augen

Da die meisten Erkrankungen, die in diesem System auftreten, von Schleimhautproblemen herrühren, haben wir es normalerweise mit Katarrhen und Infektionen zu tun. Spezielle Heilmittel sind hierfür angezeigt – doch dürfen wir dabei nicht vergessen, daß diese Krankheiten nur im Zusammenhang mit dem gesamten Körper behandelt werden können. Bei Katarrhen (Schleimhautentzündungen mit reichlichen Absonderungen) sollten zusammenziehende Mittel und gegen Katarrh wirksame Mittel angewendet werden, außerdem können Heilpflanzen mit hohem Gehalt leicht flüchtiger Öle sehr wirksam sein. Ebenfalls sollten keimhemmende Heilpflanzen in Erwägung gezogen werden, denn meist sind bei solchen Krankheitszuständen Bakterien beteiligt. Blutreinigungsmittel unterstützen das lymphatische System in seiner Abwehr- und Reinigungsfunktion.

Besonders für diese Systeme geeignete Heilpflanzen sind *Augentrost, Eibischblätter, Eukalyptus, Gänsefingerkraut, Goldrute, Graupappel, Holunderblüten, Kanadische Gelbwurzel, Kermesbeere, Pfefferminze, Salbei, Sonnenhutwurzel, Amerikanischer Wasserhanf, Wilder Indigo* und *Ysop.*

Die Ohren

Wir wissen, daß die Ohren für das Hören zuständig sind, doch über dieses Wahrnehmen von Schallwellen hinaus senden sie Informationen über das Gleichgewicht und die räumliche Bewegung an das Gehirn. Um all diese Funktionen zu erfüllen, hat der Körper architektonisch schöne Formen entwickelt, die diese komplexen Vorgänge in einer erstaunlich wirksamen Art ermöglichen. Die Probleme des Innenohres zu besprechen ginge über den Rahmen dieses Buches hinaus. Wir werden uns mit Krankheitsbildern befassen, die mit Infektionen und Katarrhen zusammenhängen und zu Hause behandelt werden können.

Infektionen

Infektionen des Mittelohres haben oft ihren Ursprung im Hals und breiten sich dann über die Eustachische Röhre aus. Die wichtigsten Heilpflanzen sind keimhemmende wie *Buntfarbige Schwertlilie, Sonnenhutwurzel, Knoblauch* und *Wilder Indigo,* die gleichzeitig auch gegen Katarrhe wirksam und blutreinigend sind. Das wirksamste Heilmittel bei allen Infektionen von Hals, Nase und Ohren ist die *Sonnenhutwurzel.* Heilpflanzen, die reich an antiseptischen Ölen sind, sind ebenfalls hilfreich, allerdings geeigneter bei Hals- oder Nasenbeschwerden. Weiterhin kommen lymphatische Stärkungsmittel in Betracht, zum Beispiel *Klettenlabkraut* und *Kermesbeere* oder gegen Katarrhe wirksame und schleimhautstärkende Mittel wie *Goldrute, Kanadische Gelbwurzel* und *Holunderblüten.*

Die jeweils geeigneten Heilpflanzen werden als Teemischung zusammengestellt, *Kanadische Gelbwurzel* vielleicht ausgenommen, sie schmeckt sehr bitter und wird besonders bei Kindern besser als Pulver oder in Kapselform verabreicht. Diese innerliche Behandlung ist sehr wirksam; bei Ohrenschmerzen wird jedoch auch eine äußerliche Behandlung notwendig sein. Ohrenbeschwerden können besonders bei Kindern sehr schmerzvoll sein und große Qualen verursachen, doch gibt es eine Reihe von Möglichkeiten, diese Schmerzen zu lindern.

Ohrenschmerzen

Die schnellste Methode, um Ohrenschmerzen abzuhelfen, ist die Anwendung von *Nabelkraut*-Saft. Dazu sammelt man einige der runden Blätter dieser Pflanze, die häufig an Mauern und Felsen wächst und leicht zu finden ist. (Um Verwechslungen zu vermeiden: Bei dieser Pflanze sitzt der Blattstiel in der Mitte der runden Blätter.) Mehrere Blätter in einem Sieb zerdrücken und den austretenden Saft auffangen. Ein paar Tropfen dieses grünen Saftes (der Körpertemperatur haben sollte) in das schmerzende Ohr träufeln und mit Watte verschließen. Auf die gleiche Art können *Königskerzen*-Öl und *Lobelien*-Tinktur angewendet werden. Falls keines dieser Mittel zur Verfügung steht, können auch wenige Tropfen starken Kamillentees verwendet werden.

Jedes dieser Mittel lindert zwar die Ohrenschmerzen, doch dürfen wir nicht vergessen, die Infektion zu behandeln, die diese Beschwerden verursacht.

Entzündung des Warzenfortsatzes (Mastoiditis)

Manchmal kommt es zu einer Infektion des Warzenfortsatzes hinter dem Ohr, die zu einem Abszeß oder Furunkel führen kann, der das äußere oder das Mittelohr befällt. Die Erkrankung sollte wie Furunkel behandelt werden. (Siehe Kapitel über die Haut.)

Schwerhörigkeit und Hörprobleme

Schwerhörigkeit kann aus neurologischen Ursachen oder aus einer katarrhalischen Blockierung des Mittelohrs resultieren. Eine solche Blockierung kann mit der gleichen Methode, die bei Schnupfen empfohlen wurde, erfolgreich behandelt werden. Auch ein Wachspfropfen im äußeren Ohrkanal kann zu Schwerhörigkeit beitragen und sollte von einem Arzt entfernt werden.

Ohrenklingen (Tinnitus)

Bei dieser Erkrankung ist ein Geräusch innerhalb des Ohres zu hören. Dies kann durch eine katarrhalische Stauung ausgelöst werden. Unabhängig von der Ursache ist eine Behandlung mit *Kanadischer Gelbwurzel* oder *Schwarzer Schlangenwurzel* als Tee oder in Kapseln über längere Zeit sehr wirkungsvoll.

Die Nase

Die Nasengänge sind mit Schleimhäuten ausgekleidet. Sie produzieren ständig geringe Schleimmengen, um die darunter liegenden Hautschichten vor dem Austrocknen zu schützen und alle Reizsubstanzen, die durch das Atmen in die Nase gelangen, zu beseitigen und zu sterilisieren. Diese natürliche Schleimproduktion kann durch die unterschiedlichsten Faktoren stimuliert werden und zu Erkrankungen und Überproduktion an Schleim führen – etwa zu Katarrhen und Erkältungen. Äußerliche Reizsubstanzen wie Tabak- oder Alkoholdämpfe, Staubteilchen oder Bakterien können die Ursache sein, aber meist liegt es an innerlichen Problemen, an Anhäufungen von Giftstoffen im Körper, insbesondere aufgrund unangemessener Ernährung. (Siehe den Abschnitt über schleimfreie Ernährung im Kapitel über das Atmungssystem.) Ist dies der Fall, nutzt der Körper den Schleim der oberen Atemwege, um Abfallstoffe zu beseitigen. Der erste Schritt bei der Behandlung solcher Erkrankungen sollte die eingehende Überlegung hinsichtlich der Ernährung sein. Bei allen nachfolgenden Vorschlägen für eine Heilpflanzenbehandlung wird davon ausgegangen, daß die Ernährung nur wenig schleimbildende Nahrungsmittel enthält.

Schnupfen

Schnupfen kann, wie bereits erwähnt, aus systembedingten Faktoren resultieren, er kann aber auch mit Infektionen und Allergien zusammenhängen. Um dieses manchmal hartnäckige Problem erfolgreich zu behandeln, werden Heilpflanzen verwendet, die auf die Nasenschleimhäute einwirken. Zusätzlich müssen wir den Körper als größeres Ganzes behandeln. Linderung gewähren *Augentrost, Goldrute* und *Holunderblüten,* da sie gegen Katarrhe und adstringierend wirken. *Goldrute* ist normalerweise am wirkungsvollsten. *Kanadische*

Gelbwurzel ist ein anderes spezifisches Heilmittel bei Schnupfen, doch sollte es maßvoll verwendet werden, da es die Schleimhäute austrocknen kann. Oft ist ein Katarrh von einer Infektion begleitet, deshalb sollten keimhemmende Mittel wie *Sonnenhutwurzel, Knoblauch* (am besten roh oder als Öl in Kapseln) oder *Wilder Indigo* angewandt werden.

Da das Lymphsystem ebenfalls belastet wird, sollte *Kermesbeere* hinzugefügt werden; diese Pflanze ist gegen Katarrhe wirksam und gleichzeitig ein gutes Stärkungsmittel für das lymphatische System.

Über die Anwendung der erwähnten Heilpflanzen als Teemischung hinaus können wir auch eine ausgezeichnete Salbe aus antiseptischen, leichtflüchtigen Ölen herstellen, um der Verstopfung der Nase abzuhelfen. Sie kann in sehr geringen Mengen an den Nasenlöchern aufgetragen werden, um inhaliert zu werden, oder man kann über Nacht die Brust einreiben, so daß die Dämpfe eingeatmet werden. Man nehme:

Pfefferminzöl	15 ml
Eukalyptusöl	15 ml
Kiefernöl	15 ml
Vaseline	500 g

Die Vaseline wird verflüssigt, ohne sie zu überhitzen. Anschließend die Öle hinzugeben und umrühren. Diese Mischung in kleine Behälter füllen und verschließen, wenn die Salbe auf Zimmertemperatur abgekühlt ist.

Leicht flüchtige Öle können auch mit Wasserdampf inhaliert werden. Hierbei können etwas der oben beschriebenen Salbe oder Heilpflanzen wie *Eukalyptus, Kiefernnadeln* oder auch *Kamille* verwendet werden. Für eine Dampfinhalation mit *Eukalyptus* drei Teelöffel Blätter in eine Schüssel geben und zwei Liter kochendes Wasser darübergießen. Den Kopf über die Schüssel halten und mit einem Handtuch bedecken, um die Dämpfe gut nutzen zu können. Ungefähr zehn Minuten durch die Nase inhalieren. Nicht gleich nach draußen gehen, denn die Schleimhäute werden eine Weile empfindlich sein. Diesen Vorgang zwei- oder dreimal täglich wiederholen.

Erkältungen

Eine Erkältung wird meist als lästig empfunden und sollte möglichst rasch beseitigt werden. Ein typisches Beispiel dafür, wie wir ›Krankheiten‹ begreifen: Wir betrachten sie eher als etwas, das bekämpft werden muß, und nicht als Hinweis dafür, daß im Körper etwas aus dem Gleichgewicht geraten ist.

Diesen Hinweis sollten wir ernst nehmen und versuchen, den Weg zurück zu innerer Harmonie zu finden. Wir ›holen‹ uns eine Erkältung gerade dann, wenn die Wachstumsbedingungen für einen Virus im Körper ideal sind. Ist unsere Innenwelt intakt und harmonisch, werden wir Erkältungen widerstehen, ob wir mit Viren bombardiert werden oder nicht.

Sich mit den Ursachen der Schleimbildung auseinanderzusetzen, ist der erste Schritt bei der Behandlung einer Erkältung. In den meisten Fällen bedeutet das, alle schleimbildenden Nahrungsmittel aus dem Ernährungsplan zu streichen. ›Holt‹ man sich regelmäßig jeden Winter eine Erkältung, so ist eine schleimfreie Diät generell angebracht.

Die Behandlung mit Heilpflanzen bildet den nächsten Schritt. Die allgemein gegen Schnupfen beschriebenen Kräuter können in diesem Fall sehr heilsam sein, doch existieren auch viele spezifische Erkältungsmittel. Jede Gegend hat ihre eigenen spezifischen Mittel, wirksam sind sie alle.

Mein Lieblingsmittel ist eine Mischung aus gleichen Teilen *Holunderblüten, Pfefferminze* und *Schafgarbe.* Dieser Tee verbindet die gegen Katarrhe wirksamen und schleimhautstärkenden Qualitäten der *Holunderblüten* mit der anregenden und stauungslösenden Wirkung der *Pfefferminze* sowie den schweiß- und harntreibenden Eigenschaften der *Schafgarbe.* Diesen Tee mindestens dreimal täglich so heiß wie möglich trinken.

Wird die Erkältung von Fieber begleitet, sollte darüber hinaus noch ein weiteres schweißtreibendes Mittel wie *Amerikanischer Wasserhanf* hinzugefügt werden.

Außer schleimfreier Diät und Heilpflanzen ist Vitamin C angebracht. Sein Wert für die Behandlung und langfristiges Vorbeugen gegen Erkältungen kann nicht genug betont werden. Die genaue Dosierung von Vitamin C ist ein strittiger Punkt. Ich empfehle bei den ersten Anzeichen einer Erkältung, und bis ein paar Tage nach Abklingen der Symptome, die Einnahme von 2 g Vitamin C (über den ganzen Tag verteilt) und dann eine geringere Dosierung von 500 Milligramm täglich. Ideal ist der Genuß von *Hagebutten* oder *Acerolabeeren,* denn beide sind reich an Bestandteilen, die für die Absorption von Vitamin C notwendig sind.

Grippe

Eine Heilpflanze, die in keinem Haus fehlen sollte, ist der *Amerikanische Wasserhanf.* Er lindert Schmerzen und Unwohlsein. Die folgende Mischung ist angebracht:

Am. Wasserhanf	2 Teile
Holunderblüten	1 Teil
Pfefferminze	1 Teil

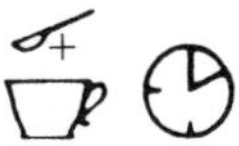

Alle zwei Stunden eine Tasse so heiß wie möglich trinken. Schmeckt dieser Tee zu bitter – besonders für Kinder –, kann er mit *Süßholz* gesüßt werden.

Helmkraut lindert Depressionen, die eine Grippe manchmal begleiten oder ihr folgen. Wurden Antibiotika verabreicht, empfiehlt sich die nachfolgende Einnahme von Vitamin C und Joghurt. Vitamin C lindert die Belastungen, die von Antibiotika und Fieber im Körper verursacht wurden. Joghurt ist wichtig, um die durch Antibiotika angegriffene Darmbakterienkultur zu regenerieren. Durch den Verzehr nicht pasteurisierten Joghurts begünstigen wir neues Wachstum der Darmflora.

Nebenhöhlenentzündung

Eine Infektion der Nebenhöhlen führt häufig zu einer chronischen Erkrankung und kann sich in manchen Fällen zu einem hartnäckigen und dauerhaften Zustand entwickeln. Folgende Mischung ist für eine kurzzeitige Behandlung angezeigt:

Eibischblätter	1 Teil
Goldrute	1 Teil
Kanadische Gelbwurzel	1 Teil
Sonnenhutwurzel	1 Teil

Alle zwei Stunden eine Tasse.

Diese Mischung verbindet die Eigenschaften der keimhemmenden *Sonnenhutwurzel,* der gegen Katarrh wirksamen *Kanadischen Gelbwurzel* und der schleimhautschützenden Eibischblätter. Darüber hinaus sind die bei Katarrh empfohlene Salbe und ein Dampfbad äußerst wirksam.

Als Langzeitbehandlung muß – besonders bei hartnäckigen Fällen – die Ernährung unter die Lupe genommen werden: vor allem hinsichtlich schleimbildender Nahrungsmittel, da Nebenhöhlenentzündungen vom Zustand der Schleimhäute abhängen. Der Ernährung sollte Vitamin C und Knoblauch zugesetzt werden; der Knoblauch roh oder als Öl in Kapselform.

Heuschnupfen

Heuschnupfen und andere allergische Schnupfenarten werden durch eine immunologische Reaktion auf äußere, Allergien auslösende Substanzen verursacht. Warum der Körper auf solch extrem sensible Art und Weise reagiert, bleibt offen. Ist eine Allergie der auslösenden Substanz zuzuschreiben oder inneren Vorgängen? Ich vermute, daß es ein ganzes Spektrum von Ursachen gibt, angefangen bei anlagebedingter Neigung, bis hin zu unangemessener Lebensweise. Ist die Lebensweise angemessen, die Innenwelt harmonisch, kommt eine anlagebedingte Schwäche vielleicht gar nicht erst zum Tragen.

Folgende Mischung kann die Symptome des Heuschnupfens wirksam behandeln und lindern:

Holunderblüten	2 Teile
Augentrost	1 Teil
Kanadische Gelbwurzel	1 Teil
Meerträubchen	1 Teil

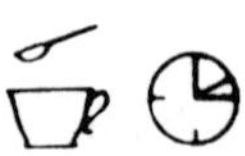

Zwei- bis dreimal täglich eine Tasse.

Mit der Behandlung sollte man mindestens einen Monat vor dem Beginn der jeweils persönlich wiederkehrenden Heuschnupfen-Saison beginnen, um der Erkrankung vorzubeugen, da es eine gewisse Zeit dauert, bis die antiallergischen Substanzen wirksam werden. Eine an schleimbildenden Substanzen geringe Ernährung (siehe Abschnitt über Stauungszustände im Atmungssystem) kann hier ebenso von Vorteil sein wie die Einnahme von Vitamin C und *Knoblauch*.

Polypen

Nasenpolypen können ein immer wieder auftretendes Problem sein und müssen im Zusammenhang mit dem gesamten Körperzustand untersucht und behandelt werden. Die beste lokale Behandlung erfolgt mit einem Schnupfenmittel, das zu gleichen Teilen aus *Kanadischer Blutwurzel* und einem adstringierenden Mittel, wie z. B. *Rhatanhiar,* besteht, beides zu feinem Pulver gerieben. Dieses Mittel über einen längeren Zeitraum zweimal täglich anwenden. Zusätzlich können die Polypen zweimal täglich mit flüssigem *Lebensbaum*-Extrakt eingestrichen werden.

Nasenbluten

Nasenbluten ist immer Ausdruck dafür, daß irgend etwas im Körper nicht in Ordnung ist. Es deutet vielleicht auf ein eher geringfügiges Problem, kann aber auch auf eine ernsthafte Erkrankung, wie etwa zu hohen Blutdruck, hinweisen. Kommt es zu fortgesetztem Nasenbluten, sollte ärztlicher Rat eingeholt werden. Das Symptom selbst kann leicht mit einem adstringierenden Mittel gestillt werden. Eine einfache und bequeme Methode ist die Anwendung von *Hamamelis:* etwas Watte in destilliertes *Hamamelis*wasser tauchen und als kleinen Propfen in das betreffende Nasenloch stecken.

Hauterkrankungen

Verschiedene Hauterkrankungen können die Nase befallen, wie z. B. Eiterflechte, Herpes und Ekzeme. Sie werden im Kapitel über die Haut besprochen.

Der Hals

Der Hals kann von Erkrankungen befallen werden, die ihren Ursprung in verschiedenen Körperbereichen haben: unter anderem in den Lungen, der Nase, den Nebenhöhlen, im Magen und im Mund. Sie können sich als Mandel-, Rachen- oder Kehlkopfentzündung äußern, doch müssen diese Erkrankungen immer in größerem Zusammenhang gesehen werden. Ein gutes Beispiel für diesen erweiterten Blickwinkel ist der ganzheitliche Ansatz bei der Behandlung von Mandelentzündungen.

Mandelentzündung (Tonsillitis)

Das Drüsengewebe, das wir Mandeln nennen, ist eine Art lymphatisches Gewebe und hat ebenso wie andere Lymphdrüsen die Aufgabe, den Körper vor Infektionen zu schützen. Eine Entzündung der Mandeln zeigt, daß die Drüsen diese Aufgabe erfüllen. Eine angemessene Behandlung unterstützt den Körper mit Heilpflanzen und hilft den Drüsen bei ihrer Arbeit. Außer in wirklich gut begründeten Fällen sollten die Mandeln nicht entfernt werden (wie es allzu häufig geschieht).

Für diesen Zweck sind keimhemmende Mittel wie *Sonnenhutwurzel, Myrrhe* oder *Salbei,* zusammen mit lymphreinigenden Mitteln wie *Klettenlabkraut, Kermesbeere, Ringelblume* oder *Kanadische Gelbwurzel* angezeigt.

Auch adstringierende und schleimhautschützende Mittel können angewendet werden. Eine gute Mischung für die innerliche Anwendung besteht aus:

Sonnenhutwurzel	2 Teile
Kermesbeere	2 Teile
Salbei	2 Teile
Graupappel	1 Teil

Alle zwei Stunden eine Tasse, die zur Geschmacksverbesserung mit *Süßholz* gesüßt werden kann.

Zum Gurgeln können auch *Kanadische Gelbwurzel* oder *Salbei* benutzt werden, wobei man das Gurgelwasser auch direkt auf die Mandeln sprühen kann (mit Hilfe einer kleinen Sprühflasche, wie sie in Apotheken und Drogerien erhältlich ist).

Kehlkopfentzündung (Laryngitis)

Die bei Mandelentzündung empfohlenen Mittel sind auch bei Kehlkopfentzündungen wirksam.

Salbei- und *auch Wiesensalbei* – ist äußerst wertvoll für Mundspülungen und Gurgelwasser. Zwei Eßlöffel *Salbei* in einen halben Liter kaltes Wasser geben und zum Kochen bringen. Zugedeckt weitere zehn Minuten ziehen lassen. Bei Bedarf erwärmen und häufig gurgeln.

Geschwollene Drüsen

Diese, auch Lymphknotenentzündung genannte Krankheit wird im Kapitel über den Kreislauf unter ›Lymphsystem‹ behandelt.

Die Augen

Die Behandlung der Augen geht weit über den Rahmen dieses Buches hinaus. Jedoch können Erkrankungen, die die Augenlider und die Tränendrüsen betreffen, mit Heilpflanzen behandelt werden.

Die wohl geeignetste Heilpflanze für die Augenbehandlung ist *Augentrost.* Sie kann bei allen Augenerkrankungen sowohl innerlich als auch äußerlich angewendet werden – auch in Verbindung mit anderen Kräutern –; sie hilft dem Augapfel und dem umliegenden Gewebe. Alle Augenerkrankungen, wie z. B. Entzündungen der Lider oder andere Infektionen wie Bindehautentzündungen, werden am besten innerlich und äußerlich zugleich behandelt. Heilpflanzen für die innere Anwendung sollten auf den ganzen Körper keimhemmend, entgiftend und stärkend wirken, um es dem Körper zu ermöglichen, die Infektion selbst ›abzuschütteln‹. Ein gutes Beispiel einer solchen Mischung besteht zu gleichen Teilen aus:

Augentrost
Buntfarbige Schwertlilie
Kermesbeere
Klettenlabkraut
Sonnenhutwurzel

Dreimal täglich eine Tasse.

Mit *Augentrost* können zur äußerlichen Anwendung Augenbäder oder Kompressen zubereitet werden. Dazu gebe man einen Eßlöffel der getrockneten Pflanze in einen halben Liter Wasser, lasse es zehn Minuten kochen und abkühlen. Als Augenbad benutzen oder für eine Kompresse auf Watte, Gaze oder Baumwollstoff geben und leicht erwärmt etwa fünfzehn Minuten auf die Augen legen; mehrmals täglich wiederholen. *Kanadische Gelbwurzel* oder *Ringelblume* können auf ähnliche Art und Weise verwendet werden.

Durch das Verstehen der richtigen Methoden von Aufnahme und Ausscheidung wird man lernen, die Krankheiten zu heilen, die mit Körpergewebe, Magen und Eingeweiden sowie mit männlichen und weiblichen Zeugungsorganen zusammenhängen.

Alice Bailey

DAS VERDAUUNGS-SYSTEM

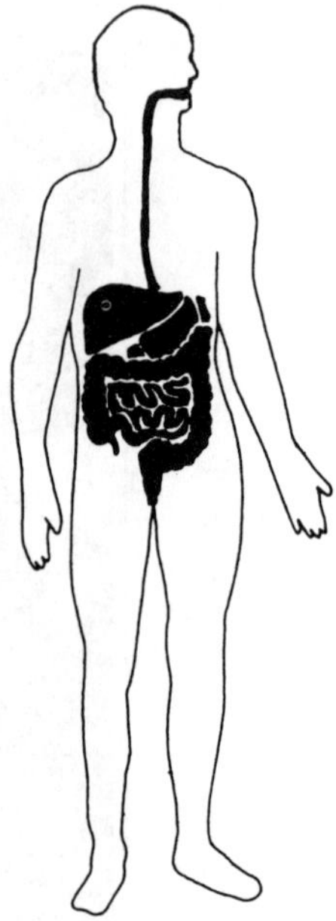

Das Verdauungssystem beginnt beim Mund und endet mit dem Mastdarm – mehr als zehn Meter weiter! Man hat es als Röhre beschrieben, als eine Art Fabrik, in der die Nahrung chemisch aufbereitet und für die Weiterverwendung im Körper vorbereitet wird. Diese Beschreibung zeigt uns, wie beschränkt das Körperbewußtsein in der heutigen Zeit oft ist. Das Verdauungssystem ist vielmehr eines der wichtigsten Bindeglieder zwischen unserer Innen- und der Außenwelt, mit einer Oberfläche, die Hunderte Male größer ist als die unserer Haut. Im Verdauungssystem laufen Vorgänge von solcher Komplexität ab, daß sie noch immer weit über unser Verständnis hinausgehen. So entspricht z. B. die Anzahl der im Verdauungssystem lebenden Zellen der Gesamtzahl der Körperzellen, aber wie diese Mischung von Mikroben im einzelnen unser Wohlergehen beeinflußt und wie unser Gesundheitszustand auf sie einwirkt, ist weitgehend unerforscht.

Das Verdauungssystem ist reich an Nerven, es ist mit einem ganzen Netzwerk integrierter Kontrollfunktionen ausgestattet, das mit einem stattlichen Aufgebot an Hormonen zusammenwirkt – ein Gehirn des Unterleibs sozusagen. Diese Intelligenz auf Darmebene kann das Verdauungssystem normalerweise in angemessener Weise kontrollieren. Der Grad an Interaktion und Synergie zwischen den verschiedenen Teilen des Verdauungstrakts ist äußerst verblüffend, und je weiter Physiologen in diesem Bereich forschen, um so mehr wird dabei entdeckt.

Da wir das sind, was wir essen, hängen unsere Gesundheit und unsere Vitalität in hohem Maße davon ab, mit welcher Sorgfalt unser Verdauungssystem die Bausteine für den physischen Körper bereitstellt. Es geht nicht nur darum, was wir zu uns nehmen, sondern vor allem auch darum, daß etwas richtig verarbeitet wird, damit es vom Körper aufgenommen und weiterverwendet werden kann – denn in Wirklichkeit sind wir das, was wir aufnehmen.

Ist die Verdauungsfunktion beeinträchtigt, dann wird – egal, was wir zu uns nehmen – die Nahrung nicht ausreichend verwertet, und es kommt zu Mangelzuständen. Der Fehler kann entweder in der Zusammensetzung oder Menge der Verdauungssäfte liegen oder an einer Fehlfunktion der Darmwände, die bewirkt, daß nicht ausreichend Nahrung durch die Darmwand aufgenommen werden kann. Jedes dieser Probleme kann Anlaß zu einer ganzen Reihe von Krankheiten geben. Diese Darlegungen beziehen sich ausdrücklich auf funktionale Probleme, bei denen das System nicht so gut arbeitet, wie es könnte. Sie beziehen sich nicht auf organische Krankheitszustände, die durch Verletzungen oder Anomalitäten der beteiligten Organ- oder Gewebestruktur verursacht werden.

Die Wirkungsweise der verdauungsfördernden Bitterkräuter liefert uns ein äußerst gutes Beispiel für die komplexe Arbeitsweise des Verdauungsprozesses. Im Scherz wird immer wieder gesagt, daß eine Medizin um so wirksamer sei, je bitterer sie schmeckt. Bei den Bitterstoffen ist das wirklich der Fall! Man hat herausgefunden, daß der bittere Geschmack auf der Zunge über Reflexkreise im Gehirn die Absonderungen und die Aktivität der Speiseröhre ebenso anregt wie die Ausscheidungen des Magens, des Zwölffingerdarms, der Gallenblase und die Insulinproduktion der Bauchspeicheldrüse. Und all das rührt von einem scheußlichen Geschmack im Mund her!

Eine ebenso wichtige Funktion des Verdauungssystems – neben der des Aufnehmens – ist die der Ausscheidung. Nicht alles, was wir essen, wird auch aufgenommen, bestimmte Stoffe sind unverdaulich und müssen ausgeschieden werden. Der Körper produziert zusätzlich eine Menge Stoffwechsel-Abfallprodukte, die er teilweise über das Verdauungssystem ausscheiden muß. Der Zustand des Darms und des Darminhalts beeinflußt den übrigen Körper in grundlegender Weise. Viele Naturheilkundige widmen dem Darm verständlicherweise große Aufmerksamkeit, außerdem ist die Beschaffenheit unserer Nahrung von größter Wichtigkeit.

Neben den physiologischen Einflüssen, die auf Funktion und Gesundheit des Verdauungssystems einwirken, besteht ein ständiges Wechselspiel zwischen der Gemütslage und der Verdauung. Emotionen beeinflussen sowohl die Funktion als auch die Struktur von Magen- und Darmgewebe tiefgreifend. Auf Wut, Angst, Furcht und alle Formen von Streß und Kummer gibt es eine unmittelbare Reaktion. Diese psychologischen Einflüsse müssen erkannt und richtig eingeschätzt werden, um Verdauungsstörungen in ganzheitlicher Art und Weise angehen zu können.

Krankheitsvorbeugung

Die meisten Verdauungsprobleme wären durch Änderungen der Lebensweise und der Gewohnheiten leicht zu vermeiden. Um Erkrankungen vorzubeugen, müssen wir unsere Haltung gegenüber Alkohol, Tabak, Streß und Ernährung überprüfen.

Ohne Zweifel reizt hoher Alkoholkonsum die Darmwände und stellt eine besondere Bedrohung für die Leber dar. Im Idealfall sollte Alkohol auf ein Minimum reduziert werden. Der Genuß von Tabak bietet ein ähnliches Problem. Es wurde nachgewiesen, daß Nikotin den Heilungsprozeß von Magengeschwüren verlangsamt und die Bildung von Zwölffingerdarmgeschwüren anregen kann. Inhalierter Teer wirkt als Reizgift. Nicht rauchen!

Streß und Angst sind wichtige Faktoren, die zu Krankheiten beitragen und den Heilungsprozeß erschweren. Über das autonome Nervensystem wirken diese Faktoren besonders stark auf das Verdauungssystem ein. Angst- und Streßzustände sollten aktiv vermindert werden. Schaffen wir Frieden und Ruhe in uns selbst. Streß ist nicht notwendig. Wechsle den Arbeitsplatz – lebe in Frieden!

Die Nahrung sollte so abwechslungsreich, natürlich und reich an Ballaststoffen wie nur möglich sein. Wir sollten Obst, Gemüse und Vollgetreide den Stärken, dem Zucker und dem schädlichen weißen Mehl vorziehen. Künstliche chemische Zusätze sollten gemieden werden. Die speziellen Einzelheiten einer guten Ernährung müssen nach individuellen Bedürfnissen und eigener Weltanschauung bestimmt werden.

Heilpflanzen für das Verdauungssystem

Für die Behandlung von Verdauungsstörungen existieren sehr viele Pflanzen-Heilmittel. Das ist nicht verwunderlich, wenn wir Heilpflanzen als Nahrung, als Gemüse betrachten. Meist werden die Heilpflanzen durch den Mund und somit vom Verdauungssystem aufgenommen, wodurch ihre Heilkräfte sofort wirksam werden.

Um nicht eine endlos lange Liste aufzustellen, werden die wichtigsten verdauungsfördernden Heilpflanzen an dieser Stelle entsprechend ihren Heilwirkungen besprochen. Eine vollständige Liste der Heilpflanzen ist im Kapitel über die Heilwirkungen zu finden.

Die Heilwirkungen können grob in zwei Gruppen eingeteilt werden: in solche, die verschiedene Bereiche des Körpersystems anregen, um die Aktivität zu erhöhen oder zu verbessern – die verdauungsanregenden Mittel –, und in solche, die das Gewebe entspannen oder jegliche Überaktivität innerhalb des Systems herabsetzen – die verdauungsentspannenden Mittel.

Anregungsmittel (Stimulantia)

Bittermittel

Die Bittermittel besitzen eine große Bandbreite verschiedener Eigenschaften und chemischer Bestandteile, doch eines ist ihnen allen gemeinsam, nämlich der äußerst bittere Geschmack. Diese Eigenschaft regt den Appetit an und fördert in komplexer Art und Weise die Verdauung. Wie bereits erwähnt, läuft dieser Vorgang ausschließlich über die Geschmacksnerven und einen Reflex im Gehirn ab. Werden diese Heilpflanzen in Kapseln eingenommen und können nicht geschmeckt werden, kommen ihre verdauungswirksamen Eigenschaften nicht zur Entfaltung. Die wertvollsten Bittermittel sind *Andorn, Berberitze, Enzianwurzel, Kanadische Gelbwurzel, Tausendgüldenkraut* und *Wermut.* Natürlich sind andere Heilwirkungen eingeschlossen, so kann *Andorn* z. B. bei bronchitischen Erkrankungen mit schwachem Appetit und träger Verdauung als verdauungsförderndes Heilmittel eingesetzt werden, wenn die Lunge geschwächt ist.

Speicheltreibende Mittel (Sialagoga)

Die große Bedeutung des Speichels für den Verdauungsprozeß kann nicht genug betont werden. Die Verdauung beginnt mit dem Mund und löst einen Prozeß aus, der sich im Darm fortsetzt. Speichel spaltet große Kohlenhydrate in kleinere auf, die dann in anderen Teilen des Verdauungssystems weiterverarbeitet werden können. Wird die Nahrung nicht ausreichend gekaut und mit Speichel vermischt, ist der gesamte Verdauungsvorgang davon betroffen. Neben den Bittermitteln, die den Speichelfluß anregen, sind *Ingwer, Paprika,* (türkische) *Rhabarberwurzel* und *Süßholz* weitere speicheltreibende Mittel.

Lebermittel (Hepatika)

Als Lebermittel gelten Heilpflanzen, die die ausscheidenden Funktionen der Leber stärken, tonisieren und anregen. Dadurch wird der Gallenfluß erhöht. Heilmittel, die außerdem die Absonderung der Gallenflüssigkeit in den Zwölffingerdarm fördern, werden Gallenmittel (Cholagoga) genannt. Bei der Behandlung des gesamten Körpers ist es deshalb äußerst ratsam, vor allem die Leberfunktionen zu unterstützen, denn dieses äußerst wichtige Organ ist eng mit allen Körperfunktionen verknüpft und an der Gesundheit aller Gewebe beteiligt. An Verdauungsproblemen ist die Leber über die Gallenflüssigkeit beteiligt. Wie die Bedeutsamkeit der Leber bereits ahnen läßt, gibt es zahlreiche leberstärkende Heilpflanzenmittel. Die wichtigsten Hepatika sind *Krauser Ampfer, Berberitze, Boldo, Virginischer Ehrenpreis, Eisenkraut, Kanadische Gelbwurzel, Löwenzahn, Pfaffenhütchen, Kahles Schildblumenkraut, Schneeflockenbaum, Buntfarbige Schwertlilie* und *Yamswurzel.*

Abführmittel (Laxativa)

Viele Heilpflanzen fördern die Entleerung des Darms, das Spektrum reicht von milden bis zu starken und drastischen Mitteln. Starke Abführmittel sollten nur in extremen Fällen und unter qualifizierter Anleitung genommen werden. Die besten Abführmittel sind solche, die die natürliche Sekretion der Verdauungssäfte, etwa der Gallenflüssigkeit, stimulieren und so die Entleerung fördern. Dies sind unter anderem: *Krauser Ampfer, Berberitze, Löwenzahn, Pfaffenhütchen, Kahles Schildblumenkraut* und *Süßholz.*

Echte Rhabarberwurzel ist ein kräftiges Abführmittel, das in kleinen Dosen gleichzeitig schwach adstringierend wirkt. Andere wertvolle Mittel sind *Aloe, Amerikanischer Faulbaum, Kreuzdorn* und *Senna.*

Diese stärkeren Abführmittel wirken hauptsächlich dadurch, daß sie durch chemische oder neurologische Stimulierung die auskleidenden Zellschichten der Därme reizen und so zur aktiven Austreibung des Darminhalts führen.

Brechreizfördernde Mittel (Emetika)

Es gibt Situationen, in denen es unabdingbar ist, den Magen zu leeren, z. B. bei Vergiftungen, bei denen Erbrechen oft das beste Mittel ist. Viele Pflanzen können diesen Reflex verursachen, entweder, indem sie auf die kontrollierenden Nerven wirken oder die Magenwände reizen. *Brechwurzel, Melisse* und *Senega* sind gute Vertreter dieser Art.

Wurmmittel (Anthelmintika)

Diese anregenden Heilpflanzen wirken nicht direkt auf das Verdauungssystem selbst ein, sondern eher auf eventuelle parasitäre Würmer. Weitere Information dazu ist im Kapitel über Infektionen und parasitären Befall zu finden.

Entspannungsmittel (Relaxantia)

Nach den Anregungsmitteln wollen wir nachfolgend nun eine Gruppe von Wirkungsweisen betrachten, die das Gewebe des Verdauungssystems entspannen oder die Überaktivität auf eine normale Stufe reduzieren.

Schleimhautschützende Mittel (Demulcentia)

Schleimhautschützende Heilpflanzen wirken schützend und lindernd auf gereizte oder entzündete Darmwände des Verdauungstrakts. Von den zahlreichen Demulcentia, die in verschiedenen Bereichen des Körpers wirken, sind *Beinwellwurzel, Eibischwurzel, Hafer, Hopfen, Isländisches Moos, Quittensamen* und *Amerikanische Ulme* im Verdauungssystem am wirksamsten.

Blähungstreibende Mittel (Karminativa)

Viele der aromatischen Heilpflanzen enthalten leicht flüchtige Öle, die auf das Verdauungssystem wirken, indem sie die Magenmuskeln entspannen, die Darmtätigkeit erhöhen und die Blähungsneigung herabsetzen. Auf diese Weise unterstützen sie die Bewegung der Substanzen durch das Verdauungssystem und lindern die Blähungen. Von den zahlreichen Karminativa sind *Anis, Engelwurz, Fenchel, Ingwer, Kalmus, Kamille, Kardamom, Koriander, Kümmel, Paprika, Pfefferminze* und *Thymian* die besten.

Zusammenziehende Mittel (Adstringentia)

Die Wirkung der Adstringentia beruht hauptsächlich auf ihrer Fähigkeit, die Zellwände zusammenzuziehen und auf diese Weise das Gewebe zu verdichten, zu festigen und alle nicht erwünschten Absonderungen zum Stillstand zu bringen. Von den zahlreichen Adstringentia, die uns das Pflanzenreich zur Verfügung stellt, eignen sich *Berberitze, Blutwurz, Brennessel, Eichenrinde, Mädesüß, Odermennig* und *Scharbockskraut* am besten für das Verdauungssystem.

Krampflösende Mittel (Antispasmodika)

Antispasmodika sind Heilmittel, die jegliche nervliche Anspannung, die Verdauungskrämpfe oder -koliken verursacht, auf rasche Weise lösen. Die Anspannung, die aus unserer heutigen Lebensweise resultiert, kann viele Verdauungserkrankungen verursachen. In solchen Fällen wird die Verwendung entspannender und nervenstärkender Mittel oder krampflösender Heilkräuter für die Muskeln notwendig. Die besten Mittel bei Verdauungsproblemen sind *Baldrian, Helmkraut, Hopfen, Kamille, Küchenschelle, Lobelie* und *Mistel.*

Keimhemmende Mittel (Bakteriostatika)

Infektionen können die Ursache von Verdauungsstörungen sein, die auch dann auftreten können, wenn das Verdauungssystem durch eine Krankheit geschwächt wurde. In beiden Fällen ist die Anwendung keimhemmender Mittel zu empfehlen. Viele der bereits erwähnten Heilpflanzen sind solche Mittel, z. B. *Küchenschelle, Thymian* und *Wermut,* die wirksamsten sind aber *Myrrhe* und *Sonnenhutwurzel.*

Krankheitsbilder des Verdauungssystems

In diesem Abschnitt werden wir das Verdauungssystem vom Mund bis zum Mastdarm besprechen, wobei wir häufige Krankheiten und deren ganzheitliche Behandlung betrachten wollen. Zuerst sollten wir eine Reihe von Symptomen genauer untersuchen, die mit vielen Krankheiten einhergehen, welche das gesamte Körpersystem angreifen, gleichzeitig aber eine besondere Beziehung zum Verdauungssystem haben. Verstopfung, Durchfall, Erbrechen, Schmerzen und Appetitmangel sind solche Symptome.

Verstopfung

Entgegen der allgemein üblichen Ansicht ist Verstopfung keine Krankheit, sondern Symptom eines tieferliegenden Problems. Sie könnte auch durch unangemessene Ernährung, eine Leberstörung oder durch eine physische Blockierung im System verursacht werden. Auf jeden Fall muß die Ursache herausgefunden und behandelt werden, denn die Langzeitbehandlung einer chronischen Verstopfung mit Abführmitteln kann möglicherweise zu anderen Symptomen wie Kopfschmerzen, Koliken oder sogar Gelbsucht führen. Zu Verstopfung brauchte es gar nicht erst kommen, wenn dem Körper eine ausgewogene und an Ballaststoffen reiche Ernährung zugeführt würde.

Bei chronischer Verstopfung müssen die Darmmuskeln wieder trainiert werden, um den Darminhalt zu bewegen. Die Bewegung der Darmwände ist ein Beispiel höchst integrierter und komplexer Muskelkontrolle, die dazu dient, den Inhalt zur richtigen Zeit und mit der richtigen Kraft vorwärtszudrücken. Diese natürliche peristaltische Bewegung kann durch den langen Gebrauch von Abführmitteln blokkiert werden. Mit zwei Maßnahmen können die Därme wieder trainiert werden: durch eine geeignete Ernährung und durch die Anwendung entsprechender Heilpflanzen, z. B. durch *Amerikanischen Faulbaum*.

Ein weiterer und nicht zu unterschätzender Faktor ist die geistige Einstellung und die Gemütslage der an Verstopfung leidenden Person. Wer angespannt ist, an allem und jedem festhält, nicht entspannen und loslassen kann, dessen Einstellung der Welt gegenüber mehr die des Nehmenden als des Gebenden ist, wird häufig an Verstopfung leiden. In solchen Fällen können Entspannungsübungen oder Meditation die besten Abführmittel sein.

Wenn die Verstopfung durch eine Krankheit verursacht wird, sollte dieses Symptom gleichzeitig mit der Krankheit behandelt werden, damit der Körper Teile des aufgestauten Darminhalts nicht ein zweites Mal aufnimmt.

Echter Rhabarber hat von den abführenden Heilpflanzen vielleicht den größten Anwendungsbereich – ein Paradebeispiel für eine normalisierende Heilpflanze. Während er in hoher Dosierung ein drastisches Abführmittel ist, wirkt er in kleiner Dosis stärkend und adstringierend auf die Darmwände, ist appetitanregend und kann jeglicher Gasentwicklung entgegenwirken.

Jede abführende Heilpflanze wirkt für sich allein, doch verbindet die folgende Mischung mehrere wertvolle Heilwirkungen. *Berberitze* unterstützt Leber und Galle, *Boldo* regt den Verdauungsprozeß an, *Amerikanischer Faulbaum* wirkt auf die Darmbewegung, *Süßholz* schwächt vor allem den bitteren Geschmack einiger Pflanzen, *Echter Rhabarber* ist in geringer Dosierung ebenfalls dazuzurechnen; schließlich schützt *Ingwer* vor Koliken:

Berberitze	2 Teile
Boldo	2 Teile
Amerikanischer Faulbaum	1 Teil
Echter Rhabarber	1 Teil
Ingwer	1 Teil
Süßholz	1 Teil

Eine Tasse jeweils vorm Zubettgehen. Statt *Boldo* kann *Löwenzahn* genommen werden, *Fenchel* anstelle von *Ingwer,* wobei jeweils die gleiche Menge verwendet wird.

Durchfall (Diarrhöe)

Durchfall, der nicht länger als ein oder zwei Tage dauert, ist ein häufiges Symptom, das von einer akuten Infektion oder Entzündung der Darmwand oder psychischem Streß verursacht werden kann, z. B. durch Aufregung oder eine anstrengende Reise. Meist setzt Durchfall dann ein, wenn der Körper Verdauungsgifte aus dem System ausscheiden muß, und sollte in diesem Fall nicht unterdrückt werden. Es kann jedoch sinnvoll sein, diesen Prozeß zu kontrollieren und den Körper mit Heilpflanzen zu unterstützen, welche die Innenschicht der Darmwand stärken und leicht adstringierend wirken. *Mädesüß* ist das bei weitem beste Verdauungsadstringens und kann ohne Bedenken bei jeder Art Durchfall angewendet werden. Eine gute Mischung gegen Durchfall bei Kindern ist ein Tee aus gleichen Teilen *Frauenmantel* und *Mädesüß;* er kann mit Honig gesüßt und sollte häufig getrunken werden. Für akute Fälle bei Erwachsenen ist folgende Teemischung (zu gleichen Teilen) sehr zu empfehlen:

Blutwurz
Eichenrinde
Mädesüß
Wachsmyrte

Diesen Tee stündlich trinken, bis die Symptome abklingen, danach vor jeder Mahlzeit, bis die Verdauung sich normalisiert.

Schmerzen

Schmerzen im Verdauungssystem zeigen die Art der bestehenden Erkrankung an. Jeder extreme, stechende Schmerz im Bauch und im Unterleib macht eine sofortige medizinische Kontrolle notwendig. Weniger starke Schmerzen sind oft Begleitsymptome von Verdauungsstörungen. Kolik- oder zwickende Schmerzen entstehen durch intensive Muskelkrämpfe im Darm. Sie deuten normalerweise darauf hin, daß der Darm versucht, einen Stau zu beseitigen, der durch Blähungen oder Kot entstanden ist, sie können aber auch auf nervlich bedingten Muskelkrämpfen beruhen. Blähungskoliken werden durch blähungstreibende Heilpflanzen gelindert, aber die Ursache sollte stets mitbehandelt werden, um die Schmerzen zu beseitigen. Gute krampflösende Mittel sind in diesem Fall *Baldrian, Ingwer, Kümmel* und *Yamswurzel.*

Appetitlosigkeit (Anorexie)

Der Appetit kann wichtige Informationen über den Gesundheitszustand des Verdauungssystems liefern. Bei Magenproblemen wird der Appetit häufig nachlassen. Dadurch hat der Magen die Möglichkeit, sich zu erholen, da er weniger Nahrung zu verarbeiten hat. Ähnliches kann bei Leberproblemen auftreten, wenn die Leber überlastet ist. Kommt es während der Rekonvaleszenzzeit, etwa nach einer Grippe, zu Appetitmangel, sollten verdauungsanregende Mittel wie *Enzian* oder *Baldrian* eingenommen werden.

Nervöse Appetitlosigkeit (Magersucht)

Bei der nervösen Anorexie – heutzutage als Magersucht bekannt – besteht praktisch eine Aversion gegen das Essen und oft sogar die Unfähigkeit, überhaupt etwas zu sich zu nehmen. Dies führt zu drastischem Gewichtsverlust. Magersucht hat psychische Ursachen und sollte deshalb psychotherapeutisch behandelt werden. Mit verdauungsfördernden und nervenstärkenden Heilpflanzen kann dieser Prozeß unterstützt werden, z. B. mit einem Tee aus gleichen Teilen:

Condurango
Enzian
Helmkraut
Kamille,

den man dreimal täglich trinken sollte.

Der Mund

Da der Mund den Anfang des Verdauungssystems bildet, wirkt sich sein Gesundheitszustand auf das ganze System aus. Eine chronische Zahnerkrankung, die gründliches Kauen erschwert, oder eine Infektion, wie z. B. ein Abszeß, beeinträchtigen und vergiften das nachfolgende System. Wird nicht genügend Speichel produziert oder ist seine Zusammensetzung unzulänglich, wird der Verdauungsprozeß verlangsamt. Auf Mundhygiene sollte deshalb größter Wert gelegt werden.

Die Zähne

Zahnerkrankungen müssen von einem Zahnarzt behandelt werden, doch können Heilpflanzen dem Zahnverfall vorbeugen.

Lange bevor Zahnbürsten aus Borsten oder Kunststoff entwickelt wurden, benutzte man Wurzeln, wie z. B. *Alfalfa, Eibisch, Rettich* oder *Süßholz* zum Zähneputzen. *Süßholzwurzel* läßt sich zum Zweck der Zahnpflege besonders einfach zubereiten, indem man an einem Ende die Rinde abschält und die Wurzelfasern – beispielsweise durch Draufbeißen – lockert.

Komplizierter ist die Zubereitung von *Eibischwurzel:* Man wähle 10–15 Zentimeter lange, gerade Stücke, schäle und koche sie unter

Zugabe von *Zimtstangen* und *Nelken,* bis sie zart sind. Sodann tränke man sie einen Tag lang in Branntwein und trockne sie. Vor Gebrauch ein Ende kurz in heißes Wasser tauchen. Zahnpasta ist nicht nötig, denn alle notwendigen Stoffe sind in der Wurzel enthalten, die zudem noch angenehm schmeckt. Mittlerweile gibt es viele Zahnpasten auf Kräutergrundlage; am besten sind solche, die keimhemmende Heilpflanzen wie *Myrrhe* und *Sonnenhutwurzel* enthalten.

Als erste Hilfe bei Zahnschmerzen empfiehlt es sich, *Gewürznelken* zu kauen; sie sind reich an schmerzlinderndem Öl, an Eugenol. Oder es kann etwas Baumwolle in *Nelkenöl* getaucht und neben den schmerzenden Zahn gestopft werden. Auch *Pfefferminzöl* wirkt schmerzlindernd, ist aber nicht so wirkungsvoll wie die anderen Mittel.

Zahnfleischentzündung (Gingivitis)

Gingivitis ist eine häufige Infektion des äußeren Zahnfleischgewebes, die durch mangelnde Mundhygiene und unangemessene Ernährung hervorgerufen wird. Insbesondere Zucker und raffinierte und chemisch behandelte Nahrungsmittel sollten gemieden werden. Zur Behandlung eignen sich besonders Tinkturen keimhemmender Heilpflanzen wie z. B. *Sonnenhutwurzel, Eukalyptus* und *Myrrhe.* Bei einer leichteren Infektion sollte das Zahnfleisch täglich mit *Myrrhetinktur* gespült werden. Wird ein stärkeres Mittel benötigt, sollte man eine Mischung aus gleichen Teilen *Myrrhe-* und *Sonnenhutwurzel*-Tinktur benutzen. Das schmeckt zwar nicht angenehm, ist aber äußerst wirkungsvoll. Darüber hinaus sollte man das Zahnfleisch vor dem Zubettgehen mit *Eukalyptus*-Öl massieren und den Mund morgens mit destilliertem *Hamamelis*wasser spülen.

Zahnfleischvereiterung

Diese chronische degenerative Erkrankung des Zahnfleisches muß durch Behandlung des gesamten Systems mit blutreinigenden Mitteln, die ebenso keimhemmende und lymphreinigende Eigenschaft besitzen, angegangen werden. Um das Zahnfleisch selbst zu behandeln, ist die unter Zahnfleischentzündung beschriebene Methode zu empfehlen; zusätzlich sollte Vitamin C in hoher Dosierung eingenommen werden. Äußerst wichtig ist die Anwendung folgender Teemischung:

Sonnenhutwurzel	2 Teile
Buntfarbige Schwertlilie	1 Teil
Kermesbeere	1 Teil
Klettenlabkraut	1 Teil

Diesen Tee einige Wochen lang dreimal täglich trinken, bis die Erkrankung abgeklungen ist.

Abszeß

Dieser äußerst schmerzhaften Erkrankung kann am besten durch Anwendung der unter Zahnfleischvereiterung beschriebenen Teemischung abgeholfen werden. Außerdem schützt diese Behandlung das ganze System vor einer möglichen Ausbreitung der Infektion, da ein Abszeß auf eine Abwehrschwäche des Körpers hindeutet. Jede Behandlung, die den Körper zur Absorbierung des Abszesses anregt, sollte vermieden werden.

Mundgeschwüre

Mundgeschwüre sind meist Anzeichen für eine allgemein schlechte Verfassung und werden am erfolgreichsten behandelt, indem der allgemeine Gesundheitszustand gefördert wird. Häufig treten sie nach Behandlungen mit Antibiotika oder in der Rekonvaleszenz einer Grippe auf. In beiden Fällen war der Körper einer außergewöhnlichen physischen Belastung ausgesetzt, die eine allgemeine Schwäche zur Folge hatte. Dies wiederum wirkt sich vor allem auf das ökologische Klima des Mundes aus und tritt als Geschwür in Erscheinung. Starke psychische Belastungen können ebenfalls die Ursachen sein. Die Behandlung zielt auf eine Stärkung des Allgemeinzustandes ab – ganz gleich, ob die Ursache jetzt physischer oder psychischer Natur ist. *Salbei* ist ein einfaches und wirksames Mittel zur Behandlung des Geschwürs (als Mundspülung am besten aus einem Aufguß frischer Blätter). Die frischen Blätter können auch gekaut werden. Eine Mundspülung aus *Myrrhe*-Tinktur und Wasser zu gleichen Teilen ist ebenfalls sehr wirksam.

Was auch immer die Ursache für das Auftreten von Mundgeschwüren sein mag, sollten Vitamine des B-Komplexes und Vitamin C eingenommen werden, um der mit dieser Erkrankung einhergehenden nervlichen Belastung zu begegnen.

Der Magen

Der Magen ist das Organ, welches am meisten herhalten muß, wenn wir beim Essen und Trinken maßlos sind. Zuviel Alkohol, zu viele chemisch behandelte Nahrungsmittel, zu viele Zigaretten, zu viele Aspirintabletten, all das belastet den Magen.

Die Hauptaufgabe des Magens besteht darin, die Nahrung für die weitere Bearbeitung im Dünndarm vorzubereiten, was durch Vermischung der Nahrung mit Salzsäure und hochwirksamen Enzymen geschieht.

Bevor wir uns dem Magen zuwenden, wollen wir die Speiseröhre eingehender untersuchen. Ein Brennen in der Speiseröhre oder saures Aufstoßen resultieren aus Magenproblemen. Diese Symptome können mit schleimhautschützenden Mitteln behandelt werden, doch sollte der Zustand des Magens ebenfalls untersucht werden. Schluckbeschwerden sollten von kompetenter Seite untersucht werden. Oft entstehen sie durch nervliche Anspannung und Angstzustände und können durch Nervenmittel wie *Hopfen, Baldrian* oder *Giftlattich* gelindert werden.

Verdauungsstörungen (Indigestionen)

Alle als ›Verdauungsstörungen‹ bezeichneten Symptome resultieren aus Funktionsstörungen des Magens, die durch unangemessene Eßgewohnheiten verursacht werden. Verdauungsstörungen (oder Dyspepsien) werden häufig von Schmerzen, Blähungen, Sodbrennen und anderen Symptomen begleitet. Die Ursachen dieser Symptome können in vier Gruppen eingeteilt werden:

Unregelmäßiges Essen

Die Körperfunktionen werden durch Rhythmen bestimmt; der Magen – beziehungsweise das ganze Verdauungssystem – bildet da keine Ausnahme. Durch unregelmäßiges Essen werden diese Rhythmen aus dem Takt gebracht, und Funktionsstörungen sind die Folge. Beispielsweise neigen Schichtarbeiter zu solchen Störungen.

Übermäßiges und schnelles Essen

Gelangt zuviel Nahrung in den Magen – auf einmal oder über den Tag verteilt –, so wird er überlastet und arbeitet weniger effektiv.

Überbelastung verursacht Magenprobleme, die auf das ganze System einwirken. Fettleibigkeit ist das häufigste Ergebnis. Auch wenn die Nahrung zu schnell gegessen und nicht gut genug gekaut wird, entstehen Probleme: Die Nahrung wird nicht vollständig verdaut und passiert das System möglicherweise in unverdautem Zustand.

Falsche Ernährung

Viele Menschen sind gegen bestimmte Nahrungsmittel allergisch, auch wenn die auftretenden Symptome nicht eindeutig sein müssen. Jedes Nahrungsmittel, das Probleme verursacht, sollte gänzlich gemieden werden. Ein typisches Beispiel sind Nahrungsmittel, die Gluten enthalten, wie z. B. Weizenbrot. Kuhmilch ist ein anderes häufiges Allergen.

Nervenanspannung

Streß und Angst wirken sich unmittelbar auf den Magen und das gesamte Verdauungssystem aus.

Verdauungsstörungen können behandelt werden, indem wir alle diese Faktoren berücksichtigen und unsere Ernährung und unsere Lebensweise entsprechend verändern. Es gibt viele Heilpflanzen, die den Heilungsprozeß beschleunigen; sie werden je nach Ursache der Störungen ausgewählt. *Mädesüß* ist das wichtigste Heilmittel, das den Magen beruhigt und jegliche Übersäuerung reduziert.

Schleimhautschützende Mittel sind ebenfalls sehr wirkungsvoll. *Irisches Moos,* aber auch alle anderen verdauungsfördernden Demulcentia sind sehr zu empfehlen.

Bei träger Verdauung helfen Bittermittel wie *Enzian, Kanadische Gelbwurzel* und *Wermut.*

Bei Blähungen sollten blähungstreibende Mittel eingesetzt werden. Am besten für den Magen geeignet sind *Anis, Fenchel, Kardamom, Melisse* und *Pfefferminze.*

Bei nervöser Anspannung sind Nervenberuhigungsmittel angezeigt, besonders jene mit blähungstreibender Wirkung wie *Baldrian, Hopfen, Kamille, Lavendel* und *Rosmarin.*

Magenschleimhautentzündung (Gastritis)

Wandelt sich eine funktionale Störung des Magens, wie Verdauungsstörungen, in eine strukturelle Erkrankung, so tritt als erstes eine Entzündung der auskleidenden Magenschleimhaut auf. Diese Entzündung kann kurze Zeit dauern und durch eine Infektion oder eine Reaktion auf Nahrungsmittel hervorgerufen werden, oder sie kann mehr chronischer Natur sein. Länger andauernde Entzündungen können folgende Ursachen haben: falsche Ernährung, Alkohol, Zigaretten und Streß.

Meistens sind mehrere Faktoren beteiligt. Die Gastritisbehandlung basiert auf einer speziellen Diät und der gleichzeitigen Anwendung von Heilpflanzen.

Was die Diät betrifft, so sollten als erstes die Reizstoffe gemieden werden, die Entzündungen verursachen oder verschlimmern. Beteiligt sein können Temperatur, chemische oder mechanische Reizstoffe:

- Sehr heiße Speisen und Getränke verschlimmern die Entzündung und sollten gemieden werden. Zu kalte Speisen und Getränke haben einen ähnlichen Effekt.
- Chemische Reizstoffe haben unmittelbare Auswirkungen. Allgemein übliche Nahrungsmittel, die Essig (verdünnte Essigsäure) enthalten, sollten gemieden werden. Dies gilt auch für sauer Eingelegtes und für jede Form von Alkohol, der sich ebenfalls auf die Magenschleimhaut auswirkt. Auch Tabak verschlimmert diese Krankheit, denn ein großer Teil des Teers gelangt in den Magen. Unangenehme Auswirkungen haben auch stark gewürzte Speisen, Currygerichte, schwere und fettige Gerichte.
- Auch mechanische Reizstoffe verursachen Beschwerden. Bei einer akuten Entzündung sollte die Diät arm an Faserstoffen sein, die wie Sandpapier auf einer Wunde wirken! Eine milde Diät ist erforderlich – kein Schrotbrot, keine Nüsse oder Tomaten. Sobald eine Besserung eintritt, sollten jedoch wieder Ballaststoffe verzehrt werden, da sie wichtiger Bestandteil einer gesunden Ernährung sind.

Folgende Teemischung beruhigt und heilt die Magenschleimhaut nachhaltig:

Beinwellwurzel	2 Teile
Eibischwurzel	2 Teile
Mädesüß	2 Teile
Kanadische Gelbwurzel	1 Teil

Diesen Tee nach jeder Mahlzeit trinken, bis die Erkrankung abgeklungen ist. Falls starke Blähungen die Entzündung begleiten, wird der Mischung 1 Teil *Kalmus* hinzugefügt. In gleicher Weise kann *Baldrian* als passendes nervenstärkendes Mittel beigegeben werden, wenn Streßfaktoren an der Erkrankung beteiligt sind.

Magengeschwür

Dauert die Schädigung des Magens zu lange an – unter Umständen unbemerkt –, kommt es unausweichlich zu einer Zersetzung der Magenauskleidung. Die Magenschleimhaut wird nicht länger mit den schlechten Bedingungen fertig, Säure und Enzyme greifen die Magenwände an und fordern ihren Tribut. Ein Magengeschwür ist die Folge.

Eine Heilpflanzenbehandlung dieser Geschwüre ist unkompliziert und wirkt scheinbar schnell. Jedoch sollte die Linderung der Symptome nicht mit der Heilung des zugrundeliegenden Problems verwechselt werden. Heilpflanzen lindern die Symptome und leiten den Heilungsprozeß ein, doch eine vollständige Heilung braucht ihre Zeit und findet nur statt, wenn wir unsere Lebensumstände genau betrachten. Entsteht ein Magen- oder Zwölffingerdarmgeschwür, will uns der Körper mitteilen, daß unsere gesamte Lebensweise unangemessen ist. Vielleicht ist es nur die Ernährung, es können aber auch Arbeitsbedingungen, unsere Beziehungen oder sogar die Verteidigungspolitik unseres Landes sein!

Heilpflanzen können das Magengeschwür heilen, doch es kann sich sehr schnell wieder bilden, wenn wir die Lektionen, die uns angeboten werden, nicht beherzigen.

Die Behandlung beruht auf einer sorgsamen Diät und der Anwendung von Heilpflanzen. Ein guter Kräutertee besteht zu gleichen Teile aus

Beinwellwurzel
Eibischwurzel
Mädesüß
Kanadische Gelbwurzel

Beinwell und *Eibisch* sind wegen ihrer schleimhautschützenden Wirkung besonders zu empfehlen und haben einen heilenden Effekt auf die Schleimhäute. *Mädesüß* läßt den Mageninhalt zur Ruhe kommen und verringert eine Übersäuerung. *Kanadische Gelbwurzel* heilt die

Schleimhäute und stärkt das Gewebe, wobei sie gleichzeitig allgemein stärkend auf den Körper wirkt. Treten Magenblutungen auf, kann der Teemischung *Gefleckter Storchschnabel* beigegeben werden. Sind Streßfaktoren beteiligt, sollte *Baldrian* oder auch *Hopfen* in Betracht gezogen werden.

Bei akuten Beschwerden sollte die Nahrung besonders faserarm sein. Um den Magen zusätzlich zu entlasten, sollte sie auch wenig Eiweiß enthalten. Lassen die Symptome nach, können der Nahrung Faserstoffe und verschiedene Eiweißprodukte allmählich wieder zugesetzt werden. Es ist äußerst wichtig, Tabak und Alkohol zu meiden. Erzeugt der Tabakentzug allerdings nervöse Spannungen, so kann die Lage nur verschlechtert werden. Ist das der Fall, dann sollte sobald wie möglich mit dem Rauchen aufgehört werden.

Der Dünndarm

Im extrem langen Dünndarm findet die Aufnahme der meisten Nährstoffe statt. Alle Dünndarmprobleme wirken sich deshalb auf die Nährstoffversorgung aus und verursachen offenkundige Mangelerscheinungen. Streß wirkt sich auf diesen Körperteil in besonderem Maße aus, was sich vor allem bei Zwölffingerdarmgeschwüren zeigt. Der Dünndarm ist der längste Abschnitt des Verdauungssystems (insgesamt mehr als sechs Meter); man unterscheidet drei Abschnitte: Zwölffingerdarm (Duodenum), Leerdarm (Jejunum) und Krummdarm (Ileum).

Zwölffingerdarmgeschwüre

Der Zwölffingerdarm, das erste Stück des Dünndarms, beginnt am Pförtner (Pylorus), einer Art Ventil am Ende des Magens. Diese Klappe kontrolliert das Entleeren von Teilen des Mageninhalts in den Zwölffingerdarm. Wenn sie nicht richtig funktioniert, gelangt zuviel Magensäure in den Zwölffingerdarm und verursacht Störungen. Sickert zuviel der hochgradig säurehaltigen Magensäfte in den alkalischen Zwölffingerdarm, entzünden sich die Darmwände und entwickeln schließlich Geschwüre. Eine Reihe von Faktoren kann dieses Durchsickern verursachen; die bei weitem häufigsten Faktoren sind Streß und Anspannung, da sie die Funktion der Klappe beeinträchtigen. Betrachten wir das von Konkurrenzkämpfen bestimmte, problemgeladene Umfeld, in dem die meisten Menschen leben, so ist es verwunderlich, daß nur relativ wenige Personen an Zwölffingerdarmgeschwüren erkranken.

Der Heilungsweg eines Zwölffingerdarmgeschwürs ist ein dreifacher: Heilpflanzenbehandlung, Veränderungen in der Ernährung und eine eingehende Beschäftigung mit den Ursachen; was in den meisten Fällen heißt, sich mit den Faktoren auseinanderzusetzen, die Streß und Spannungszustände verursachen. Die Heilpflanzenbehandlung basiert auf verschiedenen Wirkungsweisen. Um Reizungen des Geschwürs und des umgebenden Gewebes zu lindern, sind schleimhautschützende Mittel notwendig. Sind diese Mittel gleichzeitig wundheilend und beschleunigen den Heilungsprozeß, so ist dies um so besser. *Eibisch-* und *Beinwellwurzel* besitzen dieses Eigenschaften. Die spezifisch schleimhautheilenden Eigenschaften der *Kanadischen Gelbwurzel* unterstützen die Heilung der Zellen, die den Darm auskleiden. Ein geeignetes adstringierendes Mittel wie *Gefleckter Storchschnabel* oder *Blutwurz* stärkt das Gewebe. Zwölffingerdarmgeschwüre sind oft von einem allgemeinen Schwächezustand und verminderter Vitalität begleitet, da Giftstoffe des Geschwürs in Blut- und Lymphbahnen gelangen können. Aus diesem Grund sollten blutreinigende und lymphstärkende Mittel, wie z. B. *Sonnenhutwurzel,* verwendet werden. Eine gute Grundmischung besteht aus

Beinwellwurzel	2 Teile
Eibischwurzel	2 Teile
Blutwurz	1 Teil
Kanadische Gelbwurzel	1 Teil
Sonnenhutwurzel	1 Teil

Dreimal täglich vor den Mahlzeiten. Bei einer Fastenkur zu den sonst üblichen Essenszeiten trinken.

Die Ernährung sollte faser- und eiweißarm sein, solange die Symptome andauern. Anschließend sollte man Schritt für Schritt zu einer Vollkost zurückkehren. Auf dem Höhepunkt der Erkrankung ist *Amerikanische Ulme* ein ausgezeichnet beruhigendes Nahrungsmittel. Als dicker Brei zubereitet, ist sie nahrhaft und wirkt schleimhautschützend auf das vom Geschwür betroffene Gewebe.

Nervenentspannende Mittel sind als Kurzzeitbehandlung bei Streß und Spannungszuständen angezeigt. Sobald der Körper ein Geschwür entwickelt, wird er uns ein Zeichen geben, das wir unbedingt beachten sollten. Bei kritischer Selbstbetrachtung werden wir feststellen, ob wir ein erfülltes und sinnvolles Leben führen. Eine ganze Reihe von Techniken steht zu unserer Verfügung, um anstehende Probleme zu lösen und unser Leben sinnvoller zu gestalten; sie reichen von einfachen Entspannungstechniken bis hin zu Psychotherapie.

Die Heilpflanzen *Baldrian* und *Helmkraut* ergeben (zu gleichen Teilen) eine gute nervenentspannende Teemischung, um Spannungszustände abzubauen. *Kamille, Lavendel, Lindenblüten* und *Melisse* sind andere, wenn auch nicht ganz so stark entspannende Mittel, die ebenfalls als Tee zubereitet getrunken werden.

Darmkatarrh (Enteritis)

Enteritis bezeichnet eine Entzündung des Dünndarms, die entweder in einem Abschnitt des Dünndarms oder sogar auf seiner gesamten Länge auftritt. Unabhängig davon, ob es sich hier je nach Abschnitt um eine Zwölffingerdarmentzündung (Duodenitis), Leerdarmentzündung (Jejuvinitis) oder Dünndarmentzündung (Ileitis) handelt, genügt meistens die gleiche Behandlung wie bei Zwölffingerdarmgeschwüren. Wird der Teemischung *Yamswurzel* hinzugesetzt, werden Entzündungen und Schmerzen wirksamer gelindert.

Absorptionsprobleme (schlechte, mangelhafte Aufnahme)

Die verminderte Fähigkeit des Dünndarms, alle oder einzelne Nährstoffe (wie z. B. Mineralien) aufzunehmen, ist eine weitverbreitete – wenn auch selten erkannte – Erkrankung. Dies kann zu Symptomen von Mangelernährung führen, zu offenkundigem Vitamin- und Mineralmangel, zu Blutarmut und Gewichtsverlust, zu Unterleibsschmerzen oder zu schwer definierbarem und schlechtem Gesundheitszustand.

Meist wird die Absorptionshemmung von einer allergischen Reaktion gegen bestimmte Nahrungsmittel verursacht, die zu Störungen der Darmwandzellen führt. Die Allergie kann extrem und leicht erkennbar sein, wie z. B. bei Baucherkrankungen, die von einer starken Glutenallergie herrühren, oder sie verläuft ohne erkennbare Symptome. Doch bei leisestem Verdacht auf Absorptionshemmung ist es stets angebracht, mögliche Allergiestoffe von der Ernährungsliste zu streichen. Eine vollständige Liste möglicher Allergiestoffe müßte alle Nahrungsmittel aufführen, da jedes einzelne Allergien auslösen kann. Es hat sich aber gezeigt, daß die meisten Allergien von vier Nahrungsmittelgruppen verursacht werden. Produkte, die Gluten enthalten, sollten gemieden werden. Das sind in erster Linie alle Weizenprodukte. Milch und Milchprodukte wie Käse und Butter sind ebenso häufig Ursachen für allergische Reaktionen. Zucker und zuckerreiche Produkte sollten ebenso wie Eier in Betracht gezogen werden. Diese Nahrungsmittel einige Wochen lang meiden, um herauszufinden, ob sich etwas ändert. Wenn dies der Fall ist, sollte das Nahrungsmittel, das die Allergie verursacht, von der Ernährung ausgeschlossen werden. Auf jeden Fall lohnt es sich, eine Weile zu experimentieren, um die Ursachen herauszufinden.

Heilpflanzenmittel können dazu beitragen, die Darmwandzellen zu beruhigen, zu heilen und zu erneuern. Schleimhautschützende Mittel wie *Beinwellwurzel, Eibischwurzel* und *Amerikanische Ulme* lindern die Schleimhautreizungen. Entzündungshemmende Pflanzen wie *Yamswurzel* und *Mädesüß* sind ebenso angezeigt wie adstringierende Mittel, z. B. *Mädesüß, Odermennig* und *Wachsmyrte.* Von unschätzbarem Wert sind blähungstreibende Mittel wie *Hopfen, Kamille* und *Kardamom,* wobei die beiden ersten gleichzeitig nervenentspannend wirken. In jedem Fall sollte man sich vor Infektionen schützen, wozu *Sonnenhutwurzel* ein gutes Mittel ist.

Der Dickdarm

Die Hauptfunktion des Dickdarms (Colon) ist die Wasser- und Mineralstoffaufnahme. Nährstoffe werden nicht oder nur in geringem Maße aufgenommen, da das bereits im Dünndarm stattgefunden hat.

Blinddarmentzündung (Appendicitis)

Eine Blinddarmentzündung tritt entweder in einem akuten, schweren Anfall oder in mehr chronischer Form auf. Ein plötzlicher Durchbruch der Krankheit muß unbedingt medizinisch behandelt werden, da er sich zu einer Bauchfellentzündung (Peritonitis) entwickeln kann, bei der es zu einem lebensgefährlichen Durchbruch des Blinddarms kommt.

Die Symptome einer chronischen Entzündung können sich in immer wiederkehrenden Bauchschmerzen unten rechts äußern, die von erhöhter Temperatur, Übelkeit und manchmal von Erbrechen begleitet werden. Dies kann mit folgender Teemischung behandelt werden:

Sonnenhutwurzel	2 Teile
Yamswurzel	2 Teile
Kamille	1 Teil
Odermennig	1 Teil

Über längere Zeit dreimal täglich trinken. Der Zustand sollte sich dabei nach und nach bessern. Diese Teemischung kann zwar auch die Symptome einer akuten Blinddarmentzündung lindern, ein plötzlicher Anfall erfordert jedoch eine sofortige ärztliche Betreuung. Obwohl die Erkrankung oft von Verstopfung begleitet wird, sollten keine Abführmittel genommen werden, da sie den Zustand verschlechtern können.

Dickdarmentzündung (Kolitis)

Kolitis ist die häufigste Erkrankung dieses Verdauungsorgans. Intensität und Symptome hängen vom Grad der Entzündung ab. Sie zeigt sich durch ständigen Wechsel von Durchfall und Verstopfung, durch eine allgemeine Verringerung der Vitalität und oftmals durch Depressionen – obwohl die Symptome von Person zu Person variieren können. Diese besonders schmerzhafte Erkrankung läßt sich meist sehr wirksam mit Heilpflanzen und einer angemessenen Diät behandeln. Eine wirksame Mischung besteht aus:

Yamswurzel	3 Teile
Wachsmyrte	2 Teile
Beinwellwurzel	1 Teil
Eibischwurzel	1 Teil
Kanadische Gelbwurzel	1 Teil
Odermennig	1 Teil

Dreimal täglich trinken. Diese Teemischung lindert und heilt die Dickdarmzellwände mit schleimhautschützenden Mitteln *(Beinwell, Eibisch)*, adstringierenden Mitteln *(Wachsmyrte, Beinwell, Odermennig)* und einer entzündungshemmenden Heilpflanze *(Yamswurzel)*. Andere Adstringentia wie *Eichenrinde, Gefleckter Storchschnabel, Hirtentäschel* und *Immergrün* können ebenfalls verwendet werden.

Je nach Art der Erkrankung empfiehlt es sich, blutreinigende und keimhemmende Mittel wie *Sonnenhutwurzel* und *Knoblauch* hinzuzufügen.

Sind Streß und Angstzustände an der Erkrankung beteiligt, sollten nervenentspannende Mittel wie *Baldrian, Helmkraut* oder *Lindenblüten* beigemischt werden. Die Ernährung sollte vor allem Stoffe ausschließen, die die Darmwände reizen, sei es durch physische Reizung, durch Temperatur, aufgrund einer chemischen Wirkung oder weil eine Allergie hervorgerufen werden kann.

Physische Reizungen können dadurch verhindert werden, daß alle Produkte, die Faserstoffe enthalten, gemieden werden. Kleie, Vollkornmehl, rohes Gemüse, Obstschalen, Obst mit kleinen Samen (wie Himbeeren), Nüsse und gekochtes faserreiches Gemüse (wie Kohlarten) sollten gemieden werden; ebenfalls heiße oder kalte Speisen und Getränke (heißer Kaffee, Speiseeis, Bier), die Temperatur der Nahrung sollte gemäßigt sein.

Auch chemische Reizstoffe wie Alkohol, Essig und Essigprodukte (wie sauer Eingemachtes), pikante Gewürze, scharfer Käse und gebratene Gerichte sollten vermieden werden.

Kuhmilchprodukte sind die Hauptverursacher allergischer Reaktionen im Dickdarm; Kaffee und Schweinefleischprodukte sollten ebenfalls vermieden werden.

Ersatzweise können Ziegen- oder Sojamilch verwendet werden. Andere zulässige Nahrungsmittel sind Eier, zarte und leichtverdauliche Fleischarten, Fisch, Leber, Geflügel, mildgewürzte Suppen, leicht gekochtes Gemüse und Obst (Bananen und Avocados können roh gegessen werden), ungebleichte Weißmehlprodukte, feine Getreidesorten und ein Brei aus *Amerikanischer Ulme* (siehe unter Zwölffingerdarmgeschwür), die zudem heilend wirkt.

Kleinere Mahlzeiten über den Tag verteilt sind besser als große Portionen dreimal täglich. Diese Diät sollte befolgt werden, solange die akute Entzündung andauert. Sobald die Symptome abklingen, sollten ballaststoffreiche Produkte nach und nach wieder hinzukommen. Die chemischen Reizstoffe und die Produkte, die eine Allergie hervorrufen, sollten auf Dauer vermieden werden.

Divertikelentzündung (Divertikulitis)

Aufgrund der weitverbreiteten unnatürlichen und ungesunden Ernährungsweise so vieler Menschen in der ›zivilisierten‹ Welt von heute sind die Darmwände besonders krankheitsanfällig. Diese Schwäche kann zu taschenartigen Ausbuchtungen in der Darmwand führen, zu sogenannten Divertikeln. Es bilden sich teilweise kleine und wenige Divertikel, manchmal aber auch viele, und häufig entwickeln sie sich zu ausgesprochen großen Taschen. Oft verursachen diese Divertikel wenig oder keine offenkundigen Beschwerden, doch können sie auch Entzündungsherde sein und Abfallstoffe ansammeln. Ist es einmal zu einer Entzündung gekommen, können ballaststoffreiche oder unverdauliche Substanzen (z. B. Tomatenschalen) starke Schmerzen und Unwohlsein verursachen.

Divertikelentzündung kann mit einer Kombination von Heilpflanzenanwendungen und diätetischen Maßnahmen behandelt werden. Eine wirksame Grundmischung bereitet man aus folgenden Heilpflanzen:

Yamswurzel	3 Teile
Kamille	2 Teile
Eibisch	1 Teil
Kalmus	1 Teil

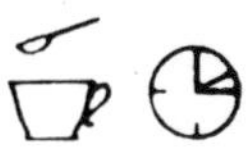

Dreimal täglich eine Tasse. Wird die Divertikelentzündung von Blähungen begleitet, so fügt man der Teemischung mehr blähungstreibende Mittel wie *Ingwer* und *Colombowurzel* hinzu, bei Verstopfung *Rhabarberwurzel* und *Senna.* Die diätetischen Maßnahmen erscheinen paradox: Obwohl die Erkrankung durch ballaststoffarme Ernährung verursacht wird, müssen gerade die Ballaststoffe bei einer akuten Entzündung vermieden werden, da sie den Zustand verschlechtern würden. Statt dessen sollte die Diät leicht, faserstoffarm und reich an schleimhautschützenden Produkten sein, z. B. reich an *Amerikanischer Ulme.* Erst wenn die Entzündung unter Kontrolle ist, sollten nach und nach Vollkornprodukte und Rohkost gegessen werden. Eine natürliche und gesunde Ernährung ist der beste Weg, eine Divertikelentzündung auf lange Sicht unter Kontrolle zu halten.

Hämorrhoiden

Hämorrhoiden sind eine unangenehme Erkrankung des Mastdarms (Rectum) und des Afters. Sie können innerlich und äußerlich auftreten. In den meisten Fällen sprechen sie sehr gut auf die innere und äußere Behandlung mit Heilpflanzen an. Es ist allerdings unerläßlich, die Ursachen dieser Erkrankung herauszufinden und vorrangig zu behandeln. Geschieht das nicht, werden die Hämorrhoiden immer wieder auftreten. Die häufigste Ursache ist eine chronische Verstopfung. Deren Behandlung wurde bereits besprochen. Eine andere, ebenfalls häufige Ursache ist ein Leberstau (Überbelastung).

Die nachfolgend beschriebene Heilpflanzenbehandlung hilft in den hartnäckigsten Fällen. Die wichtigsten Kräuter sind adstringierende Mittel, besonders solche, die gleichzeitig die betroffenen Gefäße stärken. *Scharbockskraut* ist die bevorzugte Heilpflanze. Zusätzlich können *Blutwurz, Hamamelis* und *Immergrün* verwendet werden, falls ein einfacher Aufguß mit *Scharbockskraut* nicht hilft. Ruft dieser Tee Verstopfung hervor, oder verstärkt er sie, kann *Echter Rhabarber* beigegeben werden.

Aus *Scharbockskraut* kann auch eine sehr lindernd wirkende Salbe bereitet werden, die nach jedem Stuhlgang aufgetragen wird.

Leber und Gallenblase

Die Leber ist das größte Organ im menschlichen Körper und ist direkt und indirekt an allen physiologischen Prozessen beteiligt. Sie spielt eine bedeutende Rolle innerhalb des Verdauungsprozesses, z. B. ermöglicht sie die Abgabe von Gallenflüssigkeit in den Zwölffingerdarm. Wir wollen uns hier nicht näher mit den Vorgängen in diesem außergewöhnlichen Organ befassen, doch erscheint es sinnvoll, kurz auf ihre wichtigsten Aufgaben einzugehen, um aufzuzeigen, wie lebenswichtig die gesunde Leber für den Körper ist. Die Leber ist am *Kohlehydrat*stoffwechsel beteiligt und ist das wichtigste Organ zur Aufrechterhaltung des Blutzuckerspiegels. Die Leber ist am *Eiweiß*stoffwechsel beteiligt, vor allem finden hier die Aufspaltung der Aminosäuren und die Synthese der Blutplasmaproteine, wie z. B. Globulin, und der Gerinnungsfaktoren statt. Die Leber ist am *Fett*stoffwechsel beteiligt, z. B. mit der Synthese von Cholesterin und der nachfolgenden Aufspaltung in die Gallensalze. Die Leber ist am *Vitamin*stoffwechsel beteiligt und dient diesen als Speicher. Für die Aufnahme der fettlöslichen Vitamine wird Gallenflüssigkeit benötigt, die Vitamine A, D, K und B_{12} werden in der Leber gespeichert, außerdem werden viele Vitamine in der Leber umgesetzt. Die Leber baut *Hormone* wie Östrogene, Kortikosteroide und andere Steroide ab. Die Leber spielt bei der Entgiftung von *Drogen* eine wichtige Rolle und schützt unsere innere Ökologie vor Schäden durch Drogen, Umweltgifte, künstliche Nahrungsmittelzusätze und andere potentiell giftige Substanzen. Vor allem dadurch wird die Leber ständig belastet. Die Leber produziert die für die Verdauung notwendige *Gallenflüssigkeit* und gibt sie an die Gallenblase ab.

Diese wenigen Beispiele zeigen, daß die Leber eine wichtige Rolle bei der Erhaltung eines gesunden Blutbildes, bei der richtigen Funktion des endokrinen Drüsensystems, beim Verdauungsprozeß und bei der allgemeinen Stoffwechselfunktion spielt. Da die Leber mit vielen anderen Vorgängen im Körper verbunden ist, wird sich jede Fehlfunktion und jede Erkrankung auf die Leber und ihre Aufgaben auswirken. Umgekehrt kann sich jede Fehlfunktion der Leber als Symptom an irgendeiner anderen Stelle im Körper zeigen, z. B. bei Hautproblemen.

Die Leber kann mit leberstärkenden Heilpflanzenmitteln unterstützt werden. Die wichtigsten sind *Krauser Ampfer, Berberitze, Boldo, Virginischer Ehrenpreis, Eisenkraut, Kanadische Gelbwurzel, Löwenzahn, Pfaffenhütchen, Kahles Schildblumenkraut, Schneeflokkenbaum* und *Yamswurzel.*

Auch wenn keine spezifische Erkrankung besteht, ist es oft notwendig, die Leber zu unterstützen. Das Spektrum funktionaler Störungen, die als ›leberbedingt‹ beschrieben werden können, ist breit gefächert. Volkstümliche, zur Frühjahrskur gebräuchliche Heilmittel basieren oft auf leberanregenden Mitteln, um die Leber nach beispielsweise vitaminarmer Nahrung im Winter zu kräftigen und bei der Reinigung und Stärkung des ganzen Körpers zu unterstützen.

In den zivilisierten Ländern kann die Ernährung das ganze Jahr über gut ausgewogen und nahrhaft sein, doch ist sie häufig mit chemischen Substanzen vergiftet, und der Körper hat große Probleme, damit fertig zu werden. Deshalb können wir zu jeder Jahreszeit eine ›Frühjahrskur‹ einschieben.

Am besten kann man die Leber und den gesamten Verdauungsprozeß durch Bittermittel wie *Enzian, Kanadische Gelbwurzel* und *Wermut* unterstützen. Gezielter wird die Leber durch alle oben aufgeführten leberstärkenden Mittel gereinigt. Von diesen ist *Löwenzahn* die unkomplizierteste Pflanze mit dem großen Anwendungsbereich. *Löwenzahn*wurzeln oder -blätter sind ausgezeichnete leberstärkende Mittel, die gleichzeitig die Nieren anregen und so eine Reinigung des Körpers durch dieses Organ fördern. Bei einer solchen Behandlung der Leber ist es gleichzeitig angebracht, den Magen mit *Mädesüß* zu unterstützen. Entsprechend sollte jeder andere Bereich des gesamten Systems, der einer Unterstützung bedarf, berücksichtigt werden. Eine wirksame leberstärkende Teemischung besteht aus:

Löwenzahn	2 Teile
Mädesüß	2 Teile
Kanadische Gelbwurzel	1 Teil
Schneeflockenbaum	1 Teil

Diesen Tee sollte man nach jeder Mahlzeit trinken.

Leber- und Gallenblasendiät

Bei jedem Problem, das mit der Leber- und Gallenblasenfunktion zu tun hat, ist es unerläßlich, eine strenge Diät zu befolgen. Allein dadurch wird gewährleistet, daß die Belastung der Leber durch die Verdauung gemindert wird und keine unnötigen Schmerzen verursacht werden. Die Richtlinien für eine solche Diät sind einfach: alle gebratenen und gerösteten Speisen vermeiden, so wenig Fett und fettreiche Nahrungsmittel wie möglich sowie eingeschränkter Alkoholgenuß.

Gelbsucht (Ikterus)

Gelbsucht ist keine Krankheit, sondern ein Symptom. Sie zeigt einen Stauungszustand der Leber an, der zu einer Ansammlung von Gallenflüssigkeit im Blut führt. Um eine wirkliche Heilung zu gewährleisten, muß die Ursache für den Stauungszustand gefunden werden. Es kann sich dabei um eine Überbelastung durch chemische Stoffe, um eine Infektion oder um einen organischen Schaden handeln und muß der Ursache entsprechend behandelt werden. Die Behandlung kann, unabhängig von der Art der Ursache, von einer Teemischung unterstützt werden, die die Genesung der meisten Gelbsuchtarten fördert:

Virginischer Ehrenpreis	1 Teil
Kanadische Gelbwurzel	1 Teil
Löwenzahn	1 Teil
Kahles Schildblumenkraut	1 Teil
Schneeflockenbaum	1 Teil

Solange die Symptome andauern, alle zwei Stunden eine halbe Tasse.

Gallenblasenentzündung

Diese äußerst schmerzhafte Erkrankung spricht im allgemeinen sehr gut auf eine Heilpflanzenbehandlung an. Die Ernährung sollte genauestens überprüft und die oben angegebenen Empfehlungen streng eingehalten werden. Eine Teemischung, die schmerz- und entzündungslindernd wirkt, wird aus folgenden Heilpflanzen zusammengestellt:

Eibischwurzel	2 Teile
Löwenzahn	1 Teil
Mahonienrinde	1 Teil
Pfaffenhütchen	1 Teil
Schneeflockenbaum	1 Teil

Dreimal täglich eine Tasse. Nervenberuhigende Mittel, wie *Baldrian,* können bei den starken Schmerzen helfen, die diese Krankheit oft begleiten.

Zusätzlich ist es notwendig, den allgemeinen Gesundheitszustand zu berücksichtigen und die oben angegebenen Vorschläge in diesem Zusammenhang anzuwenden.

Gallensteine

Die Hintergründe für die Entwicklung von Gallensteinen sind noch nicht ausreichend geklärt. Heilpflanzen können in manchen Fällen dem Körper helfen, die Steine nahezu schmerzlos auszustoßen. Die folgende Mischung kann sich dabei als hilfreich erweisen:

Eibischwurzel	2 Teile
Boldo	1 Teil
Kanadische Gelbwurzel	1 Teil
Kahles Schildblumenkraut	1 Teil
Schneeflockenbaum	1 Teil

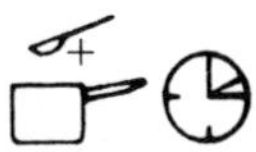

Dreimal täglich eine Tasse. Bei dieser Mischung kann die *Kanadische Gelbwurzel* durch *Berberitze* oder *Mahonienrinde* ersetzt werden, da sie ähnliche, auf die Gallensteine einwirkende Alkaloide enthalten. Wurden Gallensteine festgestellt, so muß das gesamte Verdauungssystem mit angemessenen verdauungsfördernden Heilpflanzen unterstützt werden. Steht das Nervensystem unter Streß, so muß es ebenfalls angemessen behandelt werden.

Der richtige Umgang mit einer Krankheit ist ein wichtiges Moment, um Vereinzelung und ein Gefühl von Alleinsein und Isolierung zu durchbrechen; eben deshalb führen die Auswirkungen schlechter Gesundheit, wenn sie richtig gehandhabt werden, zu einer Linderung der Krankheitsneigung und einer Erweiterung der Anteilnahme. Teilhabenlassen und ein Gefühl des allgemeinen Beteiligtseins müssen meist mühsam erlernt werden.

Alice Bailey

DAS NERVENSYSTEM

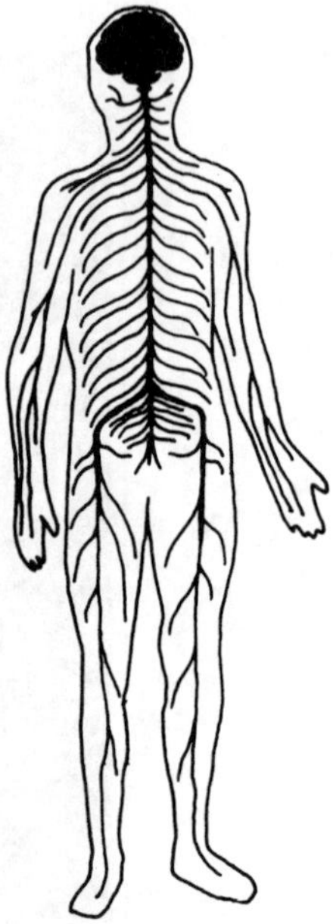

Bei keinem anderen System ist die Verbindung zwischen den physischen und den psychischen Aspekten unseres Daseins so deutlich wie beim Nervensystem. Das Nervensystem ist offensichtlich ein Teil des physischen Körpers und ebenso offensichtlich laufen alle psychischen Prozesse im Nervensystem ab. Deshalb werden sich Unwohlsein und Krankheit auf psychischer Ebene auf physischer Ebene widerspiegeln; umgekehrt spiegelt sich physisches Un-Wohlsein auf psychischer Ebene wider. Man fragt sich, weshalb die physische Seite unseres Daseins jemals als getrennt von der psychischen gesehen wurde.

Diese Wechselbeziehung wird von einer ganzheitlichen Heilpflanzenkunde anerkannt; sie sieht das Nervengewebe und seine Funktionen als ein wesentliches Element bei der Behandlung des ganzen Menschen an.

Die traditionelle allopathische Medizin neigt dazu, psychische Probleme auf eine rein biochemische Ebene herunterzuspielen, und geht davon aus, daß ›angemessene‹ Medikamente das Problem bereinigen können oder es zumindest ausreichend überdecken, damit weiterhin ein ›normales‹ Leben geführt werden kann.

Interessanterweise gehen viele Methoden alternativer Medizin vom extremen Gegenteil aus oder setzen es zumindest stillschweigend voraus, nämlich daß psychische Faktoren die alleinige Ursache jeglicher Erkrankung sind, daß die Behandlung der Psyche der einzige Weg zur Heilung ist und damit jedes körperliche Problem gelöst werden kann.

Wenn wir diese beiden beschränkten Ansätze verbinden, kommen wir einer ganzheitlichen Betrachtungsweise wesentlich näher; mit Heilpflanzen können wir das Nervensystem als Teil des ganzen Körpers behandeln, es nähren und stärken und der Psyche helfen. Um ganz gesund zu sein, müssen wir uns um unser körperliches Wohlbefinden kümmern, indem wir uns richtig ernähren und für eine angemessene Lebensweise sorgen.

Wir sind aber ebenso für ein gesundes emotionales, mentales und spirituelles Leben verantwortlich. Die emotionale Atmosphäre, in der wir leben, sollte befriedigend und förderlich sein und zu gefühlsmäßiger Stabilität beitragen.

Unsere Gedanken sollten schöpferisch und lebensbejahend sein, offen für den ungehinderten Fluß von Intuition und Vorstellungskraft und nicht in Leitsätzen erstarren. Wir müssen offen sein für das freie Fließen der höheren Energien unserer Seele, denn ohne diese Energien ist Gesundheit nicht möglich.

Aus diesem Grund betrachten wir jede Krankheit, die im Körper auftritt, in ihrem emotionalen, geistigen und spirituellen, ebenso in einem physischen Zusammenhang. Auch dürfen wir nicht vergessen, daß wir Teil eines größeren Ganzen, Teil der Menschheit sind. So stehen wir auch mit den Krankheiten der Menschheit an sich in Verbindung und schwimmen in einem wahren Meer von Einflüssen und Faktoren, die wir nicht direkt kontrollieren können. Viele Neurosen, denen wir heute in der westlichen Welt begegnen, sind die normale Reaktion auf eine abnorme Umwelt, sind die gesunde Reaktion der Psyche auf den Irrsinn einer kranken Gesellschaft.

So gesehen gibt es Grenzen für die Heilung des einzelnen, wenn die Erkrankung in Wirklichkeit ein Abbild der Krankheit der Gesellschaft ist. Im ausgehenden zwanzigsten Jahrhundert ein Heiler zu sein, heißt auch, ein Bewußtsein für das Ganze und einen gewissen politischen Einblick zu haben, möglicherweise sogar politisch aktiv zu werden.

Damit wir gesund sein können, muß unsere Gesellschaft gesund sein. Damit unsere Gesellschaft gesund sein kann, müssen wir gesund sein. Damit unsere Gesellschaft unsere höchsten Bestrebungen wahrhaftig widerspiegeln kann, müssen wir diese Bestrebungen leben, verkörpern und widerspiegeln.

Die Heilpflanzenkunde kann ein ökologisches und spirituell integriertes Werkzeug zur Unterstützung des Nervensystems der Menschheit sein, damit sich die Menschheit selbst helfen kann. Sie ist daher auf körperlicher Ebene das ideale Gegenstück zu therapeutischen Methoden auf der psychologischen Ebene und zielt darauf hin, Menschen zu helfen, ihre Ganzheit zu erfassen.

Heilpflanzen für das Nervensystem

Außer den bloß anregenden und entspannenden Heilwirkungen, gibt es eine ganze Reihe anderer Möglichkeiten, wie Heilpflanzen dem Nervensystem nützlich sein können.

Nervenstärkende Mittel (Nervine)

Der vielleicht wichtigste Beitrag, den die Heilpflanzenkunde in diesem Bereich liefern kann, ist die Stärkung und Versorgung des Nervensystems. Bei Schockzuständen, Streß oder Nervenschwäche stärken und versorgen die nervenstärkenden Mittel das Gewebe auf direktem Wege; es ist nicht notwendig, zu Beruhigungsmitteln oder anderen Medikamenten zu greifen, um Angstzustände oder Depressionen zu lindern. Die nervenstärkenden Mittel sind bei vielen Nervenproblemen von unschätzbarem Wert.

So erstaunlich es auch klingen mag: eines der besten Mittel und sicherlich das mit dem größten Anwendungsbereich, um das Nervengewebe zu versorgen, ist *Hafer*. Er kann als Tinktur eingenommen, falls erforderlich mit entspannenden oder anregenden Mitteln oder mit jedem anderen angezeigten Heilmittel gemischt, oder ganz einfach gegessen werden.

Zu anderen nervenstärkenden Mitteln, die zusätzlich entspannend wirken, gehören *Betonienkraut, Damiana, Eisenkraut* und *Helmkraut*. Von diesen Pflanzen ist *Helmkraut* wohl am wirksamsten, besonders bei Problemen, die mit Streß verbunden sind.

Nervenentspannende Mittel

Bei Streß und Spannungszuständen können die nervenentspannenden Mittel sehr gut helfen, um solche Zustände zu lindern. Zu den charakteristischen nervenentspannenden Mitteln gehören *Baldrian, Frauenschuh, Helmkraut, Herzgespann, Hopfen, Johanniskraut, Kamille, Küchenschelle, Lavendel, Lindenblüten, Mistel, Kalifornischer Mohn, Passionsblume, Piscidiarinde, Rosmarin, Schwarze Schlangenwurzel, Amerikanischer Schneeballbaum, Schneeball* und *Ysop.* Wie aus der Liste ersichtlich wird, gibt es auch einige nervenentspannende Mittel mit anderen Eigenschaften, die man je nach Beschwerden hinzuziehen kann.

Zusätzlich zu den direkt auf das Nervensystem einwirkenden Kräutern können die krampflösenden Heilpflanzen – die auf die peripheren Nerven und das Muskelgewebe einwirken – eine indirekt entspannende Wirkung auf das ganze System ausüben. Wenn der Körper entspannt ist, wird auch die Entspannung der Psyche gefördert.

In Verbindung mit Nervenmitteln können auch schleimhautschützende Mittel nützlich sein, denn sie lindern Reizungen des Gewebes und fördern die Heilung.

Nervenanregende Mittel

Eine direkte Anregung des Nervengewebes ist selten angezeigt. Meist ist es besser, die körpereigene Vitalität mit nervenstärkenden oder sogar verdauungsfördernden Mitteln anzuregen.

Diese Mittel steigern die körperliche Harmonie und haben somit eine größere Wirkung, die länger anhält als die von nervenanregenden Mitteln.

Ist jedoch eine direkte Anregung der Nerven angezeigt, so ist die beste Heilpflanze hierfür die *Kolanuß,* obwohl hier auch *Kaffee, Matetee* und *schwarzer Tee* in Frage kommen. Ein Problem dieser häufig gebrauchten Anregungsmittel ist jedoch die Tatsache, daß sie Nebenwirkungen aufweisen und vor allem am Auftreten von psychologischen Beschwerden wie z. B. Angst- und Spannungszuständen beteiligt sein können.

Einige Heilpflanzen, die leichtflüchtige Öle enthalten, sind gleichfalls wertvolle anregende Mittel, wobei die *Pfefferminze* von allen das beste ist.

Krankheitsbilder des Nervensystems

Mit dem Konzept der psychosomatischen und somatopsychischen Erkrankungen erkennt die konventionelle Medizin die Verbindung zwischen physischen und psychologischen Faktoren bei der Entstehung von Krankheiten an. Psychologische Faktoren können für physische Beschwerden anfällig machen oder diese verschlimmern (psychosomatisches Konzept) oder umgekehrt können physische Faktoren auf den psychischen Zustand einwirken (somatopsychisches Konzept). Es ist jedoch angemessener, jede Erkrankung als Teil einer tiefen Beziehung zwischen Körper, Geist und Seele zu verstehen. Wenn eine Behandlung mit Nervenmitteln angebracht ist, um die Heilung eines Krankheitszustandes zu unterstützen, wird dies jeweils gesondert erwähnt.

Eine Reihe von Erkrankungen stehen besonders eng in Zusammenhang mit dem Nervensystem, obwohl sie keine neurologischen Symptome hervorrufen. Diesen Erkrankungen kann häufig durch eine Stärkung der Nerven und des gesamten Systems begegnet werden. Zu einer repräsentativen Auflistung gehören:

- Kreislaufsystem: hoher Blutdruck und Kranzgefäßerkrankungen
- Atmungssystem: Asthma, Heuschnupfen und Reizhusten
- Verdauungssystem: Magen- und Darmgeschwüre, Darmstörungen, Blähungen und Verdauungsstörungen
- Haut: Hautprobleme
- Drüsensystem: Schilddrüsenbeschwerden und andere Störungen endokriner Drüsen
- Sexualsystem: eine Reihe von Beschwerden, die mit der Menstruation zusammenhängen

Bei den oben angeführten Krankheitszuständen können Nervenmittel oft angebracht sein, was aber nicht bedeutet, daß sie alle nervlich bedingt wären. Es geht vielmehr darum, daß das Nervensystem in diesen Fällen oft mehr Unterstützung als sonst bedarf, um die Heilung des gesamten Menschen zu fördern.

Bei der Besprechung des Nervensystems wird vielleicht am deutlichsten, warum wir uns besser mit Un-Wohlsein als mit Krankheit auseinandersetzen. Das hört sich vielleicht nach Haarspalterei an, aber dieser Sprachgebrauch zeigt den ganzheitlichen Blickwinkel auf, der das reibungslose Funktionieren des gesamten Körpers als Ausdruck von Harmonie und Energiefluß begreift. Un-Wohlsein und Krankheit unter diesem Aspekt zu betrachten, ermöglicht es uns, zwischen psychologischen und neurologischen Problemen zu unterscheiden, ohne auf eine dualistische Trennung von Geist und Körper zurückgreifen zu müssen.

Psychisches Unwohlsein

Unsere Gesellschaft wird von Selbst-Zweifeln, Angst und Entfremdung, von Entmenschlichung und Gewalt geplagt. Diese Tatsache macht es vielleicht verständlich, daß eine wahre Flut von streßbedingten Krankheitsbildern die Akten der meisten Ärzte füllt.

Streß

Jeder Reiz und jede Veränderung unserer Innenwelt oder unserer Umgebung kann als ›Streß‹ bezeichnet werden, wenn er die innere Harmonie oder das psychologische Gleichgewicht (Homöostase) stört. Dies kann durch mancherlei hervorgerufen werden – Arbeitsbedingungen, Beziehungs- und gesundheitliche Probleme, bis hin zum Wetter. Der Körper reagiert auf jeden Streß in ähnlicher Weise, nämlich mit hormonellen und Verhaltensreaktionen.

Ein gewisses Maß an Streß ist notwendig, um in den heutigen Großstädten zu überleben: Probleme entstehen dann, wenn die jeweilige Streßreaktion über ein gesundes, das heißt nützliches Maß hinausgeht und in einen belastenden Zustand ausartet.

Dieser Definition gemäß kann Streß an sich nicht behandelt werden, denn er ist die natürliche Reaktion auf gegebene Verhältnisse. Dem Körper kann allerdings bei seinen Reaktionen geholfen werden. Dies kann mit Heilpflanzen und Vitaminen geschehen, wichtiger aber sind Entspannungsübungen, um dem Körper eine Möglichkeit zur Erholung zu geben. Zusätzlich sollte die Situation, die den Streß verursacht, neu überdacht werden. Bevor die Reaktion auf eine Situation verändert wird, sollte womöglich die Situation selbst verändert werden.

Führt Streß zu dauernden Beschwerden, so sollte die Behandlung von verschiedenen Ansätzen her angegangen werden. Eine angemessene Ernährung ist unbedingt erforderlich. Oft ist es angebracht, den Körper zusätzlich mit Vitamin C und Vitaminen des B-Komplexes zu versorgen, denn unter Streß wird von beidem mehr benötigt. Die

Nervenmittel nähren und stärken das Nervensystem. Die wirksamsten sind *Hafer* und *Helmkraut; Ginseng* ist eine andere ausgezeichnete Heilpflanze, die unsere Fähigkeit, mit Streß fertig zu werden, erweitert. Sie muß allerdings über einen längeren Zeitraum eingesetzt werden.

Angstzustände

Wir alle haben irgendwann im Leben das Gefühl der Angst kennengelernt. Meist dauert das Gefühl nur kurze Zeit an; ausgelöst wird es von einem bedrohlichen Problem in unserer Umgebung. Manchmal kann es sich aber auch zu einem Gewohnheitsmuster entwickeln, das unsere Gedanken und unser Verhalten bestimmt. Dann nehmen wir die Welt als etwas Beängstigendes wahr und handeln dementsprechend. Wir geraten in einen Teufelskreis, in dem Angst vorherrscht und stets mehr Angst erzeugt. Durch den Einfluß der Selbsterfahrungs- und Therapiebewegung ist es heute fast zur selbstverständlichen Erkenntnis geworden, daß ›wir unsere eigene Wirklichkeit schaffen‹ und auch für das verantwortlich sind, was wir erschaffen. Um diese Erkenntnis gebührend anzuerkennen und sie in unserem Leben zu verwirklichen, brauchen wir oft Unterstützung. Gesprächstherapien und Pflanzenheilkunde können diese Prozesse erleichtern. Alle nervenentspannenden Mittel lindern Angst- und Spannungszustände, wobei die Wirkung der jeweiligen Heilpflanzen von Mensch zu Mensch verschieden ist. Die wichtigsten sind *Baldrian, Frauenschuh, Helmkraut, Lindenblüten* und *Mistel.*

Zusätzlich zu nervenentspannenden können krampflösende Heilpflanzen hilfreich sein, denn bei Angstzuständen sind meistens die Muskeln angespannt. Die Lösung dieser Muskelverspannungen ermöglicht dem gesamten Menschen, sich zu entspannen und wohl zu fühlen. In einem solchen Zustand innerer Harmonie wird eine Heilung erfolgen.

Eine Mischung aus *Baldrian* und *Helmkraut* ist am erfolgversprechendsten; der einzige Nachteil dieser Heilpflanzen ist der unangenehme Geschmack.

Baldrian	1 Teil
Helmkraut	1 Teil

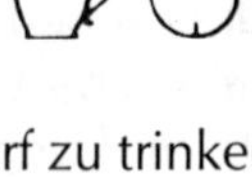

Dreimal täglich oder bei Bedarf zu trinken.

Prämenstruelle Spannungen

Diese unangenehmen, mit dem Menstruationszyklus verbundenen Beschwerden können emotionale und psychische Störungen verursachen. *Baldrian* und *Helmkraut* können diese Beschwerden kurzfristig sehr wirkungsvoll linden. Um dieses Problem aber wirklich zu lösen, muß der gesamte Hormonhaushalt untersucht und behandelt werden. Dies wird im Kapitel über die Sexualorgane ausführlich besprochen.

Hyperaktivität

Überaktivität oder Bewegungsdrang ist, besonders bei Kindern, eine zunehmende Erscheinung. Dieser Zustand ist nicht einfach zu definieren oder diagnostizieren. Bei vielen Kindern wurde Hyperaktivität diagnostiziert, nur weil sie etwas lebhafter als ihre Altersgenossen waren. Wobei dies möglicherweise allein auf eine mangelhafte, zukkerreiche Ernährung zurückzuführen ist. Zucker wirkt wie ein Beruhigungsmittel und hat darüber hinaus andere schädliche Nebenwirkungen.

Wird bei einem Kind Hyperaktivität festgestellt, sollten bestimmte Schritte unternommen werden. Einer der Hauptfaktoren, die zu Hyperaktivität führen, ist die Ansammlung von Schwermetallen im Körper. Aufgrund der fortschreitenden Industrialisierung werden die Atmosphäre und unsere Ernährung übermäßig belastet. Der erste Schritt bei der Bekämpfung von Hyperaktivität besteht darin, unsere Ernährung so abzustimmen, daß möglichst wenige künstliche Zusätze enthalten sind. Vielleicht sollten wir uns außerdem überlegen, einer Umweltschutzgruppe beizutreten, die sich für eine Verringerung der Umweltvergiftung einsetzt. Das wachsende Problem der Hyperaktivität ist in unserem Mikrokosmos ein Spiegelbild der Zustände, die wir in der ganzen Welt schaffen.

Um den Körper von bereits angesammelten chemischen Stoffen zu befreien, sollten über einen längeren Zeitraum hinweg blutreinigende Mittel verwendet werden. *Rotklee* ist hier am ehesten zu empfehlen, da diese Pflanze gleichzeitig nervenentspannend wirkt. Zur kurzfristigen Linderung sollten andere stark wirksame Entspannungsmittel hinzugefügt werden. Außerdem sollte mit Hilfe von *Hafer,* Vitamin C und den Vitaminen des B-Komplexes eine Behandlung gegen Streß durchgeführt werden.

Depression

Depressionen können eine Reaktion auf äußere Umstände sein oder dem eigenen Denken entspringen; meist handelt es sich um eine Kombination beider Ursachen. Heilpflanzen können in beiden Fällen dazu beitragen, Depressionen zu lindern, doch sollten gleichzeitig die Ursachen behandelt werden.

Es ist unumgänglich, die Hintergründe der Depressionen sich selbst gegenüber ehrlich zu betrachten und das eigene Leben mutig neu zu bewerten, denn die Heilpflanzen allein können das zugrundeliegende Problem nicht lösen. Sie können jedoch den nötigen Raum schaffen und das Gemüt beruhigen, um diesen Vorgang zu unterstützen. Zu den besten antidepressiven Heilpflanzen gehören *Baldrian, Damiana, Eisenkraut, Frauenschuh, Ginseng, Hafer, Helmkraut, Kolanuß, Lavendel, Lindenblüten* und *Rosmarin.*

Ist die Depression mit einem allgemeinen Schwächezustand des gesamten Körpers verbunden, der sich auf das Nervensystem auswirkt, ist die nachfolgende Mischung angezeigt:

Kolanuß	2 Teile
Damiana	1 Teil
Hafer	1 Teil
Lavendel	1 Teil
Rosmarin	1 Teil

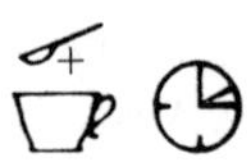

Dreimal täglich eine Tasse.

Ist ein Schwächezustand kein wichtiger Faktor, sollte folgende Mischung verwendet werden:

Kolanuß	1 Teil
Helmkraut	1 Teil
Lindenblüten	1 Teil

Auch diesen Tee dreimal täglich trinken. Wird ein stärkeres Mittel benötigt, kann *Baldrian* beigegeben werden.

Wir sollten uns an dieser Stelle in Erinnerung rufen, daß alle in diesem Buch empfohlenen Heilteemischungen nicht automatisch für jeden Menschen gelten. Alle Heilpflanzen sind (in normaler Dosierung) ungefährlich, von daher können bedenkenlos eigene Mischungen ausprobiert werden. Bitte im Abschnitt über die Heilpflanzen nachlesen, welche Pflanzen in Frage kommen. Jeder Tee sollte mindestens über zwei oder drei Tage genossen werden, um eine mögliche Wirkung festzustellen. Im Zweifelsfalle einen heilpflanzenkundigen Arzt bzw. Heilpraktiker aufsuchen.

Schlaflosigkeit

Eine schlaflose Nacht hat jeder einmal; der Streß des Tages oder die Angst vor dem nächsten Tag können uns die ganze Nacht wach und ruhelos halten oder tiefen, erholsamen Schlaf verhindern. Wenn das hin und wieder mal vorkommt, besteht kein Grund zur Beunruhigung. Wenn es aber zu oft vorkommt, kann der ganze Körper Schaden nehmen, denn die größte Heilung und Erholung finden wir im Schlaf. Es gibt viele gute und äußerst wirksame schlaffördernde Heilpflanzenmittel, die einen erholsamen Nachtschlaf begünstigen, aber oft reicht schon ein mildes, nervenentspannendes Mittel aus, um einen natürlichen Schlaf zu gewährleisten.

Die wirksamsten schlaffördernden Mittel sind *Baldrian, Hopfen, Kalifornischer Mohn, Passionsblume* und *Piscidiarinde,* wobei letztere gut wirkt, wenn Schlafstörungen durch Schmerzen verursacht werden. Eine gute Mischung besteht aus:

Baldrian 1 Teil
Passionsblume 1 Teil

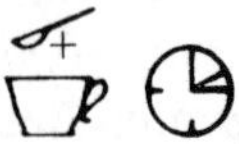

Diesen Tee kurz vor dem Schlafengehen trinken. Die Dosierung variiert von Mensch zu Mensch und muß ausprobiert werden. Eine Überdosierung ist bei diesen Mitteln ausgeschlossen.

Die meisten nervenentspannenden Mittel fördern einen erholsamen und natürlichen Schlaf. *Kamille, Lindenblüten* und *Rotklee* wirken und schmecken besonders gut. Sie sollten kurz vor dem Schlafengehen getrunken werden, um allen Anspannungen des Tages entgegenzuwirken und das Einschlafen zu erleichtern.

Diese Pflanzen können als Badezusatz auch durch die Haut aufgenommen werden. Auf diese Art und Weise lassen sich besonders bei Kindern Schlafstörungen beheben. Ein *Lindenblüten*-Bad vor dem Schlafengehen fördert den Schlaf, ein *Kamille*-Bad hilft außerdem beim Zahnen.

Das folgende Rezept für ein *Baldrian*-Bad ist gleichzeitig ein Grundrezept für alle bereits erwähnten Heilpflanzen: Mit einem Liter kochendem Wasser ein oder zwei Handvoll getrocknete *Baldrian*wurzeln übergießen, eine halbe Stunde ziehen lassen, absieben, dem heißen Badewasser beigeben und direkt vor dem Schlafengehen darin baden. Damit können Voll-, Fuß- oder Handbäder gemacht werden.

Neurologische Erkrankungen

Bisher haben wir hauptsächlich Probleme besprochen, die durch psychische Ursachen entstehen. Wir werden uns nun mit der Heilpflanzenbehandlung von Beschwerden befassen, die im Nervengewebe selbst auftreten. Dabei kann es sich um organische Probleme, wie z. B. multiple Sklerose oder um kleinere funktionale Probleme, wie z. B. Kopfschmerzen, handeln.

Kopfschmerzen

Kopfschmerzen können von vielen verschiedenen psychischen und physischen Fehlfunktionen verursacht werden, von Streß und Anspannung bis zu Verdauungsstörungen und Haltungsfehlern. Die Liste der bei Kopfschmerzen wirksamen Heilpflanzen ist deshalb besonders ausgedehnt und umfaßt *Baldrian, Betonienkraut, Frauenschuh, Gundelrebe, Helmkraut, Holunderblüten, Kamille, Lavendel, Echter Dost, Melisse, Paprika, Pfefferminze, Piscidiarinde, Rainfarn, Raute, Rosmarin, Thymian* und *Wermut.* Aus dieser Liste wird ersichtlich, daß auch andere Heilwirkungen (als die der Schmerzbetäubung) Kopfschmerzen lindern helfen. Darin spiegelt sich natürlich die ganze Bandbreite möglicher Ursachen wider, die von Umweltverschmutzung, schlechter Beleuchtung bis hin zu verspanntem Nacken, überanstrengten Augen, Haltungsschäden, schlechter Ernährung, Allergien oder anderen Faktoren reichen.

Zunächst ein paar allgemeine Ratschläge. Wohltuend ist in jedem Fall ein entspannendes Bad unter Verwendung einer der obengenannten Heilpflanzen; Lavendel sollte möglichst darunter sein. Es kann auch eine an ätherischen Ölen reichhaltige Heilpflanze (als Öl oder als starker Aufguß) verwendet werden – bei Kopfschmerzen sind *Lavendel, Echter Dost, Pfefferminze* oder *Rosmarin* am wirksamsten. Man kann Stirn und Schläfen einreiben oder inhalieren. Bei beiden Methoden werden Schmerzen oft überraschend schnell gelindert. Außer Heilpflanzen können Entspannungsübungen helfen: ein Waldspaziergang, eine Meditation, was auch immer das eigene Wohlbefinden steigert.

Die häufigsten physischen Ursachen für Kopfschmerzen sind Verdauungsstörungen (wie z. B. Verdauungsschwäche und Verstopfung), Muskel- und Nervenanspannungen und menstruelle Probleme.

Bei Kopfschmerzen, die mit dem Magen zusammenhängen, sind blähungstreibende und Bittermittel angezeigt. Die folgende Mischung ist besonders zu empfehlen:

Lavendel	1 Teil
Mädesüß	1 Teil
Melisse	1 Teil

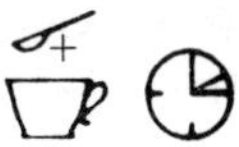

Diesen Tee nach Bedarf trinken.

Liegt als Ursache eine chronische Verstopfung vor, sollten die Anweisungen im Kapitel über das Verdauungssystem befolgt werden.

Durch psychischen Streß oder Haltungsprobleme, die Verspannungen im Nacken und in den Schultern verursachen, entstehen oft Kopfschmerzen. Nervenentspannende Mittel lindern diese Art Kopfschmerzen, wobei *Baldrian* meist das wirksamste Mittel ist.

Menstruationsprobleme können ebenfalls Kopfschmerzen auslösen und werden am besten durch Normalisieren des Hormonspiegels behandelt, wie im Kapitel über das Sexualsystem beschrieben. Für eine kurzfristige Behandlung ist folgender Tee wirkungsvoll:

Baldrian	1 Teil
Helmkraut	1 Teil

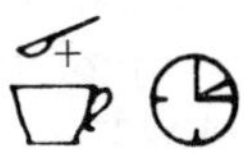

Eine Tasse dieses Tees bei Bedarf trinken.

Migräne

Dieser äußerst unangenehme und intensive Kopfschmerz wird oft von Verdauungsstörungen wie Übelkeit und Erbrechen und von Sehstörungen und Lichtempfindlichkeit begleitet. Er kann Stunden oder auch Tage andauern.

Ähnlich den Kopfschmerzen kann Migräne von einer ganzen Reihe von Faktoren ausgelöst werden. Deshalb muß eine Behandlung sowohl durch Langzeittherapie die Ursachen angehen, als auch spezielle Heilmittel für jeden einzelnen Migräneanfall beinhalten. Oft ist es notwendig, sich an einen Experten zu wenden, will man die zugrundeliegenden Ursachen erfahren, denn gerade bei diesen Beschwerden ist die Eigendiagnose recht schwierig.

Viele Heilpflanzen lindern die Schmerzen eines Anfalls, wenn sie bei den ersten Anzeichen angewendet werden. Zu diesen gehören *Baldrian, Betonienkraut, Passionsblume, Piscidiarinde* und *Schwarzweide.*

Bestehen außerdem Verdauungsstörungen, wie z. B. Übelkeit, Erbrechen oder Sodbrennen, sind Heilpflanzen wie *Kanadische Gelbwurzel, Mädesüß, Kamille* oder *Schwarznessel* zu empfehlen.

Die eigentliche Ursache einer Migräne mag von einem einzelnen Faktor abhängen, häufig spielen jedoch verschiedene Faktoren zusammen; dazu ein paar Beispiele.

Ernährung Die häufigste Ursache für das Entstehen von Migräne ist die allergische Reaktion auf bestimmte Nahrungsmittel. Eine vollständige Liste allergieerzeugender Stoffe würde alle Nahrungsmittel umfassen. Die häufigsten Auslöser sind jedoch rotes Fleisch (insbesondere Schweinefleisch), Schokolade, Milchprodukte, Kaffee, starker Tee, weißer Zucker, Hefeprodukte, Vitamin-B-Zusätze, sauer Eingemachtes, tierische Fette, Alkohol (insbesondere Rotwein, Sherry, Portwein, etc.). Oft basiert die Reaktion nicht auf einem einzelnen allergieauslösenden Nahrungsmittel, sondern setzt sich aus Reaktionen auf viele verschiedene Produkte zusammen, die sich ansammeln und ein ›kritisches Maß‹ erreichen. Besteht der Verdacht, daß eine Allergie oder eine solche Ansammlung als Ursachen in Frage kommen, sollte zwei Tage gefastet werden, bis man wieder einzelne Produkte zu sich nimmt. Wird die Migräne durch einen einzelnen Stoff hervorgerufen, so wird man auf diese Weise den Auslöser identifizieren und kann ihn in Zukunft vermeiden. Zur Unterstützung des Verdauungssystems ist eine regelmäßige Anwendung von *Kanadischer Gelbwurzel, Mädesüß, Kahlem Schildblumenkraut* oder *Wermut* über mehrere Monate verteilt angebracht. Nach einer Weile sollte erneut zwei Tage gefastet und verschiedene Nahrungsmittel stufenweise wieder hinzugenommen werden, um festzustellen, ob die Reaktion darauf noch immer die gleiche ist.

Streß, der zu nervlicher Anspannung führt, ist ein weitverbreiteter Auslöser von Migräne. Dies wird am besten mit einer Entspannungstherapie behandelt, oft bedarf er auch einer Form von Psychotherapie, wie z. B. Gestalttherapie, Psychosynthese oder andere, der Situation angemessene Methoden. Menschen, denen die täglichen Aufgaben über den Kopf wachsen und die ständigen Frustrationen ausgesetzt sind – aber auch äußerst gewissenhafte Perfektionisten –, bilden den Personenkreis, der für eine streßbedingte Migräne empfänglich ist. In beiden Fällen führt die neurotische Anspannung zu Migräne. In solchen Fällen sind nervenentspannende und -stärkende Mittel wie z. B. *Eisenkraut, Hafer, Helmkraut, Hopfen* oder *Mistel* anzuwenden.

Ist die Migräne jedoch mit Erschöpfungs- und Schwächezuständen verbunden, sind nervenanregende Mittel, wie z. B. *Damiana* oder *Kolanuß,* zu empfehlen.

Ginseng ist die Heilpflanze, die bei allen streßbedingten Migräneformen hilft. *Ginseng* muß jedoch mehrere Wochen lang eingenommen werden, bis eine spürbare Wirkung einsetzen kann.

Hormonelle Probleme Hormonelle Beschwerden, die mit dem Beginn der Menstruation oder den Wechseljahren zusammenhängen, sind bei Frauen die häufigste Ursache für eine Migräne. Eine Langzeitbehandlung, die darauf abzielt, das hormonelle System mittels Heilpflanzen, wie z. B. *Goldkreuzkraut, Heloniaswurzel, Schwarze Schlangenwurzel, Mönchspfeffer* oder *Yamswurzel* ins Gleichgewicht zu bringen, kann dem Abhilfe schaffen. Für detaillierte Angaben bitte im Abschnitt über das Sexualsystem nachschlagen.

Strukturelle Probleme Migräne kann auch durch strukturelle Störungen im Nacken oder in der Wirbelsäule, die zu Muskel- oder Nervenbeschwerden führen, hervorgerufen werden. Falls solche Beschwerden vermutet werden, sollte ein kompetenter Osteopath oder Chiropraktiker aufgesucht werden.

Nervenschmerzen (Neuralgien)

Neuralgien reichen von quälenden Schmerzen, die auf der ganzen Länge der Nervenbahn spürbar sind, bis zu örtlichen Schmerzen an den Hautstellen, an denen die Nervenbahnen enden. Der Schmerz kann durch eine Infektion oder durch ein osteopathisches Problem verursacht werden, doch meist bildet ein allgemeiner, durch falsche Ernährung, Streß oder einen Mangel an Ruhe hervorgerufener Schwächezustand die Schmerzursache.

Um Neuralgien zu heilen, muß die zugrundeliegende Ursache behandelt werden. Ist ein Schwächezustand der Grund, muß die Ernährung verbessert werden. Sie sollte reichlich frisches Obst und für einige Zeit zusätzliche Vitamine des B-Komplexes beinhalten. Auch ist auf ausreichende Ruhe- und Entspannungsphasen zu achten.

Baldrian, Ginseng, Hopfen, Johanniskraut, Küchenschelle, Passionsblume und *Piscidiarinde* sind besonders zu empfehlen. Zusätzlich zu diesen Heilpflanzentees können Zubereitungsformen, wie z. B. Einreibemittel, aus *Rosmarin, Lavendel* und *Johanniskrautöl,* mit denen die betroffenen Stellen eingerieben werden, die Schmerzen lindern.

Bei jeder Nervenerkrankung ist die großzügige Anwendung von *Hafer* sehr zu empfehlen – in Form von Haferflocken oder als Badezusatz.

Multiple Sklerose

Multiple Sklerose ist eine chronische degenerative Erkrankung der Nervenleitungen. Die Schulmedizin hat die genauen Ursachen bisher nicht eindeutig identifiziert; man nimmt an, daß Viren oder immunologische Vorgänge dabei eine Rolle spielen. Ganzheitlich betrachtet entsteht eine solche Krankheit dann, wenn die innere Harmonie aus dem Gleichgewicht geraten ist und degenerative Veränderungen stattfinden können. Der ganzheitliche Heilungsweg versucht daher, auf dieser Ebene das Gleichgewicht wieder herzustellen. Es ist durchaus möglich, multiple Sklerose mit Hilfe angemessener Heilpflanzen und sorgsamer Kontrolle der Ernährung und der Verdauung wesentlich einzudämmen.

Genauere Ernährungsanleitungen sind in jedem guten ganzheitlichen Kochbuch zu finden; wichtig sind der völlige Verzicht auf Milchprodukte und, möglicherweise, der Verzicht auf Nahrungsmittel, die Gluten enthalten. Außerdem sollten gesättigte Fettsäuren auf ein Minimum herabgesetzt und durch mehrfach ungesättigte ersetzt werden.

Bei einer Krankheit wie multiple Sklerose wird besonders deutlich, daß die Symptome erst nach einem längeren Degenerationsprozeß entstehen und daß eine ganzheitliche Heilpflanzenbehandlung darauf abzielen muß, das betreffende System zu stärken und zu erneuern. Daher wird die Behandlung individuell variieren und sollte auf nervenstärkenden und -anregenden sowie verdauungsstärkenden Mitteln basieren. Das einzige für jeden Fall zu empfehlende Heilpflanzenmittel ist das Öl der *Gewöhnlichen Nachtkerze (Oenothera biennies).* Es ist reich an mehrfach ungesättigten Fettsäuren und sollte über längere Zeit in Kapselform eingenommen werden, um die Wiederherstellung der Nervenscheiden zu ermöglichen.

Da multiple Sklerose eine sehr komplizierte Erkrankung ist, ist ärztlicher Rat unumgänglich.

Gürtelrose

Die Gürtelrose entsteht durch eine Virusinfektion der Nervenknoten; sie kann äußerst schmerzhaft und langwierig sein, wenn sie nicht richtig behandelt wird. Die Infektion ist normalerweise von Hautbläschen begleitet.

Bei Gürtelrose müssen die Nervenzellen mit nervenstärkenden Mitteln unterstützt werden. Keimhemmende Mittel helfen dem Körper, die Infektion zu überwinden. Zusätzlich sollten schmerzstillende Mittel in Form von nervenentspannenden Heilpflanzen genommen werden. Eine wirksame Teemischung besteht aus:

Sonnenhutwurzel	2 Teile
Baldrian	1 Teil
Hafer	1 Teil
Johanniskraut	1 Teil
Passionsblume	1 Teil
Piscidiarinde	1 Teil

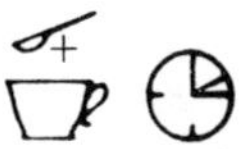

Dreimal täglich eine Tasse.

Für eine örtliche Behandlung der Symptome sind Kräuterbäder mit den zuvor erwähnten Heilpflanzen sehr zu empfehlen. Die Behandlung sollte eine Weile andauern, und gleichzeitig sollte Wert auf gute Ernährung gelegt werden, die besonders reich an Vitaminen des B-Komplexes sein sollte.

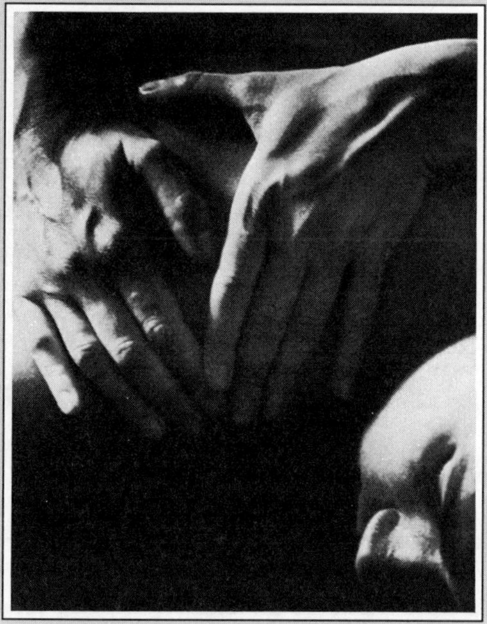

Die Haut ist weit mehr als nur die äußere Schutzhülle unseres Körpers; sie stellt unsere Verbindung zur physischen Welt her. Durch sie berühren wir und werden berührt, sie ist unsere Projektion in die Welt der Erscheinungen, das Bild, das wir von uns geben.

David Hoffmann

DIE HAUT

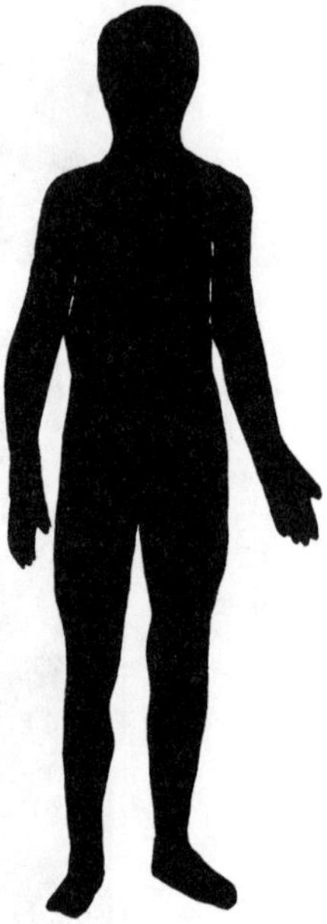

Unsere Haut hat zahlreiche Aufgaben. Sie ist das wichtigste Schutzorgan unseres Körpers; ohne eine vollständige und zusammenhängende Hautschicht würden wir bald an einer starken Infektion oder einem allergischen Schock sterben, denn die Haut ist es, die unseren Körper vor Verletzungen, Licht, chemischen Substanzen, extremen Temperaturen und dem Eindringen von Mikroorganismen schützt. Einige dieser Aufgaben, wie etwa der Infektionsschutz, werden durch komplexe ökologische Vorgänge aufrechterhalten. Die Haut scheidet nicht nur selbst keimhemmende Substanzen aus, sondern beherbergt auch eine uns freundliche, natürliche Bakteriengemeinschaft. Diese auf der Haut ansässigen Bakterien schützen sie vor dem Eindringen feindlicher Mikroorganismen, indem sie Umweltbedingungen schaffen, die für diese ungünstig sind. Eine der möglichen Gefahren einer Therapie mit Antibiotika ist die Zerstörung dieser wohlwollenden Gemeinschaft, wodurch einer Infektion durch die Haut der Weg geebnet wird. Ein ähnliches Problem besteht bei der Verwendung chemischer Deodorants, deren Wirkung teilweise darauf beruht, daß sie die natürlichen Hautbakterien vernichten und das äußerst empfindliche Gleichgewicht zerstören.

Die Haut ist auch in vieler Hinsicht verantwortlich für die Aufrechterhaltung einer stabilen und harmonischen Innenwelt. Einerseits schützt die Haut vor dem Verlust von Wasser, Salzen und organischen Substanzen aus dem Körperinneren, andererseits ist sie eines der vier wichtigsten Organe, die für die Ausscheidung von Abfallstoffen und Wasser verantwortlich sind.

Da die Haut für die Ausscheidung von nahezu einem Viertel der Abfallprodukte des Körpers verantwortlich ist, wird jede Fehlfunktion die anderen Ausscheidungsorgane – Nieren, Lungen, Därme – stärker belasten. So kann eine Störung der Ausscheidungskapazität der Haut zu sekundären Problemen in anderen Organen führen, andererseits können Schwierigkeiten in diesen Organen umgekehrt zu Hautbeschwerden führen.

Durch die Regulierung des Wasserhaushalts mittels Schweißdrüsen spielt die Haut außerdem eine Rolle bei der Einhaltung der richtigen Körpertemperatur.

Mit der Haut haben wir physischen Kontakt mit unserer Umwelt, da im ganzen Hautbereich zahlreiche Sinnesnerven liegen. Erwähnenswert ist hier die Tatsache, daß sich beim Embryo die Haut und das Nervengewebe aus dem gleichen Ursprung entwickeln. Dieser gemeinsame Ursprung weist auf die enge Verbindung zwischen Haut und Nervensystem hin. Diese Beziehung kann als physischer Ausdruck der engen Verbindung unserer Innenwelt und ihrer Widerspiegelung in der Außenwelt gesehen werden. Häufig sind deshalb Hauterkrankungen ein äußerlicher Ausdruck innerlicher Probleme und sollten auch als solche behandelt werden. Die Haut kann nur in seltenen Fällen ohne Einbeziehung des restlichen Körpers behandelt werden, z. B. bei Quetschungen und offenen Wunden.

Heilpflanzen für die Haut

Obwohl Hautprobleme eine Vielfalt innerer Krankheitszustände widerspiegeln und von daher alle möglichen Heilpflanzen eine Rolle bei der Behandlung spielen können, sind einige besonders hervorzuheben. An dieser Stelle sollen hauptsächlich wundheilende, blutreinigende, schweißtreibende, keimhemmende und nervenstärkende Mittel besprochen werden.

Wundheilende Mittel

Die Natur ist reich an Pflanzen, die die Heilung frischer Schnittverletzungen und offener Wunden begünstigen. Da Körperverletzungen wohl am häufigsten auftreten, wachsen in jedem natürlichen Lebensraum viele wundheilende Pflanzen. Das überlieferte Wissen um die Wirkung dieser Pflanzen spiegelt sich in ihren gebräuchlichen Namen wider, wie z. B. *Beinwell* und *Ampfergrindwurzel.* Manche dieser Heilpflanzen wirken adstringierend, stillen Blutungen und verdichten das Gewebe.

Die gebräuchlichsten wundheilenden Mittel sind *Ackerschachtelhalm, Aloe, Beinwell, Kleine Braunelle, Eibischwurzel, Kanadische Gelbwurzel, Hamamelis, Holunder, Isländisch Moos, Ringelblume, Gefleckter Storchschnabel, Sumpf-Ziest, Amerikanische Ulme* und *Vogelmiere.*

Blutreinigungsmittel

Blutreinigungsmittel verändern und verbessern ›verschmutztes‹ Blut und stellen eine gesunde Funktionsweise wieder her. Die Art und Weise, in der sie im einzelnen wirken, ist bisher ungeklärt. Aber sie wirken auf jeden Fall und gehören zu den vielleicht gebräuchlichsten Heilpflanzen bei Hauterkrankungen, deren Ursachen in den Stoffwechselprozessen zu suchen sind. Sie reinigen den gesamten Körper, konzentrieren sich jedoch auf bestimmte Bereiche. Manche wirken auf die Nieren, andere auf die Leber, etc., deshalb sollten sie je nach Heilanzeige ausgewählt werden.

Zu den Blutreinigungsmitteln gehören *Krauser Ampfer, Braunwurz, Brennessel, Erdrauchkraut, Kanadische Gelbwurzel, Große Klette, Klettenlabkraut, Lebensbaum, Mahonienrinde, Rotklee, Sarsaparilla, Sassafras* und *Buntfarbige Schwertlilie.*

Keimhemmende Mittel

Bei gewissen Hauterkrankungen ist die Einnahme keimhemmender Mittel zu empfehlen, um den Körper von schädlichen Mikroorganismen zu befreien.

Zu den wichtigsten Mitteln gehören *Eukalyptus, Wilder Indigo, Knoblauch, Lebensbaum, Myrrhe, Küchenschelle, Ringelblume, Sonnenhutwurzel, Thymian* und *Vogelmiere.*

Krankheitsbilder der Haut

Die konventionelle Medizin teilt die verschiedenen Hautkrankheiten nach histologischen, das heißt nach Veränderungen im Hautgewebe ein. Dieser Ansatz ignoriert vielfach, daß Hauterkrankungen Anzeichen innerlicher Probleme sind und auch als solche, und nicht als örtliche Phänomene behandelt werden sollten. Wir können – ohne den ganzheitlichen Ansatz einzuschränken – die Ursachen, die zu Hautproblemen führen, in Kategorien zusammenfassen, die nach Ursachengruppen aufgestellt werden. Drei Bereiche lassen sich bestimmen, wobei es natürlich Überschneidungen gibt. Es gibt innere Ursachen, bei denen die Hauterkrankung nur aus innerlichen Unstimmigkeiten resultiert, wie etwa bei Schuppenflechte oder gewissen Ekzemen; bei äußeren Ursachen ist die Hauterkrankung das Ergebnis äußerlicher Einflüsse – offene Wunden, Prellungen oder Sonnenbrand; bei ihren Reaktionen auf äußere Faktoren resultiert das Hautproblem aus der mangelnden Fähigkeit des Körpers, mit äußeren Faktoren fertig zu werden, wie bei allergischem Hautausschlag, bei Bakterien- oder Pilzinfektionen.

Je nach Art der Ursache gibt es verschiedene Heilansätze. Bei inneren Ursachen muß die Behandlung auf innere Prozesse abzielen, denn eine äußerliche Anwendung, wie eine Salbe, würde in diesem Fall das zugrundeliegende Problem nicht berühren; bei äußerlichen Ursachen kann eine Salbe jedoch ausreichen.

Innere Ursachen

Hartnäckige und chronische Hauterkrankungen, an denen viele Menschen leiden, sind meist Ergebnisse innerer Prozesse. Unsere Haut bildet das Bindeglied zwischen uns und der Welt, deshalb zeigen sich auch Disharmonien unseres Lebens oft an der Haut. Diese Disharmonie kann in physischen und genetischen Ursachen wurzeln, sie kann sich auf die Leber, die Nieren, den Kreislauf oder andere Körpersysteme konzentrieren.

Sind die Ursachen auch noch so vielfältig, die Auswirkungen können dieselben sein. Um solche – durch innere Prozesse verursachte – Erkrankungen wirkungsvoll behandeln zu können, müssen im betreffenden Individuum die speziell in ihm wirkenden Faktoren gefunden werden.

Schuppenflechte (Psoriasis)

Dies ist die häufigste Hauterkrankung, die meist die weiße Rasse befällt, obwohl sie auch bei anderen Rassen auftritt. In der westlichen Welt leiden bis zu zwei Prozent der Bevölkerung an Schuppenflechte. Sie kann durch vielerlei Faktoren hervorgerufen werden, die meist gemeinsam wirken. Deshalb sollte eine Behandlung den individuellen Bedürfnissen angepaßt werden. Die Wurzel des Problems, ob physisch, psychisch oder spirituell, muß gefunden werden, wobei wir nicht vergessen dürfen, daß unser gesellschaftliches Leben auch auf unser inneres Gleichgewicht einwirkt. Bei Erkrankungen wie der Schuppenflechte sollten Faktoren wie unser Arbeits- und unser gesellschaftliches Leben neu überdacht werden.

Obwohl bestimmte Heilpflanzen bei der Schuppenflechte traditionsgemäß angezeigt sind, ist die genaue Diagnose und das bewußte Erkennen individueller Gegebenheiten äußerst wichtig. Die meisten dieser Heilpflanzen sind blutreinigende Mittel und können in Kombination mit anderen Heilkräutern wirkungsvoll angewendet werden, wenn wir nicht vergessen, auch unsere Lebensweise angemessen zu verändern. Zu diesen Pflanzen gehören *Krauser Ampfer, Braunwurz, Klettenlabkraut, Große Klettenwurzel, Lebensbaum, Löwenzahn, Mahonienrinde, Rotklee* und *Sarsaparilla.*

Einige dieser Pflanzen sind auch Lebermittel, so z. B. *Löwenzahn* und *Krauser Ampfer,* andere sind harntreibende Mittel, etwa *Klettenlabkraut* oder *Braunwurz.* Oft ist die Anwendung nervenstärkender Mittel angebracht, um die Reaktion der Nerven auf Streß und die Anforderungen des täglichen Lebens zu stärken, was besonders gilt, wenn hoher Blutdruck und Herzklopfen beteiligt sind. *Herzgespann* und *Lindenblüten* kommen hierfür in Frage, aber auch *Helmkraut, Mistel* oder *Baldrian.* Wenn wir oben Erwähntes in Betracht ziehen, können wir eine Grundmischung zusammenstellen, die abgewandelt und ergänzt werden kann. Sie besteht zu gleichen Teilen aus:

Große Klette
Klettenlabkraut
Krauser Ampfer
Sarsaparilla

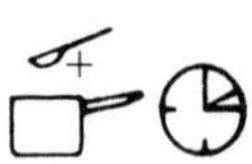

Dreimal täglich eine Tasse. Die Behandlung sollte eine Weile andauern und mit guter Ernährung und ausreichend Körperbewegung kombiniert werden.

Oft heilen Sonnenschein und Meerwasser die Schuppenflechte, allerdings selten auf Dauer. Ähnlich helfen äußerlich angewandte Heilmittel, die Reizungen lindern oder die Schuppen beseitigen; doch verschaffen sie keine dauerhafte Heilung. Eine Salbe aus *Beinwell, Eibisch* oder *Vogelmiere* kann äußerst wirksam sein.

Hautausschlag (Ekzem)

Der Ausdruck ›Ekzem‹ trifft auf eine ganze Reihe von Hauterkrankungen zu. Unterscheidungen sind für eine ganzheitliche Betrachtungsweise allerdings nicht wichtig.

Wie bei der Schuppenflechte, ist es auch bei dieser Erkrankung notwendig, die innerlichen Ursachen herauszufinden. Ist eine allergische Reaktion beteiligt, so muß die Substanz, die die Allergie auslöst, bestimmt und vermieden werden, da der Körper sich sonst nicht selbst heilen kann und auf die Heilpflanzenbehandlung nicht ansprechen wird. Ein Ausschlag an den Händen, im Gesicht oder an den Genitalien kann durch eine Allergie hervorgerufen werden; häufig entsteht ein Ekzem durch eine allergische Reaktion gegen Kuhmilch, z. B. bei Säuglingen. Jeder, der an Ekzemen leidet, sollte Milch und Milchprodukte meiden und durch Ziegen- oder Sojamilch ersetzen.

Heilpflanzenmittel sollten nach den individuellen Bedürfnissen ausgewählt werden, doch muß der Verdauungsprozeß untersucht und die Anwendung von Bittermitteln, blähungstreibenden oder Abführmitteln in Betracht gezogen werden. Besteht der Verdacht auf eine Fehlfunktion der Leber, können Gallen- oder Lebermittel helfen. Falls die Nieren ihre zentrale Funktion nicht erfüllen, sind harntreibende Mittel angezeigt. Auch können nervenstärkende Mittel hinzugezogen werden.

Heilpflanzen wie *Ackerstiefmütterchen, Braunwurz, Brennessel, Erdrauchkraut, Große Klettenwurzel, Mahonienrinde* und *Rotklee* haben einen guten Ruf bei der innerlichen Behandlung von Hautausschlag. Eine gute Grundmischung besteht zu gleichen Teilen aus:

Braunwurz
Brennessel
Rotklee

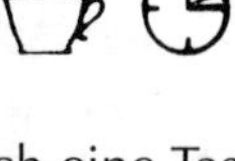

Dreimal täglich eine Tasse. Dieser Tee ist besonders bei Ausschlag bei Kleinkindern wirksam.

Anfangs können sich die Symptome anscheinend verschlechtern, doch ist dies kein Grund zur Beunruhigung, da diese Phase schon bald von einer deutlichen Verbesserung abgelöst wird. Äußerliche Heilmittel können angewendet werden, um Reizungen und körperliches Unbehagen zu mildern, doch sie werden erst dann heilend wirken, wenn sie zusammen mit einer inneren Behandlung verwendet werden. Für Kompressen und Salben kommen folgende Heilpflanzen in Frage: *Ackerstiefmütterchen, Beinwell, Kanadische Gelbwurzel, Hamamelis, Große Klette, Ringelblume* und *Vogelmiere*. Für eine *Ringelblumen*-Kompresse übergießen wir zwei Eßlöffel getrocknete Blüten (oder drei Eßlöffel frische Blüten) mit einem halben Liter kochendem Wasser, lassen es ziehen, bis es abgekühlt ist. Eine Kompresse mit diesem Auszug tränken und auf die betroffenen Stellen legen. Die Kompresse ständig befeuchten und eine Stunde einwirken lassen. Mindestens zweimal täglich anwenden.

Aus der *Großen Klette* läßt sich eine einfache und sehr gute Salbe herstellen. Eine frische Wurzel auspressen und den Saft mit Vaseline mischen. Die Salbe mehrmals am Tag auf die betroffenen Stellen auftragen.

Akne

Diesem weitverbreiteten Pubertätsproblem liegen vor allem zwei Ursachen zugrunde, nämlich hormonelle und ernährungsbedingte Faktoren. Die hormonelle Ursache hängt mit dem männlichen Hormonspiegel zusammen und tritt gerade in der Pubertät sehr deutlich hervor, da in diesem Lebensabschnitt starke Körperveränderungen durch verschiedene hormonelle Auslöser angeregt werden. Die bei jungen Männern und Frauen (vor der Menstruation) auftretende Akne macht den Zusammenhang deutlich. Die nahrungsbedingten Faktoren hängen mit der Fähigkeit des Körpers zusammen, Fette und Kohlenhydrate umzuwandeln. Wenn Stoffwechselstörungen vorliegen oder wenn die Nahrung überwiegend aus diesen Substanzen besteht, kann sich Akne entwickeln. Die Heilpflanzenkunde zielt darauf ab, die Verarbeitung dieser Nahrungsmittel durch den Körper zu unterstützen und die lymphatische Ableitung und Körperausscheidungen zu fördern. Der Verzehr von Fetten, Süßigkeiten und Kohlenhydraten sollte stark eingeschränkt werden, statt dessen sollten mehr Obst und Gemüse verzehrt werden. Besonders zu empfehlen sind die blutreinigenden Mittel *Krauser Ampfer, Braunwurz, Klettenlabkraut, Maho-*

nienrinde und *Rotklee,* aber auch Lymphmittel wie *Kermesbeere* und *Sonnenhutwurzel* sowie die Lebermittel *Löwenzahn* und *Buntfarbige Schwertlilie.* Die folgende Mischung kann über längere Zeit hinweg angewandt werden:

Braunwurz	1 Teil
Kermesbeere	1 Teil
Klettenlabkraut	1 Teil
Buntfarbige Schwertlilie	1 Teil
Sonnenhutwurzel	1 Teil

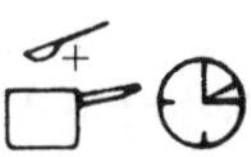

Dreimal täglich eine Tasse. Äußerlich kann eine Lotion oder ein Aufguß aus gleichen Teilen *Ringelblume, Vogelmiere* und *Hamameliswasser* ebenso wie häufiges Waschen mit reiner Seife wirksam sein.

Innere Reaktionen auf äußere Ursachen

Manchmal zeigt die Haut Reaktionen auf äußere Faktoren, wie etwa Bakterien, die innere Prozesse auslösen, sich aber auf der Haut und nicht innerlich manifestieren. Meist sind es Reaktionen auf Mikroorganismen, die nicht auftreten würden, wenn die Abwehrmechanismen des Körpers normal und angemessen arbeiteten. Zwar sollten die Symptome behandelt werden, doch liegt das wirkliche Problem im geschwächten Abwehrsystem, das gestärkt werden sollte, damit der Körper die Infektion selbst abwehren kann.

Für eine Schwächung der Abwehrkräfte des Körpers gibt es verschiedene Ursachen, eine Behandlung sollte jedoch immer auf keimhemmenden und Blutreinigungsmitteln beruhen und für eine wirksame Ausscheidung durch die Nieren und die Därme sorgen. Weiterhin gelten auch hier die Angaben zur Behandlung von Infektionskrankheiten. Wurden in letzter Zeit Antibiotika benutzt, sollte täglich mindestens ein Gramm Vitamin C eingenommen werden. Erinnern wir uns daran, daß eine Person und nicht eine Krankheit behandelt wird. Wenn uns irgend etwas bedrückt, sollten wir uns vergegenwärtigen, was es zu verändern gilt, damit wahre Heilung stattfinden kann.

Furunkel

Die Staphylokokkus-pyogeus-Bakterien (die normalerweise zur Oberflächenökologie der Haut gehören) werden nur dann zu einem Problem, wenn der Körper geschwächt ist, da sie zu Furunkeln führen können. Um Furunkel wirkungsvoll zu bekämpfen, müssen Heilpflanzen sowohl innerlich als auch äußerlich angewendet werden. Die körpereigenen Abwehrkräfte und die Vitalität des Körpers müssen in Hochform gebracht werden, um seine Abwehrkräfte zu aktivieren. Das wird am besten durch eine Verbindung von keimhemmenden und Blutreinigungsmitteln erreicht. Drei spezifische Heilmittel bei Furunkeln sind *Wilder Indigo, Küchenschelle* und *Sonnenhutwurzel.* Sie werden am besten in Mischungen, die das Lymphsystem stärken, eingenommen.

Eine gute Teemischung besteht aus:

Wilder Indigo	2 Teile
Sonnenhutwurzel	2 Teile
Kermesbeere	1 Teil
Küchenschelle	1 Teil

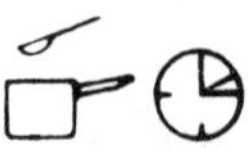

Dreimal täglich eine Tasse.

Äußerlich angewendet können Salben oder Packungen Eiter aus dem Furunkel ziehen. *Eibisch-* oder *Kohlblätter* sind gut für Packungen, *Myrrhe* oder *Sonnenhutwurzel* halten die Infektion unter Kontrolle. Für eine Packung aus *Kohlblättern* werden ein paar innere *Weißkohl*blätter gut gewaschen und leicht abgetrocknet; die dicken Mittelrippen können entfernt werden. Mit einem Nudelholz werden die Blätter weich gemacht, eine halbe Stunde lang auf die befallenen Stellen gelegt und mit einem lockeren Verband befestigt. Danach werden die Blätter durch frische ersetzt.

Eiterflechte (Impetigo)

Die Eiterflechte (ein pustelartiger Hautausschlag) ist eine äußerst ansteckende, meist bei Kindern auftretende Krankheit. Für eine Behandlung ist peinlichste Sauberkeit unbedingt erforderlich; dazu sollte eine an Obst und frischem grünen Gemüse reiche Ernährung gereicht werden, die durch Extragaben von täglich mindestens zwei Gramm Vitamin C und rohem Knoblauch ergänzt wird. Die Abwehrkräfte des Körpers sollten mit keimhemmenden Heilpflanzen gefördert und zusätzlich mit blutreinigenden und tonisierenden Mitteln gefördert werden. Äußerlich sollte zur Abwehr der Infektion und zur Wiederherstellung des ökologischen Schutzes eine Lotion aus einer oder mehreren Heilpflanzen, wie *Wilder Indigo, Ringelblume, Myrrhe* oder *Sonnenhutwurzel* verwendet werden. Eine Lotion wirkt nur in Verbindung mit einer innerlichen Behandlung; siehe Teemischung bei Furunkeln.

Warzen

Die Behandlung von Warzen ist mit allerlei Mythen und volkstümlichen Empfehlungen verbunden oder wird mit den drastischen Entfernungsmethoden der herkömmlichen Medizin assoziiert. Warzen werden durch Viren hervorgerufen, und das kann nur geschehen, wenn der ›Nährboden‹ die entsprechenden Bedingungen schafft. Unsere Ernährung und unsere Lebensweise sollten bekömmlich, heilsam und lebensbejahend sein. Innerlich sollten lymphreinigende und tonisierende Mittel, wie *Gelbholzrinde, Kermesbeere, Klettenlabkraut, Knoblauch* und *Wermut* genommen werden, dazu täglich ungefähr zwei Gramm Vitamin C. *Schöllkraut* und *Lebensbaum* gelten als spezifische Mittel zur äußerlichen Behandlung und raschen Entfernung von Warzen. Der milchige Pflanzensaft wird aus den Stengeln des frischen *Schöllkrauts* gepreßt und direkt auf die Warze aufgetragen. Aus *Lebensbaum* wird eine Lotion oder Salbe hergestellt, die häufig aufzutragen ist. Auch Vitamin-E-Öl kann auf die Warzen oder nach deren Entfernung auf die Haut aufgetragen werden.

Virusherpes (Herpes simplex)

Diese sehr häufig auftretende Virusinfektion ist auch als Fieberbläschen oder Blasenflechte bei Erkältungen bekannt. Es handelt sich hierbei um das nachträgliche Auftreten einer erstmaligen, meist sehr früh in unserem Leben vorkommenden Infektion mit dem Herpes-Virus. Diese Infektion bleibt oft unbemerkt, da der Virus ein Leben lang latent im Körper ruhen kann. Erst bei Schwächung der körpereigenen Abwehrkräfte kann es zum Ausbruch der Krankheit kommen. Diese Reaktion kann von vielen verschiedenen Faktoren ausgelöst werden, z. B. durch andere Infektionen, durch die Menstruation oder durch schlechte Ernährung. Die Behandlung zielt in erster Linie auf die Verbesserung der körperlichen Gesundheit durch gute Ernährung ab sowie viel Vitamin C (drei bis fünf Gramm täglich) und die Unterstützung der Ausscheidungsprozesse des Körpers. Die Behandlung sollte durch eine Heilpflanzenmischung ergänzt werden, die über einen längeren Zeitraum benutzt werden sollte. So z. B.:

Klettenlabkraut	2 Teile
Sonnenhutwurzel	2 Teile
Hafer	1 Teil
Kermesbeere	1 Teil

Zweimal täglich eine Tasse. Äußerlich verwendet ist eine Lotion aus *Sonnenhutwurzel,* der auch *Myrrhe* beigefügt werden kann, sehr wirkungsvoll.

Ringelflechte (Tinea)

Diese auch Bakterienflechte genannte Erkrankung wird durch eine Pilzinfektion auf der Haut verursacht. Sie kann an verschiedenen Körperstellen auftreten und Symptome, wie Ausschlag zwischen den Fußzehen, hervorrufen. Meist tritt diese Infektion zwischen den Zehen, in der Leistengegend oder kreisförmig an anderen Körperstellen auf. Durch starkes Schwitzen und schlechte Hygiene verschlechtert sie sich. Um sie wirksam zu bekämpfen, müssen wir auf peinlichste Sauberkeit achten und dafür sorgen, daß Luft an die befallenen Stellen kommt. Eine Heilpflanzenbehandlung besteht in diesem Fall aus innerlichen und äußerlich angewendeten Mitteln. Innerlich sollte eine Mischung verwendet werden, die die Abwehrkräfte des Körpers stärkt und lymphreinigend wirkt:

Sonnenhutwurzel	2 Teile
Krauser Ampfer	1 Teil
Wilder Indigo	1 Teil
Kermesbeere	1 Teil
Klettenlabkraut	1 Teil

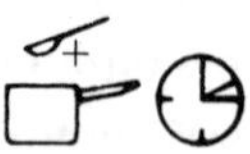

Dreimal täglich eine Tasse.

Äußerlich können *Sonnenhutwurzel, Eukalyptus, Knoblauch, Lebensbaum, Myrrhe* und *Ringelblume* zur Bekämpfung von Flechten in Form von Lotionen oder Tinkturen direkt auf die Haut aufgetragen werden. Die *Ringelblume* eignet sich dafür am besten.

Läuse und Krätze

Dieser Parasitenbefall wird im Kapitel über Infektionen und Parasitenbefall beschrieben.

Äußere Ursachen

Die Natur hat uns in reichhaltiger Fülle mit Pflanzen versorgt, die die alltäglichen schmerzhaften Zusammenstöße mit der physischen Welt, wie Wunden, Prellungen, Verbrennungen etc., lindern und heilen helfen. Ich erwähne hier nur die wirksamsten, wie etwa die *Ringelblume.* Der Wert dieser außergewöhnlichen Heilpflanze kann nicht genug betont werden, wenn es um die Behandlung von offenen Wunden, Prellungen oder Verbrennungen geht. Ihre Qualitäten lindern Schmerzen und Entzündungen, und gleichzeitig wirkt sie keimhemmend.

Wunden

Von den zahlreichen wundheilenden Pflanzen sind *Beinwell, Breitwegerich, Kanadische Gelbwurzel, Holunderblüten* und *Johanniskraut* die wichtigsten. Auch adstringierende Mittel können von Vorteil sein, da im ersten Stadium der Wundheilung das Blut gerinnt. Von all diesen Heilpflanzen hat vor allem *Beinwell* einen guten Ruf als starkes Wundheilmittel. Es enthält einen chemischen Stoff, der die Zellteilung anregt und somit die Narbenbildung beschleunigt. *Beinwell* kann, wie die anderen hier angegebenen Pflanzen, als Umschlag, Packung oder Salbe angewendet werden. Bei bestehender Infektionsgefahr sollte ein keimhemmendes Mittel, wie *Sonnenhutwurzel,* beigegeben werden.

Prellungen

Kompressen mit *Arnika, Gänseblümchen, Hamamelis, Ringelblume* oder *Schafgarbe* sind äußerst wirkungsvoll, um den Körper bei Prellungen, Verstauchungen und ähnlichem zu entlasten. *Arnika* ist das beste dieser Mittel, darf aber niemals auf offene Wunden aufgetragen werden! Für eine Kompresse wird am besten *Arnika*-Tinktur verwendet: Ein Teil getrockente *Arnikablüten* mit zehn Teilen siebzigprozentigem Alkohol mischen. Bei frischen Blüten ist das Mischungsverhältnis 1:1. Zwei Wochen in einem festverschlossenen Glasbehälter an einem warmen Ort stehen lassen und täglich schütteln. Anschließend durch ein Stofftuch geben und die Pflanzenrückstände möglichst gut ausdrücken. Diese neuerliche Mischung lasse man weitere zwei Tage stehen und filtere sie, um eine klare Flüssigkeit zu erhalten. Für eine

Kompresse wird ein Eßlöffel Tinktur mit einem halben Liter Wasser gemischt.

Von den anderen zuvor erwähnten Heilpflanzen können ebenfalls Lotionen, Tinkturen, Kompressen oder Salben hergestellt werden.

Verbrennungen

Bei geringfügigen Verbrennungen und leichtem Sonnenbrand können Heilpflanzen äußerst hilfreich sein, doch selbst schwere Verbrennungen lassen sich damit behandeln. Die vielleicht beste Pflanze zur Behandlung daheim ist *Aloe.* Sie kann im Haus oder im Garten gezogen werden. Ihre fleischigen Blätter sind reich an einem heilenden Gel, das am besten frisch angewendet wird. Ein Blatt aufschneiden und die Innenseite auf die Verbrennung legen. Auch *Ringelblume* und *Johanniskraut* sind gute Gegenmittel.

Die Unfähigkeit, das höchste Ideal zu leben, dessen wir uns bewußt sind und das wir in unseren besten und klarsten Augenblicken erfassen können, erzeugt unvermeidbar Reibungsstellen, selbst wenn wir uns dessen nicht bewußt sein. Eines von vielen Ergebnissen dieser Art Reibung und ihre Folge als Krankheit ist der Rheumatismus.

Alice Bailey

DAS MUSKEL- UND KNOCHEN-SYSTEM

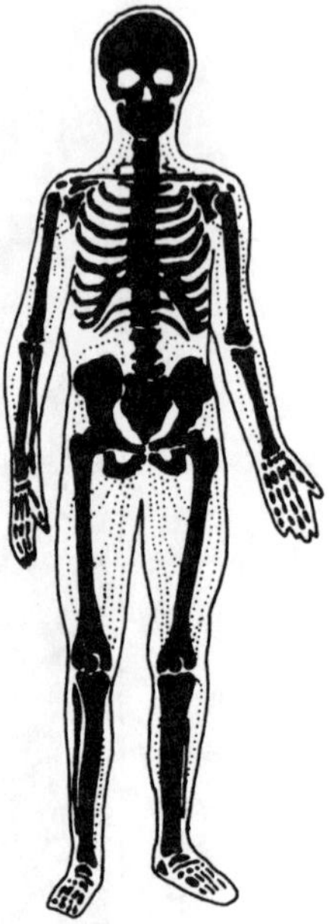

Unser Skelett, das Bindegewebe, unsere Muskeln und die Gelenke halten uns zusammen, befähigen uns zu stehen, uns zu bewegen und geben uns Gestalt. Sie werden besonders stark beansprucht – und mißbraucht – und sind starkem physischen Verschleiß ausgesetzt. Aber die Gesundheit dieser Gewebe ist nicht nur davon abhängig, wie sie benutzt werden und wo im Körper sie sich befinden, sondern auch zu einem wesentlichen Teil von unserer Innenwelt, vom Zustand unseres Stoffwechsels, von Ernährung und Lebensweise. Natürlich kann jede genetisch bedingte Schwäche ebenfalls eine wichtige Rolle spielen, doch wenn sie rechtzeitig erkannt wird, kann einiges getan werden, um zu verhindern, daß diese Schwäche auch zu einer Erkrankung führt.

Mit osteopathischen und chiropraktischen Behandlungsmethoden kann bei strukturbedingten Störungen viel erreicht werden. Manchmal weicht die Anordnung der einzelnen Skelettelemente so stark vom Normalzustand ab, daß die Nervenfunktionen beeinträchtigt werden und die Funktion der Organe gestört ist, oder das harmonische Zusammenspiel des gesamten Körpers ist davon betroffen. Osteopathische und chiropraktische Techniken können – ebenso wie Methoden psycho-physischer Therapie wie Rolfing, Alexander-Technik oder Feldenkrais – dazu beitragen, den Körper wieder einzurichten.

Eine der Hauptursachen für Erkrankungen dieses Systems liegt jedoch in der systembedingten Gesundheit des gesamten Körpers. Diese ist nur gewährleistet, solange Innenwelt und Stoffwechsel harmonisch ablaufen. Sind biochemische und Stoffwechselvorgänge aus dem Gleichgewicht geraten, wird der Körper besonders stark mit der Ausscheidung von Abfall- und Giftstoffen belastet. Dauert ein solcher Zustand längere Zeit an – was oft geschieht, ohne daß es spürbar wäre –, so können sich Giftstoffe in den Bindegeweben der Gelenke ablagern und den Weg für die Entwicklung von Rheuma und Arthritis ebnen, besonders wenn eine genetische Disposition in dieser Richtung besteht. Vor allem in diesem Bereich kann die Pflanzenheilkunde die meisten Mittel anbieten.

Heilpflanzen für das Muskel- und Knochensystem

Bei den hier auftretenden Krankheiten, insbesondere bei Rheuma oder Arthritis, muß der Körper in einen ausgeglichenen und gesunden Zustand zurückgeführt werden. Um die in Knochen und Muskeln auftretenden Störungen wirksam zu behandeln, müssen Verdauung und Nahrungsaufnahme ebenso gut arbeiten wie die verschiedenen Ausscheidungsbereiche. Dies sollte bedacht werden, wenn wir die entsprechenden Heilpflanzen auswählen.

Antirheumatische Mittel

Eine ganze Reihe von Pflanzen ist dafür bekannt, daß sie rheumatische Beschwerden verhindern, lindern oder gar heilen. Ich gebe hier eine umfangreiche Auflistung antirheumatischer Mittel, einschließlich einer Auswahl an Heilkräutern mit verschiedensten Hauptheilwirkungen. Sie können je nach Bedarf für den gesamten Körper ausgewählt werden, da sich unter ihnen blutreinigende, entzündungshemmende und verdauungsfördernde Mittel befinden: *Krauser Ampfer, Bärentraube, Bitterklee, Blasentang, Brennessel, Engelwurz, Guajakbaum, Gelbholzrinde, Ingwer, Jakobskreuzkraut, Kermesbeere, Große Klette,*

Löwenblattwurzel, Löwenzahn, Mahonienrinde, Paprika, Queckenwurzel, Sarsaparilla, Schafgarbe, Schwarzweide, Buntfarbige Schwertlilie, Sellerie, Senf, Teufelskralle, Wacholder, Amerikanischer Wasserhanf, Wermut, Amerikanisches Wintergrün, Yamswurzel und *Zitterpappel.*

Blutreinigungsmittel

Blutreinigungsmittel verändern und verbessern ›vergiftetes‹ Blut und stellen eine gesündere Funktionsweise wieder her. Die Art und Weise, in der sie im einzelnen wirken, ist bisher noch nicht genau geklärt. Sie wirken bei vielen verschiedenen Erkrankungen, darunter auch bei Rheuma.

Die meisten Blutreinigungsmittel helfen bei Störungen in diesem Körpersystem, die nachfolgenden haben den größten Anwendungsbereich: *Bitterklee, Guajakbaum, Löwenblattwurzel, Sarsaparilla, Sellerie* und *Teufelskralle.*

Die meisten arthritischen und rheumatischen Erkrankungen werden durch die reinigende und revitalisierende Wirkung dieser Heilpflanzen verbessert.

Entzündungshemmende Mittel

Es ist vielleicht irreführend, diese Heilpflanzen entzündungshemmend zu nennen, denn bei einer ganzheitlichen Behandlung beabsichtigen wir nicht, Entzündungen zu unterdrücken, da sie normalerweise zu einer gesunden Körperreaktion gehören. Diese Heilpflanzen wirken eher entzündungslindernd. Besonders bei rheumatischen und arthritischen Krankheitsbildern, bei denen die lange andauernden Entzündungen der Gelenke und des Gewebes selbstzerstörerisch wirksam geworden sind, können diese Heilpflanzen hilfreich sein.

Mädesüß ist da ein gutes Beispiel. Diese Pflanze besitzt natürliche aspirinähnliche Substanzen, die Anschwellungen und Schmerzen zurückgehen lassen. Gleichzeitig wirken ihre Substanzen harntreibend und leberstärkend, unterstützen die Reinigungs- und Ausscheidungsfunktionen des Körpers und beseitigen bei längerer Anwendung die Ursachen der Entzündung, die in der Ansammlung von Abfall- und Giftstoffen liegen.

Die wirksamsten entzündungshemmenden Mittel sind *Guajakbaum, Mädesüß, Schwarzweide, Teufelskralle, Yamswurzel* und *Zitterpappel.*

Hautreizmittel (Rubefazientia)

Auf die Haut aufgetragene Hautreizmittel regen in dem betreffenden Bereich die Durchblutung an. Dadurch kommt es zu einer verstärkten Blutversorgung, was wiederum Stauungen und Entzündungen abbaut. Hautreizmittel sind deshalb besonders gut zum Einreiben bei Muskelrheumatismus und ähnlichen Erkrankungen.

Die meisten Hautreizmittel sind zu stark, um sie innerlich anzuwenden. Auch auf empfindlicher Haut sollten sie äußerst vorsichtig und bei verletzter Haut überhaupt nicht angewendet werden. Die besten Mittel sind *Ingwer, Jakobskreuzkraut, Paprika, Pfefferminzöl, Senf* und *Amerikanisches Wintergrün.*

Harntreibende Mittel (Diuretika)

Diuretika unterstützen die Nierenfunktion und somit die Ausscheidung von Stoffwechselprodukten und Giftstoffen sowie die Beseitigung von Substanzen, die bei Entzündungen entstehen. Diese Unterstützung ist besonders wichtig, da giftige Substanzen bei vielen Störungen, wie Rheuma und Arthritis, zugrunde liegen. Nierenprobleme sollten ebenfalls umgehend behandelt werden. Folgende Pflanzen begünstigen die lebenswichtige Funktion dieser Organe: *Schafgarbe, Sellerie, Wacholderbeere* oder *Amerikanischer Wasserhanf,* wobei *Selleriesamen* ein anerkanntes und empfehlenswertes Mittel bei Rheuma ist.

Kreislaufanregende Mittel

Kreislaufanregende Mittel bewirken nicht nur die verstärkte Blutzufuhr zu Muskeln und Gelenken, sondern reinigen den Körper gleichzeitig von Giftstoffen. Verwendet werden Heilpflanzen, die die periphere Durchblutung regulieren, ohne das Herz zu belasten; z. B. *Gelbholzrinde, Kermesbeere* oder *Paprika.* Natürlich sollten bestehende Herz- oder Kreislaufstörungen ebenfalls behandelt werden.

Schmerzlindernde Mittel

Obwohl es eigentlich nicht unser Ziel sein sollte, Symptome zu behandeln, besteht die Kunst des Heilens doch auch darin, Leiden zu lindern. Manchmal ist es notwendig, die oft starken Schmerzen bei Erkrankungen wie Rheuma mit Heilpflanzen zu mildern, was natürlich nur als Teil einer umfassenden Behandlung der Ursache erfolgen sollte. Die entzündungshemmenden Mittel können Schmerzen lindern, doch der einzig wirksame Weg, Schmerzen zu verringern und auszuschalten, liegt in der Auflösung der zugrundeliegenden Ursachen. Während einer solchen Behandlung können *Baldrian, Guajakbaum, Johanniskraut* oder *Piscidiarinde* zur Schmerzlinderung beitragen.

Verdauungsstärkende Mittel

Die Verdauung sollte in Ordnung sein, denn damit das Muskel- und Knochensystem richtig arbeiten kann, muß eine gute Nährstoffaufnahme gewährleistet sein. Die Anwendung von Bitterstoff-Stärkungsmitteln ist dabei von Vorteil, z. B. *Enzian, Kanadische Gelbwurzel, Schafgarbe* und *Wermut.*

Bei starker Verstopfung sind besonders solche Abführmittel angezeigt, die die Leber anregen, wie z. B. *Krauser Ampfer, Boldo* oder *Rhabarberwurzel.*

Krankheitsbilder von Muskeln und Knochen

Rheuma und Arthritis

Wir wollen uns hier nicht mit den Unterschieden der zahlreichen Rheuma- und Arthritisformen befassen. Es bleibt fraglich, ob eine solche differenzierende Diagnose bei einer ganzheitlichen Behandlung wirklich notwendig ist. Eines ist jedoch notwendig, nämlich das Erkennen von allgemeinen und individuellen Ursachen und von Einflüssen der erblichen Gesamtkonstitution. Diese Erkrankungen entstehen, wenn durch falsche Ernährung, falsche Lebensweise oder andere Belastungen Druck auf den Körper ausgeübt wird, mit dem dieser nicht fertig wird. Die Behandlung zielt darauf ab, Gesundheit und Vitalität wiederherzustellen, damit sich der Körper selbst mit den Symptomen befassen kann, und nicht darauf, die Symptome zu bekämpfen, um Vitalität zu erlangen.

Sehr aufschlußreich für das Verständnis dieser Erkrankungen ist das Konzept der Reibung. Die bei Arthritis auftretenden Veränderungen in den Gelenken verursachen ein Aneinanderreiben der Knochen, das heißt, sie verursachen eine starke Reibung. Dieser physischen Veränderung geht oft eine Periode anderer belastender Reibungen voraus, die die körperlichen Veränderungen einleiten. Ursache können bestimmte körperliche Arbeiten sein, so entwickeln z. B. Bauern Osteo-Arthritis in der Schulter, auf der sie jahrelang Heuballen getragen haben. Oder die Ursache liegt in Muskelverspannungen, welche die Gelenke zu eng zusammenziehen. Das Wörterbuch definiert Reibung als »Widerstand, der erfahren wird, wenn sich ein Körper relativ zu einem anderen bewegt, mit dem er in Kontakt steht... Uneinigkeit oder Konflikt«. Betrachten wir die Wurzeln rheumatischer und arthritischer Störungen, dann deckt diese Definition alle Bereiche ab, ob die zwei ›Körper‹ jetzt Knochen, Menschen oder verschiedenartige Gefühle und Überzeugungen sind.

Konflikte und die daraus entstehenden Reibungen können vielerlei Formen annehmen, doch sind sie vor allem innere Erfahrungen. Für manche ist Konfliktdenken eine Grundhaltung, mit der die Welt betrachtet wird. Eigentlich beruht hierbei der Konflikt auf Gegensätzen zwischen innerlichen Aspekten im einzelnen und ist der Ausdruck psychischer Disharmonie, die sich nach außen hin als Konflikt in Beziehungen und in verschiedenen Situationen des Lebens zeigt, während die Ursachen oft tief in der Psyche wurzeln.

Wenn wir versuchen, im Körper die günstigsten Bedingungen für eine Heilung zu schaffen, sollte der emotionalen und geistigen Harmonie die gleiche Aufmerksamkeit zukommen wie der Ernährung und den Heilpflanzenmitteln. Ist die Lebenseinstellung eines Menschen unflexibel und defensiv und fehlt es an Offenheit und Mut zur Verletzlichkeit, dann wird die Entwicklung von Rheuma begünstigt. Wird dagegen ein innerer Entspannungsprozeß eingeleitet, der emotionale Reibung verringert, freie Interaktion mit anderen ermöglicht und die Öffnung der Emotionen und Prinzipien fördert, dann wird die Bühne für das Wunder der Selbstheilung vorbereitet, die durch Heilpflanzen gefördert wird.

Eine der Ursachen für Rheuma und Arthritis ist die Ansammlung von Giftstoffen oder Abfallprodukten im betroffenen Gewebe. Ein wichtiger Faktor bei der Entstehung dieser Krankheit kann eine unangemessene Ernährung sein, wenn beispielsweise chemisch verfälschte Nahrungsmittel verwendet werden, die für den Körper von geringem Nährwert sind. Allgemein läßt sich feststellen, daß solche Nahrungsmittel zu meiden sind, die im Körper saure Reaktionen hervorrufen. Das gleiche gilt für solche Produkte, die Verdauungsstörungen oder andere Beschwerden, wie z. B. Allergien, hervorrufen. Anstelle von chemisch verarbeiteten Nahrungsmitteln sollten weitestgehend frische und unbehandelte Produkte verzehrt werden.

Allergische Reaktionen, wie Sodbrennen oder Blähungen, werden oft durch Gluten (hauptsächlich in Weizenprodukten) und durch Milchprodukte verursacht, die in diesem Fall gemieden werden sollten. Saure Reaktionen werden ebenfalls durch Fleisch (besonders rotes Fleisch), Milchprodukte und Eier hervorgerufen; durch Essig und sauer Eingemachtes; durch raffinierte Kohlenhydrate und raffinierten Zucker und durch die meisten Gewürze. Andere oxalsäurehaltigen Nahrungsmittel sind z. B. Rhabarber, Stachelbeeren, schwarze und rote Johannisbeeren. Schließlich gehören Kaffee, schwarzer Tee und Alkohol zu den Genußmitteln, die man nur mit Vorsicht genießen sollte. Zucker, Salz und blaue Trauben sollten aus verschiedenen Gründen gemieden werden, sie tragen alle zu einer Ansammlung von Giftstoffen bei und wirken nachteilig auf den Reinigungsprozeß.

Statt dessen sollte reichlich Obst (auch Zitrusfrüchte, die trotz Zitronensäure eine alkalische Wirkung auf den Stoffwechsel haben) und frisches Gemüse, vorzugsweise grünes und Wurzelgemüse, verzehrt und täglich mindestens 1,5 Liter Flüssigkeit getrunken werden, um den Körper durchzuspülen. Als Flüssigkeit eignet sich klares Wasser am besten (mineralarmes Wasser) oder Wasser mit etwas Apfelessig oder Apfelsaft. Eine zusätzliche tägliche Vitamin-C-Gabe von mindestens 500 Milligramm ist zu empfehlen. Fisch und weißes Fleisch dürfen gegessen werden.

Durch die Anwendung geeigneter Heilpflanzen, in Verbindung mit anderen Methoden, die den Körper umfassend stärken, lassen sich die Quellen rheumatischer und arthritischer Entwicklungen weitestgehend beseitigen. Eine solche Behandlung erstreckt sich über einen längeren Zeitraum, denn ein degenerativer Prozeß, der sich bereits eine Weile entwickelt hat, wird nicht innerhalb von vier Wochen wieder aufgehoben.

Bei richtiger Behandlung kann es jedoch sein, daß wir Aussagen wie »ich fühle mich innerlich schon viel besser« hören, lange bevor die realen Symptome wie Schmerzen oder Steifheit verschwunden sind.

Zusätzlich zu dem allgemein notwendigen Reinigungsprozeß müssen die Bedürfnisse des einzelnen als einzigartigem Wesen beachtet werden. Muß das Verdauungssystem unterstützt werden? Arbeiten die Nieren richtig? Gibt es besonders viel Streß? Funktioniert das endokrine Drüsensystem in harmonischer Weise? Wie sieht es mit der Ernährung aus?

Bei rheumatischen und arthritischen Störungen ist es, mehr als bei allen anderen, absolut notwendig, den gesamten Menschen zu behandeln; andernfalls bleibt die Aussicht auf Heilung gering oder die Wirkung vorübergehend. Wird jedoch das einmalige Bild eines Individuums beachtet, sind die Möglichkeiten für verblüffende Heilerfolge gegeben.

Nach dieser ausführlichen Schilderung nun eine Grundteemischung für rheumatische und arthritische Beschwerden:

Bitterklee	2 Teile
Mädesüß	1 Teil
Schafgarbe	1 Teil
Schwarze Schlangenwurzel	1 Teil
Sellerie	1 Teil

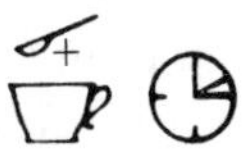

Über längere Zeit hinweg dreimal täglich eine Tasse.

Diese Mischung ist nur eine Möglichkeit. Spezifische Mittel sollten in bezug auf individuelle Bedürfnisse und nach den Angaben im Abschnitt ›Heilpflanzen für das Muskel- und Knochensystem‹ ausgewählt werden. Wenn z. B. Entzündungen und Schmerzen vorliegen, kommen entzündungshemmende und schmerzlindernde Mittel in Frage, wie z. B. *Guajakbaum, Schwarzweide* oder *Yamswurzel.*

Kommt es aufgrund von Schmerzen zu Schlafstörungen, muß etwas unternommen werden, da ein gesunder Schlaf die beste Garantie für Heilerfolge ist. Eine gute schlaffördernde und schmerzlindernde Mischung ist die folgende:

Baldrian	1 Teil
Passionsblume	1 Teil
Piscidiarinde	1 Teil

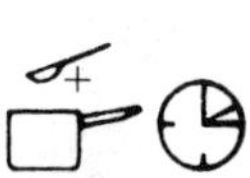

Eine halbe Stunde vor dem Schlafengehen eine Tasse. Diese Mischung ist unbedenklich im Gebrauch, und die Dosierung kann bei Bedarf über die normalen ein bis zwei Teelöffel hinaus erhöht werden.

Zusätzlich finden äußerliche Mittel Anwendung, um Schmerzen und Entzündungen zu lindern und gleichzeitig die Durchblutung der betroffenen Bereiche anzuregen, damit die Schadstoffausscheidung unterstützt wird. Eine solche Behandlung an sich bringt keine grundlegende Veränderung, doch sie unterstützt den gesamten Prozeß und lindert die Beschwerden. Ein stark erwärmendes und stimulierendes Einreibemittel wird durch Mischen gleicher Anteile Paprika und Glycerin hergestellt. Vorsicht: Nicht auf offene Wunden oder die besonders empfindliche Gesichtshaut auftragen!

Bei Schmerzen im Muskelgewebe oder bei Nervenschmerzen ist ein Einreibemittel aus *Johanniskrautöl* wirksam. Das Öl kann im Sommer selbst hergestellt werden: 100 Gramm frische, sich gerade öffnende Blüten sammeln und in wenig Oliven- oder Sonnenblumenöl zerdrücken. Das Ganze mit einem halben Liter des gleichen Öls übergießen, gut mischen und in einen klaren Glasbehälter füllen. Das geöffnete Glas vier bis fünf Tage an einem warmen Ort fermentieren lassen, dann fest verschließen und sechs Wochen in der Sonne oder an einem anderen warmen Ort stehen lassen und täglich gut schütteln, bis das Öl leuchtend rot geworden ist. Schließlich durch ein Tuch drücken und das Öl einige Tage stehen lassen, damit es sich von den wäßrigen Anteilen trennen kann. Das Öl vorsichtig abgießen (nur dieses wird verwendet) und in einem luftdichten, lichtundurchlässigen Behälter aufbewahren.

Johanniskrautöl kann auf die von rheumatischen Schmerzen betroffenen Bereiche aufgetragen, außerdem bei Nerven- und Ischiasschmerzen sowie leichten Verbrennungen verwendet werden. *Lavendel, Echter Dost, Pfefferminze* und *Rosmarin* sind Grundstoffe für weitere gute Öle, die man leicht selber anfertigen kann; zwei bis drei Milliliter ätherische Öle werden hierfür in Mandel-, Oliven- oder Sonnenblumenöl gegeben.

Eine andere einfache, aber wirkungsvolle Methode, Schmerzen und Anschwellungen zu lindern, ist die abwechselnde Anwendung von heißen und kalten Umschlägen.

Bindegewebsentzündungen

Hierbei gelten die Anleitungen für Rheuma und Arthritis.

Krämpfe

Wir alle haben bestimmt schon einmal einen Muskelkrampf gehabt – das ist zwar schmerzhaft, doch meist kein Anlaß zu Besorgnis. Kommen Krämpfe jedoch häufig vor, sollten sie behandelt werden, nicht nur um das belastende Symptom zu verhindern, sondern auch, um

Kreislaufstörungen vorzubeugen, da das Symptom durch Sauerstoffmangel entsteht.

Erfolgt die Behandlung über einen längeren Zeitraum, ist es relativ einfach, die Beschwerden mit Heilpflanzenmitteln zu beseitigen. Eine Mischung aus *Gelbholzrinde, Ingwer* und *Schneeball* findet hier Anwendung:

Schneeball	6 Teile
Gelbholzrinde	2 Teile
Ingwer	1 Teil

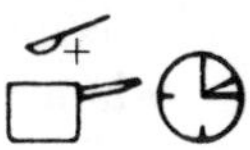

Diese Abkochung einige Monate lang dreimal täglich trinken.

Schleimbeutelentzündung (Bursitis)

Die Schleimbeutel an Knie- und Ellenbogengelenken wirken wie kleine wassergefüllte Kissen zwischen den größeren Sehnen und Knochen. Diese Beutel können sich entzünden. In den Knien wird diese Entzündung auch ›Putzfrauenknie‹ genannt, ›Tennisarm‹ heißt sie, wenn der Ellenbogen betroffen ist. Diese Beschwerden resultieren aus harten Stößen, einem Unfall oder langsamen Veränderungen. Ist die Erkrankung Teil einer allmählichen Entwicklung mit rheumatischen Tendenzen, sollte sie nach den Angaben im Abschnitt über Rheuma behandelt werden. Treten die Beschwerden kurzzeitig auf, wird dem Gewebe am besten mit einer Kompresse auf der betroffenen Stelle oder einem stimulierenden Einreibemittel geholfen. Beide Mittel fördern Entzündungs- und Schmerzlinderung. Dauern die Beschwerden jedoch an, muß eine innerliche Behandlung hinzukommen. Angaben über Kompressen, Öle und Einreibemittel für solche Fälle sind unter Rheuma und Arthritis zu finden.

Gicht

Die Gicht ist eine Gelenkerkrankung, die aus Harnsäureansammlungen im Körper resultiert und extrem schmerzhafte Entzündungen verursacht. Der Körper muß in seinen Ausscheidungen, besonders durch die Nieren, unterstützt werden. Hierbei helfen harntreibende und antirheumatische Heilpflanzen. Von den harntreibenden Mitteln sind *Möhre, Schafgarbe, Sellerie* und *Amerikanischer Wasserhanf* besonders nützlich. Die folgende Mischung kann gute Ergebnisse erzielen:

Große Klettenwurzel	1 Teil
Schafgarbe	1 Teil
Selleriesamen	1 Teil

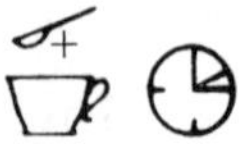

Einige Zeitlang dreimal täglich eine Tasse. Bei starken Schmerzen kann der Mischung *Lebensbaum* hinzugefügt werden.

Die Ernährung ist für die Behandlung von und zur Vorbeugung gegen Gicht ausschlaggebend. Grundlage bildet eine säurearme Ernährung und die strikte Vermeidung aller Nahrungsmittel, die einen hohen Puringehalt haben, denn Purine werden im Körper in Harnsäure umgewandelt. Zu solchen Nahrungsmitteln gehören Fische, wie z. B. Sardinen, Anchovis (Sardellen), Fischrogen, Schellfisch, Krebse und Krabben sowie Leber, Nieren, Kalbsbries und Bohnen. Kaffee und Tee sollten ebenso wie übermäßiges Essen vermieden werden. Auf Alkohol sollte man ganz verzichten.

Hexenschuß

Diese Schmerzen im unteren Rückenbereich können von einer Vielzahl verschiedener Krankheitszustände verursacht werden, von Störungen der Nieren, der Sexualorgane bis hin zu Rheuma und Rückenschäden. Die Ursache der Schmerzen muß gefunden und mit der richtigen Methode behandelt werden, sei es mit Heilpflanzen oder durch einen Osteopathen oder Chiropraktiker. Das für Rheuma beschriebene wärmende und anregende Einreibemittel ist auch in diesem Fall sehr hilfreich. Heiße Kompressen können ebenfalls angewendet werden.

Ischias

Ischias ist eigentlich eine Form von Neuralgie, die sich durch starke Schmerzen und Empfindlichkeit auszeichnet, die entlang des gesamten Verlaufs des Ischiasnervs verspürt werden; dieser Nerv ist der längste im Körper, er verläuft von der Rückenseite der Hüften bis zur unteren Wade. Der Begriff Ischias wird häufig gebraucht, um Schmerzen zu beschreiben, die von den Hüften in die Oberschenkel ausstrahlen und deren Ursachen vielfältiger Natur sein können. Oft ist eine Fehlstellung der Wirbelsäule und der Hüften beteiligt, die auf den Nerv drückt und Schmerzen verursacht. In diesem Fall ist eine osteopathische oder chiropraktische Behandlung zu empfehlen. Bei

Neuralgie bzw. Nervenschmerzen helfen nervenentspannende und nervenstärkende Mittel (siehe Abschnitt über das Nervensystem). Sehr oft liegt ein Stauungszustand im Unterleibsbereich diesem schmerzvollen Problem zugrunde. Es ist sehr wichtig, daß die Därme frei von Verstopfung sind und die Nieren gut arbeiten. Die beste Heilpflanze hierfür ist *Krauser Ampfer,* für die Nieren *Bärentraube* oder *Löwenzahn.* Bei Ischias gelten die im Abschnitt über Rheuma und Arthritis gegebenen allgemeinen Anleitungen. Sehr gut wirken auch Massagen des unteren Rückens und der Beine.

Verstauchungen

Durch Unfälle können Muskeln gezerrt und Bänder und Sehnen verstaucht werden. Heiße Bäder mit anregenden Heilpflanzenzusätzen regen die Durchblutung in den betroffenen Bereichen an und fördern so den Heilungsprozeß. *Thymian* ist ein ausgezeichneter Badezusatz, ob für ein Voll- oder Fußbad: 30–60 Gramm getrocknetes Kraut in einen halben Liter kochendes Wasser geben und ziehen lassen. Diesen Aufguß dem Badewasser zufügen oder in Form einer Kompresse auf die betroffenen Stellen auftragen. *Arnika* ergibt eine ausgezeichnete Kompresse (aber nur anwenden, wenn die Haut unverletzt ist), die so heiß wie möglich angewendet wird. Bei Verwendung der Tinktur wird ein Teelöffel davon in einen halben Liter Wasser gegeben und die betroffene Stelle entweder in der heißen Lösung 15 Minuten gebadet oder eine Kompresse damit getränkt und aufgelegt. Dies alle vier Stunden wiederholen. Sind Schwellungen und Schmerzen merklich zurückgegangen, sollte die betroffene Stelle mit einer in *Hamamelis*wasser getränkten Binde bandagiert werden.

Das Drüsensystem ist der greifbare und exoterische Ausdruck der Tätigkeit des Lebenskörpers und seiner sieben Zentren. Die sieben Kraftzentren liegen im gleichen Bereich, in dem sich auch die sieben wichtigsten Drüsen befinden, und jedes Kraftzentrum versorgt – nach der esoterischen Lehre – die entsprechende Drüse mit Kraft und Leben, die tatsächlich auch seine äußere Erscheinungsform darstellt.

Alice Bailey

DAS DRÜSEN-SYSTEM

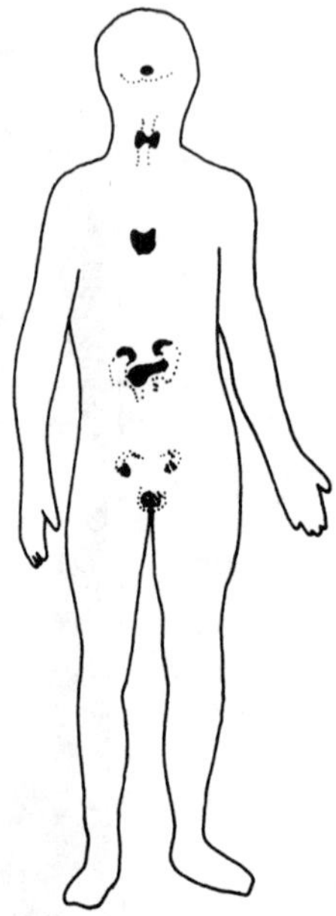

Geist und Körper kommen sich in der Komplexität unseres inneren Kontrollsystems am nächsten. Wenn wir Bewußtsein als eine Eigenschaft des Gehirns betrachten, dann bildet die Partnerschaft des Nervensystems mit den endokrinen Drüsen eine Brücke, die das Bewußtsein mit dem Körper verbindet. Wir denken erst und handeln dann, wobei wir mit unserem Willen die Muskelaktivität über die Nervenbahnen steuern. In einer bedrohlichen Situation bewirkt beispielsweise das Hormon Adrenalin eine Beschleunigung des Pulses.

Viele dieser Vorgänge unterstehen nicht der direkten Kontrolle des Gehirns, sondern entwickeln sich dadurch, daß Nervensystem und Hormone für die Aufrechterhaltung des inneren Gleichgewichts sorgen. Die Weisheit des Körpers zeigt sich in der Art, in der diese Homöostase aufrechterhalten wird und in der die Eigenkontrolle funktioniert. Der Einfluß des Gehirns ist allerdings überall deutlich: es ist das wichtigste Kontrollorgan aller Funktionen, mit den endokrinen Drüsen und den Nerven als dienenden Systemen.

Der menschliche Körper ist nur dann leistungsfähig, wenn das Gleichgewicht innerhalb eines jeden Organs, jeden Gewebes und jeder Zelle auf diese Weise überwacht und kontrolliert wird. Aktivität, Wachstum und Regeneration des Gewebes müssen ebenso wie Nahrungsversorgung und Ausscheidung von Abfallstoffen aufrechterhalten werden. Das Nervensystem arbeitet in Verbindung mit den endokrinen Drüsen. Diese Drüsen befinden sich an verschiedenen Stellen im Körper und zeichnen sich dadurch aus, daß sie ihre Hormone direkt an den Blutstrom abgeben. Die Hormone gelangen so zu den Zellen in allen Bereichen des Körpers. Die Hülle jeder Zelle besitzt Aufnahmeorgane für ein oder mehrere Hormone, wobei die Aufnahme eines Hormons durch den jeweiligen Rezeptorbereich spezielle Veränderungen im inneren Stoffwechsel dieser ›Ziel‹-Zelle veranlaßt. Die Aktivität der Hormone ist Kernpunkt vieler äußerst interessanter Forschungen und gibt erstaunliche Einblicke in die Komplexität und die Schönheit des menschlichen Körpers.

Um einen Überblick zu bekommen, ist es angebracht, die Rolle der Hirnanhangsdrüse (Hypophyse) und des unteren Teils des Zwischenhirns (Hypothalamus) zu untersuchen. Die Aktivität dieser Drüsen wird ständig kontrolliert und durch die Versorgung mit nervlicher, hormoneller und chemischer Information gesteuert. Die hormonelle Produktion wird in vielen Fällen durch ein negatives Rückkopplungssystem kontrolliert, in dem eine Hormon-Überproduktion zu einer kompensatorischen Abnahme nachfolgender Produkte führt, bis das Gleichgewicht wiederhergestellt ist. Die Hypophyse spielt eine zentrale Rolle in diesem Prozeß, der die innere Harmonie erhält.

Diese Drüse ist zweigeteilt. Der hintere Teil dient als Speicher für wichtige, vom Hypothalamus freigesetzte Hormone; eines davon regt Wehentätigkeit und Milchbildung an, ein anderes verlangsamt die Flüssigkeitsausscheidung, um das Wasser im Körper zu halten. Der vordere Teil produziert Hormone, die die Aktivität anderer Drüsen im Körper steuern. Der Hypothalamus, der vordere Teil des Zwischenhirns, liegt direkt über der Hypophyse und bildet das wichtigste Koordinationszentrum zwischen endokrinem und Nervensystem. Er steuert, überwacht und reguliert das autonome Nervensystem ebenso wie den Körperstoffwechsel durch die Kontrolle der Nahrungs- und Flüssigkeitsaufnahme und der Körpertemperatur; außerdem überwacht er den Menstruationszyklus. Der vordere Teil der Hypophyse reagiert auf Hormone, die vom Hypothalamus ausgeschieden werden und die Sekretion der eigenen Hormone entweder anregen oder hemmen. Der eigentliche Vorgang des Ausgleichs von starker oder verminderter Hormonbildung ist ein wunderbarer integrierter Prozeß, zu komplex, um ihn an dieser Stelle genauer auszuführen. Die von dieser Drüse freigesetzten Hormone sind verantwortlich für die Steuerung der Stoffwechselgeschwindigkeit, sie beeinflussen die Muskel- und Knochenentwicklung, regen die Milchbildung der Brustdrüsen an und kontrollieren die Hormonabgabe der Eierstöcke und der Hoden.

Gesundheit und die Drüsen

Gesund sein bedeutet, über ein integriertes und reibungslos funktionierendes endokrines Drüsensystem zu verfügen. Um diese Gesundheit zu erhalten, bedarf es unbedingt einer ganzheitlichen Lebensweise und der richtigen Ernährung, einer lebensbejahenden Gefühls- und Gedankenwelt und eines lebendigen spirituellen Lebens. Therapieformen, wie Polarity-Therapie, und energieausgleichende Methoden, wie Akupunktur, zielen auf das endokrine System, denn durch dieses System kann der gesamte Körper geheilt werden; bei einer bestehenden endokrinen Störung können diese Therapien äußerst wirksam für die Wiederherstellung des Gleichgewichts sein.

Endokrine Beschwerden haben meist viele Ursachen, angefangen von äußerlichen, wie etwa streßreichen Situationen, bis hin zu inneren, wie etwa genetischen Störungen. Eine Behandlung mit Heilpflanzen ist von daher breit gefächert; damit gehen wir sicher, daß der Körper kräftig und vital wird – gleichzeitig bedarf es der Anwendung spezifischer Heilmittel für verschiedene Drüsen.

Selbst wenn keine offenkundige Drüsenerkrankung besteht, so spielt das endokrine System doch eine solch grundlegende Rolle für die Gesundheit, daß selbst kleine Funktionsstörungen zu einem allgemein unausgeglichenen Zustand führen können.

Heilpflanzen für die Drüsen

Die Bittermittel sind die besten Heilpflanzen für eine Behandlung der endokrinen Drüsen. Das mag auf den ersten Blick vielleicht etwas merkwürdig erscheinen, sind diese Pflanzen doch als verdauungsfördernde und -stärkende Mittel bekannt. Ihre Rolle für das Drüsensystem besteht in einer allgemeinen reflexartigen Anregung dieses gesamten Systems. Eine anregende Wirkung dieser Art fördert eine reibungslose homöostatische Funktion, verringert Überaktivität und wirkt verstärkend bei Unterfunktion. Dies demonstriert, wie Heilpflanzenmittel die jeweils richtigen Vorgänge unterstützen können. Manche Mittel haben eine starke und spezifische Wirkung, die meisten Heilpflanzen unterstützen jedoch Heilung und Gleichgewicht dort, wo sie benötigt werden. Neben den Bittermitteln sind blutreinigende Mittel sehr wirkungsvoll. Zu den besten Bittermitteln für das Drüsensystem zählen *Beifuß, Kanadische Gelbwurzel, Raute, Schafgarbe* und *Wermut.* Wirksame Blutreinigungsmittel sind *Krauser Ampfer, Große Klette, Klettenlabkraut, Löwenzahn, Rotklee, Sarsaparilla, Sonnenhutwurzel* und *Veilchenwurzel.* Es gibt auch spezifische Drüsenmittel wie *Blasentang, Borretsch, Geißraute, Ginseng, Süßholz, Wolfstrapp* und *Yamswurzel.* Da endokrine Störungen von solch komplexer Natur sind, können auch für andere Organe spezifische Heilpflanzen – wie Nieren- oder Lebermittel – häufig zur Wiedererlangung der inneren Harmonie beitragen. Erinnern wir uns daran, alles im Zusammenhang mit dem Ganzen zu betrachten.

Krankheitsbilder des Drüsensystems

Die Bauchspeicheldrüse (Pankreas)

Die Aufgabe dieser Drüse besteht hauptsächlich darin, Verdauungsenzyme auszuscheiden, die Eiweiß-Stoffe, Fette und Kohlenhydrate im Zwölffingerdarm abbauen, und die hochgradig sauren Magensäfte zu neutralisieren. Außerdem liegen über das ganze Gewebe der Bauchspeicheldrüse verteilt zahlreiche Gruppen endokriner Zellen: die Langerhanschen Pankreasinseln. Dies Inselorgan produziert zwei wichtige Hormone, die auf die Verwertung von Glukose und Fettsäuren im Körper einwirken. Wenn nach einer Mahlzeit der Blutzuckerspiegel steigt, wird Insulin ausgeschüttet und die Glukoseproduktion in der Leber gehemmt und die Verwendung der Glukose durch das Körpergewebe gefördert. Glukagon, das andere in der Bauchspeicheldrüse gebildete Hormon, übt eine entgegengesetzte Wirkung auf die Leber aus und fördert die Glukoseproduktion. Aus einem Ungleichgewicht der beiden Hormone im Blut resultiert entweder ein zu hoher oder zu niedriger Blutzuckerspiegel.

Entzündung der Bauchspeicheldrüse (Pankreatitis)

Diese besonders schmerzhafte Erkrankung tritt in Form von akuten oder chronischen Anfällen auf. Dabei scheint es zu einer ›Selbst-Verdauung‹ zu kommen, bei der die stark wirksamen, von der Bauchspeicheldrüse produzierten Verdauungsenzyme das Organ selbst angreifen. Warum es so weit kommen kann, ist unklar; eine Vermutung geht davon aus, daß sich in dem gemeinsamen Ausführungskanal von Gallenblase und Bauchspeicheldrüse ein Gallenstein festsetzt und den Kanal blockiert. In manchen Fällen besteht eine Verbindung zu übermäßigem Alkoholkonsum. Die Anweisungen im Abschnitt über die Gallenblase bezüglich Heilpflanzen und Ernährung sollten beachtet werden. *Schneeflockenbaum* ist die Heilpflanze mit spezifischer Heilanzeige für diese Art von Bauchspeicheldrüsenstörungen.

Zuckerkrankheit (Diabetes mellitus)

Die Zuckerkrankheit ist die häufigste Form endokriner Störungen; über ein Prozent aller Menschen in der westlichen Welt sind davon betroffen. Das Grundproblem dieser auch Diabetes oder Harnruhr genannten Krankheit wird durch einen überhöhten Blutzuckerspiegel charakterisiert, der in den Zellen hingegen niedrig bleibt. Die Ursachen dieses Zustandes sind komplex, sie können sich in einer Reihe von Komplikationen äußern, die hauptsächlich Arterien und Kapillargefäße betreffen.

Meist gibt es bei Diabetes keinen offensichtlichen auslösenden Faktor. Der Ausbruch kann mit erblichen Anlagen, dem Alter, mit Fettleibigkeit oder mit Streß zusammenhängen. Eine der körperlichen Reaktionen auf Streß ist die Steigerung der Nebennierenaktivität, was zu einer Erhöhung des Blutzuckerspiegels führt. Starker Streß ist nicht die eigentliche Ursache einer Diabetes, doch kann er eine latente Tendenz zum Ausbruch bringen. Was auch immer die Ursache sein mag, das Ergebnis zeigt sich in einem hohen Glukosespiegel im Blut und in nach Glukose hungernden Zellen, was zu Gewichtsverlust, Durst und erhöhter Urinausscheidung, Schwächezuständen und eventuell zum Koma führt.

Bei der Behandlung und der Kontrolle von Diabetes spielt die Ernährung eine sehr wichtige Rolle. Es geht nicht nur darum, kohlenhydratreiche Nahrungsmittel zu meiden, sondern es muß ein regelrechter Ernährungsplan aufgestellt werden, der eine schubweise Aufnahme von Glukose ins Blut verhindert. Jedoch muß jede Diät für den betreffenden Menschen maßgeschneidert werden.

Die Ursachen für Diabetes sind komplexer Natur, und eine Behandlung muß diesen Wurzeln nachgehen. Professionelle Hilfe ist hierbei absolut notwendig. Obwohl die Behandlung nach den verschiedenen Krankheitsbildern variiert, kommen bei Diabetes folgende Heilpflanzen in Frage: *Brennessel, Geißraute, Gewürzsumachrinde, Ginseng, Jambulrinde, Knoblauch* und *Schneeflockenbaum.* Es ist mittlerweile erwiesen, daß viele Pflanzen eine hypoglykämische, das heißt blutzuckersenkende, Wirkung haben. In allen Heilpflanzen-Traditionen der Welt werden solche Pflanzen erwähnt. In Amerika haben Professor Farnsworth und seine Kollegen Pflanzen auf diese wertvollen Fähigkeiten hin untersucht. Zu den hypoglykämischen Pflanzen zählt man *Artischocken, Bananen, Brennessel, Erbsen, Gerste, Ginseng, Hafer, Große Klette, Kohl, Maiglöckchen, Möhren, Nelkenpfeffer, Oliven, Papaya, Weiße Rüben, Salat, Sonnenblumen, Spinat, Süßkartoffeln, Wermut* und *Zwiebeln.* Diese bei weitem nicht vollständige Liste vermittelt uns eine Vorstellung vom großen Angebot der Pflanzenwelt für Blutzuckerprobleme.

Die Schilddrüse

Die Schilddrüse spielt eine wichtige Rolle bei der Regulierung des körperlichen Stoffwechsels. Die beiden wichtigsten von der Schilddrüse produzierten Hormone gewährleisten eine angemessene Stoffwechselfunktion aller biochemischen Vorgänge im Körper. Probleme entstehen durch Über- oder Unterfunktion der Schilddrüse, die Gemütslage und Stimmung beeinflußt, umgekehrt aber auch von diesen beeinflußt wird.

Überfunktion der Schilddrüse

Werden zu viele Hormone gebildet, werden die Verbrennungsvorgänge in den Zellen über ein normales Maß hinaus gesteigert. Der Appetit nimmt zwar gleichzeitig zu, doch kommt es zu Gewichtsverlust, wie auch zu einer allgemeinen Überaktivität, die mit Ruhelosigkeit, Angst und Anspannung verbunden ist. Eine wirksame Behandlung bedient sich nervenentspannender Mittel, um die Übererregbarkeit zu mindern, sowie Bittermittel und *Wolfstrapp* als spezifischem Heilmittel für dieses Problem.

Diese Mittel können die Symptome recht wirkungsvoll lindern, doch ist eine Langzeitanwendung mit *Wolfstrapp* und anderen hormonellen Tonika unerläßlich. Ein guter Mischungsvorschlag ist:

Wolfstrapp	2 Teile
Baldrian	1 Teil
Brennessel	1 Teil
Schafgarbe	1 Teil

Über einen längeren Zeitraum dreimal täglich eine Tasse.

Unterfunktion der Schilddrüse

Bei diesem Krankheitsbild geschieht genau das Gegenteil. Die körpereigene Aktivität verringert sich, es kommt zu Gewichtszunahme, die häufig von Lethargie und Apathie begleitet ist, außerdem besteht die Neigung zu tiefen Depressionen. Heilpflanzen, die sich bei solchen Beschwerden günstig auswirken, sind Bittermittel, nervenstärkende Mittel und *Blasentang* als spezifisches Mittel für die Schilddrüse. Eine gute Mischung ist:

Blasentang	2 Teile
Brennessel	1 Teil
Damiana (oder Kolanuß)	1 Teil
Hafer	1 Teil
Wermut	1 Teil

Dreimal täglich eine Tasse. Darüber hinaus empfiehlt sich eine ausgewogene Vollkosternährung.

Kropf (Struma)

Bei dieser Erkrankung verursacht die Vergrößerung der Schilddrüse ein Anschwellen rings um den vorderen Halsbereich. Über- oder Unterfunktion der Schilddrüse sind die häufigsten der verschiedenen medizinischen Ursachen dafür – oft wird dieser Zustand aber einfach durch Jodmangel in der Ernährung ausgelöst. Das Jod wird im Körper hauptsächlich für die Produktion der Schilddrüsenhormone benötigt, deshalb wird sich jeder Mangel dieses wichtigen Minerals an der Schilddrüse zeigen. Bevor dieser Zusammenhang mit der Nahrung entdeckt wurde, war der Kropf ein häufiges Erscheinungsbild in Gegenden mit geringem Jodvorkommen in Boden und Wasser, z. B. in den Alpen. Oft wird Jod dem Tafelsalz zugesetzt, in Tasmanien wird es als vorbeugende Maßnahme sogar dem Brot beigegeben. Meeresalgen, besonders *Blasentang,* sind Pflanzen mit dem höchsten Jodgehalt.

Die Nebennieren

Die Nebennieren befinden sich jeweils direkt oberhalb der Nieren. Sie bestehen aus zwei sehr verschiedenartigen Teilen, der äußeren Rinde und dem inneren Mark. Die Nebennierenrinde produziert – angeregt durch die Hirnanhangshormone – drei verschiedene Hormongruppen. Eine Gruppe regt die Einbehaltung von Natrium im und die Ausscheidung von Kalium aus dem Körper an. Also ist dieses Hormon direkt an der homöostatischen Regelung des Salzgleichgewichts im Körper beteiligt. Eine zweite Gruppe wirkt auf Glukose-, Aminosäure- und Fettstoffwechsel ein. Die Steroid-Hormone dieser Gruppierungen unterstützen eine ständige Versorgung mit wichtigen Aufbaukomplexen und Nährstoffen, um eine normale körperliche Regeneration und gesundes Wachstum in allen Zellen zu gewährleisten. Diese Hormone sind an vielen Körperprozessen beteiligt, sie hemmen auch Entzündungen. Diese Wirkung erklärt den Gebrauch synthetischer Steroid-Arzneimittel in der allopathischen Medizin. Sie sind sehr wirkungsvoll bei der Bekämpfung von Entzündungen und von Erkrankungen, wie etwa rheumatischer Arthritis, doch zeigen sie äußerst schwerwiegende Nebenwirkungen. Sie sind vielleicht die Ursache der schlimmsten Erkrankungen, die durch Medikamentenbehandlungen hervorgerufen werden. Nur gelegentlich wird das Risiko, das der Gebrauch solcher Mittel mit sich bringt, durch die zwingenden Bedürfnisse des Patienten aufgewogen.

Die dritte Hormongruppe, die in der Nebennierenrinde produziert wird, setzt sich aus Sexualhormonen zusammen, und zwar aus männlichen Geschlechtshormonen (Androgene) und weiblichen Geschlechtshormonen (Östrogene). Beide Hormonarten entstehen in Männern und Frauen, ihr Verhältnis macht den biologischen Unterschied zwischen den Geschlechtern aus.

Das Nebennierenmark arbeitet unabhängig von der Nebennierenrinde, hier werden Adrenalin und Noradrenalin gebildet. Diese Hormone veranlassen die raschen Körperreaktionen bei extremen Streßbelastungen, den sogenannten ›Kampf-oder Flucht‹-Effekt. Streßreiche Situationen, wie seelische Traumata, Schmerzen, extreme Temperaturen oder ein niedriger Blutzuckerspiegel, regen das Zwischenhirn an, Nervenimpulse an das Nebennierenmark weiterzuleiten. Als Antwort werden Adrenalin und Noradrenalin in das Blut abgegeben. Ihre kombinierte Wirkung soll den Körper auf extreme Aktivität vorbereiten; das geschieht durch Anregung der Atmung, Erhöhung des Blutdrucks und der Pulsfrequenz. Blutzucker- und Fettsäurespiegel im Blut werden ebenfalls erhöht, dadurch werden Nährstoffe für die Zellen freigesetzt, die Muskelaktivität gesteigert und die Blutzufuhr zu den Eingeweiden und zur Haut verringert, so daß den Muskeln mehr Blut zur Verfügung steht.

Diese Reaktion geschieht unabhängig von den einzelnen beteiligten Streßfaktoren. Es ist wichtig, daß die bei einer solchen Reaktion auf eine Situation freigesetzte Energie auch umgesetzt wird. Wird die Reaktion unterdrückt – was oft geschieht, wenn eine emotionale Reaktion der auslösende Faktor ist –, kann der Körper das Adrenalin nicht einfach ignorieren. Er reagiert innerlich, da der äußere Ausdruck ja unterdrückt wird. Dieser Vorgang kann auf die Dauer zu Erschöpfung führen und eventuell die Grundlage für chronische Erkrankungen in allen möglichen Bereichen des Körpers bilden. Das kann sich bei überhöhtem Blutzuckerspiegel in einer Überbelastung der Insulinversorgung durch die Bauchspeicheldrüse zeigen, was wiederum auf eine mögliche Tendenz zu Diabetes hinweisen könnte.

Heilpflanzenmittel bieten die Möglichkeit, die Nebennieren zu nähren und zu erneuern und damit Aktivität und die Wiedereingliederung in die Körperfunktionen zu fördern. In jedem Fall einer übermäßigen Streßbelastung sollten Heilpflanzen in Erwägung gezogen werden, die die Nebennierenfunktion unterstützen.

Viele Pflanzen enthalten nachweislich natürliche Vorstufen der Nebennierenhormone (siehe auch den Abschnitt über die chemische Zusammensetzung der Heilpflanzen). Die wichtigsten dieser Pflanzen sind *Borretsch, Ginseng, Süßholz* und *Yamswurzel.* Von einer Langzeitanwendung profitiert jeder, der Streßbelastungen ausgesetzt ist. Besonders zu empfehlen ist der regelmäßige Gebrauch von *Borretsch*-Tee und von *Ginseng.* Nach einer Behandlung mit synthetischen Steroid-Hormonen ist *Süßholz* für die Revitalisierung der Nebennieren angezeigt.

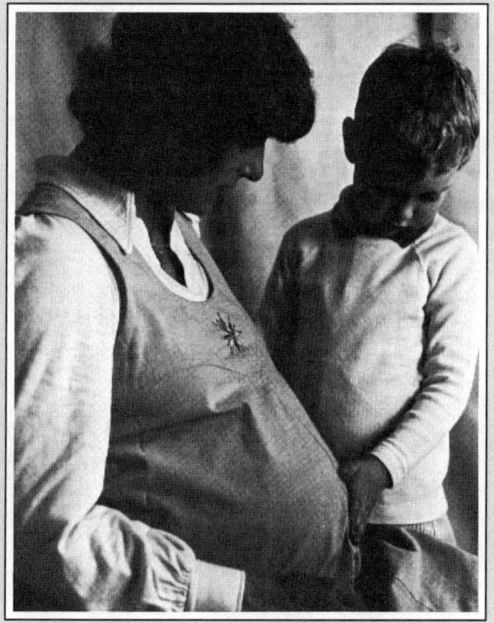

Mehr als in jedem anderen System zeigt sich im Sexualsystem das Wunder des Lebens. Es ist ein Wunder, über das wir nachdenken, das wir unter Aspekten wie Gewebe- und Hormonfunktion analysieren, über das wir Gedichte schreiben können, das uns aber am Ende sprachlos lassen wird.

David Hoffmann

DAS SEXUALSYSTEM

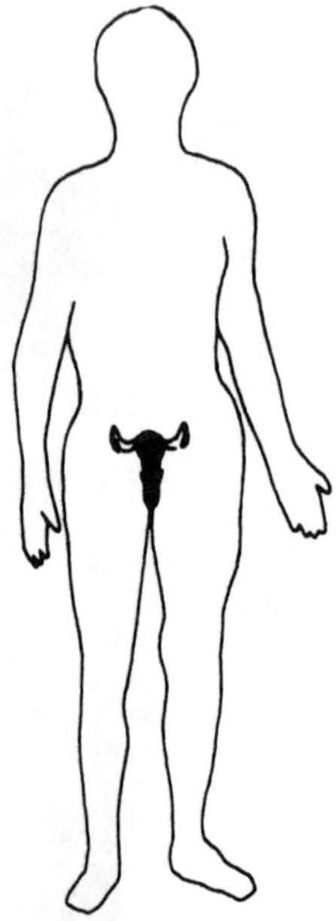

Der Schwerpunkt in diesem Kapitel liegt auf dem weiblichen Sexualsystem, denn dieser Körperbereich wird von vielen speziellen Störungen betroffen. Aufgrund der Eigenschaften menschlicher Anatomie ist das männliche Sexualsystem in seiner Struktur und Funktionsweise nicht annähernd so komplex wie das weibliche. Das Wunder der Geburt ist von Natur aus ein Mysterium, das zum weiblichen Körper gehört und weniger mit dem männlichen Körper zu tun hat. Beim männlichen Sexualsystem entstehen hauptsächlich Störungen, die mit der Prostatadrüse zusammenhängen, sie werden im Kapitel über das Harnsystem besprochen. Infektionen im männlichen Sexualsystem sollten auf die gleiche Weise behandelt werden wie für das weibliche Sexualsystem beschrieben.

Damit das Sexualsystem gesund ist und in gut ausgewogener und integrierter Weise funktioniert, müssen Körper und Geist als Einheit gesund und vital sein. Ist die Ernährung mangelhaft, kann es zu Menstruationsstörungen oder Vaginalausfluß kommen. Ist unsere Lebensweise nicht lebensbejahend, wird das System, das neues Leben hervorbringt, negativ beeinflußt. Damit die Kinder ganz und gar gesund auf die Welt kommen, muß die Lebensweise während der Schwangerschaft vollkommen sein! Überprüfe deinen allgemeinen Gesundheitszustand, aber auch deine Beziehungen zur Welt – suche liebevolle und stärkende emotionale Unterstützung. Überprüfe deine Gedankenwelt – denkst du positiv? Welche Bücher liest du, welche Filme schaust du dir an, welches sind deine politischen Vorstellungen? Die Energie in deinem Körper wird nicht nur von der dich umgebenden Energie beeinflußt, sondern auch – das ist viel wichtiger – von der Art und Weise, wie du damit umgehst. Schließe Frieden mit deiner Welt und deinen Beziehungen zu ihr.

Heilpflanzen für das weibliche Sexualsystem

Sehr viele Heilpflanzen haben günstige Auswirkungen auf das weibliche Sexualsystem. Für ein besseres Verständnis der Heilpflanzenbehandlung werden wir die entsprechenden Pflanzen nach ihren Heilwirkungen ordnen.

Bemerkenswert ist, daß viele Heilpflanzen für das weibliche Sexualsystem aus dem Kulturbereich der nordamerikanischen Indianer stammen und nicht durch europäische Heilmittel ersetzt werden können. Es läßt sich nur vermuten, daß dies ein Ergebnis der tiefen Beziehung dieser Völker zur Erdenmutter ist; eine Verbindung, die sich auch im physischen Bereich ausdrückt, nämlich Frauen zu heilen und sie – besonders aber den Geburtsvorgang – zu unterstützen.

Gebärmutterstärkende Mittel

Diese stärkenden Mittel für die Gebärmutter wirken besonders tonisierend und kräftigend auf das ganze System, sowohl auf das organische Gewebe als auch auf die Funktion der Organe. Während jedes Mittel seine eigenen spezifischen Heilwirkungen besitzt, unterstützen sie das gesamte weibliche Sexualsystem. Pflanzen wie *Goldkreuzkraut, Heloniaswurzel, Herzgespann, Himbeere, Löwenblattwurzel, Mönchspfeffer, Rebhuhnbeere* und *Schwarze Schlangenwurzel* sind Heilmittel im ganzheitlichen Sinne. Sie sind oft dann angezeigt, wenn keine akute Erkrankung besteht, aber ein Schwächezustand der Sexualorgane nachteilige Auswirkungen auf den gesamten Körper zeitigt.

Menstruationsfördernde Mittel (Emmenagoga)

Diese Mittel stimulieren und fördern den normalen Menstruationsfluß. Die meisten gebärmutterstärkenden Mittel sind auch menstruationsfördernd, sie wirken allgemein ausgleichend auf das System. Es gibt aber noch zahlreiche andere dieser Mittel, die nicht auf das ganze System spezifisch heilend wirken. Es gibt sogar solche, die durch eine Art Anregung wirken, die fast schon einer direkten Reizung gleichkommt. Das ist zwar in manchen Fällen zuträglich, es entspricht aber auch der Wirkungsweise pflanzlicher Abtreibungsmittel. Eine Auflistung der Heilpflanzen, die während der Schwangerschaft gemieden werden müssen, folgt später.

Die besten menstruationsfördernden Mittel aus der fast endlosen Liste sind *Eberraute, Frauenminze, Goldkreuzkraut, Heloniaswurzel, Herzgespann, Löwenblattwurzel, Petersilie, Raute, Rebhuhnbeere* und *Schafgarbe.*

Die für eine spezifische Behandlung jeweils geeignete Pflanze wird bestimmt, indem man die anderen, ihr eigenen Heilwirkungen berücksichtigt.

Hormonell normalisierende Mittel

Die hormonell normalisierenden Mittel bilden eine sehr wichtige Gruppierung. Sie wirken ausgleichend und normalisierend auf die Funktion der endokrinen Drüsen und unterstützen so die richtige Funktionsweise des Sexualsystems. Ich möchte hier nur die wichtigste dieser Heilpflanzen erwähnen, nämlich den *Mönchspfeffer.* Der *Mönchspfeffer* ist ein wertvolles Mittel, das die Aktivitäten von Östrogen und dem Gelbkörperhormon Progesteron normalisiert und von daher bei menstruellen Fehlfunktionen und darüber hinaus bei in den Wechseljahren häufig auftretenden Beschwerden zur Anwendung kommt.

Adstringierende Mittel (Adstringentia)

Adstringentia werden in Zusammenhang mit diesem System häufig verwendet; die nachfolgenden sind besonders zu empfehlen: *Frauenmantel, Hirtentäschel, Immergrün, Gefleckter Storchschnabel, Sumpfzweizahn* und *Amerikanische Waldlilie.* (Siehe auch Kapitel über adstringierende Mittel.)

Schleimhautschützende Mittel (Demulcentia)

Die schleimhautschützenden Mittel üben einen beruhigenden und heilenden Effekt auf die Schleimhäute des gesamten Systems aus. Für das Sexualsystem sind auch die für die Harnwege gültigen angebracht. Dazu gehören *Bärentraube, Eibisch, Kanadische Gelbwurzel, Löwenblattwurzel, Maisgriffel* und *Irisches Moos.*

Antiseptische Mittel (Antiseptika)

Bedarf ein Krankheitsbild antiseptischer (keimtötender) Mittel, kann entweder eines der allgemeinen oder eines der Harnweg-Antiseptika genommen werden: *Bärentraube, Wilder Indigo, Knoblauch, Quekkenwurzel, Schafgarbe, Sonnenhutwurzel* und *Wacholder.*

Blutreinigende und lymphstärkende Mittel

Da die Erkrankungen des Sexualsystems sich auf den gesamten Körper auswirken und vom Gesamtzustand des Körpers beeinflußt werden, ist die Anwendung blutreinigender und lymphstärkender Mittel oft angezeigt, wie z. B. *Kermesbeere, Große Klette, Klettenlabkraut, Sarsaparilla, Buntfarbige Schwertlilie* und *Sonnenhutwurzel.*

Andere Mittel

Da mit den Erkrankungen des Sexualsystems oft ein Wasseransammlungsprozeß einhergeht, ist eventuell die Anwendung harntreibender Mittel angezeigt.

Die Verwendung von Bittermitteln kann zusätzliche Hilfe bieten, denn das richtige Arbeiten des Verdauungssystems ist grundlegend für die Gesundheit.

Nervenstärkende Mittel (Nerventonika)

Die richtige und gesunde Funktion der Nerven ist die unbedingte Voraussetzung dafür, daß das Sexualsystem richtig arbeiten kann. Viele menstruationsfördernde Mittel besitzen nervenstärkende Wirkungen, doch zusätzlich kommen die entspannenden Heilpflanzen *Baldrian, Helmkraut* und *Schneeball* in Frage. Nerventonika wie *Damiana* und *Hafer* sind ebenfalls hilfreich.

Krankheitsbilder des weiblichen Sexualsystems

Wir wollen die Krankheiten des Sexualsystems in vier Gruppen unterteilt betrachten: solche, die mit dem Menstruationszyklus, mit Schwangerschaft und Geburt, mit den Wechseljahren und mit Infektionen zusammenhängen.

Der Menstruationszyklus

Um einen normalen und beschwerdefreien Menstruationszyklus zu gewährleisten, können alle gebärmutterstärkenden Mittel regelmäßig oder nur in der Zeit unmittelbar vor Einsetzen der Blutung genommen werden. ›Normal‹ bedeutet hier auch, anzuerkennen, daß das ›Normale‹ relativ ist und jede Frau ihren eigenen Zyklus hat. Nachfolgend eine Reihe von Störungen, die (ebenso wie prämenstruelle Beschwerden) mit Heilpflanzen behandelt werden können.

Ausbleiben der Regel (Amenorrhoe)

In der Pubertät kann sich die erste Periode aus den unterschiedlichsten Gründen verzögern; in diesem Fall können gebärmutterstärkende Mittel dazu beitragen, einen natürlichen Körperrhythmus zu finden. Die dabei besten Heilpflanzen sind wohl *Eberraute, Heloniaswurzel, Löwenblattwurzel, Mönchspfeffer* und *Raute.*

Bleibt die Menstruation bei Erwachsenen aus, oder tritt sie verzögert auf, sind gebärmutterkräftigende Mittel ebenfalls hilfreich, insbesondere dann, wenn die Ursachen beim Absetzen der empfängnisverhütenden Pille zu suchen sind. In diesem Fall muß der Körper seinen natürlichen Rhythmus wiederfinden. Eine Mischung aus *Heloniaswurzel, Löwenblattwurzel, Mönchspfeffer* und *Raute* ist besonders zu empfehlen.

Heloniaswurzel	2 Teile
Mönchspfeffer	2 Teile
Löwenblattwurzel	1 Teil
Raute	1 Teil

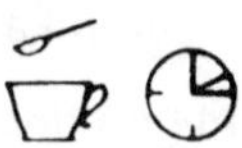

Dreimal täglich eine Tasse.

Ein ausgezeichnetes, altbekanntes Mittel bei verzögerter Menstruation ist ein Aufguß aus *Frauenminze* und *Rainfarn* zu gleichen Teilen. Diesen Tee dreimal täglich trinken, bis die Periode einsetzt.

Einige Worte zum Thema Schwangerschaft. Die Menstruation kann ausbleiben, weil eine Empfängnis stattgefunden hat; deshalb sollte zunächst überprüft werden, ob eine Schwangerschaft vorliegt, da die erwähnten Heilpflanzen auch abtreibend wirken können.

Übermäßige Regelblutung (Menorrhagie)

Eine solche Blutung kann mit Hilfe adstringierender Mittel reguliert werden, ohne die natürlichen Vorgänge zu behindern. Dauert eine übermäßige Regelblutung über mehrere Monate an, sollte, um sicherzugehen, daß keine schwerwiegende Störung zugrunde liegt, ein Gynäkologe aufgesucht werden.

Die meisten adstringierenden Mittel sind hilfreich, am besten sind jedoch solche, die eine besondere Affinität zur Gebärmutter und dem dazugehörigen Gewebe haben. Die oben erwähnte Auflistung dieser Heilpflanzen sollte gründlich studiert werden, um die geeigneten Mittel herauszufinden. Eine Behandlung mit folgenden Pflanzen ist empfehlenswert:

Immergrün	1 Teil
Gefleckter Storchschnabel	1 Teil
Amerikanische Waldlilie	1 Teil

In der Woche vor und während der Blutung dreimal täglich eine Tasse. Dauert das Problem an, sollte dieser Tee während des gesamten Zyklus ein- bis zweimal täglich getrunken werden.

Zwischenblutung (Metrorrhagie)

Auch hier gelten die im vorigen Abschnitt erwähnten Heilpflanzen als hilfreich. Auf jeden Fall muß aber die Ursache bestimmt werden; oft bedeutet dies die zusätzliche Anwendung gebärmutterstärkender Mittel, z. B. *Mönchspfeffer*. Um den Blutverlust auszugleichen, ist eine Ernährung wichtig, die reich an natürlichem Eisen ist.

Schmerzhafte Menstruation (Dysmenorrhoe)

Diese Störung kann so stark sein, daß jegliche Aktivität gelähmt wird. Gebärmutterstärkende, krampflösende und nervenkräftigende Heilpflanzen können einiges bewirken, um diese Schmerzen zu lindern.

Es lohnt sich, eine Mischung aus *Küchenschelle* (in der Bundesrepublik Deutschland verschreibungspflichtig; kann jedoch durch *Baldrian* oder *Helmkraut* ersetzt werden), *Schneeball* und *Amerikanischer Schneeballbaumrinde* auszuprobieren:

Schneeball	2 Teile
Schneeballbaumrinde	2 Teile
Küchenschelle	1 Teil

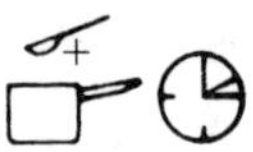

Bei Bedarf dreimal täglich eine Tasse.

Heilpflanzen wie *Heloniaswurzel, Schwarze Schlangenwurzel* und *Yamswurzel* kommen – je nach Schwere der Beschwerden – ebenfalls in Betracht.

Prämenstruelle Spannungen

In den Tagen vor dem Einsetzen der Menstruation kommt es gelegentlich zu Anspannung und Angst, Unruhe und Depression, manchmal mit einem Wasserstau im Körper einhergehend, zu hochsensiblen Brüsten und einer Reihe anderer Symptome. All diese Symptome werden durch die Körperreaktionen auf die hormonellen Veränderungen in dieser Zeit hervorgerufen. Die wichtige Frage ist, ob dies eine ›normale‹ Reaktion für die betreffende Frau ist oder ob psychische Faktoren beteiligt sind. Was war zuerst da, der psychische Zustand oder das hormonelle Problem?

Die Menstruation ist im Leben jeder Frau etwas, wo sich die magische Qualität des Lebens äußert. Es ist sehr aufschlußreich in bezug auf die wahre, innere Natur einer Kultur, ob sie die Menstruation als etwas Magisches respektiert oder als etwas Unreines betrachtet, das sich im Verborgenen abspielen sollte. Die innere Einstellung der einzelnen Frau zum gesamten Menstruationsprozeß beeinflußt in hohem Maße ihre körperlichen Reaktionen. Zum Entstehen prämenstrueller Spannungen können folgende Faktoren beitragen: die Einstellung zur Sexualität, die Haltung der Verwandten, Kindheitserfahrungen, das Warten auf Anspannung oder die Erwartung, daß durch die Blutung Arbeit und andere Aktivitäten beeinträchtigt werden. Ist die innere Einstellung zur Menstruation blockiert, wird das Erfahren der Blutung dies widerspiegeln. Ist die Haltung – ob bewußt oder unbewußt – klar, leicht und fließend, wird auch die Blutung dementsprechend erfahren werden.

Wenn wir das eben Gesagte in Erwägung ziehen, dann können Heilpflanzen einiges tun, um die Anspannung vor Beginn der Blutung zu lindern.

Ein Aufguß aus *Baldrian* und *Helmkraut* zu gleichen Teilen kann je nach Bedarf so oft wie nötig getrunken werden. Kommen Krämpfe hinzu, können *Küchenschelle* und *Schneeball* verwendet werden. Bei Wasseransammlungen kann der Mischung *Löwenzahn* beigefügt werden.

Die Pille

Die Notwendigkeit wirksamer Verhütungsmittel ist in unserer überbevölkerten Welt einerseits unbestritten, der sehr starke Gebrauch der Antibaby-Pille – deren Wirkungsweise auf Hormonen basiert – hat aber auch Probleme mit sich gebracht. Unter physischen Gesichtspunkten ist in Anbetracht der Auswirkungen der Pille auf die Körpersysteme eine Langzeitanwendung äußerst fragwürdig.

Die Pille ist ein gutes Beispiel für die Zweischneidigkeit der Technologie, durch die eine Problemlösung mindestens ein neues Problem schafft.

Wird die Pille abgesetzt, braucht der Körper – insbesondere das hormonelle Gleichgewicht – Zeit, um die natürlichen Funktionsweisen wiederzuerlangen. Heilpflanzen, die ausgleichend auf das endokrine System und die Gebärmutter wirken, können diesen Prozeß beschleunigen:

Herzgespann	1 Teil
Mönchspfeffer	1 Teil
Schwarze Schlangenwurzel	1 Teil
Süßholz	1 Teil

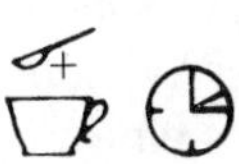

In den ersten beiden Wochen nach Absetzen der Pille dreimal täglich, in der dritten Woche zweimal täglich und in der vierten Woche einmal täglich eine Tasse.

Bei dieser Mischung unterstützt *Süßholz* die Nebennieren, *Schwarze Schlangenwurzel* und *Mönchspfeffer* stärken die Gebärmutter und die beteiligten Drüsen bei der Produktion von Sexualhormonen; Herzgespann verstärkt diese Heilwirkungen, fördert gleichzeitig das Nervensystem und ebnet den Weg für eine Wiederherstellung des emotionalen Gleichgewichts.

Schwangerschaft und Geburt

Die Schwangerschaft ist für die werdende Mutter, den werdenden Vater und das zu erwartende Kind eine äußerst kostbare Zeit, eine Zeit, die große Achtung und Ehrfurcht verlangt. Für das Kind bedeutet sie Eintracht und Ruhe, Sicherheit und Ganzheit, abhängig von der Lebensweise der Mutter und ihrer Umgebung. Was die werdende Mutter in dieser Zeit zu sich nimmt, baut den Körper des Kindes auf. Ihre Gedanken- und Gefühlswelt – und die der Menschen in ihrer Umgebung – formen und beeinflussen das Kind. Wir müssen uns diese Zusammenhänge vergegenwärtigen und sie berücksichtigen, auf sie achten!

Es ist die Mutter, die das Kind austrägt, das Wunder der Schwangerschaft unmittelbar erfährt, aber wir alle haben unser Leben im Mutterleib begonnen. Jeder Beteiligte sollte sich mit Bereitschaft, Verständnis und Liebe auf diesen Prozeß einstellen, das ist für das Wohlergehen des Kindes äußerst wichtig. Liebe, Bewußtheit und die Bereitschaft, das Notwendige in die Tat umzusetzen, sind der Schlüssel dazu. Diese Haltung bildet überhaupt die Grundlage für alles Ganzheitliche. Heilpflanzenmittel und Beachtung der Ernährung sind nur Teile des Prozesses und reichen nicht aus, um für eine natürliche Geburt und ein gesundes Kind zu sorgen.

Obwohl die Natur dafür sorgt, daß die Plazenta und andere physikalische Vorgänge, die Mutter und Kind betreffen, genau das Richtige und Beste für das neue Wesen tun, kann der Prozeß durch zusätzliche Maßnahmen und die Anwendung von Heilpflanzen unterstützt werden. Es gibt inzwischen viele ausgezeichnete Bücher über die natürliche Geburt, die zu Rate gezogen werden sollten. Was ich zu sagen habe, wird dieses Wissen hoffentlich erweitern.

Die Natur bietet uns eine Vielfalt von Pflanzen für alle Stadien der Schwangerschaft an. Manche können in bestimmten Phasen genommen werden, andere während der gesamten Schwangerschaft, um das Gewebe zu beruhigen, zu kräftigen und den eigentlichen Geburtsvorgang zu erleichtern. Die besten Mittel sind *Himbeerblätter* und *Rebhuhnbeere,* sie können jedes für sich oder gemischt genommen werden. Eine Tasse pro Tag sollte zumindest in den letzten drei Monaten (am besten aber während der gesamten Schwangerschaft), getrunken werden. Außer diesen beiden Stärkungsmitteln ist es unter Umständen angebracht, weitere Heilpflanzen zu benutzen, um den allgemeinen Gesundheitszustand zu verbessern und sicherzustellen, daß der Ernährungsvorgang und die Körperprozesse so gut wie nur möglich funktionieren. So sollte beispielsweise auf die *Brennessel* als natürliche Eisenquelle nicht verzichtet werden.

Bei Schwangerschaft zu meidende Pflanzen

Manche Pflanzen stimulieren die Gebärmutter sehr stark; darauf basiert die Wirkungsweise einiger menstruationsfördernder Mittel. Meist hat diese Wirkungsweise keine nachteiligen Folgen, doch während der Schwangerschaft ist es wichtig, die Gebärmutter nicht von außen zu stimulieren, um keine Krämpfe zu verursachen, die eine Fehlgeburt auslösen könnten. Die bekanntesten dieser Heilpflanzen sind *Alraune* (in der Bundesrepublik Deutschland verschreibungspflichtig), *Berberitze, Eberraute, Frauenminze, Kanadische Gelbwurzel, Herbstzeitlose, Kermesbeere, Lebensbaum, Raute, Rainfarn, Salbei, Wacholder, Wermut* und *Wurmfarn.* Diese Pflanzen wirken zwar nicht immer als abtreibende Mittel, doch sollte kein Risiko eingegangen werden; die Heilwirkungen dieser Pflanzen können durch andere ersetzt werden.

Drohende Fehlgeburt

Eine Fehlgeburt ist häufig eine natürliche Reaktion auf bestimmte Situationen. Unter solchen Umständen helfen keine Heilpflanzenmittel. Wenn eine Fehlgeburt aber wegen falscher Ernährung, Streß oder Trauma droht, können Heilpflanzen zusätzliche Kraft und Vitalität verleihen, um dies zu verhindern. Neben spezifischen Heilpflanzen sind allgemein gebärmutterstärkende Mittel wie *Heloniaswurzel, Löwenblattwurzel, Schneeball, Amerikanische Schneeballbaumrinde* und *Sternwurzel* angezeigt, um eine Fehlgeburt zu verhindern. Besonders wirksam ist eine Kombination tonisierender, krampflösender und nervenentspannender Mittel:

Heloniaswurzel	2 Teile
Löwenblattwurzel	2 Teile
Schneeball	1 Teil

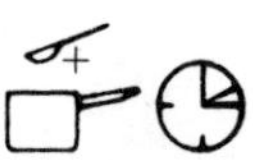

Dreimal täglich eine Tasse.

Bei übermäßigem Streß können auch kräftigere nervenstärkende Mittel, wie *Baldrian* oder *Helmkraut,* hinzugezogen werden.

Schwangerschaftserbrechen

Ein häufiges Symptom in den ersten Monaten der Schwangerschaft, welches meist morgens auftritt, wenn der Magen noch leer ist. Dieses Symptom scheint als Ergebnis vieler verschiedener Faktoren aufzutreten. Der Hauptfaktor ist wohl die massive Veränderung der Hormonlage, hinzu kommen ein niedriger Blutzuckerspiegel und möglicherweise ein niedriger Blutdruck. Naturheilkundlich betrachtet kann dieser Vorgang als Reinigungsprozeß angesehen werden, der wegbereitend für die Schwangerschaft ist.

Obwohl es während der Schwangerschaft am besten ist, alle Medikamente zu meiden, gibt es doch einige spezifische Mittel, die bedenkenlos verabreicht werden können, so z. B. *Mädesüß, Irisches Moos* und *Schwarznessel.* Leicht nervenstärkende Mittel sind ebenfalls hilfreich, etwa *Hopfen, Kamille* und *Pfefferminze.* Eine gute Teemischung besteht aus:

Mädesüß	2 Teile
Kamille	1 Teil
Schwarznessel	1 Teil

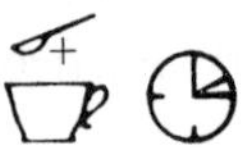

Dreimal täglich oder je nach Bedarf eine Tasse.

Die Wehen

Der Genuß von *Himbeerblätter-* und *Rebhuhnbeerentee,* zumindest während der letzten drei Monate der Schwangerschaft, gewährleistet den natürlichen Verlauf der Wehen. Wenn sich die Wehen in die Länge ziehen und die Kraft der Gebärmutter zu schwinden scheint, können Heilpflanzen helfen, die Kontraktionen der Gebärmutter anregen. Die bei weitem beste und unbedenklichste Heilpflanze in diesem Fall ist die *Kanadische Gelbwurzel.* Sie sollte im Verlauf der Schwangerschaft nicht genommen werden, während der Wehen ist sie aber besonders zu empfehlen.

Milchbildung

Manchmal ist die anfängliche Milchbildung erschwert. Auch tritt häufig das Problem auf, über einen längeren Zeitraum genügend Milch zu produzieren. Für das Kind ist es das beste, so lange wie möglich gestillt zu werden, daher sind Heilpflanzen wie *Anis, Benediktinen-*

distel, Bockshornsamen, Eisenkraut, Fenchel, Geißraute und *Kümmel* äußerst wertvoll, wobei die *Geißraute* die wohl wirksamste ist. Sie kann als Teeaufguß mit einem oder zwei Teelöffel Kraut pro Tasse Wasser unbedenklich dreimal täglich getrunken werden.

Die erwähnten Samen sind reich an ätherischen Ölen und sehr wirksam, als Mischung ergeben sie einen wohlschmeckenden Tee:

Kümmel	2 Teile
Anis	1 Teil
Fenchel	1 Teil
oder:	
Bockshornsamen	2 Teile
Anis	1 Teil

Für beide Teemischungen zwei Teelöffel Samen zerdrücken, zusammen mit einer Tasse kaltem Wasser kurz aufkochen und von der Feuerstelle nehmen. Zehn Minuten zugedeckt ziehen lassen, um ein Entweichen der ätherischen Öle zu verhindern. Dreimal täglich eine Tasse.

Falls aus irgendeinem Grund der Milchfluß unterbrochen werden muß, ist *Salbei* oder *Wiesensalbei* das wirksamste Mittel. *Salbei* wird als Teeaufguß zubereitet und dreimal täglich getrunken, bis die erwünschte Wirkung eintritt.

Die Wechseljahre (Klimakterium)

Leider werden die Wechseljahre in unserer ›zivilisierten‹ Welt von vielen Frauen mit Schrecken erwartet: Sie gelten nicht mehr als Sexualpartner, ihre Rolle als Mutter oder potentielle Mutter ist vermindert, die Kinder haben das Haus bereits verlassen, und ihre Rolle, den Mann beim Geldverdienen zu unterstützen, ist oft erfüllt. Da wir dazu neigen, unsere Identität aus gesellschaftlich definierten Rollen zu gewinnen, diese Rollen gar zu verinnerlichen, scheint wirklich nicht viel zu bleiben, wenn sie hinfällig geworden sind. Wir bestehen aber nicht nur aus gesellschaftlich bestimmten Rollenbildern!

Die Wechseljahre können im Leben jeder Frau ein großes Geschenk, eine Befreiung, eine Einweihung darstellen. Sie bieten die Möglichkeit, die Lebensaufgabe neu zu überdenken und das Leben neu auszurichten, zu verändern, die Veränderung nicht als etwas zu betrachten, was zu fürchten ist, sondern um sich weiterzuentwickeln.

Zu den mit den Wechseljahren verbundenen psychischen Veränderungen kommen die hormonellen. Sie sind physischer Ausdruck der Wechseljahre und können zu beschwerdevollen Symptomen führen. Am auffälligsten sind die sogenannten ›Hitzewallungen‹, die durch plötzlichen Hormonandrang im Blut entstehen, da sich das Drüsensystem auf die neue Situation erst einstellen muß. Hinzu kommen eventuell Symptome von ›Nervenleiden‹ oder ›Depressionen‹ als Ausdruck physiologischer Veränderungen und psychischer Auswirkungen. Die aufgrund hormoneller Störungen auftretenden Veränderungen und die durch den Wandel der Vorstellungen vom eigenen Selbst hervorgerufenen Probleme werden dazu beitragen, solche psychischen Symptome hervorzubringen.

Weil dies ein Buch über Heilpflanzen ist, möchte ich meine Anregungen hier auch auf Pflanzenheilmittel beschränken. Wir sollten uns aber bewußt machen, daß nicht nur hormonelle Veränderungen eintreten und daß uns eine ganze Reihe psychotherapeutischer Methoden zur Verfügung stehen, die in dieser Zeit der Wandlung hilfreich sein können. Bis alle Symptome abgeklungen sind und die Wandlung abgeschlossen ist, empfiehlt sich folgende Teemischung:

Mönchspfeffer	2 Teile
Yamswurzel	2 Teile
Kanadische Gelbwurzel	1 Teil
Goldkreuzkraut	1 Teil
Hafer	1 Teil
Johanniskraut	1 Teil
Schwarze Schlangenwurzel	1 Teil

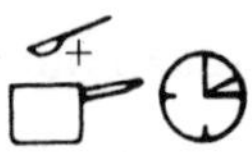

Dreimal täglich eine Tasse.

Diese Mischung lindert die meisten der mit den Wechseljahren zusammenhängenden Beschwerden und unterstützt den Körper beim Aufbau einer neuen hormonellen Wirkungsweise. Vergessen wir nicht, daß der Körper am besten weiß, was er benötigt. Treten in den Wechseljahren Angstzustände und Depressionen auf, kann der Mischung *Baldrian* und *Helmkraut* hinzugefügt werden.

Infektionen

Das Sexualsystem ist ebenso anfällig für Infektionen wie jeder andere Körperbereich, und da es außerdem nach außen hin offen ist, ist es anfällig für Infektionen, die durch direkten Kontakt hervorgerufen werden. In dieser Hinsicht ähneln die Probleme denen von Hals, Nase und Ohren, denn in beiden Fällen sind es die Schleimhäute, die für Infektionen empfänglich sind. Oft sind Schleimabsonderungen Reaktionen auf Infektionen, sie können aber auch entstehen, weil sich der Körper starker Schleimabsonderungen entledigen will, die sich in einem anderen Körperbereich ansammeln.

Um etwa eine Vaginalinfektion auszuheilen, müssen Heilmittel verwendet werden, die den gesamten Körper unterstützen und reinigen. Scheidenspülungen oder andere örtliche Anwendungen lassen die Symptome bestenfalls für eine Weile verschwinden.

Eine angemessene Behandlung schließt den Gebrauch keimhemmender Mittel in Verbindung mit Heilpflanzen ein, durch die das Lymphsystem gereinigt wird, vor allem blutreinigender Mittel. Um die Heilung infizierten Gewebes zu fördern, sind meistens adstringierende Mittel angezeigt. Zusätzlich muß das Gesamtbild in Betracht gezogen und der allgemeine Gesundheitszustand mit Hilfe geeigneter Heilmittel verbessert werden. Eine häufige Ursache für Infektionen der Vagina, die nicht übersehen werden sollte, ist die Einnahme der Pille oder ihr kurz zuvor erfolgtes Absetzen, denn sie bewirkt eine Veränderung des ökologischen Gleichgewichts im vaginalen Bereich. Als keimhemmende Mittel kommen *Wilder Indigo, Knoblauch* oder *Sonnenhutwurzel* in Frage sowie Lymphmittel, wie *Kermesbeere* oder *Klettenlabkraut,* und von den zahlreichen adstringierenden Mitteln sind *Eichenrinde, Goldkreuzkraut, Heloniaswurzel, Immergrün, Amerikanischer Storchschnabel* und *Amerikanische Waldlilie* die am häufigsten verwendeten. Die meisten letztgenannten Mittel sind als Tees wie auch als äußerliche Mittel wirksam. Eine gute Mischung für den innerlichen Gebrauch ist:

Immergrün	2 Teile
Amerik. Storchschnabel	2 Teile
Sonnenhutwurzel	2 Teile
Amerikanische Waldlilie	2 Teile
Klettenlabkraut	1 Teil

Dreimal täglich eine Tasse.

Die Mischung kann auch als Scheidenspülung verwendet werden, die wie ein Teeaufguß zubereitet wird. Sie sollte ebenfalls dreimal täglich angewendet werden und einige Tage nach Abklingen der Infektion fortgesetzt werden. Auf ähnliche Weise kann Joghurt verwendet werden. Diese Behandlung stellt die natürliche Bakterienflora wieder her, das wiedererlangte ökologische Gleichgewicht sorgt für Heilung. Dies ist besonders nach Gebrauch antibiotischer Mittel zu empfehlen. Natürlich treffen auch hierbei die allgemeinen Anleitungen zur Behandlung von Infektionen zu. Die Ernährung sollte reich an natürlichen Vitaminen und Mineralien sein. Die zusätzliche Einnahme von Vitamin C, besonders nach vorheriger Einnahme von Antibiotika, wird besonders empfohlen; darüber hinaus der Verzehr von reichlich rohem *Knoblauch*.

Heilpflanzen und Sexualität

Fast alle kulturellen Überlieferungen der Welt berichten von Heilpflanzen, denen nachgesagt wird, daß sie die Libido steigern und gegen Impotenz wirken können. Bei einer dieser Pflanzen – *Damiana* – schlägt sich dieser Ruf sogar in ihrem lateinischen Namen, *Turnera aphrodisiaca,* nieder. Ob die Wirkungsweise der Aphrodisiaka das sexuelle Verlangen direkt anregt, bleibt fraglich. Meiner Meinung nach existiert eine solche Wirkung nicht. Es ist jedoch möglich, Sexualität mit Heilpflanzenmitteln zu steigern, wenn wir sie unter ganzheitlichen Aspekten betrachten. Ist der Körper vital und unverkrampft, der Geist ausgeglichen und ruhig, wird sich dies auf die Sexualität auswirken. So gesehen wirken die Heilpflanzen, die zu Entspannung und einem abgerundeten Gefühl verhelfen, indirekt aphrodisierend. Einige Heilkräuter, wie *Damiana, Ginseng* und *Sägepalme,* sind als Tonika für die Fortpflanzungsorgane, speziell für die männlichen, bekannt. Sie stärken nicht nur das Sexualsystem, sondern können bei der Verwirklichung unserer angeborenen Vitalität und Ganzheit helfen.

Wenn sexuelle Probleme in Zusammenhang mit Streß und Anspannung entstehen, können nervenentspannende und -stärkende Mittel, wie *Hafer, Helmkraut* oder *Lindenblüten,* hilfreich sein.

Ist der allgemeine Gesundheitszustand nicht in Ordnung, sollte er mit entsprechenden Mitteln, wie Bitterstofftonika, unterstützt werden.

In alten Kräuterbüchern finden sich auch zahlreiche Heilmittel, die das sexuelle Verlangen vermindern, etwa Mittel gegen Nymphomanie und Masturbation! Falls es wirklich einmal angebracht sein sollte, sexuelle Energie zu vermindern, ist die kombinierte Anwendung nervenentspannender und nervenstärkender Mittel, wie *Baldrian, Giftlattich* oder *Passionsblume,* angezeigt.

Folglich wird die Erde der Niere ähnlich, einer Niere im Körper des Sonnensystems, welche die durch das ganze System fließenden Energien reguliert und umwandelt, Unreinheiten entfernt und dem Körper des Gesamten nur das zuführt, was harmonisch und in die fortschreitende Evolution des Ganzen integriert ist.

David Spangler

DAS HARN-SYSTEM

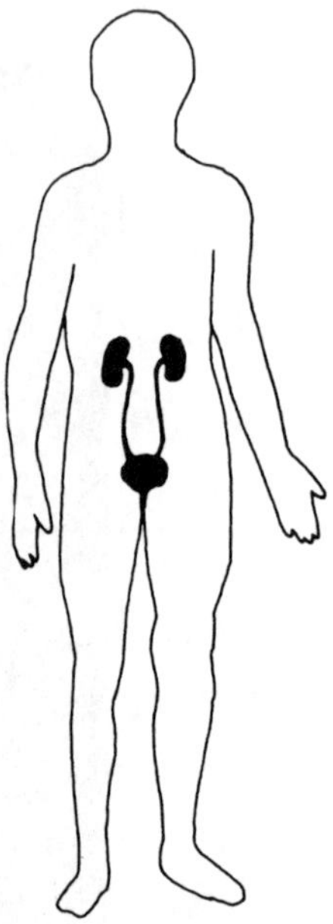

Mit David Spanglers ausdrucksvoller Beschreibung der Rolle unseres Planeten in seinem Sonnensystem und seiner Beteiligung an der Reinigung der Energien haben wir eine perfekte Beschreibung der Rolle, welche die Nieren in unserem Körper spielen. Sich diese Zusammenhänge anzuschauen, kann uns einen Einblick in die Resonanz von Dasein und Sinn in der Schöpfung, in das Wesen der Integration von Ganzheiten innerhalb größerer Ganzheiten geben. Vieles von dem, was über die Beziehung zwischen Niere und Körper ausgesagt werden kann, trifft auch auf die Rolle eines Individuums oder einer Gruppe innerhalb eines Ökosystems zu, auf die eines Ökosystems innerhalb der Biosphäre, auf die der Planeten innerhalb des Sonnensystems und so weiter. Und wenn wir die Betrachtung nach innen richten, in unseren Körper und in die Struktur der Zelle, finden wir ähnliche Beziehungszusammenhänge.

Die Niere dient in erster Linie der Aufrechterhaltung einer konstanten und gesunden Innenwelt des Körpers. Sie ist ein homöostatisches Organ. Die Innenarchitektur der Niere und die Art und Weise, wie ihre erstaunliche Struktur äußerst komplexe Funktionen erfüllt, gehen weit über den Rahmen dieses Buches hinaus. Allerdings sollten wir uns hier zumindest mit einigen Funktionen der Niere befassen, um so ein Verständnis für ihre Arbeitsweise zu entwickeln.

Ihre wichtigste Funktion ist die Regulierung des Wasserhaushalts des Körpers. Obwohl die Niere oft als wasserausscheidendes Organ beschrieben wird, besteht ihre Aufgabe eigentlich darin, Wasser zu konservieren, denn ein Großteil des Wassers, das durch die Niere fließt, wird wieder aufgenommen. Nur ein vergleichsweise geringer Anteil, der als Lösungsmittel für Abfallstoffe dient, wird wirklich in die Blase weitergeleitet. Die Niere reguliert den relativen Salzhaushalt des Körpers, überschüssige Mengen werden ausgeschieden. Eine andere wichtige Funktion der Niere ist die Aufrechterhaltung des Säure-Basen-Gleichgewichts im Blut. Außerdem ist sie für die Trennung zwischen Abfallstoffen und verwertbaren Substanzen verantwortlich. Während das Blut durch die Nieren gefiltert wird, verlassen viele lebenswichtige Moleküle (z. B. Glukose- und Aminosäuren) das Blut und gehen in die Harnflüssigkeit über. Diese wichtigen Moleküle werden später wieder aufgenommen, während Abfallprodukte ausgeschieden werden. Die Komplexität der Niere besteht teilweise aufgrund dieser Fähigkeit, zwischen Abfallstoffen und lebenswichtigen Substanzen zu unterscheiden. Die Niere ist auch an der Produktion des Hormons Renin beteiligt, das wiederum eine Rolle für die Regulierung des Blutdrucks spielt.

Heilpflanzen für das Harnsystem

Wenn wir die Wichtigkeit der Nieren bedenken, ist es nicht weiter verwunderlich, daß die Natur uns ein reichhaltiges Heilpflanzenangebot zur Verfügung stellt, das die Funktionen der Nieren unterstützen kann. Betrachten wir die Rolle der Nieren unter ganzheitlichen Gesichtspunkten, so wird deutlich, daß die richtige Funktion eines jeglichen Körperteils von der effektiven Ausscheidung der Abfall- und Giftstoffe abhängig ist. Da unsere Nahrung zumeist unnatürliche und schädliche Chemikalien enthält und sich unsere Lebensweise größtenteils nicht mehr im Einklang mit der Außenwelt und den Bedürfnissen unserer Innenwelt befindet, wird die Rolle der Nieren zunehmend wichtiger. Heilpflanzen, welche die Nieren unterstützen, sind nicht nur bei Harnwegsproblemen wirksam, sondern sie können auch wichtig sein, die Reinigungsmechanismen des Körpers zu unterstützen, indem sie, unabhängig von den vorhandenen Störungen, den ganzen Körper behandeln.

Harntreibende Mittel (Diuretika)

Genaugenommen ist ein Diuretikum eine Pflanze, welche die Urinausscheidung und den Urinfluß erhöht. Meist wird dieser Begriff jedoch allgemein für jedes Heilkraut verwendet, das auf Niere oder Blase einwirkt. Die Diuretika-Liste ist sehr lang (wie im Abschnitt über die ›Heilwirkungen‹ ersichtlich), doch ist *Löwenzahn* (Wurzel oder Blätter) das vielleicht wirkungsvollste und wertvollste harntreibende Mittel. *Löwenzahn* ist nicht nur ebenso wirksam wie synthetische Diuretika, es enthält auch einen hohen Kaliumanteil; diese Substanz wird durch die Anwendung anderer Diuretika oft aus dem Körper ausgewaschen, was zu äußerst schädlichen Nebenwirkungen führt. Mit *Löwenzahn* wird dieser Vorgang nicht nur vermieden, durch den hohen Kaliumgehalt dieser Pflanze wird der allgemeine Kaliumspiegel sogar zusätzlich erhöht. *Löwenzahn* ist außerdem ein leberstärkendes Mittel und sehr vielseitig verwendbar.

Alle in diesem Kapitel beschriebenen Pflanzen besitzen harntreibende Eigenschaften, verbunden mit anderen spezifischen Heilwirkungen, die sich auf die Harnwege beziehen. *Klettenlabkraut* ist ein erwähnenswertes, mehr allgemein wirkendes Diuretikum. Die direkte harntreibende Wirkung, verbunden mit blutreinigenden Eigenschaften, machen diese Pflanze zu einem sicheren Mittel für die meisten Erkrankungen in diesem Bereich.

Antiseptische Mittel für die Harnwege

Die antiseptische Wirkung mancher Diuretika resultiert meist aus ihrem hohen Gehalt ätherischer Öle; diese werden über die Nierenkanälchen ausgeschieden und wirken so direkt auf Mikroben ein. Typische Beispiele hierfür sind *Bärentraube, Birke, Boldo, Bucco, Queckenwurzel, Schafgarbe, Selleriesamen* und *Wacholder.* Die Eigenschaften allgemeiner keimhemmender Mittel, wie *Sonnenhutwurzel* oder die Wurzel des *Wilden Indigos,* lassen sich gut mit allen harntreibenden Pflanzen verbinden. *Engelwurz* und *Goldrute* sind zwar in erster Linie Mittel für die Atemwege, doch wirken sie im Harnsystem ebenfalls antiseptisch.

Schleimhautschützende Mittel (Demulcentia) für die Harnwege

Bei manchen Erkrankungen ist das Gewebe der Harnwege durch Infektionen oder Reibungen gereizt und bedarf einer Linderung. Heilpflanzen wie *Eibischblätter, Maisgriffel* oder *Queckenwurzel* wirken schleimhautschützend und können zusammen mit anderen Mitteln für die Harnwege angewendet werden.

Adstringierende Mittel für die Harnwege

Blut im Urin ist ein Symptom, das eine ärztliche Diagnose und Behandlung erfordert; sind die Ursachen hierfür aber nicht schwerwiegend, kann dieses Symptom mit Hilfe adstringierender Mittel behandelt werden. Adstringentia stillen Blutungen in den Nieren, in der Blase, in der Harnröhre oder im Harnleiter und fördern die Heilung von Verletzungen.

Die besten adstringierenden Mittel für die Harnwege sich *Ackerschachtelhalm, Breitwegerich, Sumpfzweizahn* und *Amerikanische Waldlilie.*

Steinbildung verhindernde Mittel (Lithagoga)

Eine andere wichtige Eigenschaft verschiedener harntreibender Mittel ist ihre Fähigkeit, der Steinbildung vorzubeugen oder die Entfernung von Steinen oder Grieß aus dem Harnwegsystem zu fördern. Vielen Heilpflanzen wird eine solche, gegen Steinbildung gerichtete Wirkungsweise nachgesagt; die vielleicht wirkungsvollsten sind *Ackerfrauenmantel, Grießwurzel, Hortensie, Mauerkraut* und *Roter Wasserhanf.* Der Name Grießwurzel weist darauf hin, daß im 18. und 19. Jahrhundert besonders häufig Nierensteine behandelt wurden; wahrscheinlich führte schlechte Ernährung zu einer hohen Steinbildung.

Krankheitsbilder des Harnsystems

Die Harnwege, die Niere und die Blase sind für vielerlei Störungen empfänglich, die im gesamten Körper auftretende Probleme reflektieren. Harnwegerkrankungen werden am besten als Erscheinungen systemischer Probleme betrachtet.

Infektionen

Das Harnsystem ist anfällig für die verschiedensten Infektionen. Alle im Körper auftretenden Infektionen können nur entstehen, wenn die körpereigenen Abwehrkräfte nicht richtig arbeiten. Eine Abwehrschwäche kann durch unangemessene Ernährung oder chronische Verstopfung verursacht werden; eine weitere Ursache ist die Einnahme von Antibiotika, durch die dem System ein physiologischer Schock zugefügt und die innere Ökologie gestört wird. Nach ihrer Anwendung ist es unerläßlich, den Körper bei der Wiederherstellung seiner Abwehrkräfte zu unterstützen. Das kann durch den Verzehr unbehandelten Joghurts erfolgen, denn er erneuert die natürliche Bakterienflora der Därme, und durch die Einnahme von Vitamin C.

Blasenentzündung (Cystitis)

Bei der Blasenentzündung treten brennende Schmerzen beim Wasserlassen auf. Ebenso kann starker Harndrang bestehen, obwohl die Blase leer ist. Hier können Heilpflanzen, wie *Bärentraube, Bucco, Queckenwurzel, Schafgarbe* und *Wacholderbeeren* angewendet werden, letztere jedoch nicht bei Anzeichen einer Nierenentzündung. Größere Mengen heiß getrunkenen *Schafgarbentees* können diese Beschwerden vielfach beseitigen, aber auch eine Mischung wirkt hier gut:

Bärentraube	1 Teil
Queckenwurzel	1 Teil
Schafgarbe	1 Teil

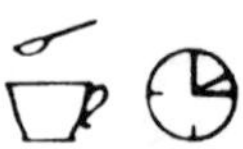

Dieser Tee sollte alle zwei Stunden heiß getrunken werden, solange die Blasenentzündung akut ist, danach einige Zeit dreimal täglich, um die Beschwerden vollkommen auszuheilen. Ein schleimhautschützendes Mittel, z. B. *Maisgriffel,* kann hinzugefügt werden, wenn der brennende Schmerz sehr stark ist oder Blut im Urin auftritt.

Die Nahrung sollte wenig säurebildende Stoffe enthalten, außerdem gering an Zucker und künstlichen Zusätzen sein.

Als Vorsichtsmaßnahme, aber auch besonders bei akuten Fällen, sollte die Anwendung desodorierender Spülungen unbedingt vermieden werden, denn sie zerstören die natürliche Ökologie in diesem Bereich und begünstigen das Wachstum schädlicher Mikroorganismen.

Harnröhrenentzündung (Urethritis)

Eine Infektion der Harnröhre kann auf die gleiche Weise wie eine Blasenentzündung behandelt werden; in jedem Fall sollte man den Anteil schleimhautschützender Mittel für die Teemischung erhöhen.

Entzündung der Vorsteherdrüse (Prostatitis)

Bei einer Infektion der männlichen Vorsteherdrüse kann es sein, daß sich die Symptome nicht so eindeutig lokalisieren lassen wie etwa bei einer Blasenentzündung. Deshalb kann, zusätzlich zu den bei Blasenentzündung verwendeten antiseptischen Mitteln, die systemisch keimhemmende *Sonnenhutwurzel* angewendet werden; ebenso sollte die keimdrüsenstärkende *Sägepalme* in Betracht gezogen werden. Dieses Mittel wird ebenfalls bei geschwollener Prostata angewendet, wie an späterer Stelle beschrieben. Eine gute Mischung besteht aus:

Ackerschachtelhalm	1 Teil
Bärentraube	1 Teil
Hortensie	1 Teil
Queckenwurzel	1 Teil
Sonnenhutwurzel	1 Teil

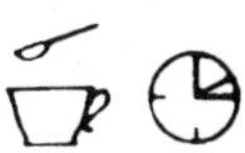

Dreimal täglich eine Tasse.

Nierenbeckenentzündung (Pyelitis)

Eine Nierenbeckenentzündung kann auch auf anderes Nierengewebe übergreifen und wird häufig von unerträglichen Schmerzen begleitet. Bei diesen Beschwerden ist es ratsam, die Hilfe eines Experten aufzusuchen. Eine Heilpflanzenbehandlung zielt auf die Behandlung der systemischen Infektion und des Fiebers ab und verwendet in erster Linie antiseptische Mittel für die Harnwege, wie z. B. *Bärentraube, Bucco* und *Mauerkraut,* wobei letzteres als spezifisches Mittel bei solchen Störungen betrachtet wird.

Nierenstörungen

Viele Heilpflanzenmittel finden bei schweren oder leichten Nierenproblemen Verwendung. Da die Funktion dieses Organs so elementar für unser Leben und unsere Gesundheit ist, sollte jede Behandlung einer Nierenerkrankung nur durch qualifizierte Experten erfolgen.

Wasseransammlungen

Scheiden die Nieren nicht genügend Wasser aus, kommt es – meist aufgrund der Schwerkraft – zu Stauungen in den Füßen und Beinen. Die Ursachen für dieses Zurückhalten des Wassers müssen herausgefunden werden, sie sind entweder in mangelhafter Nierenfunktion oder im Kreislaufsystem zu suchen. Wasseransammlungen können nur dann wirklich beseitigt werden, wenn die zugrundeliegenden Ursachen geklärt und behandelt werden; es gibt aber auch Heilpflanzen, die gestautes Wasser entfernen. Alle harntreibenden Heilpflanzen können hierbei Verwendung finden, die wirksamsten sind *Bärentraube, Löwenzahn* und *Schafgarbe.*

Nierensteine

Die Bildung mineralischer Ablagerungen (Steine oder Grieß) ist ein Vorgang, dem sich mit einer Heilpflanzenbehandlung begegnen läßt. Die Steine oder der Grieß können sich aus den Kalziumsalzen der Oxalsäure, aus Harnsäure, aus Phosphaten oder einer Kombination mit der Aminosäure Cystin zusammensetzen. Wenn die genaue Zusammensetzung der Steine bekannt ist, kann die Ernährung darauf ausgerichtet werden. Da dies aber meist nicht der Fall ist, kommen allgemeine Ratschläge zur Geltung. Die Nahrung sollte wenig Säure enthalten. Nahrungsmittel, die einen hohen Oxalsäureghalt besitzen (z. B. Rhabarber und Spinat), sollten ganz gemieden werden. Für jeden Menschen, bei dem sich Steine gebildet haben oder der eine Neigung dazu besitzt, ist es sehr wichtig, ausreichend Wasser zu trinken, um eine gute Durchspülung des Systems zu gewährleisten. Das bedeutet, daß täglich mindestens drei Liter Wasser, vorzugsweise mineralarmes Wasser, getrunken werden sollten; bei starkem Schwitzen entsprechend mehr.

Für eine Behandlung von Nierensteinen mit Heilpflanzen sind die Steinbildung verhindernde Mittel (Lithagoga) angezeigt, damit vorhandene Steine aufgelöst werden und um vor weiteren Ablagerungen zu schützen. Auch harntreibend wirkende Mittel (Diuretika) sind notwendig, um die durch die Nieren fließende Flüssigkeitsmenge zu erhöhen und Ablagerungen auf diese Weise auszuspülen. Die meisten

Lithagoga wirken auch diuretisch. Zu dieser Gruppe gehören *Ackerfrauenmantel, Grießwurzel, Hortensie, Mauerkraut, Möhre* und *Roter Wasserhanf.*

Auch schleimhautschützende Mittel, wie *Eibischblätter, Maisgriffel* und *Queckenwurzel,* sollten in Betracht gezogen werden, um die Schleimhäute zu beruhigen und vor jeglicher Hautabschürfung durch Reibung (der Steine) zu schützen.

Bestehen darüber hinaus Anzeichen einer Infektion, sollten keimhemmende Mittel, wie *Bärentraube, Schafgarbe* oder *Sonnenhutwurzel,* verwendet werden.

Folgende Mischung dient der allgemeinen Behandlung von Nierensteinen und Nierengrieß:

Grießwurzel	1 Teil
Hortensie	1 Teil
Maisgriffel	1 Teil
Roter Wasserhanf	1 Teil

Dreimal täglich eine Tasse.

Besteht eine Neigung, Nierensteine zu bilden, kann dieser Tee auch vorbeugend regelmäßig einmal täglich getrunken werden.

Nierenkolik

Gelangt ein kleiner Stein in die Harnröhre und bleibt dort stecken, kann der Urinfluß blockiert werden, eine äußerst schmerzhafte Nierenkolik ist das Ergebnis. Krampflösende Heilpflanzen, wie *Baldrian, Schneeball* und *Strandmannstreu,* können zwar hilfreich sein, allerdings werden die Schmerzen erst dann nachlassen, wenn die Ursache gänzlich beseitigt ist.

Unwillkürliches Harnlassen (Inkontinenz)

Inkontinenz kann von einer Reihe physischer und psychischer Faktoren verursacht werden. Solange kein organischer Defekt oder eine Krankheit beteiligt sind, kann dieses Symptom mit Heilpflanzenmitteln unter Kontrolle gebracht werden, auch wenn der Tonus des Schließmuskels der Blase geschwächt ist oder eine allgemeine Muskel- oder Nervenschwäche besteht. Eine gute Heilpflanzenteemischung ist folgende:

Ackerschachtelhalm	2 Teile
Gewürzsumachrinde	1 Teil
Odermennig	1 Teil

Dreimal täglich eine Tasse.

Nächtliche Inkontinenz bei Kindern hat meist psychische Ursachen, die erkannt und ärztlich behandelt werden sollten, falls eine Heilpflanzenbehandlung keine Wirkung zeigt.

Die Konflikte, zu denen die Menschheit so oft gefordert wird, vermindern – bis sie verstanden und als Mittel zu Triumph und Fortschritt genutzt werden – ständig die Lebenskraft. Durch diese Schwäche schwindet die Widerstandskraft gegen Krankheiten, und körperliche Beschwerden werden die Folge sein. Die Energieverschwendung führt zu einer ständigen Verringerung der Widerstandskraft. Daraus entstehen Schwäche, schnelles Reagieren auf Krankheiten, die unserem Planeten selbst eingeboren sind, und eine große Anfälligkeit für Infektionen.

Alice Bailey

INFEKTIONEN UND PARASITEN-BEFALL

Infektionen (ob durch Bakterien, Viren oder Pilze verursacht) können nur dann auftreten, wenn die körpereigenen Abwehrkräfte geschwächt sind. Physische Einflüsse, wie eine ungesunde Ernährung, eine Medikamentenbehandlung oder eine bereits bestehende Krankheit, können das System schwächen. Außerdem spielen emotionale und geistige Faktoren eine wichtige Rolle. Streß und Anspannung können unsere Energie offenbar auf ein Niveau reduzieren, das das Entstehen einer Infektion zuläßt; doch wenn wir uns beispielsweise ›eine Erkältung holen‹, so kann das auch ein Signal, eine Botschaft des Körpers sein, innezuhalten und uns zu vergegenwärtigen, was wir eigentlich tun.

Um eine Infektionskrankheit mit Heilpflanzenmitteln zu behandeln, müssen wir erkennen lernen, daß wir sie uns nicht aus dem Nichts ›holen‹, sondern daß wir die Voraussetzungen schaffen, damit eine Infektion wachsen und gedeihen kann. Nicht die Bakterie ist schuld daran! Eine wirklich effektive Behandlung einer Infektion muß darauf abzielen, die normalen Abwehrkräfte des Körpers wiederherzustellen; dazu ist die Behandlung des gesamten Körpers notwendig. In vielen Fällen ist es angebracht, sich nicht mit der jeweiligen Infektion zu befassen, sondern den Körper in seiner Arbeit, sich selbst zu schützen, zu unterstützen. Das dauert eventuell ein paar Tage und behindert möglicherweise unsere weltlichen Verpflichtungen. Doch die Botschaft des Körpers und seine Bedürfnisse sind eindeutig: Es ist an der Zeit, unserem Körper und unserer Lebensweise Aufmerksamkeit und Pflege zukommen zu lassen.

Infektionen treten oft in Form von ›Epidemien‹ auf. Werden in einer Gemeinschaft viele Menschen gleichzeitig von einer Krankheit angegriffen, kann es von Nutzen sein, diese Gemeinschaft als vielköpfiges Gruppenwesen zu betrachten, das sich genau wie ein Einzelwesen verhält. Aus dieser Sicht sind die Ursachen epidemischer Krankheiten die gleichen wie die individueller Erkrankungen; sie deuten darauf hin, daß die Abwehrkräfte der Gruppe geschwächt sind.

Nach dem Ersten Weltkrieg starben mehr Menschen an Grippeepidemien als durch den Krieg selbst. Das kann auf Hygiene-, Sanitär- oder Ernährungsprobleme der Nachkriegszeit zurückgeführt werden, es kann aber auch als das Ergebnis einer tiefen, gemeinsam empfangenen Verwundung verstanden werden, die das kollektive Unbewußte der Menschheit betroffen hatte. Es reicht nicht, als einzelner Mensch heil und gesund zu sein. Die Gesellschaft, von der wir ein Teil sind, muß diese Qualitäten ebenfalls ausstrahlen, oder wir werden zu einem Teil eines nicht gesunden Systems und somit empfänglich für Epidemien. Diese Epidemien können Grippe oder Angst, Entfremdung und Bedeutungslosigkeit sein. Unsere Gesundheit ist abhängig von Ganzheit und Vollständigkeit auf all diesen Ebenen.

Antibiotika

Zweifellos gibt es Situationen, in denen es ratsam ist, Medikamente wie Antibiotika zu verwenden. Sie bilden eine unschätzbare Gabe für die Menschheit, die Leben rettet und Lebensqualität verbessert, wenn sie mit Vorsicht verwendet werden und ihr Gebrauch wirklich angezeigt ist. Bei Hirnhautentzündung und anderen lebensgefährlichen Infektionen haben diese Mittel zahlreichen Menschen das Leben gerettet. Leider werden sie manchmal nur genommen, weil sie bequem sind und schnell wirken, ohne daß dabei auf die umfassenden Konsequenzen ihres wahllosen Gebrauchs geachtet wird.

Wenn man auf Antibiotika zurückgreifen muß, sollten einige Faktoren berücksichtigt werden, um die Auswirkungen auf das System zu verringern. Täglich sollten mindestens zwei Gramm Vitamin C eingenommen werden (bis ungefähr eine Woche nach dem Absetzen der Antibiotika) und außerdem reichlich Vitamine des B-Komplexes. Beide Vitamine helfen dem Körper, mit Streß – hervorgerufen durch die Infektion und Antibiotika – fertig zu werden und die natürlichen Abwehrkräfte zu stärken.

Da manche Antibiotika die natürliche Darmflora zerstören, sollte viel Joghurt gegessen werden, da Joghurt hilft, das ökologische Gleichgewicht der Eingeweide wiederherzustellen.

Ruhe dich aus, während du Antibiotika einnimmst, denn du wirst von äußerst potenten Chemikalien angegriffen, denen man mit Respekt begegnen sollte. Sei trotzdem dankbar, daß es sie gibt, daß sie dir helfen können, und drücke diese Dankbarkeit in einer für dich bedeutsamen Weise aus. Wenn wir nämlich Schuldgefühle entwickeln, solche Medikamente zu nehmen (selbst wenn ihre Anwendung angemessen ist), werden wir nur noch mehr geschwächt und eine tiefere Heilung wird blockiert. Arbeite mit und nicht gegen diese Mittel.

Heilpflanzen können eine antibiotische Behandlung unterstützen. Während der Behandlung können sie eingesetzt werden, um die Wirkung des Medikaments zu verstärken, den Körper zu kräftigen und möglichen Schaden abzuwenden. Welche jeweils die besten Heilpflanzen sind, hängt von dem Bereich ab, in dem die Infektion auftritt – und von der betreffenden Person; sie sollten dementsprechend ausgewählt werden. Heilpflanzen finden auch nach einer Medikamentenbehandlung Verwendung, um das System mit Hilfe von Bittermitteln, eventuell auch nervenstärkenden Mitteln zu unterstützen. Es ist außerdem wichtig, dem System blutreinigende, harntreibende und lymphatische Heilpflanzen zuzuführen. Während spezifische Mittel je nach individuellen Bedürfnissen ausgewählt werden sollten, sind folgende Heilkräuter meist angezeigt: *Brennessel, Enzian, Kanadische Gelbwurzel, Hafer, Klettenlabkraut, Sonnenhutwurzel* und *Wermut.*

Heilpflanzen bei Infektionen und Parasitenbefall

Heilpflanzen können bei Infektionen und Parasitenbefall auf zwei Arten angewendet werden; durch ihre keimhemmende Wirkung arbeiten sie direkt gegen Mikroben und zusätzlich stärken und beleben sie die körpereigenen Abwehrkräfte. Glücklicherweise können sie meist beides gleichzeitig. Die *Myrrhe* ist ein gutes Beispiel für eine Heilpflanze, die eine direkt giftige Wirkung auf Bakterien mit der Fähigkeit, die Bildung von weißen Blutkörperchen (Leukozyten) anzuregen, verbindet; die Leukozyten sind für den Großteil der körperlichen Abwehrfunktion verantwortlich.

Andere Wirkungsweisen sind solche, die Ausscheidungen von Giftstoffen unterstützen, wie schweißtreibende, abführende und harntreibende Mittel. Jede Ansammlung von Abfall- und Giftstoffen ist eine bevorzugte Brutstätte für Bakterien. Die meisten Heilpflanzen können bei der Behandlung von Infektionen und Parasitenbefall eine Rolle spielen, wir werden uns hier jedoch auf die keimhemmenden, die schweißtreibenden und wurmtreibenden Mittel konzentrieren.

Keimhemmende Mittel

Viele Pflanzen wirken auf Bakterien giftig. Penicillin, das erste wirksame Antibiotikum, wurde in einer Pflanze, einem Pilz entdeckt. Interessanterweise basiert ein altes walisisches Heilmittel für eitrige Wunden auf schimmeligem Brot. Mediziner haben sich lange Zeit über diese Methode mockiert, bis sich herausstellte, daß es für dieses scheinbar seltsame Rezept eine klare biochemische Grundlage gibt, denn der Schimmel wird durch Pilze verursacht.

Heilpflanzen arbeiten auf komplizierte Art und Weise, die nicht immer erklärbar ist (da auf diesem Gebiet noch nicht genug erforscht wurde), und die Vorgänge, durch die sie auf Infektionen einwirken, sind vielfältig. Zu den besten keimhemmenden Mitteln, die unbedenklich bei Infektionen eingesetzt werden können, gehören *Eukalyptus, Wilder Indigo, Kapuzinerkresse, Knoblauch, Myrrhe, Sonnenhutwurzel, Thymian* und *Wermut.*

Zu Beginn dieses Jahrhunderts wurde die antiseptische Wirkung mancher Pflanzenöle mit der des Phenols verglichen, einem häufig verwendeten chemischen Antiseptikum. Es wurde festgestellt, daß viele ätherische Öle stärker sind als Phenol, wobei *Thymianöl* wohl das wirksamste ist. Anhand eines Experiments wurde die antiseptische Wirkung auf Fleischbrühe beobachtet, die mit Wasser aus dem Kanalsystem infiziert wurde, und bestimmt, ab welcher Verdünnung (in Teilen pro 1000 Teile) keine antiseptische Wirkung mehr vorhanden war. *Thymianöl* erwies sich als achtmal stärker als Phenol. Viele andere Pflanzen wirken ebenfalls stärker als Phenol:

Thymian	0,7	*Rosmarin*	4,3
Orangen	1,2	*Lavendel*	5,0
Eisenkraut	1,6	*Phenol*	5,6
Rosen	1,8	*Fenchel*	6,4
Nelken	2,0	*Zitronen*	7,0
Eukalyptus	2,2	*Sassafras*	7,5
Pfefferminze	2,5	*Limonen*	8,4
Veilchenwurz	3,8	*Engelwurz*	10,0
Anis	4,3		

Knoblauch ist ein anderes erwähnenswertes sehr stark keimhemmendes Mittel. Während des Ersten Weltkriegs wurde es in Kombination mit anderen Mitteln als Antiseptikum verwendet.

Schweißtreibende Mittel (Diaphoretika)

Ein Diaphoretikum ist ein Mittel, das den Körper veranlaßt, die Schweißabsonderungen zu intensivieren. Dies wiederum verstärkt die Giftstoffausscheidung durch die Haut und unterstützt eine Reinigung des Körpers. Schweißtreibende Mittel sind bei vielen Erkrankungen angezeigt, hauptsächlich aber bei Fieber und Infektionen, die das gesamte Körpersystem betreffen. Ihre Verwendung bei Grippe wurde bereits besprochen (im Kapitel über Hals, Nase, Ohren und Augen). Mit ihren kräftigenden und heilenden Eigenschaften können sie den Körper unterstützen, Infektionen und Fieber in erstaunlich kurzer Zeit selbst abzuwehren und den lebensnotwendigen Heilungsprozeß zu beschleunigen. Sie können einzeln oder als Teil einer umfassenderen Therapie verwendet werden. Die besten sind *Engelwurz, Frauenminze, Holunder*(-blüten oder -beeren), *Ingwer, Katzenminze, Paprika, Pfefferminze, Schafgarbe, Knollige Schwalbenwurzel, Thymian, Amerikanischer Wasserhanf* und *Ysop.*

Wurmmittel (Anthelmintika)

Anthelmintika befreien den Körper von Parasiten und können innerlich oder äußerlich angewendet werden. Manche Wurmmittel töten die Parasiten, andere treiben sie aus dem Körper aus; fast alle sind sehr stark wirkende Heilpflanzen, manche sind in hohen Dosen sogar potentiell giftig. Beim Gebrauch dieser Mittel sollte man daher äußerst vorsichtig sein, damit es zu keiner Überdosierung kommt.

Einige stark wirksame Pflanzen sind (nicht nur in Deutschland) nur gegen ein ärztliches Rezept erhältlich, leider gehören auch die besten Anthelmintika dazu, wie z. B. *Farnkraut* und *Zitwerblüte*. *Farnkraut* ist sehr effektiv bei Bandwürmern. (In England verwenden Schulmediziner und Tierärzte die dort ebenfalls nicht frei erhältliche *Zitwerblüte*). Weitere Wurmmittel sind *Bitterholz, Eberraute, Granatapfel, Knoblauch, Kürbiskerne, Rainfarn* und *Wermut.*

Die Behandlung von Infektionen

Bei Infektionen ist es besonders wichtig, die zugrundeliegenden Ursachen zu behandeln und die Symptome nicht zu unterdrücken. Fieber sollte nicht einfach als Krankheitserscheinung betrachtet werden, die – koste es, was es wolle – ›kuriert‹ werden muß. Das Fieber kann ein Symptom des Heilungsprozesses sein und sollte unterstützt und nicht unterdrückt werden. Eine Grundmischung, die bei Fieber körpereigene Abwehrkräfte fördert und unterstützt, ist folgende:

Schafgarbe	2 Teile
Wasserhanf	2 Teile
Sonnenhutwurzel	1 Teil

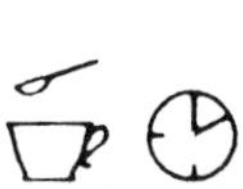

Alle zwei Stunden eine halbe Tasse so heiß wie möglich trinken.

Der Gebrauch nur schweißtreibender Mittel wie *Schafgarbe* oder *Wasserhanf* ist meist ausreichend, *Sonnenhutwurzel* wurde obiger Mischung beigefügt, um den Körper bei der Bakterienabwehr zu unterstützen. Ist eine stärkere schweißtreibende Wirkung notwendig, kommt eine Prise *Paprika* hinzu. Bei geschwollenen Lymphdrüsen können *Ringelblume* oder *Klettenlabkraut* beigegeben werden. Sind die Schleimhäute beteiligt, kann *Kanadische Gelbwurzel* als gutes allgemeines Stärkungsmittel und spezifisches schleimhautkräftigendes Mittel beigefügt werden. Bei starker Ruhelosigkeit können nervenentspannende Mittel, wie *Kamille* oder *Helmkraut,* hinzugenommen werden. Diese Teemischungen finden nicht nur bei Fieber Verwendung, dessen Ursache unklar ist, sondern auch bei Erkrankungen wie Windpocken, Masern, Scharlach oder ähnlichen. Liegt zusätzlich ein Katarrh vor (etwa bei Masern), kommen die Angaben im Kapitel über Hals, Nasen, Ohren und Augen zur Geltung. Bei Hautjucken kann es von Nutzen sein, den Körper mit *Hamamelis*wasser abzuwaschen.

Für hartnäckige Virusinfektionen, wie z. B. Drüsenfieber, gibt es eine Teemischung, die auch in Fällen hilft, in denen die Erkrankung schleichend geworden ist und Schwächezustände hervorruft:

Wilder Indigo	2 Teile
Kermesbeere	2 Teile
Sonnenhutwurzel	2 Teile
Wermut	2 Teile
Myrrhe	1 Teil

Dreimal täglich eine Tasse. Schmeckt der Tee allzu unangenehm, kann *Süßholz* hinzugefügt werden.

Bei jeder Infektion sollten mindestens zwei Gramm Vitamin C täglich und Vitamine des B-Komplexes genommen, dazu reichlich *Knoblauch,* vorzugsweise roh, verzehrt werden. Eine reinigende, auf Obst und Obstsäften basierende Diät sollte die Grundlage der Ernährung bilden. Manchmal ist es ratsam, während einer Infektion zu fasten. Die Heilmittel sollten am besten noch eine Weile nach dem Abklingen der Erkrankung genommen werden. Spezifische Infektionen werden im Kapitel über das Körpersystem besprochen.

Die Behandlung von Parasiten

Mit sehr vielen Kleinstorganismen gehen wir enge ökologische Beziehungen ein. Dieses Organismen leben nicht nur in unserer Umgebung, sondern auch in uns. Unsere Interaktion mit ihnen ist größtenteils symbiotischer Natur, also von gegenseitigem Vorteil; wir leben in homöostatischer Harmonie. Viele Bakterienarten, wie etwa bestimmte Haut- und Darmbakterien, wehren das Eindringen schädlicher Mikroben oder Parasiten ab. Diese ökologische Harmonie kann jedoch leicht zerstört werden, wodurch dem Eindringen von Parasiten der Weg geebnet wird. Die beste Vorbeugung gegen eine solche Parasiteninvasion liegt in der Erhaltung einer natürlichen und gesunden Innen- und Außenwelt, in der Aufrechterhaltung der Gesundheit und in angemessener Hygiene.

Darmwürmer

Einige Tierarten siedeln sich zuzeiten als Parasiten im menschlichen Darm an. Jedes Gebiet auf diesem Planeten mit seiner einzigartigen

Ökologie besitzt seine ganz speziellen Parasitenarten; und da wir ja Teil unserer Umwelt sind, beherbergen auch wir manchmal Parasiten. Die häufigsten Darmparasiten in westlichen Gesellschaften sind Würmer: Bandwurm, Fadenwurm und Spulwurm.

Spulwurm und Bandwurm können im wesentlichen auf die gleiche Weise behandelt werden. Der bekannte naturheilkundliche amerikanische Arzt Dr. Shook empfiehlt, statt Fasten einige Tage Nahrungsmittel zu uns zu nehmen, die den Würmern unangenehm sind und sie auf diese Weise vor einer Einnahme wurmtreibender Mittel zu schwächen. Solche Nahrungsmittel sind Zwiebeln, Knoblauch, sauer Eingelegtes und Salziges. Nachdem diese Produkte einige Tage lang der Nahrung beigegeben wurden, drei Tage morgens und abends eine Tasse starken *Wermut*-Tee trinken. Am vierten Tag sollte eine Tasse *Senna*-Tee getrunken werden, um die Därme von den toten Parasiten zu reinigen. Der *Senna*-Tee kann mit *Süßholz* gemischt werden, um möglicherweise auftretende Bauchschmerzen zu verhindern; anstelle von *Wermut* können auch alle anderen wurmtreibenden Mittel genommen werden, wenn dies angemessener erscheint. Erweist sich der Bandwurm als sehr hartnäckig, kann *Wermut* über eine längere Zeit genommen oder durch stärkere Mittel, wie *Granatapfelsamen* oder sogar *Farnkraut* (unbedingt die Dosierung beachten; in Deutschland rezeptpflichtig), ersetzt werden. Da sich die Fadenwürmer im Enddarm aufhalten, ist eine Klistierbehandlung erforderlich. Die dabei geeignetste Heilpflanze ist *Bitterholz:* 25 Gramm *Bitterholz*stücke mit einem halben Liter kochendem Wasser übergießen und ziehen lassen, bis es auf Körpertemperatur abgekühlt ist, dann den Aufguß anwenden. Darüber hinaus sollten täglich dreimal zwei Teelöffel davon vor den Mahlzeiten genommen werden, wobei der Geschmack mit *Süßholz* verbessert werden kann. Eine andere altbewährte Methode empfiehlt das Einführen einer geschälten *Knoblauch*zehe in den After (über Nacht); die *Knoblauch*zehe sollte nicht beschädigt oder eingeritzt sein, denn das könnte die Darmwandung zu stark reizen.

Läuse und Flöhe

Es ist möglich, den Körper von Läusen und Flöhen mit der Anwendung von Heilpflanzenmitteln zu befreien, aber nur, wenn eine gute Ernährung damit einhergeht und gewissenhafte Hygienemaßnahmen erfolgen. Die gesamte Umwelt der Parasiten muß berücksichtigt werden, und die Behandlung sollte nach ökologischen Gesichtspunkten ansetzen. Heilpflanzen alleine wirken nicht stark genug, wenn wir nicht auch auf unsere Lebensweise achten, ansonsten bieten chemische Präparate die einzige Möglichkeit, den Körper effektiv von Parasiten zu befreien.

Läuse können mit Hilfe verschiedener Öle folgender Pflanzen behandelt werden: *Anis, Sassafras* oder *Bitterholz,* wobei *Sassafras*öl das wirksamste ist. Zur äußerlichen Anwendung einen Teil *Sassafras*öl mit zwei Teilen *Oliven*öl mischen, in die Kopfhaut und die Haare einreiben und mit einem feinen Haarkamm auskämmen, um die toten Läuse und deren Eier zu entfernen. Diesen Vorgang täglich wiederholen, bis keine Läuse und keine Eier mehr vorhanden sind.

Krätze

Die sehr kleinen Krätzmilben können äußerst hartnäckig sein und müssen mit größtem Respekt und rigoroser Hygiene behandelt werden. Die Bettwäsche muß nach jeder Benutzung ausgekocht und in Extremfällen verbrannt werden. Zur äußerlichen Anwendung sollte eine starke Abkochung aus *Rainfarn* in reichlicher Menge aufgetragen werden; auch als Bad oder für Waschungen zu verwenden.

Krebs ist zum Symbol für wucherndes, unkontrolliertes Wachstum in unserer Zeit geworden und kann als Metapher für unsere Städte, die Überbevölkerung und die bürokratischen Institutionen betrachtet werden. Hinter all diesem steht sicherlich die Sehnsucht der Seele nach wahrem Wachstum, nach göttlicher Evolution. Wenn die dunklen Bereiche unserer Kultur wieder nach dem Licht ausgerichtet werden, wird der Wachstumsimpuls in uns eine weniger zerstörerische, kreativere Form annehmen.

Heinrich S. Ripszam

KREBS

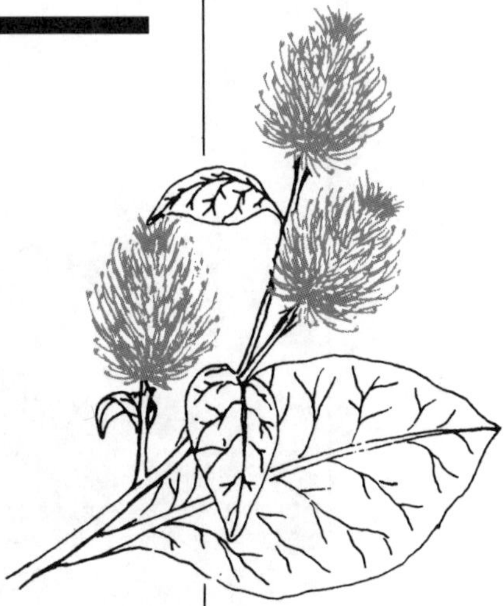

Diese Krankheit erfordert, mehr als jede andere, nicht nur eine ganzheitliche Therapie, sondern auch eine klare ganzheitliche Betrachtungsweise. Es zeigt sich immer deutlicher, daß Krebs das Ergebnis komplexer und vielfältiger Einflüsse ist, die physischer, physiologischer, psychischer, sozialer Natur und umweltbedingt sind. Es hat wenig Sinn, Heilpflanzenrezepte für einzelne Krebsarten anzugeben. Ich möchte eher eine Vorgehensweise gegenüber dieser Krankheit vermitteln, anstatt spezifische Richtlinien zu geben. Jeder Mensch ist einzigartig, nicht einfach nur ein ›Krebspatient‹, und muß von daher natürlich auch individuell behandelt werden. Bestimmte Gemeinsamkeiten lassen sich jedoch feststellen. An dieser Stelle muß betont werden, daß bei solch einer Krankheit unbedingt qualifizierte Hilfe notwendig ist, ob von einem Arzt, Psychotherapeuten oder ganzheitlich Heilenden.

Krebs findet in unserer Zeit eine enorme Beachtung, die von zahlreichen Forschungsprojekten und theoretischen Überlegungen begleitet wird. Die Theorien über die Ursachen reichen von Viren über krebserzeugende Stoffe aus der Umwelt (Karzinogene) bis zu psychischem Streß und spiritueller Unausgewogenheit. Viele dieser Faktoren, vielleicht auch alle, sind an der Entstehung einer krebsartigen Erkrankung beteiligt. Ich möchte keine Schlußfolgerungen über die Ursachen ziehen, sondern eine Vorgehensweise vorschlagen, die alle Aspekte des Menschen während des tiefgreifenden Krebsprozesses unterstützt. Von einer ganzheitlichen Betrachtungsweise ausgehend, müssen alle Ursachen beachtet und bearbeitet werden.

Im Rahmen dieses Buches werden wir uns auf drei Behandlungsansätze konzentrieren: Heilpflanzen, Ernährung und psychologische Neubewertung.

Heilpflanzen und Krebs

Vielen Pflanzen wird eine ausgeprägte antineoplastische Heilwirkung nachgesagt (der Ausdruck antineoplastisch bedeutet, daß eine wachstumshemmende oder -verhindernde Wirkung gegenüber Neoplasma – d. h. neuem Gewebewuchs – vorliegt). Jede Heilkundetradition dieser Erde verfügt über Pflanzen, denen gegen die Bildung von Krebs gerichtete Wirkungen nachgesagt werden. Ein Forschungsprojekt in den Vereinigten Staaten untersucht jede Blütenpflanze der Welt auf krebsverhindernde Eigenschaften – was sicherlich einige Zeit in Anspruch nehmen wird! Manche der ›Wunderdrogen‹, die in der konventionellen Krebsbehandlung benutzt werden, wurden in Pflanzen entdeckt. Das beste Beispiel hierfür ist das *Madagaskar-Immergrün,* das die Alkaloide Vinblastin und Vincristin enthält, die bei Leukämie eingesetzt werden.

Dies gibt ein Beispiel für die Art und Weise, wie Heilpflanzen als spezifische Mittel oder als Lieferanten aktiver Bestandteile angewendet werden können. Ohne den Wert dieses Ansatzes schmälern zu wollen, ist jedoch zu bedenken, daß ihm deshalb Grenzen gesetzt sind, weil Krebs in diesem Zusammenhang als spezifisch lokaler Krankheitszustand gesehen wird, gegen den eine spezifische Arznei (oder Pflanze) wirksam ist. Es ist weitaus angebrachter, diesen Krankheitszustand als Ausdruck einer systemischen Erkrankung anzugehen und von daher solche systemischen Behandlungsmethoden anzuwenden, die den Körper unterstützen, wieder die Kontrolle zu übernehmen. Heilpflanzen können diese Art körperlicher Transformation sehr wirksam durch ihre reinigenden, stärkenden und heilenden

Eigenschaften unterstützen. Sie wirken am besten, wenn sie Teil eines Ansatzes sind, der auf Transformation abzielt – auf Veränderung von Körper, Geist und Seele –, was wohl der einzig wirksame Rahmen ist, in dem Krebserkrankungen behandelt werden können.

Bei einem Behandlungsansatz, der das gesamte System einschließt, sind Blutreinigungsmittel und spezifische tumorbildungshemmende Heilpflanzen die wichtigsten.

Blutreinigungsmittel

Durch die reinigende und normalisierende Wirkung der Blutreinigungsmittel können die entsprechenden Heilpflanzen den Körper unterstützen, sich von krebsartigem Zellwachstum zu befreien. Besonders wirkungsvoll sind Mittel, die über die Leber arbeiten, indem sie deren Entgiftungsaktivität erhöhen. Zu diesen Mitteln zählen *Krauser Ampfer, Große Klette* und *Buntfarbige Schwertlilie.* Die wichtige ausscheidende Funktion der Niere wird durch *Klettenlabkraut* und *Löwenzahn* erhöht. Heilmittel, die spezifisch das Lymphsystem stärken und reinigen, sind ebenfalls bei einer Heilpflanzenbehandlung von Krebs besonders angezeigt. Solche Heilkräuter sind *Kermesbeere, Klettenlabkraut* und *Sonnenhutwurzel.*

Antineoplastische (tumorbildungshemmende) Mittel

Um den Körper dabei zu unterstützen, das betroffene Gewebe neu zu organisieren und zu kontrollieren, werden solche Pflanzen benutzt, die anscheinend eine spezifisch hemmende und bekämpfende Wirkung auf die Tumorentwicklung besitzen. Vielen verschiedenen Pflanzen wird diese Wirkung nachgesagt, bei manchen ist der Anspruch berechtigt, bei anderen bloßes Wunschdenken. Ich könnte eine Liste von Mitteln aufstellen, die aus Volkstum und alten Kräuterbüchern ausgewählt sind, doch deren Wirksamkeit ist fraglich. Zusätzlich zu den bereits erwähnten Pflanzen werden in der modernen Heilpflanzenkunde *Guajakbaum* und *Veilchenwurzel* verwendet. Wie diese Heilpflanzen genau wirken, wurde bisher noch nicht festgestellt, wir wissen aber, daß sie bei jeder Heilpflanzenbehandlung von Krebserkrankungen eine Rolle spielen sollten.

Zusätzlich zu spezifischen tumorhemmenden Pflanzen sollten wir nicht vergessen, daß – durch die Unterstützung von Organen oder Gewebe mit kräftigenden und nährenden Heilmitteln – eine Erneuerung und Freisetzung von ›Lebensenergie‹ die betroffenen Körperstellen dazu bewegen kann, sich selbst von der Krebserkrankung zu heilen. Es kann sogar wirklich angebracht sein, Pflanzen zu verwenden, die gezielt auf ein Organ einwirken oder die sich aufgrund des allgemeinen Gesundheitszustands anbieten, obwohl sie ›nichts‹ direkt mit Krebs zu tun haben. Wie aus dem gesamten Buch erkenntlich wird, entsteht Heilung aufgrund der Lebenskräfte des Menschen, Heilpflanzen können diesen Prozeß nur unterstützen.

Ernährung und Krebs

Untersuchungen haben gezeigt, daß im Körper eines gesundes Menschen jederzeit bis zu zehntausend bösartige Zellen vorkommen können. Sie werden von den ausgezeichneten körpereigenen Abwehrkräften am Wachstum gehindert und abgetötet. Diese angeborene Fähigkeit des Körpers ist so wirkungsvoll, daß die körpereigenen Integrations- und Steuermechanismen sehr stark gestört sein müssen, um die Entwicklung von bösartigem Wachstum zuzulassen. Viele Faktoren können einen solchen Zusammenbruch der körperlichen Integrität verursachen. Die unterschwelligen Auswirkungen negativer Emotionen, geistiger Probleme, sozialer und persönlicher Interaktionen werden wir später betrachten, doch zuerst wollen wir die unbestreitbaren Auswirkungen negativer Umweltfaktoren auf den Körper erwähnen, die wir mit unseren Nahrungsmitteln zu uns nehmen.

Große Sorge bereiten in der heutigen Zeit die Karzinogene (krebserregende Substanzen), die in unserer Umwelt vorkommen. Sie sind hauptsächlich die Produkte menschlicher Technologie und als solche neigen sie dazu, biologischen Prozessen gegenüber feindlich zu sein. Während diese Sorge notwendig und aktuell ist, sollten wir daran denken, daß sie vor allem das Abwehrsystem des Körpers schwächen und nicht immer automatisch auch Krebs verursachen; sie machen ihn nur wahrscheinlicher.

Eine Liste bereits gefundener Karzinogene wäre äußerst umfangreich, doch wir können allgemeine Aussagen machen. Ein guter Rat betrifft die Vermeidung synthetischer Nahrungsmittel oder Nahrungsmittelzusätze, denn der menschliche Stoffwechsel hat sich nicht entwickelt, um mit vielen dieser neuen biochemischen Substanzen fertig zu werden. Umweltvergiftende Stoffe aller Art (und es gibt so viele davon) sollten gemieden werden. Abgase aus Autos, Schornsteinen und industriellen Abfällen (und besonders das Zigarettenrauchen) sind erwiesenermaßen gefährlich. Teerprodukte haben eine direkte karzinogene Wirkung und von daher sind alle daraus hergestellten chemischen Mittel und Nahrungsmittelzusätze nicht zu empfehlen. Die besorgniserregendste potentielle Gefahr rührt her von radioaktiver Strahlung und radioaktiven Substanzen wie Plutonium. Ohne sich auf die Argumentationsdebatte für und gegen Atomkraft einzulassen, müssen wir doch sehen, daß die möglichen Konsequenzen für die Gesundheit und die Umwelt uns alle betreffen. Außerdem gibt es noch den militärischen Einsatz von Atomwaffen. Einwände gegen eine solche Kriegführung von medizinischer Seite sind unwiderlegbar; wollte man sie trotzdem in einem Atomkrieg überprüfen: es blieben nicht nur wenige Menschen übrig, die einer Krebsbehandlung bedürften – Pflanzen zu ihrer Behandlung gäbe es noch weniger. Der häufige und übermäßige Gebrauch chemischer Arzneimittel, der Symptome chemisch unterdrückt, könnte ebenfalls ein Faktor sein, der zu degenerativen Erkrankungen beiträgt, von denen Krebs ein Beispiel ist.

Eine Krebserkrankung kann durch diätetische Maßnahmen behandelt werden, doch sollte – da es zu körperlichen Komplikationen kommen könnte – dies nur unter Aufsicht eines kompetenten Fachmanns erfolgen. Zu Anfang der Krankheit oder wenn der Tumor klein ist oder sich in einem eng umgrenzten Gebiet befindet, ist eine Fastenkur von drei bis fünf Tagen ratsam. Ist der Krankheitszustand fortgeschritten, sollte das Fasten nur einen Tag eingehalten werden, ansonsten kann es zu sehr schwächen. Während der Fastenkur sollten reichlich frisches Wasser getrunken und die starken Abführmittel genommen werden, die im Abschnitt über Verstopfung beschrieben sind. Dadurch werden die Därme gereinigt und die Nieren durchgespült; die Schweißdrüsen können durch einen Saunabesuch unterstützt werden. Als Abschluß der Fastenkur sollte eine Diät begonnen werden, die auf Obst und Obstsäften basiert. Diese Diät sollte am besten eine Woche durchgeführt werden; ergeben sich aber Probleme durch körperliche Schwäche, sollte sie verkürzt werden. Für diesen Zweck sind Weintrauben vielleicht das beste Obst. Nach der Beendigung der Obstdiät sollten Früchte weiterhin 50 Prozent der Gesamtnahrungsaufnahme bilden. Zu der anderen Hälfte sollte viel rohes Gemüse zählen. Kartoffeln oder Naturreis sollten die Hauptnahrungsmittel sein, außerdem sollte das verwendete Öl mehrfach ungesättigt sein, z. B. Sonnenblumen- oder Safloröl. Eiweiß ist wichtig, um wieder zu Kräften zu kommen und sollte aus Bohnenkeimlingen, Fisch, Ziegenmilch und gelegentlich einem Ei bestehen. Fleisch ist nicht zu empfehlen.

Psychologische Faktoren und Krebs

Umwelt- und ernährungsbedingte Faktoren spielen zweifellos bei der Entstehung von Krebserkrankungen eine wichtige Rolle, das Gefühlsleben scheint aber ebenfalls entscheidend zu sein. Aus ganzheitlicher Sichtweise ergibt sich der Ausbruch der Krankheit aus dem Zusammenspiel von psychischen und physischen Ebenen. Es stellt sich immer deutlicher heraus, daß emotionaler Streß auf zwei Arten beteiligt ist: zum einen wird das Immunsystem unterdrückt, zum anderen entsteht hormonelle Unausgewogenheit, die eine vermehrte Bildung schädlicher Zellen bedingt. Dies sind ideale Voraussetzungen für die Entwicklung einer Krebserkrankung. Wie bereits erwähnt, werden im Körper ständig krebsartige Zellen produziert, die normalerweise vom körpereigenen Abwehrsystem, dem Immunsystem, zerstört werden. Wenn also das Immunsystem nicht richtig arbeitet, vermehrt sich gleichzeitig die Produktion bösartiger Zellen, und das gerade zu dem Zeitpunkt, da der Körper am wenigsten in der Lage ist, diese Zellen zu zerstören.

Bei den wissenschaftlichen Untersuchungen über die emotionalen und geistigen Faktoren, die bei Krebspatienten eine Rolle spielen, bildet sich ein einheitliches Bild heraus. Immer gab es sehr schwerwiegende Streßsituationen, die eine Rolle oder Beziehung bedrohten, die eng mit dem Selbstverständnis der Person verbunden war, oder es war eine Situation entstanden, aus der es scheinbar keinen Ausweg mehr gab. Solche Situationen lassen typischerweise Gefühle von Verzweiflung, Hilflosigkeit und Hoffnungslosigkeit entstehen. Diese Verzweiflung kann so stark verinnerlicht werden, daß die Person nicht mehr in der Lage ist, anderen zu zeigen, daß sie verletzt oder wütend ist. In dieser Situation kann eine schwere Krankheit oder sogar der Tod als mögliche Lösung annehmbar erscheinen. Das geschieht natürlich nicht bewußt, kann sich aber trotzdem zu einem starken unterbewußten Gedankenmuster entwickeln.

Das vielleicht beste Beispiel für einen Ansatz zur Behandlung von Krebserkrankungen, bei denen sowohl physische als auch psychische Komponenten berücksichtigt werden, zeigt die Arbeit von Carl und

Stephanie Simonton auf. Für sie besteht der erste und einleitende Schritt des Heilungsprozesses darin, dem einzelnen zu helfen, sich über den größeren Zusammenhang seiner Krankheit bewußt zu werden, indem die psychischen und sozialen Faktoren erforscht werden, die bei der Entstehung eine Rolle spielen. Dabei wird darauf geachtet, keine Schuldgefühle zu schaffen; statt dessen wird ein Bewußtsein geschaffen, durch das die psychischen Auswirkungen auf den Körper rückgängig gemacht werden. Um dieses Ziel zu erreichen und sich dann darüber hinaus auf eine Transformation hin zu entwickeln, verwenden die Simontons Gesprächs- und Psychotherapie als wesentliche Bestandteile ihrer Behandlung.

Die Passivität und die Blockaden, die durch die Anhäufung von streßreichen Situationen entstanden sind, können nur dann wirklich überwunden werden, wenn sich auch die Lebenseinstellung grundlegend verändert. Bei der Therapie der Simontons wird den Patienten gezeigt, daß ihre Situation ihnen nur deshalb hoffnungslos erscheint, weil sie die Situation in einer Art und Weise bewerten, die ihnen keinen Entscheidungsspielraum läßt. Die Therapie beinhaltet von daher eine ständige Untersuchung der Lebenseinstellungen und der Weltanschauung.

Während der psychologischen Betreuung wird eine positive Einstellung geschaffen, der eine zentrale Rolle bei der Behandlung zukommt. Untersuchungen haben gezeigt, daß das Ansprechen des Patienten auf eine Behandlung mehr von der Einstellung dazu als von der Schwere der Krankheit abhängig ist. Dieser Wandel der Einstellung hat auf den physischen Körper eine Wirkung, die dem Streßmechanismus ähnelt, aber gerade umgekehrt arbeitet. Mit anderen Worten: es findet eine Stärkung des Immunsystems statt.

Zur Behandlungsmethode (nicht nur der Simontons) gehört auch die körperliche Therapie, in Verbindung mit der psychologischen Arbeit, um den Körper bei der Vernichtung schädlicher Zellen zu unterstützen. Das Ziel ist, die Krebszellen zu zerstören und das Immunsystem und die allgemeine Gesundheit zu erneuern. Der Ansatz der Simontons ist in diesem Fall der alllopathische, doch können Heilpflanzenbehandlung und diätetische Maßnahmen äußerst angebracht sein, am besten in Verbindung mit regelmäßigen Körperübungen, um die Streßbelastung zu verringern.

In dem Konzept bilden Visualisierungstechniken zusammen mit Entspannungsübungen ein äußerst wirkungsvolles Werkzeug, durch das sich der Patient ein Bild von der Wirkung des Immunsystems auf

Krebs schafft. Da Symbole und die bildhafte Vorstellung eine zentrale Rolle für die Wechselbeziehungen und Rückmeldemechanismen zwischen Geist und Körper spielen, hat sich diese Methode als sehr wirksames Werkzeug zur Stärkung des Immunsystems erwiesen. Es gibt Anzeichen dafür, daß solche Methoden wirklich in der Lage sind, bösartiges Gewebe zu verringern, möglicherweise gar zu zerstören.

Die hier erwähnte Methode bildet einen vieldimensionalen Ansatz zur Krebstherapie, der körperlichen, emotionalen, geistigen, sozialen und spirituellen Aspekten Beachtung schenkt und sie zu einer wirkungsvollen Methode vereinigt. In diesem Ansatz ist auch die Erkenntnis enthalten, daß eine Behandlung nicht immer zu einer Heilung führt. Den Patienten wird die Möglichkeit bewußt gemacht, daß die Behandlung einen Punkt erreichen kann, an dem es Zeit wird, sich bewußt auf den Tod hin zu bewegen. Diese Themen werden nicht gemieden oder verschleiert, sondern in einer Art und Weise angegangen, die für eine tiefgreifende Neubewertung von Lebensziel und Lebensqualität des Patienten Raum läßt. Das wirft natürlich wichtige und tiefgreifende Fragen nach der menschlichen Existenz auf. Die Patienten begegnen diesen Themen und werden dabei unterstützt, ihre Lebensziele, den Grund für ihr Leben und auch ihre Beziehung zum gesamten Universum zu betrachten.

Krebs ist eines der herausforderndsten Themen der heutigen Zeit und wird sich vielleicht als eines der wichtigsten Werkzeuge zur Transformation erweisen, sobald wir seine tiefere Bedeutung erkennen und verstehen, was er uns zu sagen hat. Mehr als alles andere kann er uns lehren, wie ein ganzheitlicher Ansatz die Veränderungen herbeiführen kann, die für eine Revitalisierung und Neuorientierung – sowohl im Leben des Patienten als auch für unsere menschliche Umwelt – notwendig sind.

Dritter Teil

Die Heilpflanzen

DIE CHEMIE DER HEIL-PFLANZEN

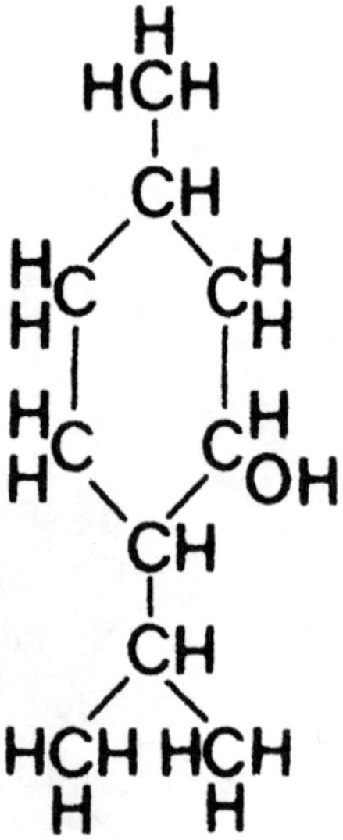

In den vorangegangenen Kapiteln konnten wir sehen, wie sich Heilpflanzen in eine ganzheitliche Auffassung von Heilkunde einfügen; wir haben erfahren, daß sie ganzheitliche Heilmittel sind, da sie auf vielen menschlichen Daseinsebenen arbeiten, und daß ihre Heilwirkungen selbst auf physischer Ebene – auf der Ebene der Biochemie – komplexer und synergetischer Natur sind. Trotz der Komplexität haben Pharmakologen zahlreiche Untersuchungen vorgenommen, um herauszufinden, von welcher Beschaffenheit die Inhaltsstoffe sind, und haben diese ihren chemischen Gruppen entsprechend eingeteilt. Obwohl dieser analytische Ansatz von Natur aus einschränkend ist, sind daraus viele wertvolle Informationen über die jeweiligen chemischen Prozesse hervorgegangen; es lohnt sich für uns, diese Ergebnisse genauer zu betrachten.

In diesem Kapitel wollen wir uns mit Pflanzenpharmakologie (pflanzliche Arzneimittellehre) befassen, kurz auf die verschiedenen Gruppierungen eingehen, in welche die zahlreichen Bestandteile eingeteilt werden, deren Funktionsweise betrachten und Beispiele dafür geben, in welchen Pflanzen sie vorkommen. Im gesamten Buch wird auf diese Gruppierungen verwiesen und besonders im Kräuterteil werden die wichtigsten Inhaltsstoffe – soweit sie bekannt sind – erwähnt. Die folgenden Gruppierungen basieren auf der chemischen Struktur ihrer Bestandteile, weniger auf deren Funktion, auf die im Kapitel über die Heilwirkungen eingegangen wird.

Pharmakologische Kenntnisse über Pflanzen sind für einen Heilpflanzenkundigen nicht unbedingt erforderlich, sind aber von großem Vorteil, will man die Pflanzen besser verstehen. In diesem Kapitel werden chemische Grundkenntnisse vorausgesetzt.*

Pflanzen enthalten viele verschiedene chemische Stoffe, die von Wasser und anorganischen Salzen, Zucker und Kohlenhydraten, bis zu hochkomplexen Eiweißstoffen und Alkaloiden reichen. Wir werden uns hier mit der Rolle befassen, die diese Substanzen spielen, und uns dabei mit ihrer Rolle im Körper, nicht in der Pflanze, beschäftigen. Wir werden uns hauptsächlich auf die Gruppierungen konzentrieren, die eine medizinische Heilwirkung ausüben, aber auch einige betrachten, die wichtige Nährstoffe sind und als solche den Körper beeinflussen.

Pflanzensäuren

Schwache organische Säuren sind überall im Pflanzenreich zu finden. Die Zitronensäure ist ein typisches Beispiel hierfür.

Die organischen Säuren können in solche eingeteilt werden, die auf einer Kohlenstoffkette basieren, und in solche, die eine Kohlenstoffringstruktur besitzen, wobei aber alle eine -COOH-Gruppe besitzen (Karbonsäuren).

Die Säuren mit Kohlenstoffketten (oder aliphatischen Karbonsäuren) reichen von der einfachen Ameisensäure, die wir beim Berühren der *Brennessel* spüren, bis hin zu den komplexeren Formen wie Zitronensäure und Baldriansäure, wobei letztere die Grundlage für ein in der allopathischen Medizin gebräuchliches Beruhigungsmittel ist.

Die ringförmigen Säuren (aromatische Karbonsäuren) bilden eine wichtige pharmakologische Gruppe. Benzoesäure, die einfachste

* Die hier präsentierte Information basiert größtenteils auf Unterlagen aus einem Kurs von Simon Mills über Pharmakologie am National Institute of Medical Herbalists. Für weitergehende Informationen über Pflanzenpharmakologie und Pflanzenpharmakognosie (die Lehre der naturgeschichtlichen, physischen und chemischen Charakteristika der Heilpflanzen) bitte in den entsprechenden einschlägigen Werken nachsehen.

aromatische Karbonsäure, ist in vielen Harzen und Balsamen zu finden, wie z. B. in *Benzoeharz, Tolubalsam, Perubalsam,* aber auch in *Preiselbeeren.* Sie kann als Lotion oder Einreibemittel verwendet werden, ist ein gutes Inhalationsmittel bei chronischen Bronchialbeschwerden und besitzt antiseptische, fiebersenkende und harntreibende Heilwirkungen.

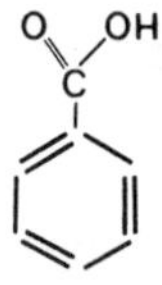

Benzoesäure

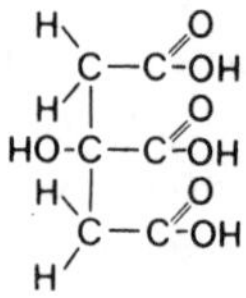

Zitronensäure

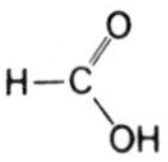

Ameisensäure

Alkohole

Alkohole kommen in vielen verschiedenen Formen in Pflanzen vor, oft als Bestandteile ätherischer Öle oder als Sterin, wie das alkoholische Öl Geraniol in *Rosen*öl und Menthol in *Pfefferminz*öl. Andere häufig vorkommende Alkoholarten sind Wachse, Verbindungen aus Alkoholen und Fettsäuren, die in der Deckhaut der Blätter und anderen Pflanzenteilen zu finden sind. Das häufig gebräuchliche Karnaubawachs stammt z. B. von der Pflanze *Copernicia cerifera.*

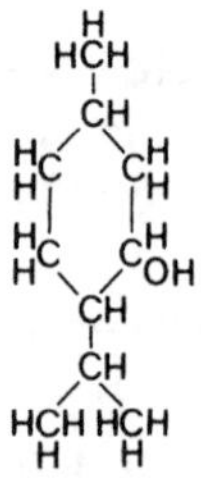

Menthol

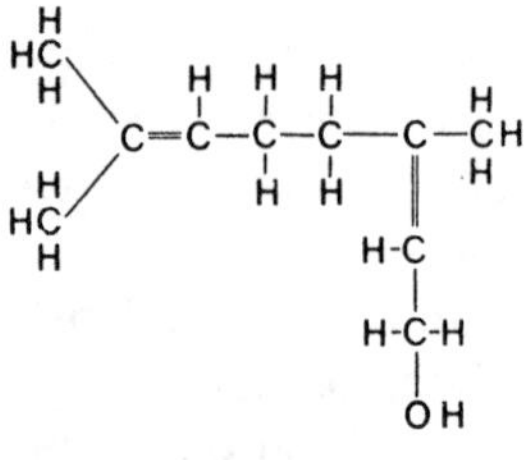

Geraniol

Kohlenhydrate

Kohlenhydrate sind in zahlreichen Variationen in Pflanzen zu finden, entweder als Zucker, wie Glukose und Fructose, oder als Stärken, wobei sie als Energiereserven dienen. Sie treten auch in der komplexeren Form der Zellulose auf, die der Pflanze ihren strukturellen Halt gibt.

Die großen Polysaccharide, wie die Zellulose, können sich darüber hinaus mit anderen chemischen Stoffen verbinden und Moleküle wie Pektin herstellen, das in Äpfeln vorkommt, oder in Seealgen-Harzen wie Algen, Agar oder Karrageen, das im *Irländischen Moos* gefunden wird. Diese sind alle sehr zähflüssig und schleimhautschützend und werden für die Herstellung von Gels verwendet, die entweder in der Medizin oder zur Nahrungsmittelherstellung benutzt werden.

Harze und Schleimstoffe, beide sehr komplexe Kohlenhydrate, sind in einigen Heilpflanzen enthalten, die ausgezeichnete Eigenschaften besitzen, wie die schleimhautschützenden Mittel *Huflattich, Breitwegerich* und *Eibisch.* Ihre Wirkung beruhigt die Darmwandzellen und löst einen Reflex aus, der über die Nerven der Wirbelsäule zu den Körperbereichen gelangt, die mit dem Darm aufgrund der Embryonalentwicklung zusammenhängen, wie Lungen oder Harnsystem. Die Schleimstoffe wirken also auf zwei Arten: Sie verringern Reizungen und Entzündungen im ganzen Bereich des Verdauungstrakts, sie setzen die Empfindlichkeit gegenüber Magensäure herab, sie verhindern Durchfall und mindern die Darmtätigkeit (Peristaltik); sie wirken aber auch durch einen Reflex auf das Atmungssystem, verringern Verspannungen und Husten und verstärken die Absonderung wäßrigen Schleims.

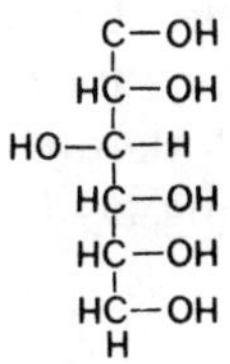

Glukose

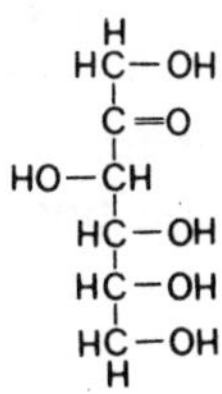

Fruktose

Phenolverbindungen

Phenol ist ein Grundbaustein vieler wichtiger Pflanzenbestandteile. Phenolverbindungen können eine einfache Struktur aufweisen oder komplexe Kombinationen einer Reihe einfacher Moleküle sein. Eines der einfachsten Phenole ist die Salizylsäure, die häufig in Verbindung mit Zucker auftritt und so ein Glykosid bildet, wie in der *Weide,* im *Schneeball,* im *Immergrün* und in *Mädesüß.* Dieser chemische Stoff wirkt antiseptisch, schmerzstillend und entzündungshemmend und wird in der allopathischen Medizin in Form von Acetylsalizylsäue (Aspirin) verwendet.

Das in den *Gewürznelken* vorkommende schmerzstillende Öl Eugenol sowie das in *Thymian*öl enthaltene Thymol besitzen beide der Salizylsäure ähnliche Wirkungsweisen. Teilweise ist die antiseptische Wirkung von *Bärentraube* auf das Harnsystem durch das Vorhandensein des Phenols Hydrochinon zu erklären.

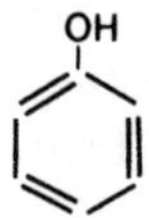

Phenol

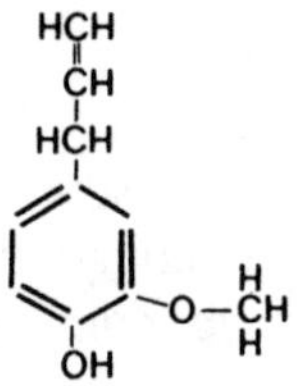

Eugenol

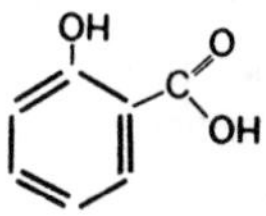

Salizylsäure

Cumarine

Der starke Geruch von frisch gemähtem Gras hat seinen Ursprung in der chemischen Cumaringruppe. Natürlich besitzt nicht nur Gras diese angenehm aromatischen Inhaltsstoffe; ein anderes Beispiel ist der *Waldmeister.* Cumarin selbst übt eine nur begrenzte Wirkung auf den Körper aus, aber eines seiner Stoffwechselprodukte, Dicumarin, ist ein sehr wirksames Blutgerinnungsmittel. Die allopathische Medizin verwendet die Cumarine als Grundlage für das gerinnungshemmende Mittel Warfarin, das in geringer Dosierung vorbeugend gegen Thrombose wirkt und in hoher Dosierung als Rattengift verwendet wird.

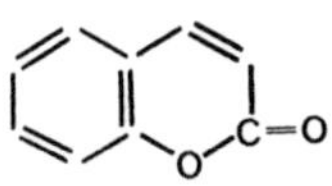

Cumarin

Anthrachinone

Pflanzen, die Anthrachinone enthalten, sind uns als wirkungsvolle Abführmittel bekannt, zufällig sind sie außerdem gute natürliche Färbemittel. Sie treten meist in Form von Glykosiden auf (in chemischer Verbindung mit einem Zucker) und finden sich in *Rhabarber, Krausem Ampfer, Senna, Echtem Kreuzdorn* und *Aloe.* Sie arbeiten ungefähr 8 – 10 Stunden nach der Einnahme durch seine sanfte Anregung des Darms, indem sie die Darmtätigkeit stimulieren, doch diese Wirkung findet nur statt, wenn natürliche Gallenflüssigkeit vorhanden ist. Da durch zu starke Anregung der Darmwände eine Tendenz zu kolikartigen Schmerzen bestehen kann, werden sie meist zusammen mit blähungstreibenden Heilpflanzen eingesetzt.

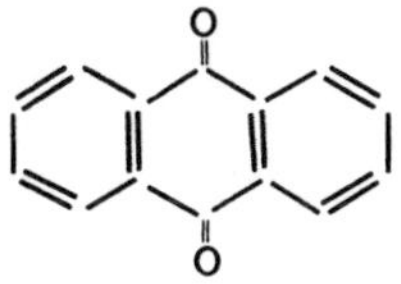

Anthrachinon

Gerbstoffe

Die Gerbstoffe in Pflanzen lösen eine adstringierende (zusammenziehende) Wirkung aus. Sie wirken auf Eiweißstoffe und andere chemische Stoffe ein und bilden eine schützende Schicht auf der Haut und den Schleimhäuten. So können sie z. B. das Darmgewebe binden und Durchfall oder innere Blutungen herabsetzen. Äußerlich sind sie wirksam bei der Behandlung von Verbrennungen, um Wunden zu verschließen und um Entzündungen zu lindern. Gerbstoffe helfen bei Infektionen des Auges (z. B. bei Bindehautentzündung oder Konjunktivitis), des Mundes, der Vagina, des Gebärmutterhalses und des Enddarms.

Flavone und Flavonglykoside

Flavone und Flavonglykoside bilden eine der am häufigsten vertretenen Gruppen von Pflanzenbestandteilen in Heilkräutern; wir werden uns im gesamten Kräuterteil auf sie beziehen. Sie sind für ihren weiten Wirkungsbereich bekannt, er reicht von krampflösenden und harntreibenden Eigenschaften bis hin zur Anregung von Kreislauf und Herz.

Rutin, Hesperidin und das Bioflavonoid Vitamin P verringern beispielsweise die Durchlässigkeit und Schwäche der Kapillargefäße und unterstützen dadurch den Körper bei der Stärkung des Kreislaufsystems und der Herabsetzung des Blutdrucks.

Der *Buchweizen* ist ein gutes Beispiel für eine Heilpflanze, die bei solchen Störungen nützlich ist. Die Bioflavonoide sind außerdem für die vollständige Aufnahme von Vitamin C notwendig und kommen in der Natur überall vor, wo auch Vitamin C vorhanden ist. Ein anderes, in der *Mariendistel* vorkommendes Flavonoid ist für deren leberstärkende Wirkung verantwortlich.

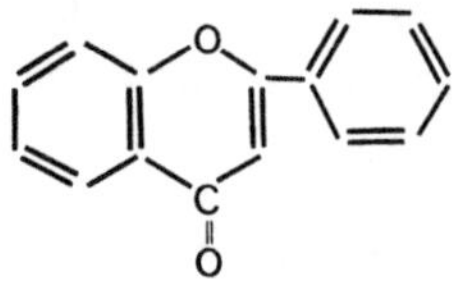

Flavon

Ätherische Öle

Die meisten ätherischen Öle basieren auf einfachen Molekülstrukturen, wie Isopren und Isopenten, welche vielfältige Verbindungen eingehen und Terpene bilden, die mehrere der grundlegenden fünffachen Kohlenstoffmoleküle – oft in leichten Variationen – enthalten, und in dieser Form die ätherischen Öle bilden.

Die ätherischen Öle finden sich in aromatischen Pflanzen, wie zum Beispiel *Pfefferminze* und *Thymian,* bei denen sich verschiedene Öle – manchmal bis zu 50 und noch mehr – zu dem charakteristischen Geruch der Pflanze vereinen. Der Duft variiert je nach Mischung der Öle und ist oft sogar innerhalb der gleichen Gattung unterschiedlich, abhängig von der jeweiligen Konzentration der Öle.

Durch Auszug dieser Öle werden beispielsweise die aromatischen Öle hergestellt, sie werden auch therapeutisch, größtenteils aber für die Parfümproduktion verwendet.

Die Auswahl an aromatischen Ölen ist sehr groß, sie alle besitzen einzigartige Eigenschaften, aber ihnen sind auch einige erwähnenswerte Wirkungsweisen gemeinsam.

Alle aromatischen Öle sind antiseptische Mittel, *Eukalytpus-, Knoblauch-* und *Thymianöl* sind gute Beispiele dafür. Da die Öle sehr einfach durch den gesamten Organismus transportiert und verteilt werden können, wirken sie gleichzeitig örtlich wie auch auf das ganze System ein. Werden sie innerlich eingenommen oder äußerlich aufgetragen, sind sie bald danach im Harnsystem, in den Lungen und in den Bronchien sowie in Ausscheidungen wie Schweiß, Speichel, Tränen oder Vaginalsäften zu finden. Sie können sogar in der Muttermilch vorkommen oder durch die Plazenta in den Fötus eindringen. Neben ihrer direkt antiseptischen Wirkung regen sie auch die Produktion weißer Blutkörperchen an und verstärken dadurch das körpereigene Abwehrsystem.

Die ätherischen Öle regen das Gewebe an, mit dem sie in Kontakt kommen, und lösen somit entweder leichte ›Reizungen‹ (wie bei *Senföl*) oder ein Taubheitsgefühl aus (wie bei Menthol oder Kampfer). Sie unterstützen die Verdauung durch Anregung der Dickdarmwände, was wiederum einen Reflex auslöst, der den Fluß der Magensäfte verstärkt und ein Hungergefühl hervorruft. Sie helfen auch, kolikartige Schmerzen zu lindern, indem sie beruhigend auf die Muskeltätigkeit im unteren Darmbereich einwirken.

Die ätherischen Öle wirken außerdem auf das Zentralnervensystem. Einige entspannen und beruhigen, wie *Kamille,* andere sind anregend, wie *Pfefferminze,* und alle neigen dazu, einen inneren Zustand der Ruhe und des Wohlgefühls hervorzurufen und so Anspannungen und Depressionen zu verhindern. Werden die aromatischen Öle äußerlich aufgetragen, so liegt ihr Effekt teilweise an der Wirkung auf die Nase, denn die Riechnerven übermitteln die Geruchsinformation an das Gehirn und lösen dort eine Reaktion aus.

Da die Öle sehr leicht verdunsten, müssen Heilpflanzen, die solche Öle enthalten, in gut verschlossenen Behältern aufbewahrt werden.

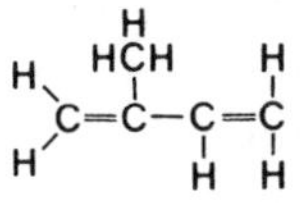

Isopren

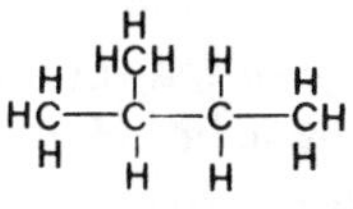

Isopentan

Saponine

Die Saponine haben Aufmerksamkeit bei den pharmazeutischen Chemikern erregt, denn sie können für die Synthese von Kortison (einem stark entzündungshemmenden Mittel) und für die Synthese von Sexualhormonen eingesetzt werden. Die in Pflanzen enthaltenen Saponine wirken nicht genau in derselben Weise, doch der Körper kann sie als Rohstoffe verwenden, um entsprechende chemische Stoffe aufzubauen. Um die Ähnlichkeit zwischen einem natürlichen Saponin und den stärker wirkenden synthetischen Mitteln aufzuzeigen, können wir Kortison mit Diosgenin aus der *Yamswurzel* vergleichen und die Ähnlichkeit leicht erkennen.

Zu den typischen entzündungshemmenden Heilpflanzen, die Saponine enthalten, zählen *Braunwurz, Goldrute, Vogelmiere* und *Yamswurzel.*

Weiterhin ist die schleimlösende Wirkung der Saponine wichtig, die durch einen Reflexreiz des oberen Verdauungstrakts erreicht wird, was bei Mitteln wie *Gänseblümchen, Echte Königskerze, Schlüsselblume* und *Veilchen* geschieht.

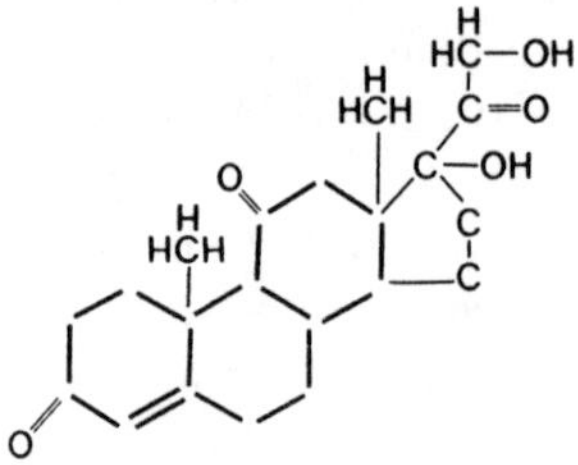

Kortison

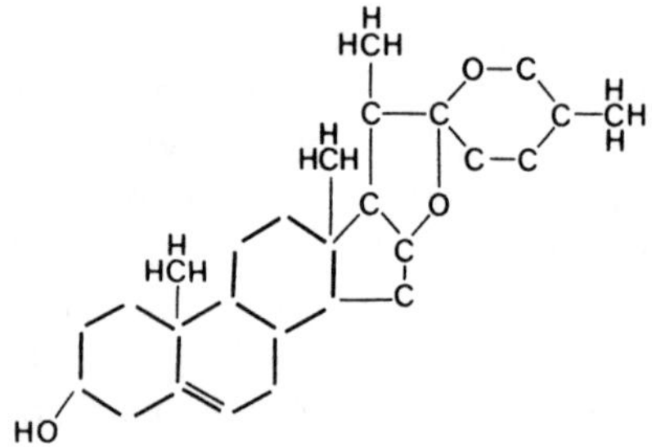

Diosgenin

Herzglykoside

Den Saponinen sehr ähnlich sind die Herzglykoside. Seit ihrer Entdeckung im Jahre 1785 im *Fingerhut* sind sie immer wieder genauestens untersucht worden, denn die Medizin fand heraus, daß diese Glykoside ein schwaches Herz stärken können.

Die Herzglykoside werden durch eine Verbindung eines Zuckers mit einem Steroid-Aglykon gebildet. Die Hauptwirkung ist durch Form und Struktur des Aglykons bestimmt; aber es ist der Zucker, der die biologische Verfügbarkeit des aktiven Aglykons ausmacht.

Viele Blütenpflanzen enthalten Herzglykoside. Die bekanntesten Quellen sind *Fingerhut, Maiglöckchen, Meerzwiebel* und die Strophantus-Familie.

Die Heilpflanzenmedizin bevorzugt das *Maiglöckchen* gegenüber dem *Fingerhut,* denn der *Fingerhut* kann äußerst giftig wirken, während es bei *Maiglöckchen* – das genauso wirksam ist – nicht zu einer Ansammlung giftiger Stoffe im Körper kommt.

Therapeutisch betrachtet besitzen die Herzglykoside die außergewöhnliche Eigenschaft, die Schlagkraft und Stärke des Herzens zu steigern, ohne gleichzeitig den Sauerstoffbedarf des Herzmuskels zu erhöhen.

Auf diese Weise können sie die Leistungsfähigkeit des Herzens steigern und gleichzeitig einen zu starken Herzschlag stabilisieren, ohne dabei das Organ zu überanstrengen.

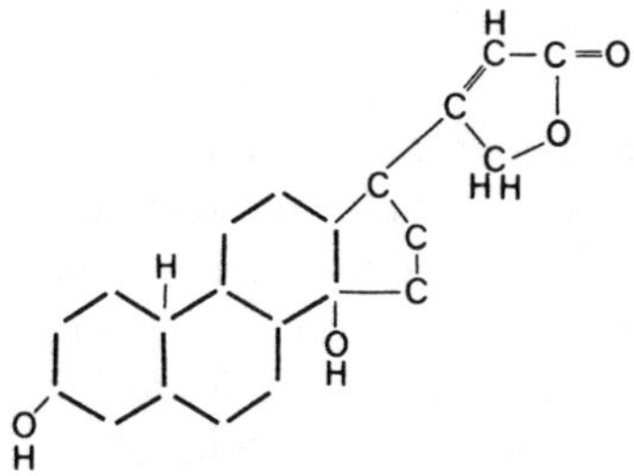

Digitoxigenin

Bitterstoffe

Die Bitterstoffe repräsentieren eine chemische Gruppierung mit extrem bitterem Geschmack. Ihre chemischen Strukturen sind äußerst vielförmig, die meisten Bittermittel gehören zu den Iridoiden, einige zu den Terpenen (vergleiche den Abschnitt über ätherische Öle) und einige zählen zu anderen Gruppen.

Es hat sich gezeigt, daß die Bitterstoffe wertvolle Heilwirkungen aufweisen. Durch einen Reflex über die Geschmacksknospen regen sie die Absonderungen aller Verdauungssäfte an, stimulieren außerdem die Aktivität der Leber und unterstützen somit die Ausscheidung durch die Leber. Die Bedeutung dieser Heilwirkungen wird in verschiedenen Abschnitten dieses Buches erläutert, insbesondere im Kapitel über das Verdauungssystem. Die pharmazeutische Forschung beschäftigt sich momentan stark mit diesen Bitterstoffen, denn sie weisen oft antibiotische, gegen Pilzentwicklung und gegen Tumorbildung gerichtete Wirkungen auf. Untersuchungen aus China lassen vermuten, daß der Bitterstoff in *Gossypium spp.* durch eine Verminderung der Spermienproduktion eine Rolle als empfängnisverhütendes Mittel für Männer spielen könnte.

Die bittere Eigenschaft, die den Pflanzen durch diese Stoffe verliehen wird, ist meist Teil einer umfassenden Aktivität der Heilpflanze; wir finden darunter Beruhigungsmittel wie *Baldrian* und *Hopfen,* Hustenmittel wie *Weißer Andorn,* entzündungshemmende Mittel wie *Bitterklee* und *Teufelskralle* und die wundheilende *Ringelblume,* die alle zusammen diese wertvolle Heilwirkung besitzen.

Alkaloide

Die Alkaloide bilden die vielleicht wirkungsvollste Gruppe der Pflanzenbestandteile, die auf den menschlichen Körper und den menschlichen Geist einwirken. Zu ihnen zählen extrem gegensätzliche Mittel wie das Halluzinogen Meskalin und das tödliche Gift Brucin. Es gibt Alkaloide, die auf die Leber, die Nerven, die Lungen und auf das Verdauungssystem einwirken. Viele der wertvollsten Heilpflanzen enthalten diese stark wirksamen chemischen Stoffe. In der Pflanze selber scheinen sie jedoch keine wichtige Funktion zu erfüllen, außer daß sie möglicherweise überschüssigen Stickstoff einlagern. Sie scheinen eher dazu bestimmt zu sein, Heilmittelquellen Gaias für die Menschheit und die Tierwelt durch deren Interaktion mit der Pflanzenwelt zu sein.

Die chemischen Strukturen der Alkaloidgruppe sind vielfältiger Natur. Ihre Struktur enthält Stickstoffatome, und die gesamte Gruppe besitzt eine ausgeprägte physiologische Aktivität. Chemisch betrachtet werden sie nach ihrer Struktur in dreizehn Untergruppen eingeteilt, wobei deren Eigenschaften ebenso vielfältig wie diese Strukturen sind; das macht es fast unmöglich, allgemeine Aussagen über diese Substanzen zu machen. Einzelne Alkaloide kommen im gesamten Buch an verschiedenen Stellen vor und werden an den jeweils relevanten Stellen besprochen.

DIE HEILWIRKUNGEN DER PFLANZEN

Ein Großteil der pharmazeutischen Forschung hat die aktiven Bestandteile der Heilpflanzen analysiert, um zu klären, wie und weshalb sie wirken. Ein älterer Ansatz kategorisiert die Heilkräuter nach den Krankheitsbildern, die mit ihnen behandelt werden können. Das Verständnis der Heilwirkungen und der Art und Weise, wie sie mit anderen kombiniert werden können, ist Voraussetzung für einen ganzheitlichen Ansatz.

Bei manchen Pflanzen z. B. resultiert die Wirkung aus einem in der Pflanze vorhandenen chemischen Stoff (etwa bei dem beruhigenden Mittel *Baldrian*), oder sie entsteht aus einem komplexen Zusammenspiel zwischen zahlreichen Inhaltsstoffen der Pflanze. Am besten betrachten wir die Heilwirkungen als charakteristische Eigenschaften der Einheit Pflanze und jede Kenntnis der chemischen Grundlage als Hilfe für die Auswahl geeigneter Heilmittel.

Für ein besseres Verständnis dieses Ansatzes wollen wir zwei Beispiele betrachten. Die *Pfefferminze* ist z. B. ein antikatarrhalisches (oder: gegen Katarrh wirksames), ein aromatisches, ein keimhemmendes, ein blähungstreibendes, ein schweißtreibendes, ein menstruationsförderndes, ein fiebersenkendes, ein nervenstärkendes und ein anregendes Mittel. Der *Amerikanische Wasserhanf* wirkt ebenfalls antikatarrhalisch, schweißtreibend und fiebersenkend und ist außerdem ein bitteres, ein harntreibendes, ein brechreizförderndes und ein stärkendes Mittel, was die *Pfefferminze* nicht ist. Wenn wir also ein antikatarrhalisches Mittel benötigen, das gleichzeitig harntreibend wirkt, könnte der *Amerikanische Wasserhanf,* und falls ein anregendes antikatarrhalisches Mittel notwendig ist, die *Pfefferminze* genommen werden. Zusätzlich könnten beide Mittel zusammen verwendet werden, um eine breitere Wirkung zu erzielen.

Offensichtlich spielen beide Heilpflanzen eine Rolle bei der Behandlung einer ganzen Reihe von Beschwerden; sie wirken nicht nur auf spezifische Störungen, sondern besitzen ein ganzes Spektrum verschiedener Heilwirkungen, wodurch sie wirklich zu den ganzheitlichen Werkzeugen werden, die sie auch darstellen. Jede Heilpflanze besitzt ein ihr eigenes Spektrum verschiedener Heilwirkungen, deshalb sollten die Heilkräuter mit viel Sorgfalt kombiniert werden, um viele miteinander verbundene Störungen abzudecken und um sowohl die Ursachen als auch die Symptome zu behandeln.

Für dieses Kapitel wurde eine Auflistung der verschiedenen Heilwirkungen zusammengestellt und die gebräuchlichsten Repräsentanten jeder Gruppe aufgezeigt. Weitere Informationen sind an der Stelle im Kapitel *Die Heilpflanzen* zu finden, an der die jeweiligen Heilwirkungen angeführt werden. Die wichtigeren Pflanzen sind *kursiv* gesetzt.

Abführend (Laxativa)

Die Abführmittel fördern die Entleerung der Därme.

Krauser Ampfer, *Berberitze, Amerikanischer Faulbaum,* Große Klette, Klettenlabkraut, *Echter Kreuzdorn,* Leinsamen, *Löwenzahn,* Mahonienrinde, Mauerkraut, Pfaffenhütchen, *Rhabarberwurzel,* Kahles Schildblumenkraut, Schneeflockenbaum, *Senna.*

Adstringierend (zusammenziehend)

Die Adstringentia wirken durch Ausfällen von Proteinen zusammenziehend auf das Gewebe und ermöglichen so eine Verringerung von Ausscheidungen und Absonderungen. Sie enthalten Gerbstoffe.

Alant, Augentrost, Bärentraube, *Blutwurz,* Breitwegerich, *Eichenrinde,* Goldrute, Gundelrebe, Habichtskraut, *Hamamelis,* Himbeere, *Immergrün,* Jakobskreuzkraut, Johanniskraut, *Katechu,* Kleine Königskerze, *Kolanuß,* Lungenkraut, *Mädesüß,* Nelkenwurz, *Odermennig,* Rhabarberwurzel, Rosmarin, Salbei, *Schafgarbe, Scharbockskraut, Gefleckter Storchschnabel,* Amerikanische Ulmenrinde, *Wachsmyrte, Amerikanische Waldlilie, Wiesenknöterich,* Wildkirsche, Wolfstrapp.

Anregend

Die anregenden Mittel (Stimulantia) beleben die Körperfunktionen.

Weißer Andorn, Benzoeharz, Blasentang, Eberraute, Engelwurz, Enzian, Eukalyptus, Frauenminze, Großer Galgant, Gelbholzrinde, Ginseng, Graupappel, Gundelrebe, Kardamom, Knoblauch, Kümmel, Löwenzahn, *Meerrettich, Paprika,* Pfefferminze, Rainfarn, Raute, Ringelblume, Rosmarin, Salbei, Schafgarbe, Kahles Schildblumenkraut, *Senf,* Wacholder, *Wachsmyrte,* Roter Wasserhanf, *Wermut,* Yamswurzel, Zimt.

Antibakteriell Siehe Keimhemmend.

Antikatarrhalisch

Die gegen Katarrh wirksamen Heilpflanzen unterstützen den Körper beim Abbau übermäßiger Schleimansammlungen, z. B. in den Nebenhöhlen oder anderen Körperbereichen.

Alant, *Augentrost,* Bärentraube, Eibisch, *Kanadische Gelbwurzel, Goldrute,* Holunder, Huflattich, *Wilder Indigo, Knoblauch,* Kleine Königskerze, Irländisches Moos, Isländisches Moos, Paprika, Pfefferminze, *Salbei, Schafgarbe, Sonnenhutwurzel,* Gefleckter Storchschnabel, Thymian, *Amerikanischer Wasserhanf, Ysop.*

Aromatisch

Die aromatischen Heilpflanzen (Gewürzkräuter/Aromatika) besitzen einen starken und meist angenehmen Duft und sind in der Lage, das Verdauungssystem anzuregen. Oft werden sie benutzt, um andere Arzneimittel zu aromatisieren und geschmacklich zu verbessern.

Anis, Baldrian, Basilikum, Betonienkraut, Dill, Engelwurz, Fenchel, Frauenminze, Gewürznelken, Ingwer, Kamille, Kardamom, Koriander, Kümmel, Mädesüß, Melisse, Pfefferminze, Rosmarin, Sellerie, Ysop, Zimt.

Beruhigend

Diese Mittel (Sedativa) beruhigen das Nervensystem und vermindern Streß und Nervosität im gesamten Körper. Sie können auf diese Weise auf dasjenige Körpergewebe einwirken, welches durch nervöse Störungen gereizt ist.

Baldrian, Blasentang, Kanadische Blutwurzel, Boldo, *Frauenschuh,* Giftlattich, *Helmkraut,* Herzgespann, Hopfen, Johanniskraut, Kamille, *Küchenschelle,* Lobelie, Löwenblattwurzel, Mohn, *Passionsblume, Piscidiarinde,* Rotklee, Sägepalme, *Schwarze Schlangenwurzel,* Schlüsselblume, Schneeball, Amerikanischer Schneeballbaum, Wildkirsche, *Wolfstrapp,* Yamswurzel.

Bitter

Die bitter schmeckenden Heilpflanzen (Bittermittel/Amara) sind anregende Stärkungsmittel für das Verdauungssystem, sie wirken durch eine Reflexauslösung über die Geschmacksnerven.

Andorn, *Berberitze, Eberraute, Enzian, Kanadische Gelbwurzel,* Kamille, *Rainfarn, Raute, Tausendgüldenkraut,* Amerikanischer Wasserhanf, *Wermut.*

Blähungstreibend

Die blähungstreibenden Mittel (Karminativa) sind reich an ätherischen Ölen und regen durch ihre Wirkungsweise die Peristaltik des Verdauungssystems an, entspannen den Magen und wirken insgesamt gegen Blähungen im Verdauungstrakt.

Anis, Baldrian, Dill, Engelwurz, Fenchel, Großer Galgant, Ingwer, Kamille, Kardamom, Knoblauch, Koriander, Kümmel, Melisse, Paprika, Pfefferminze, Salbei, Senf, Thymian, Wacholder, Ysop, Zimt.

Blutreinigend

Die Blutreinigungsmittel, die in der neueren Heilpflanzenkunde auch alterierende (umstimmende) Mittel (Alterantia) genannt werden, bewirken eine allmähliche Wiederherstellung gesunder Körperfunktionen, sie kräftigen Gesundheit und Vitalität.

Krauser Ampfer, Bitterklee, Blasentang, Kanadische Blutwurzel, *Braunwurz, Brennessel, Erdrauchkraut,* Kanadische Gelbwurzel, Guajakbaum, Wilder Indigo, Kermesbeere, *Große Klette, Klettenlabkraut,* Knoblauch, Küchenschelle, *Mahonienrinde, Rotklee, Sarsaparilla,* Sassafras, Schneeflockenbaum, *Buntfarbige Schwertlilie,* Sonnenhutwurzel, *Stillingia.*

Blutstillend

Blutstillende Mittel (Hämostatika) verringern durch ihre adstringierenden Eigenschaften äußerliche Blutungen oder bringen sie zum Stillstand. Siehe unter ›Adstringierend‹.

Brechreizfördernd

Die Brechmittel (Emetika) verursachen Erbrechen. Die meisten der hier angeführten Heilpflanzen bewirken dies nur in hoher Dosierung.

Brechwurzel, Kanadische Blutwurzel, Holunderblüten, Katzenminze, *Lobelie, Meerzwiebel,* Melisse, *Senega,* Amerikanischer Wasserhanf.

Brechreizstillend

Die gegen Erbrechen wirksamen Mittel (Antiemetika) können Übelkeit verringern und erleichtern oder verhindern das Erbrechen.

Dill, Fenchel, Gewürznelken, Lavendel, *Mädesüß,* Melisse, Paprika, Pfirsichblätter, *Schwarznessel.*

Diuretisch Siehe Harntreibend.

Entzündungshemmend

Die entzündungshemmenden Mittel (Antiphlogistika) unterstützen den Körper bei der Entzündungsabwehr. Dies gilt auch für die unter schleimhautschützend, erweichend und wundheilend erwähnten Heilpflanzen, insbesondere wenn sie äußerlich aufgetragen werden.

Bitterklee, Hamamelis, *Johanniskraut, Kamille, Ringelblume,* Schwarzweide, *Teufelskralle,* Zitterpappel.

Erweichend

Die erweichenden Mittel (Emollientia) werden auf die Haut aufgetragen, um sie geschmeidig zu machen, sie zu lindern oder zu schützen; sie wirken im äußerlichen Bereich ähnlich den innerlich angewendeten schleimhautschützenden Mitteln.

Alant, *Beinwell, Bockshornklee,* Borretsch, Breitwegerich, *Eibisch,* Graupappel, Huflattich, Kleine Königskerze, *Leinsamen, Malve,* Quittensamen, Rosenblüten, Süßholz, *Amerikanische Ulme, Vogelmiere.*

Fiebersenkend

Die fiebersenkenden Mittel (Antipyretika) helfen dem Körper, Fieber herabzusetzen.

Benediktinendistel, Breitwegerich, Borretsch, *Chinarinde,* Eisenkraut, *Engelwurz,* Eukalyptus, *Frauenminze,* Gelbholzrinde, Himbeere, *Holunderblüten, Lobelie,* Melisse, *Paprika, Pfefferminze,* Ringelblume, Salbei, Knollige Schwalbenwurzel, Thymian, *Amerikanischer Wasserhanf,* Ysop.

Galletreibend

Die galletreibenden Mittel (Cholagoga) regen die Gallensekretion aus der Galle an, was bei Störungen dieses Organs von großer Hilfe sein kann. Sie wirken außerdem abführend auf das Verdauungssystem, denn durch ihre Einnahme steigert sich die Menge der Gallenflüssigkeit im Zwölffingerdarm.

Berberitze, Boldo, *Virginischer Ehrenpreis,* Enzian, Erdrauchkraut, Kanadische Gelbwurzel, Löwenzahn, Mahonienrinde, *Pfaffenhütchen, Kahles Schildblumenkraut, Schneeflockenbaum,* Buntfarbige Schwertlilie, *Yamswurzel.*

Gegen Gallenerkrankungen

Die Gallenmittel (Cholagoga) helfen dem Körper beim Abbau übermäßiger Gallensekretion und sind bei Gallen- und Lebererkrankungen nützlich. Siehe ebenfalls unter ›galletreibend‹ und ›leberstärkend‹.

Beifuß, *Berberitze, Eisenkraut, Kanadische Gelbwurzel, Löwenzahn, Kahles Schildblumenkraut, Schneeflockenbaum,* Wermut, Yamswurzel.

Harntreibend

Die harntreibenden Mittel (Diuretika) unterstützen die Nierentätigkeit und erhöhen so die Urinausscheidung.

Ackerfrauenmantel, Bärentraube, Besenginster, Boldo, *Bucco,* Borretsch, Grießwurzel, Holunder, Große Klette, *Klettenlabkraut,* Kolanuß, Königin der Nacht, Kürbissamen, Lindenblüten, *Löwenzahn, Maiglöckchen, Maisgriffel, Mauerkraut, Möhre,* Odermennig, *Petersilie, Queckenwurzel, Sägepalme, Schafgarbe,* Buntfarbige Schwertlilie, Selleriesamen, *Strandmannstreu, Wacholder, Amerikanischer Wasserhanf,* Roter Wasserhanf, Weißdornbeeren, Wolfstrapp.

Hautreizend

Die Hautreizmittel (Rubefazientia) werden auf die Haut aufgetragen und verursachen dort leichte örtliche Reizungen, wodurch eine Dehnung der Kapillargefäße angeregt und die Durchblutung der Haut verstärkt wird. Das Blut wird dadurch aus dem Körperinnern in die Haut abgezogen; auf diese Weise erfahren innerliche Schmerzen häufig Linderung.

Brennessel, Gewürznelken, *Ingwer,* Knoblauch, *Meerrettich, Paprika,* Pfefferminzöl, Raute, Rosmarin, Senf.

Herzstärkend

Die spezifische Funktionsweise der einzelnen auf das Herz einwirkenden Herztonika bitte im Kapitel *Die Heilpflanzen* nachlesen.

Besenginster, Herzgespann, Königin der Nacht, Maiglöckchen, Paprika, Weißdorn, Wolfstrapp.

Hustenstillend

Die Hustenmittel üben eine allgemein stärkende und heilende Wirkung auf das Atmungssystem aus.

Alant, Weißer Andorn, Anis, *Beinwell, Kanadische Blutwurzel,* Drachenkraut, Eibisch, Eisenkraut, Engelwurz, *Kanadische Gelbwurzel,* Graupappel, Kleines Habichtskraut, Holunder, *Huflattich,* Knoblauch, *Kleine Königskerze,* Lungenkraut, Irländisches Moos, Isländisches Moos, Perubalsam, Knollige Schwalbenwurzel, Senega, *Süßholz,* Tolubalsam, Ysop.

Keimhemmend

Diese das Wachstum von Bakterien hemmenden Heilpflanzen können den Körper bei der Abwehr krankheitserregender Mikroorganismen unterstützen.

Alant, Anis, Bärentraube, Breitwegerich, Echter Dost, Eberraute, Enzian, *Eukalyptus, Gewürznelken, Wilder Indigo, Knoblauch,* Koriander, Kümmelöl, *Myrrhe,* Olive, Paprika, Perubalsam, Pfefferminze, Raute, Ringelblume, Rosmarin, Salbei, *Sonnenhutwurzel,* Thymian, Wacholder, *Wermut.*

Krampflösend

Die krampflösenden Mittel (Antispasmodika) können Verkrampfungen und Krampfanfälle verhindern oder lindern.

Baldrian, Drachenkraut, Eisenkraut, Eukalyptus, *Frauenschuh,* Giftlattich, *Helmkraut, Herzgespann,* Kamille, *Küchenschelle,* Lindenblüten, *Lobelie, Mistel,* Schwarze Schlangenwurzel, *Schneeball, Amerikanischer Schneeballbaum,* Thymian, *Yamswurzel.*

Leberstärkend

Die Lebermittel (Hepatika) unterstützen die Leber. Sie wird durch deren Anwendung gestärkt und tonisiert und sie gibt mehr Gallenflüssigkeit ab.

Alant, Aloe, Krauser Ampfer, *Berberitze,* Boldo, Bitterklee, *Virginischer Ehrenpreis,* Enzian, Erdrauchkraut, Amerikanischer Faulbaum, Fenchel, *Kanadische Gelbwurzel,* Gelbholzrinde, Herzgespann, Wilder Indigo, Klettenlabkraut, *Löwenzahn, Mahonienrinde,* Meerrettich, Melisse, Odermennig, *Pfaffenhütchen,* Schafgarbe, *Kahles Schildblumenkraut, Schneeflockenbaum, Buntfarbige Schwertlilie,* Sellerie, *Tausendgüldenkraut,* Wermut, *Yamswurzel,* Ysop.

Menstruationsfördernd

Die menstruationsfördernden Mittel (Emmenagoga) regen die Monatsblutung an und regulieren sie. Dieser Begriff wird auch oft für Mittel verwendet, die das weibliche Sexualsystem allgemein stärken.

Baldrian, Beifuß, Benediktinendistel, Bockshornklee, Eberraute, Gewöhnliche Eberwurz, Eisenkraut, Enzian, Frauenminze, Kanadische Gelbwurzel, Heloniaswurzel, Herzgespann, Himbeere, Hirtentäschel, Ingwer, Johanniskraut, Kamille, Küchenschelle, Linde, Löwenblattwurzel, Mönchspfeffer, Petersilie, Pfefferminze, Rainfarn, Raute, Rebhuhnbeere, Ringelblume, Rosmarin, Salbei, Schafgarbe, Schwarze Schlangenwurzel, Schneeball, Amerikanischer Schneeballbaum, Sternwurzel, Thymian, Wacholderbeeren, Amerikanische Waldlilie, Wermut.

Milchtreibend

Die milchtreibenden Mittel (Laktagoga) können den Milchfluß stillender Mütter verstärken.

Anis, Benediktinendistel, Eisenkraut, Fenchel, Geißraute, Himbeere, Tausendgüldenkraut.

Nervenstärkend

Die nervenstärkenden Mittel (Nerventonika) begünstigen das Nervensystem, sie kräftigen und tonisieren es. Einige dieser Mittel wirken anregend, andere entspannend. Ausführliche Informationen bitte dem Kapitel *Die Heilpflanzen* entnehmen.

Baldrian, Damiana, Eisenkraut, Frauenschuh, Giftlattich, Ginseng, Hafer, Helmkraut, Herzgespann, Hopfen, Kamille, Kolanuß, Küchenschelle, Lavendel, Linde, Lobelie, Löwenblattwurzel, Melisse, Mistel, Passionsblume, Pfefferminze, Rainfarn, Rosmarin, Rotklee, Schwarze Schlangenwurzel, Schneeball, Amerikanischer Schneeballbaum, Thymian, Wermut, Wolfstrapp, Zitronenmelisse.

Schlaffördernd

Die schlaffördernden Mittel (Hypnagoga) fördern einen gesunden Schlaf.

Baldrian, Giftlattich, Helmkraut, *Hopfen,* Mistel, *Passionsblume, Piscidiarinde.*

Schleimhautschützend

Die schleimhautschützenden Mittel (Demulcentia) sind reich an Pflanzenschleim und können gereiztes oder entzündetes innerliches Gewebe beruhigen und schützen.

Ackerfrauenmantel, *Beinwell, Eibisch,* Hafermehl, Huflattich, Kleine Königskerze, Leinsamen, Lungenflechte, Maisgriffel, Malve, *Irländisches Moos,* Queckenwurzel, Süßholz, *Amerikanische Ulme.*

Schleimlösend

Die schleimlösenden Mittel (Expectorantia) unterstützen den Körper bei der Entfernung übermäßiger Schleimmengen aus dem Atmungssystem.

Alant, Weißer Andorn, Anis, Beinwell, Kanadische Blutwurzel, Drachenkraut, Eibisch, Eisenkraut, Kanadische Gelbwurzel, Graupappel, *Grindeliakraut, Kleines Habichtskraut,* Holunderblüten, *Huflattich,* Knoblauch, *Kleine Königskerze,* Lebensbaum, *Lobelie,* Lungenkraut, *Meerzwiebel,* Irländisches Moos, Isländisches Moos, Perubalsam, Knollige Schwalbenwurzel, *Senega, Süßholz,* Thymian, Tolubalsam, Wildkirsche, *Ysop.*

Schleimstoffhaltig

Diese Pflanzen enthalten gelatineähnliche Bestandteile und können von daher schleimhautschützend und erweichend wirken.

Beinwell, Bockshornklee, Eibisch, Leinsamen, Malve, Irländisches Moos, Isländisches Moos, Quittensamen, Amerikanische Ulme.

Schmerzlindernd

Die schmerzlindernden Heilpflanzen (Analgetika) werden entweder äußerlich aufgetragen oder eingenommen, je nach Art der vorhandenen Schmerzen.

Baldrian, Braunwurz, *Amerikanischer Frauenschuh, Helmkraut,* Hopfen, Johanniskraut, Mohn, *Passionsblume, Piscidiarinde.*

Schweißtreibend

Die schweißtreibenden Mittel (Diaphoretika) unterstützen die Haut bei der Ausscheidung von Giftstoffen und fördern das Ausschwitzen.

Weißer Andorn, Bucco, Engelwurz, Fenchel, *Gelbholzrinde, Goldrute, Guajakbaum, Holunder, Ingwer,* Kamille, *Knoblauch,* Lebensbaum, Lindenblüten, *Paprika, Pfefferminze, Schafgarbe,* Schwarze Schlangenwurzel, *Knollige Schwalbenwurzel,* Thymian, Wachsmyrte, *Amerikanischer Wasserhanf.*

Speicheltreibend

Die speicheltreibenden Mittel (Sialagoga) regen die Sekretion der Speicheldrüsen an.

Kanadische Blutwurzel, *Enzian,* Gelbholzrinde, Ingwer, *Paprika,* Buntfarbige Schwertlilie, Senega, *Tausendgüldenkraut.*

Stärkend

Die Stärkungsmittel (Tonika) stärken und beleben spezifische Organe oder den ganzen Körper.

Alant, Krauser Ampfer, Anis, Augentrost, Bärentraube, Beifuß, Beinwell, Betonienkraut, Bitterklee, Boldo, Brennessel, Bucco, Colombowurzel, Condurango, Damiana, Gewöhnliche Eberwurz, Virginischer Ehrenpreis, Eisenkraut, Engelwurz, Enzian, Erdrauchkraut, Frauenschuh, Kanadische Gelbwurzel, Ginseng, Grindeliakraut, Gundelrebe, Hafer, Helmkraut, Heloniaswurzel, Herzgespann, Himbeere, Baumartige Hortensie, Huflattich, Immergrün, Kamille, Kermesbeere, Große Klette, Klettenlabkraut, Knoblauch, Echter Kreuzdorn, Linde, Löwenzahn, Mahonienrinde, Melisse, Mistel, Isländisches Moos, Myrrhe, Odermennig, Paprika, Petersilie, Queckenwurzel, Rainfarn, Raute, Rebhuhnbeere, Ringelblume, Roßkastanie, Rotklee, Sarsaparilla, Schafgarbe, Kahles Schildblumenkraut, Schwarze Schlangenwurzel, Virginische Schlangenwurzel, Amerikanischer Schneeballbaum, Schneeflockenbaum, Senf, Sonnenhutwurzel, Gefleckter Storchschnabel, Süßholz, Tamarinde, Tausendgüldenkraut, Thymian, Wachsmyrte, Amerikanische Waldlilie, Amerikanischer Wasserhanf, Roter Wasserhanf, Weißdorn, Wermut, Wolfstrapp, Yamswurzel, Ysop.

Steinbildungsverhindernd

Diese Mittel (Lithagoga) verhindern die Stein- oder Grießbildung im Harnwegssystem und können den Körper bei deren Entfernung unterstützen.

Ackerfrauenmantel, Bärentraube, Bucco, *Mauerkraut, Grießwurzel, Baumartige Hortensie,* Maisgriffel, Möhre, Queckenwurzel, Strandmannstreu, *Roter Wasserhanf.*

Wehenanregend

Die Wehenmittel (Oxytocine) regen die Kontraktionen der Gebärmutter an und unterstützen so den Geburtsvorgang.

Kanadische Gelbwurzel, Löwenblattwurzel, Raute, Rebhuhnbeere, Amerikanische Waldlilie.

Wundheilend

Die Wundheilmittel werden äußerlich aufgetragen und helfen dem Körper, Wunden und Schnittwunden zu heilen.

Ackerschachtelhalm, Alant, *Aloe,* Arnika, *Beinwell, Betonienkraut,* Bockshornklee, *Breitwegerich, Eibisch,* Gänseblümchen, *Kanadische Gelbwurzel,* Hamamelis, Hirtentäschel, *Holunder, Johanniskraut,* Kermesbeere, Große Klette, Klettenlabkraut, Knoblauch, *Kleine Königskerze,* Leinsamen, Irländisches Moos, Myrrhe, *Ringelblume,* Scharfgarbe, Schwarzweide, Gefleckter Storchschnabel, Thymian, *Amerikanische Ulme, Vogelmiere,* Wiesenknöterich, Ysop.

Wurmtreibend

Die wurmtreibenden Mittel (Anthelmintika) vernichten Würmer oder treiben sie aus dem Verdauungssystem aus. Leider sind die wirksamsten Anthelmintika in hohen Dosierungen giftig und werden deshalb hier nicht aufgeführt.

Aloe, Granatapfel, Knoblauch, Lebensbaum, Rainfarn, Raute, Wermut.

Zusammenziehend Siehe Adstringierend.

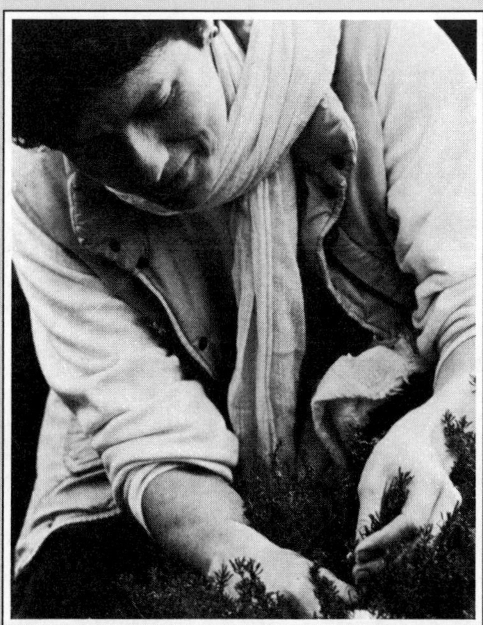

DAS SAMMELN VON HEIL-PFLANZEN

Das Sammeln von Heilpflanzen ist eine reizvolle Aufgabe. Ganz gleich, ob wir angebaute Pflanzen ernten oder wildwachsende suchen, bietet sich uns hier die Möglichkeit, die Reichhaltigkeit und Ganzheit unseres Planeten dankbar anzuerkennen. Es gibt viele Einzelheiten über Sammelzeiten und den eigentlichen Sammlungs- und Trocknungsvorgang, doch das Wesentliche beim Sammeln ist das Bewußtsein, mit dem der Sammler vorgeht. Das Sammeln kann eine Meditation sein, eine spirituelle Bejahung unserer Rolle als Mit-Schöpfer der Natur.

Die Forschung hat sich sehr mit den Auswirkungen von Wachstumszyklen, täglichen Rhythmen und Klima auf die biochemische Zusammensetzung medizinischer Pflanzen beschäftigt. Diese Arbeiten zeigen uns, daß die alten Bauernregeln über die richtigen Erntezeiten jeder Pflanze auf Zusammenhängen in der Pflanzenchemie beruhen. Die aktiven Bestandteile sind verschieden stark vertreten, je nach Tageszeit, nach Monat und nach Wachstumsstand. Wir können aber einige Tatsachen verallgemeinern.

Die höchste Konzentration aktiver Bestandteile findet sich jeweils am Ende einer Periode starken Wachstums. Die Pflanzen sollten deshalb kurz vor dem Aufblühen gesammelt werden. Ein seit Sonnenaufgang regenloser und sonniger Tag ist ideal zum Heilkräutersammeln. Manche Blätter trocknen nach einem Regen zwar sehr schnell, doch andere, wie die dickfleischigen des *Andorns* z. B. halten die Feuchtigkeit lange, neigen zu Schimmelbildung und können daher schnell verderben, wenn sie vor dem Trocknen zu dicht lagern. Zu starke Hitze trocknet das Öl in den Blättern aus. Nur die schönsten und grünsten Blätter sollten gesammelt werden; alle welken, von Insekten angefressenen und fleckigen Blätter sollten nicht verwendet werden. Das gilt auch für das Sammeln ganzer Pflanzen, denn die Blätter in Wurzelnähe könnten mangelhaft sein.

Blätter und Kräuter sollten mit einem scharfen Messer oder einer Gartenschere abgeschnitten werden, denn werden sie einfach mit der Hand abgezogen, können die feinen Pflanzenstiele beschädigt und neues Wachstum verzögert werden. Außerdem können Pilze und Insekten in das geschädigte Gewebe eindringen.

Viele Heilpflanzen wachsen zwar an Wegrändern und auf Schutthalden, doch sollten sie nicht in der Nähe stark befahrener Straßen gesammelt werden. Außerdem sollten wir chemisch behandelte Felder meiden, denn die Chemikalien trocknen mit der Pflanze und gelangen so auch in unseren Kräutertee. Mangelt es an schadstoffarmen Gebieten, sollte mit der Erlaubnis des Besitzers in Feldern, Hecken und Wäldern in der Nähe biologisch-organischer Gehöfte nach Heilpflanzen gesucht werden.

Das Trocknen der Heilpflanzen

Heilpflanzen werden locker in dünnen Schichten auf ebenen Flächen zum Trocknen ausgebreitet. Gut eignen sich dazu Drahtgitter, denn durch die Luftzirkulation wird die Trocknung beschleunigt. Die Dauer des Trocknens hängt von der betreffenden Pflanze und von der Umgebung ab, deshalb sollten wir oft nachschauen und die Pflanzen regelmäßig wenden, um eine gleichmäßige Trocknung zu erreichen.

Das Trocknen von Wurzeln

Die Wurzeln sind wohl der Pflanzenteil, der am schwierigsten zu trocknen ist, denn sie sind nach dem Ausgraben im Herbst meist feucht, da die Erde dann häufig schlammig und klebrig ist. Für medizinische Zwecke dürfen Wurzeln nicht ausgegraben werden, wenn sich die Blätter der Pflanze noch im Wachstum befinden, denn die Wurzeln haben ihren medizinisch besten Gehalt zu dieser Zeit noch nicht erreicht, da ein Teil der Inhaltsstoffe noch im oberirdischen Teil der Pflanze aufbewahrt wird.

Da die Wurzel als Ganzes ausgegraben werden sollte, wird am besten ein langer Spaten oder eine Gabel verwendet. Die Wurzel kommt dann zusammen mit der ihr anhaftenden Erde an die Oberfläche. Ein großer Teil der Erde kann abgekratzt werden, doch die einzig effektive Methode, die Wurzeln zu reinigen, besteht darin, sie gründlich zu waschen. Dazu gehört meist auch, sie abzubürsten. Die Stengel und kleinen Wurzelfasern sollten abgeschnitten werden. Große Wurzeln, wie z. B. die von *Süßholz* und der *Großen Klette,* können in Scheiben geschnitten werden, um die Trocknung zu beschleunigen.

Zum Trocknen werden sie auf ebenen Unterlagen so ausgebreitet, daß sie sich nicht berühren, oder sie können einzeln etwa zehn Tage lang in einem warmen Raum oder Gewächshaus an einer Schnur aufgehängt und jeden Tag gewendet und genau untersucht werden. Wenn sie anfangen, stark zu schrumpfen (Wurzeln verlieren beim Trocknen ungefähr ¾ des Gewichts), kann der Trocknungsprozeß durch Lagern der Wurzeln über einem Herd oder in einem leicht erwärmten Ofen abgeschlossen werden.

Dies dauert wahrscheinlich weitere zehn Tage und hängt von der Luftfeuchtigkeit ab. Die Wurzeln sind trocken, wenn sie brüchig und spröde geworden sind.

Pflanzenzwiebeln oder aus Wurzeln und Sproßachse bestehende Pflanzenkörper werden am besten in kleine Bündel zusammengefaßt und wie Gemüsezwiebeln in einem luftigen Raum getrocknet. Auch hierbei sollte ständig kontrolliert werden, ob sie auch gleichmäßig trocknen.

Heilpflanzen aufbewahren

Sobald sie getrocknet sind, sollten die Kräuter, egal ob Wurzeln oder oberirdische Teile, umgehend in trockene Behälter gefüllt werden. Sie sollten vorsichtig behandelt werden, da sie oft leicht brechen. Pflanzen, die ätherische Öle enthalten, sollten nicht in üblichen Säckchen oder Plastikbehältern gelagert werden, sonst gehen die Öle in das

Material über und verdunsten. Am besten sind glasierte Tongefäße, gefärbte Gläser oder Metallbehälter mit fest schließendem Deckel, worin die Pflanzen weder direktem Sonnenlicht noch großer Hitze ausgesetzt werden sollten.

Die Sammelzeit

Die Natur bietet uns zu jeder Jahreszeit Pflanzen an, natürlich sind aber nicht alle Pflanzen jederzeit verfügbar. Aus dem nachfolgenden Kalender wird ersichtlich, in welchem Monat eine Heilpflanze gesammelt werden kann (außerdem findet sich diese Information im Kapitel *Die Heilpflanzen* bei jedem Heilkraut). Im Sammelkalender finden sich die meisten der im Buch erwähnten Heilpflanzen mit Ausnahme derjenigen, die normalerweise nicht in Europa zu finden sind. Werden verschiedene Teile einer Pflanze zu unterschiedlichen Zeiten gesammelt, sind sie getrennt aufgeführt. Die Sammelzeiten beziehen sich auf Mittel- und Nordeuropa.

Monat	1	2	3	4	5	6	7	8	9	10	11	12
Ackerfrauenmantel						□	□	□				
Ackerschachtelhalm					□	□	□					
Ackerstiefmütterchen			□	□	□	□	□	□				
Alant									□	□		
Ampfer, Krauser								□	□	□		
Andorn, Weißer						□	□	□	□			
Anis							□	□	□			
Augentrost								□	□	□		
Bärentraube			□	□	□	□	□	□				
Baldrian									□	□	□	
Beifuß							□	□	□			
Beinwell			□	□	□			□	□			

Monat	1	2	3	4	5	6	7	8	9	10	11	12
Benediktinendistel, oberirdische Teile						□	□	□				
Benediktinendistel, Samen									□	□		
Berberitze			□								□	
Besenginsterblüten			□	□	□	□	□	□	□			
Birke (Weiß)					□	□	□	□				
Bitterklee					□	□	□					
Bittersüßstengel									□	□		
Blutwurz									□	□		
Blutwurz, Kanadische					□	□			□	□		
Boldo	□	□	□	□	□	□	□	□	□	□	□	□
Borretsch					□	□	□	□	□			
Braunelle, Kleine						□						
Braunwurz						□	□	□				
Breitwegerich						□	□	□	□			
Brennessel			□	□	□	□	□					
Bucco					□	□	□	□	□			
Dill						□	□	□	□			
Dost, Echter							□	□	□			
Eberwurz, Gewöhnliche									□	□		
Ehrenpreis, Virginischer									□	□		
Eibisch, Blätter					□	□	□					
Eibisch, Wurzel									□	□		

Monat	1	2	3	4	5	6	7	8	9	10	11	12
Eichenrinde				☐	☐							
Eisenkraut							☐					
Engelwurz, Blätter						☐						
Engelwurz, Wurzel									☐	☐	☐	
Enzianwurzel									☐	☐		
Erdrauchkraut						☐	☐	☐	☐			
Fenchel								☐	☐	☐		
Frauenmantel							☐	☐				
Frauenminze							☐					
Gänseblümchen			☐	☐	☐	☐	☐	☐	☐	☐		
Gänsefingerkraut						☐						
Geißraute							☐	☐				
Gelbholzrinde									☐	☐		
Giftlattich						☐	☐					
Goldkreuzkraut						☐	☐					
Goldrute							☐	☐	☐	☐		
Grießwurzel									☐	☐		
Große Klette									☐	☐		
Gundelrebe				☐	☐	☐						
Habichtskraut, Kleines					☐	☐						
Hafer								☐				
Hagebutten									☐	☐		
Hamamelis						☐	☐	☐	☐			

Monat	1	2	3	4	5	6	7	8	9	10	11	12
Helmkraut								☐	☐			
Heloniaswurzel									☐	☐		
Herzgespann, Echtes						☐	☐	☐	☐			
Himbeere			☐	☐	☐	☐	☐	☐	☐	☐	☐	
Hirtentäschel			☐	☐	☐	☐	☐	☐	☐	☐		
Holunder, Blüten			☐	☐	☐	☐	☐					
Holunder, Rinde u. Beeren								☐	☐			
Hopfen								☐	☐			
Hortensie, Baumartige									☐	☐		
Huflattich, Blüten		☐	☐	☐								
Huflattich, Blätter					☐	☐						
Immergrün			☐	☐								
Indigo, Wilder									☐	☐		
Jakobskreuzkraut						☐	☐	☐	☐			
Johanniskraut								☐	☐	☐		
Kalmus									☐	☐		
Kamille					☐	☐	☐	☐				
Kapuzinerkresse							☐	☐	☐	☐		
Katzenminze, Echte						☐	☐	☐	☐			
Kermesbeere		☐	☐							☐	☐	
Kiefer		☐	☐	☐								
Klettenlabkraut			☐	☐	☐							
Knoblauch									☐			

Monat	1	2	3	4	5	6	7	8	9	10	11	12
Königskerze, Echte, Blätter							□	□				
Königskerze, Echte, Blüten							□	□	□			
Koriander						□	□	□				
Kreuzdorn, Echter									□	□		
Küchenschelle			□	□								
Kümmel							□					
Kürbis								□	□	□		
Lavendel						□	□	□	□			
Lebensbaum					□	□	□	□	□			
Leinsamen									□			
Lindenblüten							□	□	□			
Lobelie								□	□			
Löwenblattwurzel									□	□		
Löwenzahn, Wurzel						□	□	□				
Löwenzahn, Blätter	□	□	□	□	□	□	□	□	□	□	□	□
Lungenkraut			□	□	□	□	□	□	□			
Mädesüß						□	□	□				
Mahonienrinde									□	□		
Maiglöckchen					□	□						
Malve							□	□	□			
Mauerkraut						□	□	□	□			
Meerrettich	□	□									□	□
Meerträubchen									□	□	□	

Monat	1	2	3	4	5	6	7	8	9	10	11	12
Melisse						□	□	□	□			
Mistel			□	□								
Möhre, oberirdische Teile						□	□	□				
Möhre, Samen								□	□			
Mönchspfeffer										□	□	
Mohn							□	□				
Mohn, Kalifornischer						□	□	□	□			
Moos, Isländisches					□	□	□	□	□			
Nelkenwurz, Wurzel				□	□							
Nelkenwurz, oberirdische Teile							□					
Odermennig						□	□	□				
Passionsblume					□	□	□					
Pestwurz, Wurzelstock					□	□	□	□				
Pestwurz, Blätter			□	□	□	□	□	□	□			
Pfaffenhütchen									□	□		
Pfirsich, Rinde			□	□								
Pfirsich, Blätter						□	□					
Queckenwurzel			□	□				□	□			
Quitte									□	□		
Rainfarn						□	□	□	□			
Raute					□	□	□					
Rebhuhnbeere				□	□	□						
Ringelblume						□	□	□	□			

Monat	1	2	3	4	5	6	7	8	9	10	11	12
Rosmarin						□	□	□	□			
Roßkastanie									□	□		
Rotklee					□	□	□	□	□			
Salbei					□	□						
Salbei Gamander					□	□	□	□	□			
Schafgarbe						□	□	□	□			
Scharbockskraut					□	□						
Schildblumenkraut, Kahles							□	□	□			
Schlangenwurzel, Schwarze									□	□		
Schlüsselblume, Blüten			□	□	□							
Schlüsselblume, Wurzel		□	□									
Schneeball				□	□							
Schneeflockenbaum			□	□					□	□		
Schöllkraut								□	□	□	□	
Schwalbenwurzel, Knollige			□	□								
Schwarznessel							□					
Schwarzweide			□	□								
Schwertlilie, Buntfarbige									□	□		
Seifenwurzel, Rote, Wurzel und Wurzelstock									□	□		
Seifenwurzel, Rote Blätter							□	□				
Sellerie						□	□	□	□			
Senega									□	□		

Monat	1	2	3	4	5	6	7	8	9	10	11	12
Senf								☐	☐			
Sonnenhutwurzel									☐	☐		
Sonnentau							☐	☐				
Sternwurzel								☐				
Stillingia							☐	☐				
Storchschnabel, Gefleckter									☐	☐		
Sumpfruhrkraut								☐				
Sumpfzweizahn							☐	☐	☐			
Thymian						☐	☐	☐				
Veilchen			☐	☐								
Vogelmiere	☐	☐	☐	☐	☐	☐	☐	☐	☐	☐	☐	☐
Wacholderbeere									☐	☐		
Wachsmyrte			☐	☐					☐	☐		
Wasserhanf, Roter									☐	☐		
Weißdornbeere									☐	☐		
Wermut							☐	☐	☐			
Wiesenknöterich						☐	☐	☐	☐			
Wildkirschenrinde									☐	☐		
Wintergrün, Amerikanisches			☐	☐	☐	☐	☐	☐				
Wurmfarn									☐	☐		
Ysop								☐				
Zitterpappel			☐	☐	☐							

DIE ZUBEREITUNG DER HEIL-PFLANZEN

Die Kunst der Heilpflanzenkunde besteht teilweise darin, die richtigen Methoden zur Zubereitung der Heilmittel zu kennen. Über die Jahrhunderte haben sich zahlreiche Methoden der Pflanzenzubereitung entwickelt, um die heilenden Eigenschaften freizusetzen und wirksam werden zu lassen. Nachdem das richtige Heilkraut ausgewählt ist, muß die beste Zubereitungsmethode herausgefunden werden.

Zweifellos war die erste Art, in der unsere Vorfahren Heilpflanzen verwendeten, einfach die frischen Pflanzen zu essen. In den folgenden Jahrtausenden, in denen Heilpflanzen verwendet wurden, haben sich andere Zubereitungsmethoden entwickelt. Mit der Kenntnis moderner Pharmakologie sind wir in der Lage, bewußt auszuwählen, welche Wege wir benutzen, um die für die Heilung nötigen biochemischen Inhaltsstoffe freizusetzen.

Aus dem, was bisher im Buch geschrieben wurde, sollte deutlich geworden sein, daß die Qualität jeder Heilpflanze sich nicht nur aus der Summe der Heilwirkungen aller vorhandenen chemischen Stoffe ergibt. Synergistische Vorgänge schaffen ein heilendes Ganzes, das mehr ist als die Summe seiner Teile. Werden durch die Zubereitungsmethoden Teile des Ganzen zerstört oder gehen verloren, so wird auch viel von der Heilkraft verloren. Die Zubereitung muß behutsam und bewußt ausgeführt werden.

Durch das Buch hindurch werden Zubereitungsmethoden erwähnt, aber nicht immer ausführlich beschrieben. In diesem Abschnitt werden wir dies nachholen; manche Beispiele erfordern jedoch zusätzlichen Bezug auf andere Kapitel, um sie vollständig zu verstehen.

Einfachheitshalber werden wir die Methoden in solche unterteilen, die innerlich anzuwenden sind, und in solche, die äußerliche Verwendung finden.

Innerlich anzuwendende Heilmittel

Aus ganzheitlicher Sicht stellt die innerliche Einnahme die beste Art der Heilpflanzenanwendung dar, denn Heilung findet von innen heraus statt. Es gibt viele Methoden, innerliche Heilmittel zuzubereiten; allen gemeinsam ist aber die sorgfältige Anwendung der jeweiligen Technik, um sicherzugehen, daß man auch das gewünschte Ergebnis erhält.

Für die innere Anwendung gibt es drei Zubereitungsformen:

1. Wäßrige Zubereitungen
2. Alkoholische Zubereitungen
3. Frische oder getrocknete Heilpflanzen

Wäßrige Zubereitungen

Wäßrige Auszüge können auf zwei Arten zubereitet werden: als Aufguß (Infusion) oder als Abkochung (Dekokt). Enthält die betreffende Pflanze festere oder holzähnliche Teile, werden Abkochungen, ansonsten Aufgüsse bereitet.

Aufguß

Wer weiß, wie Tee zubereitet wird, weiß auch, wie ein Aufguß zubereitet wird. Er ist die wohl einfachste und am häufigsten benutzte Methode, eine Heilpflanze einzunehmen, und es können sowohl frische als auch getrocknete Kräuter verwendet werden. Bei den Mengenangaben entspricht ein Teil getrockneter Kräuter drei Teilen frischer Pflanzen, was sich durch den höheren Wassergehalt der frischen Heilpflanze erklärt. Ein Teelöffel getrocknetes Heilkraut kann so durch drei Teelöffel frische Pflanze ersetzt werden.

Rezept für einen Aufguß:

1. Man nehme eine vorgewärmte Porzellan- oder Glasteekanne und gebe pro Tasse einen Teelöffel getrocknetes Kraut oder Kräutermischung hinein.
2. Für jeden Teelöffel Heilkraut in der Kanne eine Tasse kochendes Wasser darübergießen; zehn bis fünfzehn Minuten zugedeckt ziehen lassen.

Teeaufgüsse werden heiß – und das ist normalerweise bei medizinischen Heilpflanzentees am besten – oder kalt, oder auch mit Eis getrunken. Sie können mit *Süßholzwurzel,* Honig oder braunem Zucker gesüßt werden.

Heilpflanzenteebeutel lassen sich leicht selbst herstellen, indem kleine Baumwollsäckchen mit Kräutermischungen gefüllt werden – dabei nicht vergessen, wie viele Löffel in jedes Säckchen gegeben wurden. Sie werden in der gleichen Weise wie andere Teebeutel gebraucht.

Werden größere Mengen auf Vorrat zubereitet, sollten 30 Gramm Heilkräuter auf einen halben Liter Wasser genommen werden. Am besten in einer gut verschlossenen Flasche im Kühlschrank lagern. Lange sollte ein solcher Teeaufguß jedoch nicht aufbewahrt werden, denn er steckt so voller Lebensenergien, daß sich jegliche Mikroorganismen, die hineingelangen, sehr schnell vermehren und gedeihen. Bei geringsten Anzeichen von Gärung oder sonstigem Verderben sollte der Aufguß nicht mehr verwendet werden. Teeaufgüsse sollten nach Möglichkeit bei Bedarf frisch zubereitet werden.

Zu Aufgüssen eignen sich am besten solche Pflanzenteile, bei denen die erwünschten Inhaltsstoffe leicht zugänglich sind, wie Blätter, Blüten oder grüne Stengel. Wenn wir Rinde, Wurzeln, Samen oder Harze für einen Aufguß verwenden wollen, sollten sie vor dem Übergießen pulverisiert werden, um sie durch das Zerstören der Zellwände für das Wasser zugänglicher zu machen. Samen wie *Anis* und *Fenchel* sollten vor dem Übergießen leicht zerdrückt werden, um die ätherischen Öle aus den Zellen freizusetzen. Jede aromatische Heilpflanze sollte in einer Kanne mit gut schließendem Deckel übergossen werden, damit nur geringe Mengen ihrer ätherischen Öle verfliegen.

Kaltauszüge werden aus Heilpflanzen bereitet, die durch ihren hohen Gehalt an ätherischen Ölen oder durch die Anfälligkeit ihrer Inhaltsstoffe gegenüber hohen Temperaturen besonders wärmeanfällig sind. Die Mengenverhältnisse bleiben gleich, nur sollten Kaltauszüge sechs bis zwölf Stunden in einem gut verschlossenen Tongefäß ziehen. Danach abgießen und trinken.

Kalte Milch kann ebenfalls als Grundsubstanz für einen Kaltauszug dienen. Milch enthält Fette und Öle, wodurch sich die öligen Pflanzenbestandteile leichter lösen. Mit diesen Milch-Kaltauszügen können auch Kompressen und Packungen bereitet werden; die lindernde Wirkung der Milch verbindet sich mit der Wirkung der Heilpflanzen. Es besteht allerdings eine Gegenanzeige für die Anwendung der Milch-Auszüge: Besteht Verdacht auf innerliche Reaktionen gegenüber Milch in Form von Überempfindlichkeit oder Allergie, oder falls die Haut vom Auftragen gereizt wird, sollten Kaltauszüge in dieser Weise nicht verwendet werden.

In dieser Art zubereitete Aufgüsse dienen als Grundlage für andere, später beschriebene Zubereitungsarten.

Neben der rein medizinischen Anwendung der Heilpflanzen, mit der sich dieses Buch hauptsächlich befaßt, können Heilkräuter ausgezeichnet unsere Lebensweise ergänzen und uns eine ganze Welt ausgefallener Köstlichkeiten und Genüsse eröffnen. Sie sind nicht nur Arzneien oder Ersatz für Kaffee, sondern können eigenständige, ausgezeichnete Tees sein. Während jeder sein eigenes Lieblingskraut haben wird, gibt uns die nachfolgende Liste Anregungen für wohlschmeckende Tees, wobei die Kräuter einzeln oder gemischt verwendet werden können.

Aus dieser Liste können die Kräuter ausgewählt werden, die uns am besten schmecken, oder die, die auch gut für unsere Gesundheit sind:

Blüten: *Hibiskus, Holunderblüten, Kamille, Lindenblüten, Rotklee*

Blätter: *Eisenkraut, Grüne Minze, Pfefferminze, Rosmarin, Salbei, Thymian, Ysop, Zitronenmelisse*

Beeren: *Hagebutten, Weißdorn*

Samen: *Anis, Dill, Fenchel, Kümmel, Sellerie*

Wurzeln: *Süßholz*

Abkochung

Ist die zu verwendende Pflanze hart und holzig, dann ist die Abkochung dem Aufguß vorzuziehen, damit sich die Inhaltsstoffe des Heilkrauts auch wirklich im Wasser lösen können. Wurzeln, Wurzelstökke, Holz, Rinde, Nüsse und manche Samen sind sehr fest, ihre Zellwände sind hart; damit also die aktiven Bestandteile in das Wasser übergehen können, wird größere Hitze als bei einem Aufguß benötigt, die Pflanzenteile müssen deshalb eine bestimmte Zeit im Wasser gekocht werden.

Rezept für eine Abkochung:

1. Man gebe für jede Tasse Wasser einen Teelöffel getrocknete Substanzen oder drei Teelöffel der frischen Pflanze in einen Topf. Getrocknete Heilkräuter sollten pulverisiert oder in kleine Stücke gebrochen, frische Teile in kleine Stücke geschnitten werden. Bei der Zubereitung größerer Mengen werden pro halbem Liter Wasser 30 Gramm der getrockneten Pflanze genommen. (Dies sind allgemeine Angaben, genauere Dosierungen für jede Pflanze sind im Heilpflanzen-Abschnitt zu finden.) Das verwendete Gefäß sollte aus Glas, Keramik oder Steingut sein; Metall sollte nur in emaillierter Form verwendet werden. *Kein Aluminium benutzen!*
2. Die entsprechende Menge Wasser in das Gefäß zu den Heilpflanzen geben.
3. Den Inhalt zum Kochen bringen und anschließend so lange leicht kochen lassen, wie für das jeweilige Heilkraut oder die Mischung angegeben ist, meist zehn bis fünfzehn Minuten. Enthält die Pflanze ätherische Öle, sollte das Gefäß mit einem Deckel gut verschlossen werden.
4. Den heißen Tee absieben.

Eine Abkochung wird auf die gleiche Weise verwendet wie ein Aufguß.

Wird eine Mischung aus empfindlichen und aus holzigen Pflanzenteilen zubereitet, sollten am besten Aufguß und Abkochung getrennt zubereitet werden, damit die Inhaltsstoffe der empfindlichen Pflanzen nicht zerstört werden.

Holzige Heilkräuter, die ätherische Öle enthalten, sollten so fein wie möglich pulverisiert und dann als Aufguß bereitet werden, sonst verfliegen die Öle beim Kochen.

1

2

3

4

Alkoholische Auszüge

Alkohol ist im allgemeinen ein besseres Lösungsmittel für die Pflanzenbestandteile als Wasser. Mischungen aus Alkohol und Wasser lösen nahezu alle wichtigen Inhaltsstoffe einer Pflanze und wirken gleichzeitig konservierend. Die alkoholischen Auszüge werden Tinkturen genannt, ein Ausdruck, der auch für Zubereitungen verwendet wird, die auf Glyzerin oder Essig basieren (siehe unten).

Die hier beschriebenen Methoden für die Zubereitung von Tinkturen basieren auf einer einfachen und allgemeinen Methode; werden Tinkturen professionell nach Angaben eines Arzneimittelbuches hergestellt, werden für jedes Kraut bestimmte Wasser-Alkohol-Verhältnisse verwendet. Für unseren allgemeinen Gebrauch haben solche Feinheiten keine wesentliche Bedeutung.

Zum Hausgebrauch sollte am besten ein mindestens dreißigprozentiger Alkohol, z. B. Wodka, genommen werden, denn dies ist die schwächste Alkohol-Wasser-Mischung mit lange konservierender Wirkung.

Rezept für einen alkoholischen Auszug:

1. 120 Gramm feingeschnittene oder gemahlene getrocknete Heilkräuter in ein gut schließendes Gefäß geben. Bei frischen Pflanzen muß die verwendete Menge verdoppelt werden.
2. Einen halben Liter dreißigprozentigen Wodka darübergießen und fest verschließen.
3. Das Gefäß zwei Wochen lang an einem warmen Ort stehen lassen und zweimal täglich gut schütteln.
4. Die Flüssigkeit ohne den Bodensatz vorsichtig umfüllen, den Rest in ein Tuch geben und über einer Schüssel hängend abtropfen lassen.
5. Die restliche Flüssigkeit herauspressen. Aus dem übriggebliebenen Bodensatz läßt sich ein ausgezeichneter Kompost herstellen.
6. Die Tinktur in eine dunkel gefärbte Glasflasche füllen und gut verschlossen aufbewahren.

Tinkturen wirken – wenn ihre Stärke pro Menge verglichen wird – sehr viel stärker als Aufgüsse oder Abkochungen, und so ist auch die angewandte Dosierung kleiner, das heißt 5 bis 15 Tropfen je nach verwendeter Pflanze (für genauere Angaben bitte im Kapitel *Die Heilpflanzen* nachschlagen).

1

2

3

4

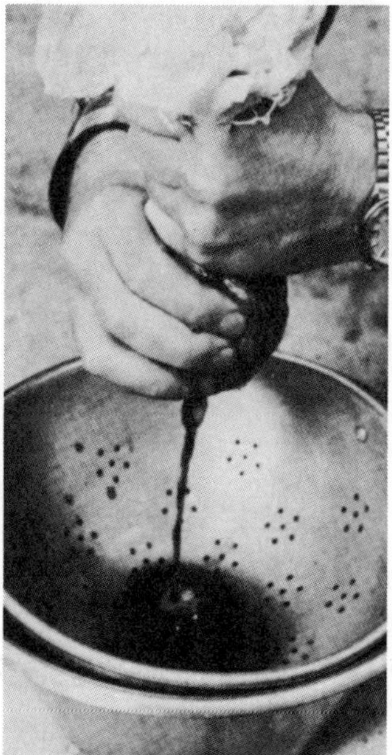
5

6

Tinkturen können sehr vielfältig verwendet werden. Sie können pur, mit etwas Wasser oder in einer Tasse heißem Wasser genommen werden. Bei letzterer Methode verfliegt der Alkohol teilweise und der Auszug verbleibt größtenteils im Wasser. Dadurch wird bei manchen Heilpflanzen das Wasser getrübt, denn Harze und andere wasserunlösliche Bestandteile setzen sich ab. Tinkturen können darüber hinaus tropfenweise für Voll- oder Fußbäder verwendet werden; in einem Mixer mit Öl oder Fett vermischt, lassen sich Salben daraus zubereiten. Auch Zäpfchen oder Pastillen können auf diese Weise hergestellt werden.

Heilpflanzen mit Wein aufzugießen ist eine andere, äußerst schmackhafte Methode, einen alkoholischen Auszug zu bereiten. Obwohl diese auf Wein basierenden Mittel nicht so lange haltbar und auch nicht so konzentriert sind wie Tinkturen, können sie doch in manchen Fällen sehr effektiv wirken, und sie schmecken sehr gut. Diese Anwendungsform hat eine lange Tradition; in der Tat waren die meisten Aperitifs und Liköre ursprünglich auch Pflanzenheilmittel, die auf Heilkräutern, wie z. B. *Wermut, Beifuß* und *Anis,* basierten, um den Verdauungsprozeß zu unterstützen. Dian Dincin Buchman beschreibt in ihrem Buch ›*Herbal Medicine*‹ das folgende Rezept für einen stärkenden, sehr gut schmeckenden Wein:

½ Liter Madeira
1 Zweig *Wermut*
1 Zweig *Rosmarin*
1 kleine zerstoßene *Muskatnuß*
2,5 Zentimeter zerstoßener *Ingwer*
2,5 Zentimeter zerstoßene *Zimtstange*
12 große Rosinen aus biologischem Anbau

Ungefähr einen Viertelliter Wein abgießen und die Kräuter in den Wein geben. Die Flasche mit einem Korken gut verschließen und an einem kühlen, dunklen Platz eine oder zwei Wochen stehen lassen. Die Kräuter absieben. Diesen medizinischen Wein mit einer frischen Flasche Madeira mischen und gut schütteln. Je nach Bedarf einen kleinen Schluck davon nehmen. Dies hilft den Magen zu beruhigen, verleiht Energie und Wohlbefinden.

Fast jeder Heilpflanzenwein läßt sich durch einfaches Ziehenlassen der Pflanzen in einem Wein herstellen. Eine andere beliebte Zubereitung ist *Rosmarin*wein:

1 Flasche Weißwein
1 Handvoll frische *Rosmarinblätter*

Die Blätter ungefähr eine Woche im Wein ziehen lassen und anschließend absieben. Bei Bedarf verwenden; dieser Wein wirkt verdauungsberuhigend und leicht nervenentspannend.

Die Heilpflanzen können auch fermentiert werden; schließlich sind sogar Weintrauben Heilpflanzen. Alle aromatischen Heilkräuter ergeben ausgezeichnete Weine, auch *Holunderbeeren* und *Löwenzahn* sind sehr wirksam als medizinische Weine. Für *Löwenzahn*wein brauchen wir:

2 Liter *Löwenzahnblüten*
1 Eßlöffel zerstoßene *Ingwerwurzel*
die feingeschnittene Schale einer Apfelsine
die feingeschnittene Schale einer Zitrone
700 Gramm braunen Zucker
den Saft einer Zitrone
einen Teelöffel Weinhefe

2 Liter Wasser zum Kochen bringen und abkühlen lassen. Die *Löwenzahnblüten* von den bitteren Stengeln und Kelchen trennen und in eine große Schüssel geben. Das abgekühlte Wasser über die Blüten gießen und einen Tag ziehen lassen, dabei gelegentlich umrühren. Das Ganze in einen großen Topf gießen, den *Ingwer* und die Orangen- und Zitronenschale hinzugeben und 30 Minuten leicht kochen lassen. Die Flüssigkeit absieben und in die ausgespülte Schüssel gießen. Dann den Zucker und den Zitronensaft dazumischen und diese Mischung abkühlen lassen. Die Weinhefe mit etwas von dieser Flüssigkeit cremig rühren und zur Mischung geben. Die Schüssel mit einem Tuch bedecken und zwei Tage an einem warmen Platz gären lassen. Ein Teller unter der Schüssel dient dazu, möglicherweise übertretende Flüssigkeit aufzufangen. Nach zwei Tagen wird die Flüssigkeit in eine große Flasche abgefüllt, die mit einem Wattepfropfen oder mit einem Gärröhrchen (in Deutschland in Drogerien erhältlich) verschlossen werden muß, damit sich bildende Gase entweichen können. Der Gärungsprozeß ist abgeschlossen, wenn keine Bläschen mehr aufsteigen. Die Gärflasche dann für zwei Monate fest verschließen. Schließlich die klare Flüssigkeit auf Flaschen ziehen, die weitere sechs Monate lagern müssen, bevor sie getrunken werden können.

Essigtinkturen

Tinkturen können auch mit Essig hergestellt werden. Die darin enthaltene Essigsäure löst und konserviert in ähnlicher Weise wie der Alkohol. Am besten wird bei der Bereitung eines Essigauszugs Apfelessig verwendet, denn dieser besitzt selbst bereits gesundheitsfördernde Eigenschaften. Chemisch hergestellter Essig sollte nicht genommen werden. Die Zubereitungsmethode ist die gleiche wie bei alkoholischen Tinkturen, und wenn in den Essig Gewürze und aromatische Heilkräuter gegeben werden, erhalten wir einen ausgezeichneten und wohlduftenden Essig für kulinarische Zwecke.

Glyzerintinkturen

Auf Glyzerin basierende Tinkturen haben den Vorteil, milder auf den Verdauungstrakt zu wirken als alkoholische, ihr Nachteil besteht darin, daß sie harzige oder ölige Substanzen nicht ganz so gut lösen.

Für einen halben Liter Glyzerintinktur werden ein Teil Glyzerin und vier Teile Wasser gemischt. 120 Gramm getrocknetes, gemahlenes Heilkraut hinzugeben, in einem fest verschlossenen Behälter zwei Wochen ziehen lassen und dabei täglich schütteln. Nach zwei Wochen absieben und die Rückstände wie bei alkoholischen Tinkturen auspressen.

Sirup

Bei flüssigen Mitteln, die einen besonders unangenehmen Geschmack haben (ob es sich dabei um einen Aufguß, eine Abkochung oder eine Tinktur handelt), ist es oft ratsam, ein süßendes Mittel beizugeben. Eine Möglichkeit ist, einen Sirup zu verwenden; auf diese Weise werden herkömmliche Hustensäfte für Kinder schmackhafter gemacht oder jedes andere Heilpflanzenmittel geschmacklich verbessert.

Eine einfache Sirupgrundmischung wird wie folgt zubereitet: Ein Kilo Zucker mit einem halben Liter kochendem Wasser übergießen und auf einer Feuerstelle so lange rühren, bis der Zucker aufgelöst ist und die Flüssigkeit zu kochen beginnt; sofort von der Feuerstelle nehmen.

Dieser einfache Sirup wird am besten mit einer Tinktur verwendet: Ein Teil Tinktur mit drei Teilen Sirup mischen und aufbewahren.

Bei Verwendung eines Aufgusses oder einer Abkochung ist es praktischer, den Zucker direkt in die Flüssigkeit zu geben: Pro halben Liter Flüssigkeit 350 Gramm Zucker beigeben und leicht erhitzen, bis sich der Zucker aufgelöst hat. Zur weiteren Verwendung läßt sich diese Mischung sehr gut im Kühlschrank aufbewahren.

Sauerhonig (Oxymel)

Der allzu starke Geschmack solcher Heilpflanzen wie *Knoblauch, Meerzwiebel* oder *Graupappel* kann sehr gut durch einen Sauerhonig überdeckt werden; er wird aus 5 Teilen Honig und 1 Teil Essig bereitet. Für eine Sauerhonig-Grundmischung einen halben Liter Essig und 1 Kilo Honig in einen Topf geben, so lange kochen, bis die Flüssigkeit Sirupkonsistenz erreicht hat.

Dieser Sauerhonig kann als Gurgelmittel verwendet oder eingenommen werden (etwa 2 Teelöffel).

Trockene Zubereitung

Manchmal ist es besser, Heilpflanzen in trockener Form einzunehmen; das hat den Vorteil, daß das Heilkraut nicht zu schmecken ist und daß die gesamte Pflanze, einschließlich der holzigen Teile, genommen werden kann. Der größte Nachteil dieser Form liegt in der Tatsache, daß getrocknete Heilkräuter nicht aufbereitet sind und die Pflanzenbestandteile deshalb nicht immer so leicht vom Körper aufgenommen werden können.

Bei einem Teeaufguß z. B. unterstützen Hitze und Wasser das Aufbrechen der Zellwände und somit die Löslichkeit der Inhaltsstoffe; dieser Prozeß vollzieht sich nicht unbedingt durch die Verdauung im Magen und im Dünndarm. Außerdem stehen die in Flüssigkeiten gelösten Inhaltsstoffe schneller zur Verfügung und wirken somit auch eher.

Ein zweiter Nachteil der trockenen Verwendung, z. B. in Kapseln, liegt darin, daß wir die Heilpflanze nicht schmecken können. Die bitteren Heilkräuter wirken aus verschiedenen Ursachen sehr viel besser, wenn sie geschmeckt werden (auch, wenn das unangenehm sein kann), denn die Wirksamkeit dieser Mittel beruht auf der neurologischen Sinneswahrnehmung der Bitterstoffe. Werden diese bitteren Stoffe in Kapsel- oder Pillenform genommen, kann sich die Wirkung verringern oder auch ganz aufheben.

Es existieren natürlich noch genügend Möglichkeiten, Heilpflanzen in trockener Form anzuwenden, wir sollten nur die oben genannten Faktoren berücksichtigen; vor allem aber darauf achten, daß die Heilkräuter so fein wie nur möglich pulverisiert sind. Das garantiert, daß die Zellwände größtenteils aufgebrochen sind, wodurch Verdauung und Absorption der Heilpflanze erleichtert werden.

Kapseln

In Gelatinekapseln können getrocknete, pulverisierte Heilkräuter am einfachsten verwendet werden (diese sogenannten Hartgelatine-Kapseln sind in verschiedenen Größen in Apotheken erhältlich. In Deutschland vertreibt der pharmazeutische Bedarfsgroßhandel diese Kapseln; es gibt auch solche, die nicht aus Tierprodukten hergestellt werden). Die verwendete Kapselgröße hängt von der Dosierungsmenge und dem Volumen der Heilpflanzen ab.

Eine Kapsel zu füllen ist sehr einfach:

1. Die pulverisierten Kräuter in einen flachen Teller geben und die Kapselhälften auseinandernehmen.
2. Beide Kapselhälften durch das Pulver schieben und dabei füllen.
3. Die Hälften zusammenstecken.

1

2

3

Tabletten

Tabletten können auf verschiedene Arten hergestellt werden, je nach individueller Fingerfertigkeit.

Ein unangenehm schmeckendes Mittel wird am besten als Pulver mit frischem Brot zu einer kleinen Pille gerollt; das funktioniert mit Mitteln wie *Kanadischer Gelbwurzel* und *Paprika* sehr gut. Anstatt Brot kann das Pulver auch mit Frischkäse gemischt werden.

Zum Aufbewahren eignen sich Pastillen, die, in richtige Größe geschnitten, auch ganz geschluckt werden können.

Pastillen

Pastillen werden durch Mischen einer pulverisierten Heilpflanze mit Zucker und Pflanzenschleim hergestellt, wodurch sie ihre charakteristische Struktur erhalten. Pastillen sind ideal für Mittel, die auf den Mund, den Rachen und die oberen Atemwege einwirken sollen. Auf diese Weise arbeiten die Wirkstoffe dort, wo sie am meisten benötigt werden.

Der erforderliche Pflanzenschleim kann aus der *Eibischwurzel,* der *Amerikanischen Ulmenrinde,* der *Beinwellwurzel,* aus *Tragant-Harz* oder *Gummi arabicum* kommen.

Und so werden Pastillen aus *Tragant-Harz* hergestellt: Einen halben Liter Wasser zum Kochen bringen und dann mit 30 Gramm *Tragant* mischen, der zuvor 24 Stunden eingeweicht und dabei so oft wie möglich umgerührt wurde. Diese Mischung sehr kräftig rühren, um eine einheitliche Konsistenz zu erhalten, und sie danach durch ein feines Sieb drücken. Die pulverisierte Heilpflanze zu dem Pflanzenschleim geben und eine Paste daraus machen; Zucker kann je nach individuellem Geschmack hinzugefügt werden. Die Paste auf einem Brett, am besten aber auf einer Marmorplatte ausrollen. Die Unterlage sollte mit Maisstärke oder Zucker bestreut werden, um ein Festkleben zu verhindern. In Stücke von beliebiger Größe und Form schneiden und an der Luft trocknen lassen. In einem luftdichten Behälter aufbewahren.

Anstelle von getrockneten Heilpflanzen können auch ätherische Öle genommen werden. *Pfefferminz*öl ist hierfür ein gutes Beispiel. 12 Tropfen reinen *Pfefferminz*öls zu 60 Gramm Zucker geben und mit soviel *Tragant-Harz* mischen, daß eine Paste entsteht. Wie zuvor beschrieben weiterverwenden und das Ergebnis zum weiteren Gebrauch in einem luftdichten Behälter aufbewahren.

Äußerlich anzuwendende Heilmittel

Aufgrund der Tatsache, daß der Körper Heilpflanzenverbindungen über die Haut aufnehmen kann, hat sich in der Pflanzenheilkunde eine ganze Reihe verschiedener Methoden und Zubereitungsarten entwickelt. Auch Scheidenspülungen und Zäpfchen werden trotz ihrer anscheinend innerlichen Verwendung herkömmlicherweise als äußerliche Mittel betrachtet.

Bäder

Ein Vollbad mit einem halben Liter eines Aufgusses oder einer Abkochung ist die beste und angenehmste Art und Weise, Heilpflanzenverbindungen über die Haut aufzunehmen. Als Alternative hierzu können auch Fuß- oder Handbäder genommen werden; hierbei werden die Zubereitungen in unverdünnter Form verwendet.

Jede Heilpflanze, die eingenommen werden kann, kann auch für ein Bad verwendet werden. Natürlich finden Heilkräuter auch als ausgezeichnete Duftbäder Verwendung.

Einige Anregungen für gute Badezusätze: für ein entspannendes und gleichzeitig äußerst wohlriechendes Bad kann ein Aufguß aus *Lavendelblüten, Zitronenmelisse, Holunderblüten* oder *Rosmarinblättern* bereitet werden. Einem Bad, das erholsamen und heilenden Schlaf fördern soll, wird ein Aufguß aus *Baldrian* oder *Hopfen* oder *Lindenblüten* beigegeben. Für Kinder mit Schlafstörungen oder für zahnende Babys sollten *Kamille* oder *Lindenblüten* genommen werden, da die zuvor genannte Mischung zu stark für sie sein könnte. Bei fiebrigen Erkrankungen oder um den Kreislauf zu unterstützen, können anregende und schweißtreibende Heilkräuter wie *Paprika, Amerikanischer Wasserhanf, Ingwer* oder *Schafgarbe* verwendet werden.

Dies sind nur einige der Möglichkeiten. Man probiere andere selbst aus. Weitere Anregungen geben Bücher über Aromatherapie, eine Heilmethode, die auf der äußeren Anwendung von Heilpflanzen in Form von ätherischen Ölen basiert. Diese Öle können auch für Bäder genommen werden, hierfür ein paar Tropfen zum Badewasser geben.

Anstatt eines zuvor zubereiteten Aufgusses kann auch eine Handvoll Kräuter in einem Baumwollsäckchen so in das Badewasser gehängt werden, daß der heiße Wasserstrahl hindurchfließt. Auf diese Weise wird ein äußerst frischer Aufguß hergestellt.

Scheidenspülungen

Eine andere Form der äußerlichen Anwendung ist die Scheidenspülung, die speziell bei örtlichen Infektionen angezeigt ist. Wenn möglich sollte für jede Spülung ein frischer Aufguß oder eine frische Abkochung gemacht werden. Den Tee bis auf eine dem Körper angenehme Temperatur abkühlen lassen, in den dafür vorgesehen Behälter gießen und den Applikator in die Vagina einführen. Die Flüssigkeit sollte den ganzen Vaginalraum ausspülen. Da die Flüssigkeit dabei aus der Scheide läuft, ist es am einfachsten, die Spülung auf der Toilette sitzend anzuwenden. Es ist nicht notwendig, die Flüssigkeit in der Scheide zu behalten. Bei den meisten Erkrankungen, die eine Scheidenspülung erforderlich machen, ist eine Anwendung des unverdünnten Tees dreimal täglich für mehrere Tage anzuraten. Hat eine drei- bis siebentägige Behandlung (zusammen mit passenden innerlichen Heilpflanzenmitteln) jedoch keine deutliche Besserung der vaginalen Infektion gebracht, sollte ein Arzt aufgesucht werden.

Zäpfchen

Zäpfchen ermöglichen das Einführen von Heilmitteln in die Körperöffnungen. Sie können für die Nase und die Ohren verwendet werden, hauptsächlich werden sie jedoch für Darm- oder Vaginalbeschwerden benutzt. Sie dienen als Trägersubstanzen für alle angemessenen Heilkräuter, die sich in drei Kategorien einteilen lassen. Die erste Gruppe besteht aus Heilpflanzen, welche die Schleimhäute beruhigen, Entzündungen hemmen und den Heilungsprozeß unterstützen, wie beispielsweise *Beinwell*blätter und -wurzeln, *Eibischwurzel, Kanadische Gelbwurzel* und *Amerikanische Ulmenrinde.*

Zu der zweiten Gruppe zählen adstringierende Heilpflanzen, die Ausscheidungen verringern oder bei Hämorrhoiden helfen, wie z. B. *Immergrün, Scharbockskraut, Hamamelis* und *Krauser Ampfer.*

In der dritten Gruppe finden sich die Darmbewegung anregende Mittel, um chronische Verstopfungszustände anzugehen (also Abführmittel). Bei jeder der erwähnten drei Kategorien können zusätzlich keimhemmende Heilpflanzen angezeigt sein.

Ähnlich den Salben stehen uns auch hier verschiedene Grundsubstanzen zur Verfügung; wichtig ist dabei, daß das Material fest genug ist, um in die Körperöffnungen eingeführt zu werden, und sich bald danach bei Körpertemperatur auflösen kann, um die darin enthaltenen Heilpflanzen freizusetzen. Die Kräuter sollten gleichmäßig in der Zäpfchen-Grundsubstanz verteilt sein, was besonders wichtig bei der Verwendung pulverisierter Pflanzen ist. Außerdem sind sie in dieser Form am einfachsten zu verarbeiten. Zur Herstellung eines Zäpfchens werden die fein pulverisierten Heilpflanzen mit einer guten Grundsubstanz, vorzugsweise Kakaobutter, gemischt und in der weiter unten beschriebenen Weise geformt.

Etwas aufwendiger ist die Zubereitungsmethode, wenn keine pulverisierten Pflanzenteile in den Körper gelangen sollen: Die einfachste Methode für Zäpfchen dieser Art verwendet Gelatine und Glyzerin (beides Tierprodukte) mit einem Aufguß, einer Abkochung oder einer Tinktur; die Gewichtsanteile sind folgendermaßen verteilt:

Gelatine	10 Teile
Wasser (oder ein Aufguß, eine Abkochung, eine Tinktur)	40 Teile
Glyzerin	15 Teile

Die Gelatine wird für eine Weile in der wäßrigen Grundlage eingeweicht und mit Hilfe leichter Erhitzung aufgelöst. Dann wird das Glyzerin beigegeben und die ganze Mischung in einem Wasserbad erhitzt, um das Wasser zu verdampfen, da die endgültige Konsistenz davon abhängig ist, wieviel von dem Wasser aus der Mischung entfernt werden kann. Sehr fest wird sie, wenn das Wasser vollständig entfernt wurde.

Eine Form (für beide Zäpfchengrundlagen) kann am einfachsten aus Aluminiumfolie hergestellt werden: Am besten ist ein ca. 2,5 Zentimeter langes, torpedoförmiges Zäpfchen. Die geschmolzene Masse in die Form geben und abkühlen lassen; die Zäpfchen können in der Form einige Zeit im Kühlschrank aufbewahrt werden, am besten sind sie aber, wenn sie bei Bedarf frisch hergestellt werden.

Salben

Salben werden als halbfeste Zubereitungen auf die Haut aufgetragen. Je nach Erfordernissen gibt es unzählige Möglichkeiten, eine Salbe herzustellen; sie variieren in ihrer Struktur von sehr fettigen bis hin zu dicken Pasten; je nach Salbengrundlage und Zutaten.

Aus jeder Heilpflanze kann auch eine Salbe bereitet werden, die folgend aufgeführten sind jedoch besonders gut: *Arnikablüten* (*Arnika* nie auf offene Wunden auftragen), *Beinwellwurzel, Breitwegerich, Eibischwurzel, Eukalyptus, Frauenmantel, Kanadische Gelbwurzel, Gurke, Holunderblüten, Ringelblume, Schafgarbe, Sumpfziest, Amerikanische Ulmenrinde* und *Vogelmiere.* Für den spezifischen Anwendungsbereich der einzelnen Heilpflanzen bitte im Kapitel *Die Heilpflanzen* nachschlagen.

Mit Vaseline oder ähnlichem als Grundlage läßt sich am einfachsten eine Salbe herstellen. Vaseline ist zwar eine nichtorganische (aus Petroleum hergestellte) Substanz, doch machen einige Vorzüge sie zu einer sehr brauchbaren Salbengrundlage. Durch ihre unkomplizierte Handhabung lassen sich einfache Salben sehr schnell herstellen. Darüber hinaus hat Vaseline den Vorteil, daß sie selbst nicht von der Haut aufgenommen wird, wodurch sie sich sehr für Zubereitungen, wie beispielsweise den später beschriebenen antikatarrhalischen Balsam, eignet. Die Vaseline dient hierbei nur als Trägersubstanz für die ätherischen Öle, die auf diese Weise verdunsten und in die Nasenhöhlen eindringen können, ohne dabei von der Haut aufgenommen zu werden.

Für das Grundrezept einer Vaselinensalbe werden zwei Eßlöffel eines Heilkrauts in 200 Gramm Vaseline etwa 10 Minuten leicht gekocht. Dafür können eine einzige Heilpflanze, eine Mischung, frische oder getrocknete Kräuter, Wurzeln, Blätter oder Blüten genommen werden.

Als Beispiel wollen wir hier das Rezept für eine einfache *Ringelblumen*salbe *(Calendula-)* anführen, sie hilft ausgezeichnet bei Wunden, Schnittwunden und kleineren Verbrennungen: Man nehme 60 Gramm (zirka eine Handvoll) frisch gepflückte *Ringelblumenblüten* und 200 Gramm Vaseline. Die Vaseline bei geringer Hitze schmelzen, die Ringelblumen hinzufügen und das Ganze zum Kochen bringen. Ungefähr 10 Minuten ganz leicht kochen lassen und dabei gut umrühren.

Durch ein feines Gazetuch abgießen und alle Flüssigkeit aus den Blüten pressen. Die Flüssigkeit in einen Behälter gießen und nach dem Abkühlen verschließen.

Früher wurden für Salben anstelle von Vaseline auch Ölmischungen, zusammen mit härtenden Mitteln (um die gewünschte Konsistenz zu erhalten), verwendet, die als Trägersubstanz für die Aufnahme der Heilmittel durch die Haut dienten. Das folgende Rezept für ›Unguentum Simplex‹ stammt aus dem Britischen Arzneimittelbuch von 1867:

60 Gramm weißes Wachs
90 Gramm Schweinefett
90 Milliliter Mandelöl

»Wachs und Schweinefett im Wasserbad schmelzen, von der Feuerstelle nehmen, das Mandelöl zufügen und rühren, bis das Ganze erkaltet ist.«

Bei diesem Grundrezept fördern das Schweinefett und das Mandelöl die leichte Aufnahme der Heilpflanzenmittel durch die Haut. Anstelle dieser Trägersubstanzen können auch Lanolin, Kakaobutter, Weizenkeimöl, Olivenöl und Vitamin E, einzeln oder zusammen, verwendet werden. Das Wachs dickt das Endprodukt ein, für diesen Effekt können auch – je nach gewünschter Konsistenz – Lanolin, Kakaobutter oder am besten Bienenwachs genommen werden.

Folgende Schritte müssen für die Herstellung einer Heilpflanzensalbe mit der oben beschriebenen Grundlage beachtet werden:

1

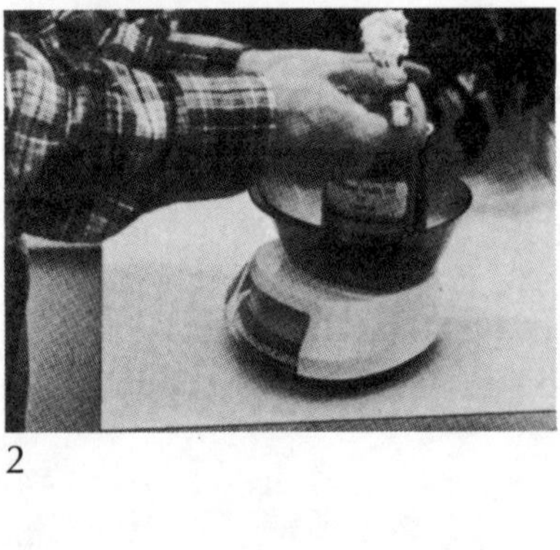

2

3

1. Einen entsprechenden wäßrigen Auszug, entweder einen Aufguß oder eine Abkochung, bereiten und die Flüssigkeit absieben, sie wird unter Punkt 4 weiter verwendet.
2. Fett und Öl für die Salbengrundlage abmessen.
3. Fett und Öl mischen.
4. Den wäßrigen Heilpflanzenauszug dazugeben und unterrühren.
5. Leicht kochen, bis das Wasser vollständig verdampft und der Auszug in das Öl übergegangen ist. Darauf achten, daß die Mischung nicht überhitzt wird, und besonders den Zeitpunkt abpassen, wenn das gesamte Wasser verdampft ist und keine Blasen mehr aufsteigen. Sollen zusätzlich eindickende Substanzen (wie Bienenwachs) dazukommen, werden sie jetzt hinzugefügt, dabei langsam erwärmen und rühren, bis alles gut vermischt ist.
6. Werden leichtverderbliche Grundstoffe verwendet (wie beispielsweise Schweinefett), sollte pro 30 Gramm Salbengrundlage ein Tropfen Benzoe-Tinktur zugefügt werden.
7. Die Mischung in einen Behälter füllen.

4

6

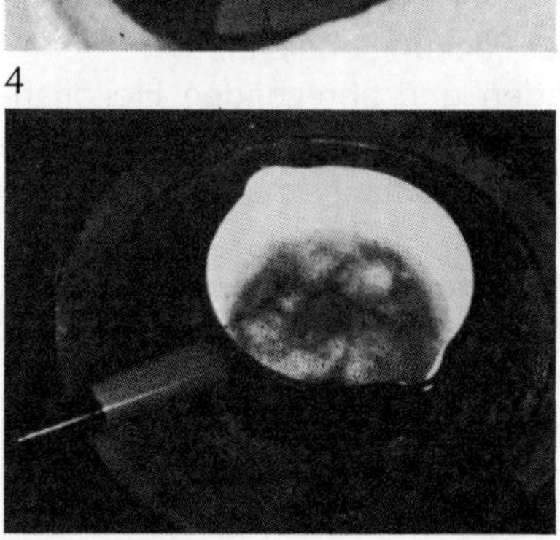
5

7

Kompressen/Heiße Umschläge

Eine Kompresse bzw. ein heißer Umschlag ist eine ausgezeichnete Möglichkeit, Heilmittel auf die Haut aufzutragen, um den Heilungsprozeß zu beschleunigen. Hierzu wird ein sauberes Tuch (aus Leinen, Gaze, Watte oder Baumwolle) in einem heißen Aufguß oder einer heißen Abkochung getränkt und so heiß wie möglich auf die betroffenen Stellen gelegt; entweder wechseln, sobald sie abkühlt, oder die Kompresse mit Kunststoff oder Wachspapier abdecken und eine Wärmflasche auflegen, die beim Abkühlen gewechselt werden kann, da Hitze die Wirkung der Heilpflanze verstärkt.

Aus allen wundheilenden Heilpflanzen lassen sich gute Kompressen bereiten; bei vielen Problemen auch aus anregenden und schweißtreibenden Mitteln.

Packungen

Eine Packung wirkt sehr ähnlich wie eine Kompresse, aber anstatt eines flüssigen Extrakts wird für die Packung das feste Pflanzenmaterial verwendet.

Die Packung kann mit frischen oder getrockneten Pflanzen bereitet werden. Die zerquetschten Blätter oder Wurzeln frischer Pflanzen werden entweder direkt auf die Haut oder mit dünner Gaze umhüllt aufgetragen. Die getrockneten Heilkräuter werden mit heißem Wasser oder Apfelessig zu einer dicken Paste verarbeitet, bis die gewünschte Konsistenz erreicht ist. Um die Packung warm zu halten, kann dieselbe Methode wie für Kompressen angewendet, d. h. eine Wärmflasche aufgelegt werden.

Werden die Heilpflanzen direkt auf die Haut aufgetragen, empfiehlt sich das vorherige Einreiben mit etwas Öl; dadurch wird die Haut geschützt und das Entfernen der Packung erleichtert.

Packungen können aus wärmenden und anregenden Heilpflanzen, aus wundheilenden, adstringierenden und erweichenden Mitteln bereitet werden, letztere sind schleimhautschützende Mittel, welche die Haut beruhigen und weich machen, wie z. B. *Beinwellwurzel, Leinsamen, Eibischwurzel, Hafermehl, Quittensamen* und *Amerikanische Ulmenrinde.*

Packungen werden oft angewendet, um Eiter aus der Haut herauszuziehen; für diesen Anwendungsbereich gibt es zahlreiche alte Rezepte. Einige verwenden *Kohl,* andere Brot und Milch, selbst Seife oder Zucker werden benutzt. Nachfolgend ein altes Rezept für eine

Packung aus *Leinsamen*mehl: »Eine ausreichende Portion des Mehls mit Wasser vermischen, um eine breiartige Masse herzustellen. Diese mit einem Eßlöffel auf ein Stück dünnen Flanell- oder alten Baumwollstoff auftragen. Die Seiten einen Zentimeter einschlagen, um ein Auslaufen der Packung zu verhindern. Nach dem Auflegen sofort mit einem Stück geölter Seide, Ölpapier oder dünnem Gummituch bedecken, um die Feuchtigkeit nicht austreten zu lassen.«

Einreibemittel

Einreibemittel dienen der schnellen Aufnahme durch die Haut. Sie finden für Massagen Verwendung, die auf Anregung der Muskeln und Bänder abzielen. Damit die Heilpflanzenbestandteile in diese Körperbereiche gelangen können, werden Einreibemittel üblicherweise aus einer Mischung der Heilpflanze mit Alkohol, gelegentlich auch mit Apfelessig und eventuell unter Zusatz von Heilpflanzenölen, bereitet. *Paprika* ist meist der Hauptbestandteil eines Einreibemittels, er kann durch *Lobelie* oder andere Heilmittel ergänzt werden. Hierzu das folgende Rezept: »60 g pulverisierte *Myrrhe* mit 30 Gramm *Kanadischer Gelbwurzel,* 15 Gramm *Paprika* und einem Liter Alkohol (70%) zusammenmischen und sieben Tage stehenlassen; täglich gut schütteln, abgießen, in Flaschen füllen und verkorken. Dieses Mittel kann notfalls auch ohne die *Kanadische Gelbwurzel* zubereitet werden.«

Öle

Viele Heilpflanzen sind reich an ätherischen Ölen. Das wird besonders deutlich, wenn wir den *Heilpflanzen*teil dieses Buches betrachten. Manche Heilkräuter, wie z. B. *Pfefferminze,* besitzen ätherische und aromatische Öle, andere, wie die von *Johanniskraut,* haben sehr wenig Aroma.

Heilpflanzenöle werden in zwei Zubereitungsformen verwendet, abhängig von der Auszugsmethode. Zuerst sind da die reinen ätherischen Öle, die durch einen komplexen und behutsamen Destillationsprozeß aus der Heilpflanze ausgezogen werden. Nur ein Experte kann diese zu Hause herstellen. Diese Öle werden am besten von Spezziallieferanten bezogen, die sie als Grundlage für die Aromatherapie herstellen und darauf achten, daß sie so rein wie möglich sind.

Die zweite Methode, Öle auszuziehen, ist wesentlich einfacher und ähnelt einem Kaltauszug. Die Heilpflanzen werden dabei nicht in Wasser, sondern in Öl gegeben, wodurch sich eine Lösung der ätherischen Öle in der Ölgrundlage bildet. Am besten werden hierzu pflanzliche Öle wie Sonnenblumen-, Oliven- oder Mandelöl verwendet, sie sind den mineralischen Ölen vorzuziehen.

Um ein Heilpflanzenöl herzustellen, wird zuerst die Pflanze feingeschnitten, mit Öl bedeckt und in einen ungefärbten durchsichtigen Behälter gefüllt. Diesen zwei oder drei Wochen lang in die Sonne stellen und täglich schütteln. Die Flüssigkeit anschließend in einen dunklen Glasbehälter füllen und diesen Extrakt aufbewahren.

Ein typisches und sehr schönes Beispiel eines solchen Öls ist das *Johanniskraut*öl; es ist sehr rot und ausgezeichnet für Massagen, bei Sonnenbrand und Wunden. Um Magenschmerzen zu lindern, kann es auch in sehr geringer Dosierung eingenommen werden. Um dieses Öl herzustellen, werden die Blüten gepflückt, wenn sie sich gerade zu öffnen beginnen, und in etwas Olivenöl zerdrückt. Mit Öl aufgießen und bedecken, gut schütteln und in einem Glasbehälter drei bis sechs Wochen der Sonne aussetzen oder an einen warmen Ort stellen; danach ist das Öl leuchtend rot. Die Mischung durch ein Tuch filtern, alles Öl herauspressen und eine Weile stehenlassen; dadurch setzt sich das noch vorhandene Wasser am Boden ab, und das Öl kann abgegossen werden. Das Öl in einem dunklen, verschlossenen Behälter aufbewahren.

DIE HEILPFLANZEN

In diesem Kapitel finden sich Einzelheiten zu den im Buch empfohlenen Heilpflanzen. Die Information ist nach folgendem Schema geordnet:

Gebräuchlicher Name des Heilkrauts

Handelsübliche Bezeichnung der Heilpflanze *Botanischer Pflanzenname* Pflanzenfamilie

Gebräuchlicher Name: Wenn noch ein anderer Name sehr häufig verwendet wird, ist er hier genannt.

Verwendeter Teil

Der Teil der Heilpflanze, der zur Behandlung verwendet wird.

Sammeln

Hier ist der Zeitraum angegeben, in dem die Heilpflanze am besten gesammelt wird, auch werden Angaben zum Trocknen gemacht.

Inhaltsstoffe

Eine Aufzählung der chemischen Inhaltsstoffe, die für die medizinische Wirkung der Pflanze am wichtigsten sind. Für einige Pflanzen stehen wesentlich mehr Informationen zur Verfügung als für andere, was aber lediglich den Stand der Forschung widerspiegelt, nicht die Wichtigkeit der Pflanzen.

Heilwirkungen

Eine Aufzählung der wichtigsten Heilwirkungen dieser Pflanze. Die verwendeten Bezeichnungen sind im Kapitel über die Heilwirkungen (S. 244–255) erklärt.

Heilanzeigen

Hier werden die besonderen Verwendungsbereiche der Heilpflanze besprochen, außerdem die *Beschwerden,* für die die Heilpflanze benutzt werden sollte. Falls irgendwelche Kontraindikationen vorliegen, sind sie unter *Vorsicht* erwähnt. In diesem Kapitel sind die Krankheiten *kursiv* gedruckt, um sie leichter auffinden zu können.

Vorsicht

Zählt Kontraindikationen auf. Wenn es Situationen gibt, in denen dieses Heilkraut nicht verwendet werden darf, sind sie hier angegeben.

Mischungen

Bestimmte Heilkräuter lassen sich bei verschiedenen Beschwerden oft gut mit anderen mischen. Sowohl die jeweiligen Heilkräuter als auch die Beschwerden werden genannt.

Zubereitung und Dosierung

Aufguß oder Abkochung: Gibt Auskunft darüber, ob die Pflanze als Aufguß oder Abkochung verwendet wird, wieviel von der Pflanze pro Tasse Wasser zu nehmen ist und wie lange sie ziehen soll oder leicht gekocht wird. Falls andere Zubereitungsarten sinnvoll sind, werden sie hier erwähnt.

Tinktur: Gibt Auskunft, wieviel von einer alkoholischen Tinktur dieser Heilpflanze wie oft eingenommen werden sollte.

Ackerfrauenmantel

Herba Alchemillae arvensis *Aphanes arvensis*
Rosengewächse

VERWENDETER TEIL Oberirdische Teile.

SAMMELN Ackerfrauenmantel sollte im Sommer während der Blütezeit gesammelt werden.

INHALTSSTOFFE Gerbstoffe.

HEILWIRKUNGEN Harntreibend, schleimhautschützend, Steinbildung verhindernd.

HEILANZEIGEN Diese kleine zarte Pflanze wird im allgemeinen zur Entfernung von *Nieren-* und *Harnwegsteinen* und *-grieß* verwendet. Durch seine stark harntreibende Wirkung in Verbindung mit der schleimhautschützenden, lindernden Wirkung hilft der Ackerfrauenmantel in allen Fällen *schmerzhaften Harnlassens.* Er kann bei *Wasseransammlungen* benutzt werden, vor allem wenn sie durch Nieren- oder Leberprobleme verursacht werden.

MISCHUNGEN Er läßt sich bei *Nierensteinen* oder *-grieß* gut mit Bucco mischen.

ZUBEREITUNG, DOSIERUNG Aufguß: 1 – 2 Teelöffel des getrockneten Krauts mit einer Tasse kochendem Wasser übergießen und 10 – 15 Minuten ziehen lassen. Dreimal täglich trinken.
Tinktur: 2 – 4 Milliliter dreimal täglich.

Ackerschachtelhalm

Herba Equiseti *Equisetum arvense* Schachtelhalmgewächse
Gebräuchlicher Name: Zinnkraut

VERWENDETER TEIL Getrocknete Stengel.

SAMMELN Ackerschachtelhalm soll zu Beginn des Sommers gesammelt werden. Man schneide ihn kurz über dem Erdboden ab, hänge ihn gebündelt auf und lasse ihn an einem luftigen Ort trocknen.

INHALTSSTOFFE Kieselsäure (ein Ausgangsstoff für Silikon); Saponin; Flavonglykoside; organische Säuren; Nikotin; Palustrin.

HEILWIRKUNGEN Adstringierend, harntreibend, wundheilend.

HEILANZEIGEN Der Ackerschachtelhalm eignet sich besonders als Adstringens für das Urogenitalsystem zur Stillung von *Blutungen* und zur *Wundheilung* aufgrund seines hohen Gehalts an Kieselsäure. Obwohl er leicht harntreibend wirkt, machen ihn seine stärkende und adstringierende Wirkung zu einem wichtigen Mittel zur Behandlung von *unwillkürlichem Harnlassen* und *Bettnässen* bei Kindern. Bei *Entzündungen* oder *gutartigen Veränderungen der Prostata* gilt er als ein spezifisches Mittel.

Äußerlich wirkt er wundheilend. In manchen Fällen lindert er *rheumatische Schmerzen* und regt die Heilung von *Frostbeulen* an.

MISCHUNGEN Ackerschachtelhalm wird oft mit Baumartiger Hortensie zur Behandlung von *Prostataproblemen* gemischt.

ZUBEREITUNG, DOSIERUNG Aufguß: 2 Teelöffel der getrockneten Pflanze mit einer Tasse kochendem Wasser übergießen und 15 – 20 Minuten ziehen lassen. Dreimal täglich eine Tasse.

BAD Bei *rheumatischen Schmerzen* und bei *Frostbeulen* kann ein Bad helfen. 100 Gramm des Heilkrauts eine Stunde in heißem Wasser ziehen lassen und anschließend dem Badewasser beigeben.

Tinktur: 2 – 4 Milliliter dreimal täglich.

Ackerstiefmütterchen

Herba Violae tricoloris *Viola tricolor* Veilchengewächse

VERWENDETER TEIL Oberirdische Teile.

SAMMELN Dieses Heilkraut kann während seiner ganzen Wachstumsperiode zwischen März und August gesammelt werden.

INHALTSSTOFFE Salizylat, Saponine, Alkaloide, Flavonoide, Gerbstoff, Pflanzenschleim.

HEILWIRKUNGEN Schleimlösend, harntreibend, entzündungshemmend, antirheumatisch, abführend.

HEILANZEIGEN Das Ackerstiefmütterchen wird vor allem in drei Bereichen eingesetzt; für die Haut, die Lunge und das Harnsystem. Es kann bei *Hautausschlag* und anderen Hautproblemen benutzt werden, die von *nässendem Ausschlag* begleitet sind. Als entzündungshemmendes und schleimlösendes Mittel wird es bei *Keuchhusten* und *akuter Bronchitis* verwendet, wobei es lindernd wirkt und den Körper bei der Selbstheilung unterstützt. Bei Beschwerden des Harnsystems hilft es bei der Heilung einer *Blasenentzündung* und kann zur Behandlung der Symptome von *häufigem* und *schmerzhaftem Harnlassen* verwendet werden.

MISCHUNGEN Bei Lungenproblemen kann Ackerstiefmütterchen mit Huflattich kombiniert werden. Bei Hautproblemen kann es mit Rotklee, Brennessel oder Klettenlabkraut gemischt werden. Bei *Blasenentzündung* sollte es mit Queckenwurzel und Bucco genommen werden.

ZUBEREITUNG, DOSIERUNG Aufguß: 1 – 2 Teelöffel des getrockneten Krauts mit einer Tasse kochendem Wasser übergießen und 10 – 15 Minuten ziehen lassen. Dreimal täglich trinken.

Tinktur: 2 – 4 Milliliter dreimal täglich.

Alant

Rhizoma Helenii
Inula helenium
Korbblütler

VERWENDETER TEIL Wurzelstock.

SAMMELN Der Wurzelstock sollte im September oder Oktober ausgegraben werden. Große Stücke sollten kleingeschnitten werden, bevor sie in der Sonne oder in künstlicher Hitze bei Temperaturen von 50–70° C getrocknet werden.

INHALTSSTOFFE 40 Prozent Inulin, das ätherische Öl Helenin, Pflanzenschleim, Triterpene, Bitterstoffe.

HEILWIRKUNGEN Schleimlösend, hustenreizlindernd, schweißtreibend, verdauungsfördernd, antibakteriell.

HEILANZEIGEN Alant gilt als besonders geeignet zur Behandlung von *bronchialem Reizhusten,* besonders bei Kindern. Er kann in allen Fällen übermäßiger Schleimbildung angewendet werden, z. B. bei *Bronchitis* oder *Lungenerweiterung.* Dieses Mittel ist ein gutes Beispiel dafür, auf welch komplexe und integrierte Art Heilkräuter arbeiten. Die entspannende Wirkung des Pflanzenschleims wird von der stimulierenden Wirkung der ätherische Öle begleitet, die in diesem Heilkraut noch mit einer antibakteriellen Wirkung gekoppelt ist. Alant kann bei *Asthma* und *bronchitischem Asthma* benutzt werden. Er wurde in der Behandlung von *Tuberkulose* benutzt. Aufgrund seines bitteren Geschmacks eignet er sich zur Anregung von Verdauung und Appetit.

MISCHUNGEN Alant läßt sich bei Problemen der Atemwege gut mit Weißem Andorn, Huflattich, Knolliger Schwalbenwurzel oder Schafgarbe mischen.

ZUBEREITUNG, DOSIERUNG Aufguß: 1 Teelöffel der zerkleinerten Wurzel mit einer Tasse kaltem Wasser übergießen und 8–10 Stunden stehen lassen. Erhitzen und so heiß wie möglich dreimal täglich trinken.
Tinktur: 1–2 Milliliter dreimal täglich.

Aloe

Aloe Capensis *Aloe vera* Liliengewächse

VERWENDETER TEIL Frischer oder getrockneter Saft der Blätter.

INHALTSSTOFFE Aloin, Anthrachinone, Harz.

HEILWIRKUNGEN Abführend, wundheilend, menstruationsfördernd, wurmtreibend.

HEILANZEIGEN Aloe kann innerlich angewendet werden, wenn ein starkes Abführmittel benötigt wird. In niedriger Dosierung verstärkt es die *Menstruationsblutung.* Äußerlich wird der Saft bei *geringfügigen Verbrennungen, Sonnenbrand, Insektenstichen*, usw. angewendet.

MISCHUNGEN Bei innerlicher Anwendung zur Verstärkung der Menstruation sollte Aloe mit blähungstreibenden Mitteln kombiniert werden, um Leibschmerzen zu verringern.

VORSICHT Während der Schwangerschaft sollte Aloe gemieden werden, da es die Kontraktion der Gebärmutter anregt. Da Aloe mit der Muttermilch ausgeschieden wird, sollte es auch während des Stillens nicht verwendet werden, da es sonst eine abführende Wirkung auf das Kind haben könnte.

ZUBEREITUNG, DOSIERUNG Bei innerlicher Anwendung werden 0,1 – 0,3 Gramm des Safts eingenommen. Bei äußerlicher Anwendung wird etwas Saft auf die betroffene Stelle gegeben.

Ampfer, Krauser

Radix Lapathi acuti *Rumex crispus* Knöterichgewächse

VERWENDETER TEIL Wurzel.

SAMMELN Die Wurzeln sollten zwischen August und Oktober ausgegraben werden. Sorgfältig reinigen und vor dem Trocknen der Länge nach spalten.

INHALTSSTOFFE Anthrachinone, Glykoside, Gerbstoffe.

HEILWIRKUNGEN Blutreinigend, abführend, gallenflußfördernd.

HEILANZEIGEN Der Krause Ampfer wird häufig zur Behandlung chronischer Hautprobleme, wie z. B. *Schuppenflechte*, verwendet. Die in der Pflanze enthaltenen Anthrachinone wirken normalerweise stark abführend, in diesem Heilkraut wirken sie aber nur mild abführend; wahrscheinlich wird ihre Wirkung durch den Gehalt an Gerbstoffen abgeschwächt. Von daher ist der Krause Ampfer ein gutes Mittel bei *Verstopfungen*, da er umfassender wirkt als nur durch Anregung der Darmmuskulatur. Er regt den Gallenfluß an und besitzt die etwas unklare Wirkung eines ›Blutreinigers‹. Seine Wirkung auf die Galle weist ihm eine Rolle bei der Behandlung von Gelbsucht zu, wenn sie durch einen Stauzustand verursacht wird.

MISCHUNGEN Er läßt sich gut mit Löwenzahn, Großer Klette und Klettenlabkraut mischen.

ZUBEREITUNG, DOSIERUNG Abkochung: 1–2 Teelöffel der Wurzel in eine Tasse Wasser geben, zum Kochen bringen und 10–15 Minuten leicht kochen. Dreimal täglich trinken.
Tinktur: 1–4 Milliliter dreimal täglich.

Andorn, Weißer

Herba Marrubii *Marrubium vulgare* Lippenblütler

VERWENDETER TEIL Getrocknete Blätter und Blütenstände.

SAMMELN Der Weiße Andorn wird zur Blütezeit zwischen Juni und September gesammelt. Er wird im Schatten bei Temperaturen unter 35° C getrocknet.

INHALTSSTOFFE Sesquiterpen-Bitterstoffe, darunter Marrubiin; ätherisches Öl; Pflanzenschleim; Gerbstoffe.

HEILWIRKUNGEN Schleimlösend, krampflösend, bitter, verdauungsfördernd, wundheilend.

HEILANZEIGEN Der Weiße Andorn kann sehr gut zur Behandlung von *Bronchitis* verwendet werden, die von trockenem Husten begleitet wird. Er wirkt entspannend auf die glatte Muskulatur der Bronchien, während er gleichzeitig die Schleimproduktion anregt und somit die Schleimlösung fördert. Er wird mit Erfolg für die Behandlung von *Keuchhusten* verwendet. Seine bittere Wirkung regt den Fluß und die Sekretion von Gallensaft an und unterstützt damit die Verdauung. Der Weiße Andorn wird äußerlich verwendet, um die Heilung von *Wunden* anzuregen.

MISCHUNGEN Er läßt sich gut mit Huflattich, Lobelie und der Kleinen Königskerze mischen.

ZUBEREITUNG, DOSIERUNG Aufguß: ½–1 Teelöffel des getrockneten Krauts mit einer Tasse kochendem Wasser übergießen und 10–15 Minuten ziehen lassen. Dreimal täglich trinken.
Tinktur: 1–2 Milliliter dreimal täglich.

Anis

Fructus Anisi
Pimpinella anisum
Doldenblütler

VERWENDETER TEIL Getrocknete Früchte.

SAMMELN Die reifen, getrockneten Früchte sollten zwischen Juli und September gesammelt werden.

INHALTSSTOFFE Bis zu 6 Prozent ätherische Öle mit dem Hauptbestandteil Anethol; 30 Prozent fette Öle; Cholin.

HEILWIRKUNGEN Schleimlösend, krampflösend, blähungstreibend, parasitenvernichtend, aromatisch.

HEILANZEIGEN Das ätherische Öl der Anisfrucht bildet die Grundlage für seine innerliche Anwendung; es lindert *Leibschmerzen, Darmkoliken*und *Blähungen*. Anis ist außerdem schleim- und krampflösend und eignet sich zur Behandlung von *Bronchitis, Luftröhrenkatarrh* mit *hartnäckigem Reizhusten* und bei *Keuchhusten*. Äußerlich kann das Öl in einer Salbengrundlage bei der Behandlung von *Krätze* angewendet werden. Das reine Öl hilft bei der Bekämpfung von *Läusen*.

MISCHUNGEN Bei *Blähungskrämpfen* sollte Anis zu gleichen Teilen mit Fenchel und Kümmel gemischt werden. Bei *Bronchitis* läßt es sich gut mit Huflattich, Weißem Andorn und Lobelie mischen.

ZUBEREITUNG, DOSIERUNG Aufguß: Die Samen sollten vor Gebrauch leicht zerdrückt werden, damit das ätherische Öl leichter austreten kann. 1 – 2 Teelöffel Samen mit einer Tasse kochendem Wasser übergießen und 5 – 10 Minuten bedeckt ziehen lassen. Dreimal täglich eine Tasse trinken. Bei *Blähungen* sollte der Tee langsam und schluckweise vor den Mahlzeiten getrunken werden.

ÖL Einen Tropfen mit einem halben Teelöffel Honig mischen und einnehmen.

Arnika

Flores Arnicae
Arnica montana
Korbblütler

VERWENDETER TEIL Blütenköpfe.

SAMMELN Die Blüten werden zwischen Juni und August gesammelt. In Mitteleuropa ist Arnika teilweise geschützt.

INHALTSSTOFFE Ätherische Öle, Sesquiterpen-Laktone, glykosidische Bitterstoffe, Alkaloide, Polyazetylene, Flavonoide, Gerbsäure.

HEILWIRKUNGEN Entzündungshemmend, wundheilend.

HEILANZEIGEN Während Arnika nicht eingenommen werden sollte, da es giftig wirken kann, ist es eines der besten Mittel zur äußerlichen Anwendung und besonders zur Behandlung von *Prellungen* und *Verstauchungen* geeignet. Es hilft bei der Linderung *rheumatischer Schmerzen,* bei schmerzhaften *Venenentzündungen* und ähnlichen Krankheitsbildern. Solange die Haut nicht verletzt ist, kann Arnika bei allen *Schmerzen* und *Entzündungen*, die sich auf der Haut zeigen, angewendet werden.

MISCHUNGEN Für eine Lotion kann es mit Hamamelis kombiniert werden.

VORSICHT Nicht einnehmen.

ZUBEREITUNG, DOSIERUNG Eine Tinktur dieses Heilkrauts läßt sich folgendermaßen herstellen: 50 Gramm frischgepflückte Blüten mit ½ Liter 70prozentigem Alkohol übergießen. In einem durchsichtigen Glasbehälter fest verschließen und mindestens eine Woche in der Sonne oder an einem warmen Ort stehen lassen. Filtrieren, damit ist die Tinktur gebrauchsfertig. Verschlossen, und nicht dem direkten Sonnenlicht ausgesetzt, aufbewahren.

Augentrost

Herba Euphrasiae
Euphrasia officinalis
Rachenblütler

VERWENDETER TEIL Getrocknete oberirdische Teile.

SAMMELN Pflücke die ganze Pflanze zur Blütezeit im Spätsommer oder Herbst und trockne sie an einem luftigen Platz.

INHALTSSTOFFE Glykoside, darunter Aukubin; Gerbstoffe; Harze; ätherisches Öl.

HEILWIRKUNGEN Gegen Katarrh wirksam, adstringierend, entzündungshemmend.

HEILANZEIGEN Der Augentrost ist ein ausgezeichnetes Heilmittel bei allen Schleimhautproblemen. Die Verbindung entzündungshemmender und adstringierender Eigenschaften lassen ihn bei vielen Krankheitszuständen eine Rolle spielen. Innerlich angewendet wirkt er sehr gut gegen Katarrh und kann bei *Schnupfen, Nebenhöhlenentzündung* und anderen Stauungszuständen benutzt werden. Augentrost ist für seine Wirkung bei Augenproblemen am besten bekannt, so z. B. bei akuten oder chronischen Entzündungen, bei stechenden und tränenden Augen und bei Lichtempfindlichkeit. Als Kompresse und innerlich wird er bei *Bindehautentzündung* und *Lidentzündung* benutzt.

MISCHUNGEN Bei katarrhalischen Problemen kann er gut zusammen mit Goldraute, Holunderblüten oder der Kanadischen Gelbwurzel genommen werden. Zur Augenspülung kann er mit der Kanadischen Gelbwurzel und Hamameliswasser gemischt werden.

ZUBEREITUNG, DOSIERUNG Aufguß: 1 Teelöffel des getrockneten Krauts mit einer Tasse kochendem Wasser übergießen und 5–10 Minuten ziehen lassen. Dreimal täglich trinken.

Kompresse: 1 Teelöffel des getrockneten Krauts in einen halben Liter Wasser geben und 10 Minuten kochen, dann leicht abkühlen lassen. Eine Kompresse (Watte, Gaze oder Musselin) in der lauwarmen Flüssigkeit anfeuchten, leicht ausdrücken und auf die Augen legen. Die Kompresse für jeweils 15 Minuten auflegen. Mehrmals täglich wiederholen.
Tinktur: 1 – 4 Milliliter dreimal täglich.

Bärentraube

Folia Uva Ursi *Arctostaphylos uva-ursi* Heidekrautgewächse

VERWENDETER TEIL Die Blätter.

SAMMELN Die immergrünen Blätter können während des ganzen Jahres gesammelt werden, am besten aber im Frühling und Sommer.

INHALTSSTOFFE Glykoside, darunter Arbutin und Erikolin; 6 Prozent Gerbsäure; Flavonoide und Harz.

HEILWIRKUNGEN Harntreibend, adstringierend, antiseptisch, schleimhautschützend.

HEILANZEIGEN Die Bärentraube hat eine spezifisch antiseptische und adstringierende Wirkung auf die Zellwände des Harnsystems; sie werden allgemein beruhigt und gekräftigt. Besonders angezeigt ist die Bärentraube bei *Grießbildung* und *Geschwüren* in *Niere* oder *Blase*. Bärentraubenblätter finden Verwendung bei der Behandlung von Infektionen, wie *Nierenbecken-* und *Blasenentzündung*, oder als Teil einer ganzheitlichen Behandlung chronischer Nierenprobleme. Eine wichtige Rolle spielt dieses Kraut außerdem bei der Behandlung von *Grieß* oder *Steinen in der Niere*. Durch seine ausgezeichnete adstringierende Wirkung wird das Kraut auch bei manchen Formen des *Bettnässens* angewendet. Als Scheidenspülung kann das Kraut *Geschwüre* und *Infektionen der Vagina* bekämpfen.

MISCHUNGEN Bei *Harnweginfektionen* kann die Bärentraube mit Queckenwurzel und Schafgarbe kombiniert werden.

ZUBEREITUNG, DOSIERUNG Aufguß: 1 – 2 Teelöffel der getrockneten Blätter mit einer Tasse kochendem Wasser übergießen und 10 – 15 Minuten ziehen lassen. Dreimal täglich trinken.
Tinktur: 2 – 4 Milliliter dreimal täglich.

Baldrian

Radix Valerianae
Valeriana officinalis
Baldriangewächse

VERWENDETER TEIL Wurzelstock und Wurzel.

SAMMELN Die Wurzeln werden im Spätherbst ausgegraben, sorgfältig gereinigt und im Schatten getrocknet.

INHALTSSTOFFE Ätherisches Öl, darunter Valeriansäure, Isovaleriansäure, Borneol, Pinen, Camphen; ätherische Alkaloide.

HEILWIRKUNGEN Beruhigend, schlaffördernd, krampflösend, blutdrucksenkend, blähungstreibend.

HEILANZEIGEN Baldrian ist eines der besten Nervenentspannungsmittel, das uns zur Verfügung steht. Diese Tatsache wird sogar von der konventionellen Medizin anerkannt, denn es wird in vielen Arzneimittelbüchern als Beruhigungsmittel aufgeführt. Baldrian kann ohne Bedenken zur Verringerung von *Spannungs- und Angstzuständen*, bei starker *Erregbarkeit* und bei *hysterischen Zuständen* verwendet werden. Er hilft sehr gut bei *Schlaflosigkeit* und verhilft zu einem natürlichen und heilenden Schlaf. Als krampflösendes Mittel hilft er bei der Linderung von *Krämpfen* und *Darmkoliken* und ist auch bei Krämpfen und Schmerzen während der Menstruation sehr hilfreich. Als Schmerzmittel ist er vor allem angezeigt, wenn die Schmerzen mit Spannungszuständen zusammenhängen. Baldrian kann bei *Migräne* und *rheumatischen Schmerzen* helfen.

MISCHUNGEN Zur Linderung von *Spannungszuständen* kann er am wirkungsvollsten mit Helmkraut gemischt werden. Bei *Schlaflosigkeit* kann er mit der Passionsblume oder Hopfen kombiniert werden. Zur Behandlung von *Krämpfen* wird eine Mischung mit Schneeball empfohlen.

ZUBEREITUNG, DOSIERUNG Aufguß: 1 – 2 Teelöffel der Wurzel mit einer Tasse kochendem Wasser übergießen und 10 – 15 Minuten ziehen lassen. Diesen Tee bei Bedarf trinken.
Tinktur: 2 – 4 Milliliter dreimal täglich.

Beifuß

Herba und Radix Artemisia
Artemisia vulgaris
Korbblütler

VERWENDETER TEIL Blätter oder Wurzeln.

SAMMELN Blätter und blühende Stengel sollten zur Zeit der Blüte zwischen Juli und September gesammelt werden.

INHALTSSTOFFE Ätherisches Öl, darunter Cineol und Thujon; ein Bitterstoff; Gerbstoff; Harz; Inulin.

HEILWIRKUNGEN Stärkendes Bittermittel, anregend, nervenstärkend, menstruationsfördernd.

HEILANZEIGEN Beifuß kann immer angewendet werden, wenn ein verdauungsanregendes Mittel benötigt wird. Er unterstützt die Verdauung durch seinen bitteren Geschmack, der die Verdauungssäfte anregt, gleichzeitig enthält er ein blähungstreibendes Öl. Er wirkt leicht nervenstärkend bei *Depressionen* und lindert Spannungszustände. Beifuß kann auch zur Förderung der normalen Monatsblutung eingesetzt werden.

ZUBEREITUNG, DOSIERUNG Aufguß: 1–2 Teelöffel des getrockneten Krauts mit einer Tasse kochendem Wasser übergießen und 10–15 Minuten in einem geschlossenen Gefäß ziehen lassen. Dreimal täglich trinken. Beifuß ist zur Geschmacksverbesserung in einigen Aperitifs enthalten; auch ein guter und angenehmer Weg, ihn einzunehmen!

Tinktur: 1–4 Milliliter dreimal täglich.

Beinwell

Radix Consolidae und Herba Symphyti
Symphytum officinale Rauhblattgewächse

VERWENDETER TEIL Wurzel und Wurzelstock, Blatt.

SAMMELN Die Wurzeln sollten im Frühjahr oder Herbst ausgegraben werden, wenn sie das meiste Allantoin enthalten. Man teile die Wurzel der Länge nach und trockne sie bei Temperaturen zwischen 40 und 60° C.

INHALTSSTOFFE Schleimstoffe, Gummi, Allantoin, Gerbstoff, Alkaloide, Harz, ätherisches Öl.

HEILWIRKUNGEN Wundheilend, schleimhautschützend, adstringierend, schleimlösend.

HEILANZEIGEN Die eindrucksvollen wundheilenden Eigenschaften von Beinwell beruhen zum Teil auf seinem Gehalt an Allantoin. Dieses Mittel regt die Zellteilung an und unterstützt somit die Wundheilung sowohl innerlich als auch äußerlich. Durch seinen zusätzlichen Gehalt an schleimhautschützendem Pflanzenschleim wirkt Beinwell äußerst gut bei *Magen-* und *Zwölffingerdarmgeschwür, Magenbruch* und *eitriger Dickdarmentzündung.* Seine adstringierende Wirkung hilft bei *Blutungen*, gleichgültig, wo sie auftreten. Er hat sich bei *Bronchitis* und *nervösem Husten* bewährt, wobei er lindernd, reizmildernd und gleichzeitig schleimlösend wirkt. Beinwell kann äußerlich angewendet werden, um die Wundheilung zu beschleunigen. Bei tiefen Wunden ist jedoch Vorsicht geboten, da die äußerliche Anwendung von Beinwell dazu führen kann, daß sich bereits Gewebe über der Wunde bildet, bevor sie in tieferen Schichten ausgeheilt ist, was möglicherweise zu Abszessen führen kann. Er kann bei allen *äußerlichen Geschwüren* benutzt werden, für *Wunden* und *Brüche* als Kompresse oder Packung. Er wirkt ausgezeichnet bei *chronischen Krampfadergeschwüren*. Man sagt ihm nach, daß er gegen Krebs wirkt.

MISCHUNGEN Bei *Magengeschwüren* und *Entzündungen* läßt sich Beinwell gut zusammen mit Eibisch und Mädesüß anwenden. Für Brust- und Bronchialprobleme kann er mit Huflattich, Weißem Andorn oder Alant gemischt werden.

ZUBEREITUNG, DOSIERUNG Abkochung: 1–3 Teelöffel des getrockneten Krauts in eine Tasse Wasser geben, zum Kochen bringen und 10–15 Minuten leicht kochen lassen. Dreimal täglich trinken. Zur äußerlichen Anwendung siehe Kapitel über die Haut.

Tinktur: 2–4 Milliliter dreimal täglich.

Benediktinendistel

Herba und Fructus Cardui benedicti
Cnicus benedictus
Korbblütler

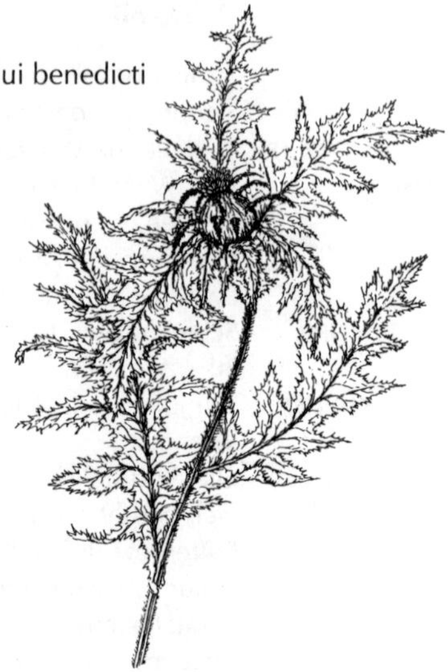

VERWENDETER TEIL Getrocknete oberirdische Teile und Samen.

SAMMELN Die Blätter und blühenden Zweige sollten während der Blütezeit (Juni bis August) gesammelt, im Schatten getrocknet und nach dem Trocknen zerschnitten werden. Die Samen werden im Herbst gesammelt, nachdem sie ausgereift sind.

INHALTSSTOFFE Das Bitterstoffglykosid Knizin, Flavonoide, ätherische Öle, Pflanzenschleim.

HEILWIRKUNGEN Stärkendes Bittermittel, adstringierend, schweißtreibend, antibakteriell, schleimlösend.

HEILANZEIGEN Aufgrund ihrer bitteren Eigenschaften fördert die Benediktinendistel den Fluß von Verdauungs- und Gallensäften. Sie eignet sich sehr gut bei *Appetitlosigkeit, Magenverstimmung* und *Verdauungsstörungen* und kann bei allen Krankheiten des Verdauungssystems eine Rolle spielen, die von *Blähungen* und *Krämpfen* begleitet sind. Aufgrund ihrer adstringierenden Wirkung kann sie bei *Durchfall* oder bei *Blutungen* benutzt werden. Äußerlich angewendet ist sie ein wundheilendes und antiseptisches Mittel.

MISCHUNGEN Bei *Verdauungsstörungen,* die auf Trägheit des Verdauungssystems beruhen, kann die Benediktinendistel mit dem Kahlen Schildblumenkraut gemischt werden, bei *Durchfall* mit Mädesüß und Blutwurz.

ZUBEREITUNG, DOSIERUNG Aufguß: 1 Teelöffel des getrockneten Krauts mit einer Tasse kochendem Wasser übergießen und 10–15 Minuten ziehen lassen. Dreimal täglich eine Tasse.
Tinktur: 1–2 Milliliter dreimal täglich.

Berberitze

Cortex Berberidis Ligni
Berberis vulgaris
Berberitzengewächse

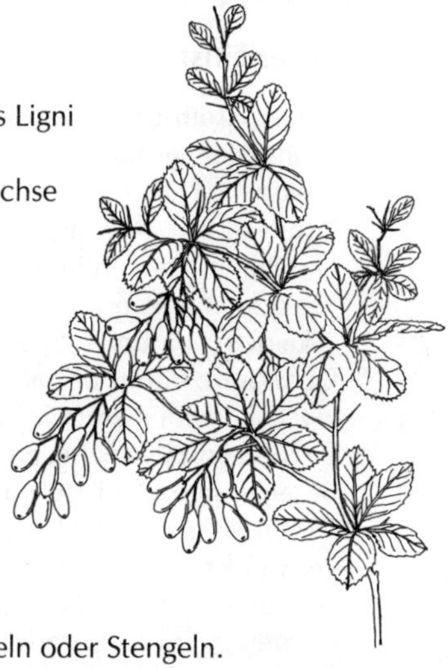

VERWENDETER TEIL Rinde von Wurzeln oder Stengeln.

SAMMELN Die Wurzeln sollten im Frühling (März) oder Herbst (November) ausgegraben, die Rinde sollte zur gleichen Zeit gesammelt werden. Man schäle die Rinde von Wurzeln und Stengeln und trockne sie im Schatten.

INHALTSSTOFFE Alkaloide, einschließlich Berberin, Oxycanthin, Chelidonsäure und Gerbsäure.

HEILWIRKUNGEN Gallenflußfördend, brechreizstillend, verdauungsfördernd, abführend.

HEILANZEIGEN Die Berberitze ist eines der besten Mittel bei Leberstörungen und zur Anregung des Gallenflusses. Sie ist besonders bei *Entzündungen der Gallenblase* oder bei *Gallensteinen* angezeigt; auch bei *Gelbsucht,* die auf gestauter Leber beruht. Bei *Schwäche-* und *Erschöpfungszuständen* kann sie zur Stärkung und Reinigung des gesamten Körpers benutzt werden, da Berberitze ein bitteres Tonikum mit leicht abführender Wirkung ist. Interessanterweise kann Berberitze auch eine *vergrößerte Milz* wieder in einen normalen Zustand zurückführen. Sie wirkt gegen *Malaria* und kann außerdem in der Behandlung von *Protozoen-Infektionen* des Typs Leistimania verwendet werden.

VORSICHT Berberitze sollte während der Schwangerschaft gemieden werden.

MISCHUNGEN Bei Gallenblasenproblemen läßt sie sich gut mit der Rinde des Schneeflockenbaums oder mit Virginischem Ehrenpreis mischen.

ZUBEREITUNG, DOSIERUNG Abkochung: 1 Teelöffel der Rinde in eine Tasse kaltes Wasser geben und zum Kochen bringen. Vom Feuer nehmen und 10 – 15 Minuten ziehen lassen. Dreimal täglich trinken.
Tinktur: 2 – 4 Milliliter dreimal täglich.

Besenginsterblüten

Flores Sarothamni *Sarothamnus scoparius*
Schmetterlingsblütler

VERWENDETER TEIL Blüten.

SAMMELN Können vom Frühling bis in den Herbst gesammelt werden. Die Blüten können in der Sonne oder durch künstliche Hitze getrocknet werden.

INHALTSSTOFFE Alkaloide, darunter Spartein und Cytisin; Flavonglykoside; Gerbsäure; Bitterstoff, ätherisches Öl.

HEILWIRKUNGEN Herzstärkend, harntreibend, blutdrucksteigernd, verengt die peripheren Blutgefäße, adstringierend.

HEILANZEIGEN Besenginsterblüten stellen bei *Herzschwäche* und *niedrigem Blutdruck* ein wertvolles Mittel dar. Sie können immer dann verwendet werden, wenn *Wasseransammlungen* im Körper aufgrund von Herzschwäche auftreten. Besenginsterblüten werden in Fällen *zu starker Menstruation* benutzt.

VORSICHT Besenginster sollte nicht während der Schwangerschaft oder bei zu hohem Blutdruck verwendet werden.

MISCHUNGEN Zur Behandlung des Herzens können die Besenginsterblüten mit Maiglöckchen und Weißdorn kombiniert werden.

ZUBEREITUNG, DOSIERUNG Aufguß: 1 Teelöffel des getrockneten Krauts mit einer Tasse kochendem Wasser übergießen und 10–15 Minuten ziehen lassen. Dreimal täglich trinken.
Tinktur: 1–2 Milliliter dreimal täglich.

Betonienkraut

Herba Betonicae *Betonica officinalis* Lippenblütler
Gebräuchlicher Name: Heilziest

VERWENDETER TEIL Getrocknete oberirdische Teile.

SAMMELN Die oberirdischen Teile sollen kurz vor der Blüte gesammelt und vorsichtig in der Sonne getrocknet werden.

INHALTSSTOFFE Alkaloide, darunter Betonizin, Stachydren und Trigonellin.

HEILWIRKUNGEN Beruhigend und nervenstärkend, verdauungsfördernd.

HEILANZEIGEN Das Betonienkraut stärkt das Zentralnervensystem und wirkt beruhigend. Es findet bei *nervösen Schwächezuständen,* die mit *Angst* und *Anspannung* einhergehen, Verwendung. Es hilft bei *Kopfschmerzen* und *Nervenschmerzen.*

MISCHUNGEN Für die Behandlung nervlich bedingter *Kopfschmerzen* kann es gut zusammen mit Helmkraut verwendet werden.

ZUBEREITUNG, DOSIERUNG Aufguß: 1–2 Teelöffel der getrockneten Pflanze mit einer Tasse kochendem Wasser übergießen und 10–15 Minuten ziehen lassen. Dreimal täglich trinken.
Tinktur: 2–6 Milliliter dreimal täglich.

Birke, Weiße

Folia und Cortex Betulae
Betula pendula
Birkengewächse

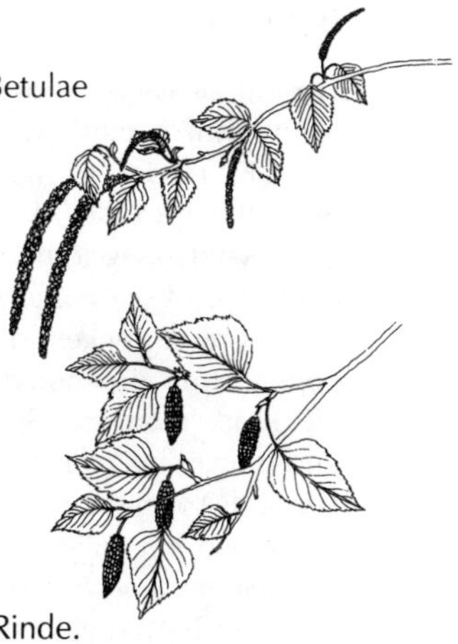

VERWENDETER TEIL Junge Blätter und Rinde.

SAMMELN Die Blätter werden im späten Frühjahr oder im Sommer gesammelt. Beim Sammeln der Rinde muß unbedingt darauf geachtet werden, daß sie nicht rings um den ganzen Stamm entfernt wird, andernfalls wird der Baum absterben.

INHALTSSTOFFE Gerbstoffe, Saponine, Bitterstoffe, Glykoside, ätherische Öle, Flavonoide.

HEILWIRKUNGEN Harntreibend, antiseptisch, stärkend.

HEILANZEIGEN Birkenblätter sind ein wirksames Heilmittel bei *Blasenentzündungen* und anderen Infektionen der Harnwege, gleichzeitig helfen sie, *Wasseransammlungen* im Körper abzubauen. Auch bei *Rheuma* und leichten *arthritischen Schmerzen* finden sie häufige Anwendung. Die Rinde lindert – äußerlich angewendet – *Muskelschmerzen,* wobei die frische, nasse innere Seite der Rinde auf die betreffenden Hautstellen aufgelegt wird.

MISCHUNGEN Bei *Harnwegsinfektionen* kann die Birke mit Bärentraube, bei *rheumatischen Schmerzen* mit Schwarzweide kombiniert werden.

ZUBEREITUNG, DOSIERUNG Aufguß: 1–2 Teelöffel getrocknete Blätter mit einer Tasse kochendem Wasser übergießen und 10 Minuten ziehen lassen. Dreimal täglich trinken.
Tinktur: 1–2 Milliliter dreimal täglich.

Bitterholz

Lignum Quassiae *Picrasma excelsor* Bittereschengewächse

VERWENDETER TEIL Späne vom Stammholz, die frei von Rinde sind.

SAMMELN Nach Fällen des Baums werden Holzspäne abgeraspelt.

INHALTSSTOFFE Bitterstoffglykoside, Alkaloide.

HEILWIRKUNGEN Bitter, verdauungsfördernd, speicheltreibend, wurmtreibend.

HEILANZEIGEN Bitterholz ist ein ausgezeichnetes Mittel zur Behandlung von *Verdauungsstörungen,* die mit Gewebeschwächen des Verdauungssystems zusammenhängen. Wie alle Bittermittel regt es die Produktion von Speichel und von Verdauungssäften an und steigert den Appetit. Es kann ohne Bedenken in allen Fällen von Appetitmangel verwendet werden, z. B. bei *Magersucht* und bei Trägheit des Verdauungssystems. Es kann zur Austreibung von *Fadenwürmern* sowohl als Einlauf als auch für einen Teeaufguß verwendet werden. Äußerlich kann es als Lotion gegen *Läusebefall* verwendet werden.

MISCHUNGEN Bei *Verdauungsschwäche* kann es mit Mädesüß, Eibischwurzel und Hopfen gemischt werden.

ZUBEREITUNG, DOSIERUNG Kalter Aufguß: ½ – 1 Teelöffel Holzspäne in eine Tasse kaltes Wasser geben und über Nacht ziehen lassen. Dreimal täglich trinken.

Einlauf: Hierfür wird ein kalter Aufguß aus einem Teil Bitterholz und 20 Teilen Wasser angesetzt.

Tinktur: ½ – 1 Milliliter dreimal täglich.

Bitterklee

Folia Trifolii fibrini
Menyanthes trifoliata
Bitterkleegewächse

VERWENDETER TEIL Blätter.

SAMMELN Die Blätter werden am besten zwischen Mai und Juli gesammelt. Sie können in der Sonne oder bei mäßiger Hitze getrocknet werden.

INHALTSSTOFFE Glykosidische Bitterstoffe, Alkaloide, Saponine, ätherisches Öl, Flavonoide, Pektin.

HEILWIRKUNGEN Bitter, verdauungsfördernd, harntreibend, gallenflußfördernd, antirheumatisch.

HEILANZEIGEN Bitterklee ist ein sehr gutes Heilkraut gegen *Rheuma, Arthritis* und *rheumatische Arthritis.* Er regt die Darmwände an und wirkt abführend. Deshalb sollte er nicht bei Rheuma verwendet werden, wenn eine *Dickdarmentzündung* oder *Durchfall* vorliegen. Seine deutlich stimulierende Wirkung auf die Verdauungssäfte und den Gallenfluß machen ihn zu einem guten Mittel bei *Schwächezuständen,* die aus träger Verdauung, Verdauungsstörungen und Leber- und Galleproblemen resultieren.

MISCHUNGEN Für die Behandlung von *rheumatischen Beschwerden* läßt er sich gut mit Löwenblattwurzel und Selleriesamen kombinieren.

ZUBEREITUNG, DOSIERUNG Aufguß: 1 – 2 Teelöffel getrocknetes Kraut mit einer Tasse kochendem Wasser übergießen und 10 – 15 Minuten ziehen lassen. Dreimal täglich trinken.
Tinktur: 1 – 4 Milliliter dreimal täglich.

Bittersüßstengel

Folia und Stipites Dulcamarae (rezeptpflichtig)
Solanum dulcamara Nachtschattengewächse.

VERWENDETER TEIL Blätter und Stengel des Bittersüßen Nachtschattens.

SAMMELN Die Stengel werden im September und Oktober gesammelt.

INHALTSSTOFFE Dulcamarin, Gerbstoffe, Gummi, 1 Prozent Alkaloide einschließlich Solanin.

HEILWIRKUNGEN Harntreibend, blutreinigend, antirheumatisch, schleimlösend, beruhigend.

HEILANZEIGEN Die Stengel finden hauptsächlich bei Hautkrankheiten und rheumatischen Beschwerden Verwendung, also bei Problemen, die möglicherweise ihre Ursache in der gesamten Stoffwechselfunktion haben. Bittersüßstengel werden daher bei *Schuppenflechte, Ausschlag* und *Pityriasis* verwendet. *Rheumatische* und *arthritische Entzündungen* werden sowohl gelindert als auch langsam gebessert. Auch bei *Durchfall, Ruhr, Gelbsucht* und *Lebererkrankungen* kann diese Pflanze Verwendung finden. Aus den Stengeln, besonders aus den Blättern, läßt sich eine Salbe gegen *Ausschlag, Schuppenflechte* und *Geschwüre* herstellen.

VORSICHT Die Beeren sollten nicht verwendet werden, denn sie haben einen weit höheren Gehalt an Alkaloiden als die restliche Pflanze und sind meist giftig.

ZUBEREITUNG, DOSIERUNG Aufguß: 1 Teelöffel getrocknetes Kraut mit einer Tasse kochendem Wasser übergießen und 10 Minuten ziehen lassen. Zweimal täglich trinken.
Tinktur: 1 – 2 Milliliter dreimal täglich.

Blasentang

Fucus vesiculosus *Fucus vesiculosus* Fucaceae

VERWENDETER TEIL Die ganze Pflanze des häufig vorkommenden Seetangs.

INHALTSSTOFFE Algin, Mannitol, Karotin und Zeaxanthin sowie Jod und Brom.

HEILWIRKUNGEN Gegen Unterfunktion der Schilddrüse, antirheumatisch.

HEILANZEIGEN Der Blasentang hat sich als besonders nützlich bei der Behandlung von *Schilddrüsenunterfunktion* und bei *Kropf* erwiesen. Über die Regulierung der Schilddrüsenfunktion werden außerdem alle damit verbundenen Symptome verbessert. Wenn *Fettleibigkeit* sich auf Schilddrüsenprobleme zurückführen läßt, dann kann dieses Heilkraut zur Gewichtsabnahme beitragen. Dem Blasentang wird darüber hinaus nachgesagt, daß er bei *Rheuma* und bei *rheumatischer Arthritis* hilft, sowohl bei innerlicher Anwendung als auch als äußerliche Auflage auf *entzündete Gelenke.*

ZUBEREITUNG, DOSIERUNG Am besten wird Blasentang in Tablettenform eingenommen. Andernfalls werden für einen Aufguß 2–3 Teelöffel der getrockneten Pflanze mit einer Tasse kochendem Wasser übergossen; den Aufguß 10 Minuten ziehen lassen. Dreimal täglich trinken.

Blutwurz

Rhizoma Tormentilla *Potentilla tormentilla* Rosengewächse

VERWENDETER TEIL Wurzelstock.

SAMMELN Der Wurzelstock wird im Herbst ausgegraben, in kleine Stücke geschnitten und getrocknet.

INHALTSSTOFFE 15 Prozent Gerbstoffe, Glykoside, roter Farbstoff.

HEILWIRKUNGEN Adstringierend, wundheilend.

HEILANZEIGEN Die Blutwurz ist bei *Durchfall* ein äußerst wirkungsvolles adstringierendes Mittel, besonders bei akuten Formen oder wenn er nervlich bedingt ist. Sie wird oft als Teil der Behandlung von *Dickdarmentzündungen* verwendet, sowohl bei Schleimhaut- als auch bei geschwürartigen Beschwerden. Aus Blutwurz läßt sich außerdem ein gutes adstringierendes Gurgelmittel für die Mund- und Rachenschleimhäute herstellen, das bei *Kehlkopf-* und *Rachenentzündung, Zahnfleischbluten, Mundgeschwüren* und ähnlichem helfen kann. Als Lotion wird die Blutwurz darüber hinaus äußerlich zur Linderung von *Hämorrhoiden* verwendet. Als Einreibemittel, Lotion, Kompresse oder Auflage beschleunigt sie die Heilung von *Wunden* und *Schnitten*.

ZUBEREITUNG, DOSIERUNG Abkochung: 1–2 Teelöffel des getrockneten Wurzelstocks in eine Tasse Wasser geben, zum Kochen bringen und 10–15 Minuten leicht kochen. Dreimal täglich trinken.
Tinktur: 2–4 Milliliter dreimal täglich.

Blutwurzel, Kanadische

Radix Sanguinaria canadensis *Sanguinaria canadensis* Mohngewächse

VERWENDETER TEIL Der getrocknete Wurzelstock.

SAMMELN Der Wurzelstock wird im Frühsommer oder im Herbst ausgegraben, sobald die Blätter vertrocknet sind. Er soll vorsichtig im Schatten getrocknet werden.

INHALTSSTOFFE Alkaloide, darunter Sanguinarin, Chelerythrin, Fumarin und Homochelidin; rotes Harz; Zitronensäure; Apfelsäure.

HEILWIRKUNGEN Schleimlösend, krampflösend, brechreizfördernd, abführend, antiseptisch, herzanregend, äußerlich reizend.

HEILANZEIGEN Die Kanadische Blutwurzel wird vor allem bei *Bronchitis* jeglicher Art eingesetzt. Während sie ihre stimulierende Wirkung als brechreizförderndes Mittel und als schleimlösendes Mittel beweist, wirkt sie gleichzeitig entspannend auf die Bronchialmuskeln. Deshalb spielt sie bei der Behandlung von *Asthma, Krupp, Pseudokrupp* und bei *Kehlkopfentzündungen* eine Rolle. Bei *schlechter Durchblutung der äußeren Blutgefäße* wirkt sie stimulierend. Bei der Behandlung von *Polypen der Nase* kann sie wie Schnupftabak benutzt werden.

MISCHUNGEN Bei *Bronchialasthma* kann sie zusammen mit Lobelie eingenommen werden. Bei einer *Rachenentzündung* eignet sich eine Mischung mit Salbei oder Paprika.

ZUBEREITUNG, DOSIERUNG Abkochung: Ein Teelöffel des Wurzelstocks in eine Tasse kaltes Wasser geben, zum Kochen bringen, vom Feuer nehmen und 10 Minuten ziehen lassen. Dreimal täglich eine Tasse.
Tinktur: 2–4 Milliliter dreimal täglich.

Bockshornsamen

Semen Foenugraeci *Trigonella foenum-graecum*
Schmetterlingsblütler

VERWENDETER TEIL Samen.

INHALTSSTOFFE Steroidsaponine, darunter Diosgenin; Alkaloid, 30 Prozent Pflanzenschleim; Bitterstoff; ätherisches und festes Öl.

HEILWIRKUNGEN Schleimlösend, schleimhautschützend, stärkend, milchtreibend.

HEILANZEIGEN Bockshornsamen wird schon von alters her als Heilkraut benutzt. Er kann sehr gut zur lokalen Heilung und gegen Entzündungen bei *Wunden, Furunkeln, Geschwüren, Fisteln, Tumoren* und ähnlichem benutzt werden. Er kann innerlich gegen *Bronchitis* und als Gurgelmittel gegen *Halsentzündung* genommen werden. Sein bitterer Geschmack erklärt seine Rolle bei *Verdauungsstörungen*. Er regt die Milchbildung bei Müttern sehr stark an und kann ohne Bedenken zu diesem Zweck benutzt werden. Man sagt ihm nach, daß er die Brustentwicklung fördert.

ZUBEREITUNG, DOSIERUNG Packung: Für die äußerliche Anwendung sollten die Bockshornsamen pulverisiert und anschließend zu einer Packung verarbeitet werden.
Abkochung: Um die Milchbildung anzuregen, werden $1^1/_2$ Teelöffel der Samen in einer Tasse Wasser 10 Minuten leicht gekocht. Dreimal täglich trinken. Um den Geschmack zu verbessern, kann 1 Teelöffel Anissamen hinzugegeben werden.
Tinktur: 1–2 Milliliter dreimal täglich.

Boldo

Folia Boldo *Peumus boldo* Monimiaceae

VERWENDETER TEIL Getrocknete Blätter.

SAMMELN Die immergrünen Blätter können jederzeit gesammelt werden. Sie sollten im Schatten nicht über 40° C getrocknet werden.

INHALTSSTOFFE 2 Prozent ätherische Öle, das Alkaloid Boldin, Glykoside, Harze und Gerbsäure.

HEILWIRKUNGEN Gallenflußfördernd, leberstärkend, harntreibend, beruhigend.

HEILANZEIGEN Boldo ist ein spezifisches Mittel bei Gallenproblemen, wie z. B. *Steinen* oder *Entzündungen.* Es wird auch bei *Schmerzen der inneren Organe* verwendet, wenn diese aus Problemen mit der Leber oder Galle resultieren. Boldo hat milde, die Schleimhaut der Harnwege schützende und antiseptische Eigenschaften und kann bei Blasenentzündungen benutzt werden.

MISCHUNGEN Bei der Behandlung von Leber- und Gallenproblemen kann Boldo gut mit Mahonienrinde und Schneeflockenbaum gemischt werden.

ZUBEREITUNG, DOSIERUNG Aufguß: 1 Teelöffel der getrockneten Blätter mit einer Tasse kochendem Wasser übergießen und 10–15 Minuten ziehen lassen. Dreimal täglich trinken.
Tinktur: 1–2 Milliliter dreimal täglich.

Borretsch

Herba Borraginis
Borago officinalis
Rauhblattgewächse

VERWENDETER TEIL Getrocknete Blätter.

SAMMELN Die Blätter sollten zu Beginn der Blütezeit im Frühsommer gesammelt werden. Jedes Blatt einzeln abpflücken und alle aussortieren, die auch nur im geringsten beschädigt sind. Nur sammeln, wenn die Pflanze nicht tau- oder regenfeucht ist.

INHALTSSTOFFE Saponine, Pflanzenschleim, Gerbstoffe, ätherisches Öl.

HEILWIRKUNGEN Schweißtreibend, schleimlösend, stärkend, entzündungshemmend, milchtreibend.

HEILANZEIGEN Borretsch wirkt regenerierend auf die Nebennierenrinde und kann somit die Nebennieren nach einer medikamentösen Behandlung mit Kortison oder Steroidhormonen wiederbeleben und erneuern. Wir brauchen heutzutage verstärkt Mittel, die diese Drüse stärken, da sie zunehmend *Streß* von innen und außen ausgesetzt ist. Borretsch kann als Nebennierentonikum über längere Zeit eingesetzt werden. Er kann während eines *Fiebers* und besonders in der *Rekonvaleszenz* genommen werden. Man sagt ihm eine entzündungshemmende Wirkung bei Problemen wie z. B. *Rippenfellentzündung* nach. Die Blätter und Samen regen den *Milchfluß bei stillenden Müttern* an.

ZUBEREITUNG, DOSIERUNG Aufguß: 2 Teelöffel des getrockneten Krauts mit einer Tasse kochendem Wasser übergießen und 10–15 Minuten ziehen lassen. Dreimal täglich eine Tasse.
Tinktur: 1–4 Milliliter dreimal täglich.

Braunelle, Kleine

Prunella vulgaris
Lippenblütler

VERWENDETER TEIL Oberirdische Teile.

SAMMELN Die jungen Triebe und Blätter werden im Juni vor der Blütezeit gesammelt.

INHALTSSTOFFE Ätherisches Öl, Bitterstoff, Gerbstoff.

HEILWIRKUNGEN Adstringierend, wundheilend, stärkend.

HEILANZEIGEN Die Kleine Braunelle ist ein wundheilendes Mittel mit langer Tradition. Die frischen Blätter können als Packung oder Auflage bei der Reinigung von *Schnitten* und *Wunden* helfen. Als mildes, adstringierendes Mittel wird die Pflanze innerlich bei *Durchfall, Hämorrhoiden* oder *leichten Blutungen* verwendet. Bei *Halsentzündungen* kann sie mit Honig gesüßt als Gurgelmittel verwendet werden. Bei blutenden *Hämorrhoiden* kann sie als Salbe oder als Lotion benutzt werden sowie als Stärkungsmittel zur Frühjahrskur oder als allgemeines Tonikum in der Rekonvaleszenz.

ZUBEREITUNG, DOSIERUNG Aufguß: 1 – 2 Teelöffel des getrockneten Krauts mit einer Tasse kochendem Wasser übergießen und 10 Minuten ziehen lassen. Dreimal täglich trinken oder als Gurgelmittel oder Lotion verwenden.

Tinktur: 1 – 2 Milliliter dreimal täglich.

Braunwurz

Radix Scrophulariae
Scrophularia nodosa
Rachenblütler

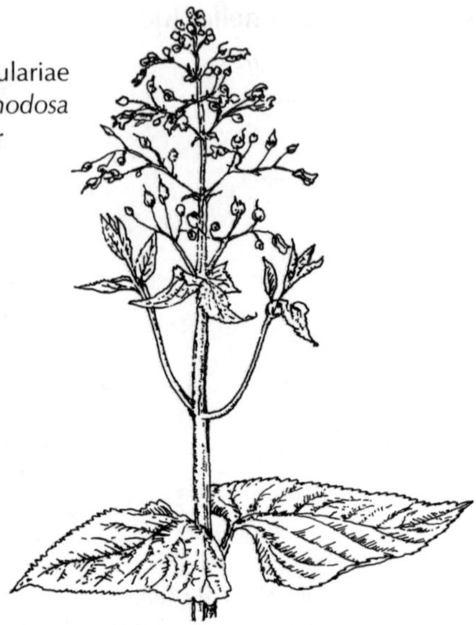

VERWENDETER TEIL	Oberirdische Teile.
SAMMELN	Die Stengel und Blätter werden zur Blütezeit zwischen Juni und August gesammelt.
INHALTSSTOFFE	Saponine, herzwirksame Glykoside, Flavonoide, Harz, Zucker, organische Säuren.
HEILWIRKUNGEN	Blutreinigend, harntreibend, abführend, herzanregend.
HEILANZEIGEN	Die Braunwurz wird vor allem zur Behandlung von Hautproblemen verwendet. Sie hilft dem Körper auf breiter Basis, richtig zu arbeiten, und schafft einen Zustand innerer Sauberkeit. Sie kann für *Ekzeme, Schuppenflechte* und alle Hautprobleme benutzt werden, die von Jucken und gereizter Haut begleitet werden. Zum Teil erfolgt die Reinigung durch die abführende und harntreibende Wirkung. Sie kann als mildes Abführmittel bei *Verstopfung* verwendet werden. Da die Braunwurz anregend auf das Herz wirkt, sollte sie nicht bei *stark beschleunigter Herztätigkeit* benutzt werden.
VORSICHT	Vermeide ihre Anwendung bei *stark beschleunigter Herztätigkeit.*
MISCHUNGEN	Zur Behandlung von Hautproblemen läßt sie sich gut mit Krausem Ampfer und der Großen Klette mischen.
ZUBEREITUNG, DOSIERUNG	Aufguß: 1–3 Teelöffel der getrockneten Blätter mit einer Tasse kochendem Wasser übergießen und 10–15 Minuten ziehen lassen. Dreimal täglich trinken. Tinktur: 2–4 Milliliter dreimal täglich.

Brechwurzel

Radix Ipecacuanhae *Cephaelis ipecacuanha* Rötegewächse

VERWENDETER TEIL Wurzel und Wurzelstock.

SAMMELN Die Wurzel dieses kleinen südamerikanischen Busches kann das ganze Jahr hindurch gesammelt werden, obgleich die Indianer sie während der Blütezeit im Januar und Februar sammeln.

INHALTSSTOFFE Alkaloide, darunter Emetin, Cephaelin; die glykosidischen Gerbstoffe Ipecacuanhinsäure und Ipecacuanhin; Ipecosid; Stärke; Kalziumoxalat.

HEILWIRKUNGEN Schleimlösend, brechreizfördernd, speicheltreibend, einzellervernichtend.

HEILANZEIGEN Die Brechwurzel wird vor allem als schleimlösendes Mittel bei *Bronchitis* und *Keuchhusten* benutzt. Bei höherer Dosierung ist sie ein starkes Brechmittel und wird als solches bei *Vergiftungen* genommen. Bei der Anwendung dieser Heilpflanze ist allerdings Vorsicht geboten. Nachdem durch hohe Dosierung Erbrechen herbeigeführt wurde, sollte bald darauf sehr viel Wasser getrunken werden. Ähnlich wie die Brechwurzel durch Anregung von Schleimabsonderung schleimlösend und reinigend wirkt, regt sie auch die Speichelproduktion an. Sie hat sich bei der Behandlung von *Amöbenruhr* als wirkungsvoll erwiesen.

MISCHUNGEN Bei *Bronchialerkrankungen* läßt sich die Brechwurzel gut mit Weißem Andorn, Huflattich oder Grindeliakraut mischen. Bei *Amöbenruhr* kann sie mit Geflecktem Storchschnabel oder Sonnenhutwurzel genommen werden.

ZUBEREITUNG, DOSIERUNG Aufguß: Da dieses Heilkraut sehr stark wirkt, sollte es nur in geringen Mengen verwendet werden. 0,01 – 0,25 Gramm der Wurzel werden für einen Aufguß genommen. Eine kleine Menge der Wurzel (soviel wie eine Erbse) mit einer Tasse kochendem Wasser übergießen und 5 Minuten ziehen lassen. Dreimal täglich trinken. Soll die Wurzel als starkes Brechmittel genommen werden, können 1 – 2 Gramm verwendet werden, was einer Menge von $\frac{1}{4}$ – $\frac{1}{2}$ Teelöffel entspricht, die in einem Aufguß verwendet wird.

Breitwegerich

Herba Plantaginis majoris
Plantago major
Wegerichgewächse

VERWENDETER TEIL Blätter oder oberirdische Teile.

SAMMELN Breitwegerich kann den ganzen Sommer über während der Blütezeit gesammelt werden. So schnell wie möglich trocknen, da die Blätter sich bei unsachgemäßer Trocknung verfärben.

INHALTSSTOFFE Glykoside, darunter Aukubin; Pflanzenschleim; Phenolsäuren; Kieselsäure.

HEILWIRKUNGEN Schleimlösend, schleimhautschützend, adstringierend, harntreibend.

HEILANZEIGEN Sowohl der Breitwegerich, als auch sein naher Verwandter, der Spitzwegerich, haben wertvolle Heilwirkungen. Er wirkt als mildes schleimlösendes Mittel, während er gleichzeitig entzündete und wunde Schleimhäute beruhigt, wodurch er besonders gut bei *Husten* und *leichter Bronchitis* geeignet ist. Seine adstringierende Wirkung hilft bei *Durchfall, Hämorrhoiden* und *Blasenentzündungen*, die von Blutungen begleitet sind.

ZUBEREITUNG, DOSIERUNG Aufguß: 2 Teelöffel des getrockneten Krauts mit einer Tasse kochendem Wasser übergießen und 10 Minuten ziehen lassen. Dreimal täglich trinken.

Salbe: Breitwegerich kann zu einer Salbe verarbeitet werden, die bei der Behandlung von *Hämorrhoiden* und *Schnittwunden* hilft.

Tinktur: 2 – 3 Milliliter dreimal täglich.

Brennessel

Herba Urticae
Urtica dioica
Brennesselgewächse

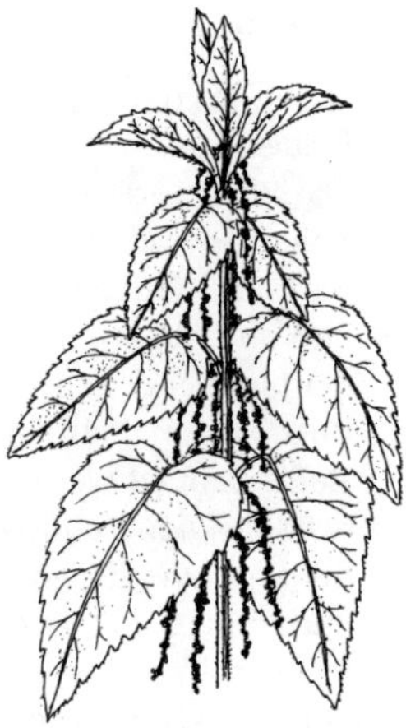

VERWENDETER TEIL Oberirdische Teile.

SAMMELN Die Brennessel sollte während der Blütezeit gesammelt werden.

INHALTSSTOFFE Histamine, Ameisensäure, Chlorophyll, Glukokinine, Eisen, Vitamin C.

HEILWIRKUNGEN Adstringierend, harntreibend, stärkend.

HEILANZEIGEN Die Brennessel zählt zu den Heilpflanzen, die einen sehr großen Anwendungsbereich haben. Sie stärkt und unterstützt den gesamten Körper. Sie gilt als besonders angezeigt bei *Hautausschlag bei Kindern* und hilft bei allen Arten dieses Symptoms, besonders bei *nervösem Hautausschlag*. Als adstringierendes Mittel kann sie bei *Nasenbluten* benutzt oder zur Linderung aller *Blutungen* im Körper verwendet werden, z. B. bei *nichtmenstruellen Blutungen der Gebärmutter*.

MISCHUNGEN Zur Behandlung von *Ekzemen* läßt sich die Brennessel gut mit Braunwurz und der Großen Klette mischen.

ZUBEREITUNG, DOSIERUNG Aufguß: 1 – 3 Teelöffel des getrockneten Krauts mit einer Tasse kochendem Wasser übergießen und 10 – 15 Minuten ziehen lassen. Dreimal täglich trinken.
Tinktur: 1 – 4 Milliliter dreimal täglich.

Bucco

Folia Bucco *Agathosma betulina* Rautengewächse

VERWENDETER TEIL Blätter.

SAMMELN Die Blätter können während der Blütezeit bis zur Reifung der Früchte gesammelt werden.

INHALTSSTOFFE Bis zu 2,5 Prozent ätherische Öle, darunter Diosphenol, Limonen und Menthon.

HEILWIRKUNGEN Harntreibend, antiseptisch auf die Harnwege wirkend.

HEILANZEIGEN Bucco kann bei allen Infektionen des Harn- und Sexualsystems benutzt werden, wie z. B. bei *Blasenentzündung, Harnwegsinfektionen* und *Prostataentzündung.* Aufgrund seiner lindernden und heilenden Eigenschaften kann Bucco sehr gut in Verbindung mit entsprechenden anderen Mitteln bei allen Problemen der genannten Systeme eingesetzt werden. Besonders nützlich ist es bei *schmerzhaftem* und *brennendem Wasserlassen.*

MISCHUNGEN Bei einer *Blasenentzündung* kann Bucco mit Schafgarbe oder Queckenwurzel gemischt werden, bei *brennendem Wasserlassen* mit Eibisch oder Maisgriffel.

ZUBEREITUNG, DOSIERUNG Aufguß: 1 – 2 Teelöffel der Blätter mit einer Tasse kochendem Wasser übergießen und 10 Minuten ziehen lassen. Dreimal täglich trinken.
Tinktur: 2 – 4 Milliliter dreimal täglich.

Chinarinde

Cortex Chinae succirubrae *Cinchona succiruba*
Rötegewächse

VERWENDETER TEIL Die Rinde.

SAMMELN Die Rinde wird gesammelt, wenn die sechs- bis achtjährigen Bäume gefällt und die Rinde abgeschält wird.

INHALTSSTOFFE Alkaloide, darunter Chinin und Chinidin; Gerbstoffe; Bitterstoff.

HEILWIRKUNGEN Fiebersenkend, Magenbitter, wurmtreibend, herzentspannend.

HEILANZEIGEN Die Chinarinde ist als Mittel zur Behandlung fieberhafter Erkrankungen berühmt, besonders solcher, die, wie *Malaria,* periodisch auftreten. Sie kann bei allen Arten von *Fieber* verwendet werden, ist aber normalerweise Teil einer umfassenden Behandlung. Ihre bitteren Eigenschaften geben dieser Heilpflanze eine Rolle bei der Anregung des Verdauungssystems, da sie den gesamten Verdauungsprozeß unterstützt. Sie wirkt so stärkend und außerdem herzberuhigend; sie verringert *Herzklopfen* und normalisiert die Herzfunktion.

ZUBEREITUNG, DOSIERUNG
Aufguß: 1 Teelöffel der getrockneten Rinde mit einer Tasse kochendem Wasser übergießen und 30 Minuten ziehen lassen. Dreimal täglich trinken.
Tinktur: 1 – 2 Milliliter dreimal täglich.

Condurango

Cortex Condurango *Marsdenia condurango*
Seidenpflanzengewächse

VERWENDETER TEIL Getrocknete Rinde.

INHALTSSTOFFE Glykoside, Harz, Gerbstoff, festes Öl.

HEILWIRKUNGEN Wirkt beruhigend auf den Magen.

HEILANZEIGEN Dieses Bittermittel kann bei einer ganzen Reihe von Magen- und Verdauungsproblemen eingesetzt werden. Condurango ist hauptsächlich für seine appetitanregende Eigenschaft bekannt. Eine weitere Eigenschaft besteht darin, die Magennerven zu entspannen, und es kann daher bei *Verdauungsbeschwerden* benutzt werden, die mit nervösen Spannungen und Angstzuständen einhergehen. Die Mischung, die im Kapitel über das Verdauungssystem beschrieben ist, weist diesem Kraut eine Rolle an in der Behandlung von *Magersucht.*

MISCHUNGEN Condurango läßt sich gut mit anderen bitteren Kräutern, mit blähungstreibenden und nervenstärkenden Mitteln mischen, je nach Beschwerden und individuellen Erfordernissen.

ZUBEREITUNG, DOSIERUNG
Aufguß: 1 – 2 Teelöffel der pulverisierten Rinde mit einer Tasse kochendem Wasser übergießen und 10 – 15 Minuten ziehen lassen. Dreimal täglich trinken.
Tinktur: 1 – 2 Milliliter dreimal täglich.

Damiana

Folia Damianae *Turnera aphrodisiaca* Turneraceae

VERWENDETER TEIL Getrocknete Blätter und Stengel.

SAMMELN Blätter und Stengel werden während der Blütezeit gesammelt.

INHALTSSTOFFE Ätherisches Öl, darunter Pinen, Cineol, Cymol, Cadinen und Copaen; Alkaloide; Bitterstoffe; Flavonoide; Cyan-Glykoside; Gerbstoffe; Harz.

HEILWIRKUNGEN Nervenstärkend, antidepressiv, antiseptisch auf die Harnwege wirkend, abführend.

HEILANZEIGEN Damiana ist ein ausgezeichnetes Stärkungsmittel für das Nervensystem. Es hat einen sehr alten Ruf als Aphrodisiakum. Während sich über diesen Ruf streiten läßt, wirkt es auf jeden Fall auf das Zentralnervensystem und das Hormonsystem stärkend. Pharmakologische Untersuchungen der Pflanze lassen vermuten, daß ihre Alkaloide ähnlich wie Testosteron (ein männliches Hormon) wirken. Als wirkungsvolles Mittel gegen Depressionen gilt Damiana als besonders angezeigt bei *Angstzuständen* und *Depressionen,* die mit sexuellen Faktoren zusammenhängen. Es kann zur Kräftigung des männlichen Sexualsystems benutzt werden.

MISCHUNGEN Als Nervenstärkungsmittel wird es oft in Verbindung mit Hafer benutzt. Je nach Zustand läßt es sich gut mit der Kolanuß oder mit Helmkraut kombinieren.

ZUBEREITUNG, DOSIERUNG Aufguß: 1 Teelöffel der getrockneten Blätter mit einer Tasse kochendem Wasser übergießen und 10–15 Minuten ziehen lassen. Dreimal täglich trinken.

Tinktur: 1–2 Milliliter dreimal täglich.

Dill

Fructus Anethi
Anethum graveolens
Doldenblütler

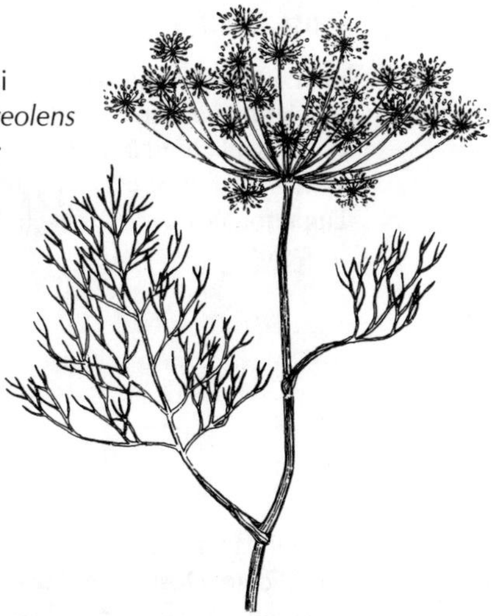

VERWENDETER TEIL Samen.

SAMMELN Die Samen sollten gesammelt werden, wenn sie ganz ausgereift und braun geworden sind. Nicht bei künstlicher Hitze trocknen.

INHALTSSTOFFE 4 Prozent ätherisches Öl, darunter Karvon und Limonen.

HEILWIRKUNGEN Blähungstreibend, aromatisch, krampflösend, milchtreibend.

HEILANZEIGEN Dill ist ein ausgezeichnetes Mittel gegen *Blähungen* und gegen *Krämpfe,* die sie manchmal begleiten. Man sollte dieses Heilkraut bei *Krampfschmerzen bei Kindern* anwenden. Bei *stillenden Müttern* regt es den Milchfluß an. *Mundgeruch* wird durch Kauen der Samen beseitigt.

ZUBEREITUNG, DOSIERUNG Aufguß: 1 – 2 Teelöffel der leicht zerdrückten Samen mit einer Tasse kochendem Wasser übergießen und 10 – 15 Minuten ziehen lassen. Für die Behandlung von *Blähungen* eine Tasse vor den Mahlzeiten trinken.
Tinktur: 1 – 2 Milliliter dreimal täglich.

Dost, Echter

Herba Origani vulgaris
Origanum vulgare
Gebräuchlicher Name:
Wilder Majoran
Lippenblütler

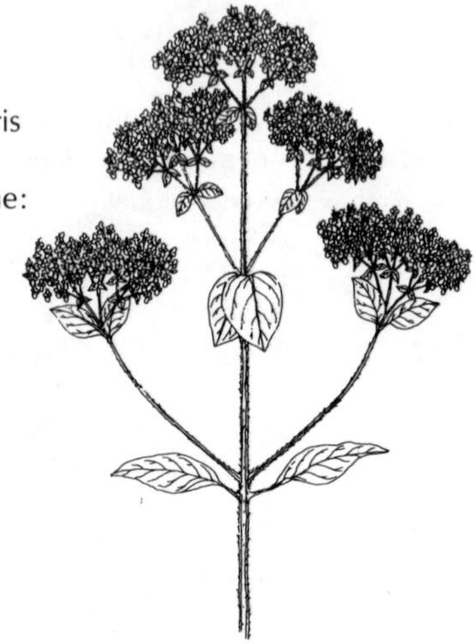

VERWENDETER TEIL Oberirdische Teile.

SAMMELN Der Echte Dost wird kurz nach dem Aufblühen ohne die größeren, dicken Stengel gesammelt.

INHALTSSTOFFE Ätherisches Öl, darunter Thymol, Karvakrol; Säuren; Gerbstoff; Bitterstoff.

HEILWIRKUNGEN Anregend, schweißtreibend, antiseptisch, schleimlösend, menstruationsfördernd, hautreizend.

HEILANZEIGEN Der Echte Dost wird häufig beim Kochen verwendet. Als anregendes schweißtreibendes Mittel wird er, ähnlich wie Ysop, zur Behandlung von *Erkältungen* und *Grippe* benutzt. Seine antiseptischen Eigenschaften geben ihm eine Rolle bei Mundspülungen für *Entzündungen in Mund* und *Hals*. Er kann auch äußerlich bei *infizierten Schnittwunden* und Wunden benutzt werden. Der Teeaufguß wird bei *Husten* und *Keuchhusten* verwendet. Besonders *Kopfschmerzen,* die durch Anspannungen verursacht sind, können durch den Tee oder durch Einreiben von Stirn und Schläfen mit dem Öl gelindert werden. Mit dem Öl können auch von *Muskel-* oder *rheumatischen Schmerzen* betroffene Bereiche eingerieben werden. Eine Lotion aus Echtem Dost lindert *Insektenstiche* und *-bisse.*

ZUBEREITUNG, DOSIERUNG Aufguß: Zur innerlichen Anwendung 1 Teelöffel des Krauts mit einer Tasse kochendem Wasser übergießen und 10–15 Minuten ziehen lassen. Dreimal täglich trinken.

Mundspülung: 2 Teelöffel des Krauts mit $^1/_2$ Liter kochendem Wasser übergießen und in einem geschlossenen Behälter 10 Minuten ziehen lassen. Diese Lösung kann je nach Bedarf zum Gurgeln verwendet werden, wobei sie vorher erhitzt werden sollte. Am besten drei- bis viermal täglich 5–10 Minuten gurgeln.

Tinktur: 1–2 Milliliter dreimal täglich.

Drachenkraut

Radix Dracontii foetidi *Symplocarpus foetidus* Araceae

VERWENDETER TEIL Wurzel und Wurzelstock.

SAMMELN Die unterirdischen Teile sollten im Herbst oder zu Beginn des Frühlings ausgegraben werden. Sie sollten jedoch nicht länger als ein Jahr aufbewahrt werden, da sie mit zunehmendem Alter an Wirkung verlieren.

INHALTSSTOFFE Ätherisches Öl, Harz, ein scharfer Grundstoff.

HEILWIRKUNGEN Krampflösend, schweißtreibend, schleimlösend.

HEILANZEIGEN Das Drachenkraut kann immer eingesetzt werden, wenn die Lunge in einem verspannten oder verkrampften Zustand ist. Es wirkt auf *Reizhusten* entspannend und lindernd. Es kann bei *Asthma, Bronchitis* und *Keuchhusten* verwendet werden. Als schweißtreibendes Mittel hilft es gegen Fieber.

MISCHUNGEN Zur Behandlung asthmatischer Beschwerden kann es mit Grindeliakraut, Pillenwolfsmilch und Lobelie gemischt werden.

ZUBEREITUNG, DOSIERUNG Traditionell wurde das Drachenkraut mit Honig gemischt als Pulver verwendet. Je ein Teil Drachenkraut wird mit acht Teilen Honig gemischt. Hiervon werden $\frac{1}{2}$–1 Teelöffel dreimal täglich eingenommen. Um einen Tee zuzubereiten, werden $\frac{1}{2}$ Teelöffel des Krauts als Aufguß oder Abkochung verwendet.

Tinktur: $\frac{1}{2}$–1 Milliliter dreimal täglich.

Eberraute

Herba Abrotani *Artemisia abrotanum* Korbblütler

VERWENDETER TEIL Oberirdische Teile.

SAMMELN Die Eberraute wird am besten im August oder September gesammelt, wenn möglich mit den Blütenständen. Vorsichtig trocknen und darauf achten, daß nicht zu viel ihres ätherischen Öls verlorengeht.

INHALTSSTOFFE Ätherisches Öl.

HEILWIRKUNGEN Menstruationsfördernd, wurmtreibend, bitter, verdauungsfördernd, antiseptisch.

HEILANZEIGEN Während sie die allgemein stärkende Wirkung aller Bittermittel hat, wird die Eberraute vor allem zur Förderung der Menstruation verwendet. Sie leitet *verspätete Monatsblutungen* ein und hilft bei der Beseitigung von *Fadenwürmern* bei Kindern.

VORSICHT Dieses Kraut sollte während der Schwangerschaft gemieden werden!

MISCHUNGEN Die Eberraute läßt sich bei *verspäteter Monatsblutung* gut mit Heloniaswurzel mischen.

ZUBEREITUNG, DOSIERUNG — Aufguß: 1–2 Teelöffel des getrockneten Krauts mit einer Tasse kochendem Wasser übergießen und 10–15 Minuten in einem geschlossenen Gefäß ziehen lassen. Dreimal täglich trinken. Bei Würmern bei Kindern empfiehlt sich die Einnahme eines Teelöffels des pulverisierten Krauts in etwas Honig, und zwar morgens und abends.
Tinktur: 1–4 Milliliter dreimal täglich.

Eberwurz, Gewöhnlicher

Radix Carlinae *Carlina vulgaris* Korbblütler

VERWENDETER TEIL — Wurzel.

SAMMELN — Die Wurzel dieser winterharten Pflanze sollte im Herbst ausgegraben werden.

INHALTSSTOFFE — Ätherisches Öl, Sesquiterpen, Gerbstoff, Inulin.

HEILWIRKUNGEN — Harntreibend, schweißtreibend, wundheilend.

HEILANZEIGEN — Dieser wunderbaren Heilpflanze wird nachgesagt, sie wirke ähnlich wie Alant. Als Mittel zur Unterstützung der *Wundheilung* wirkt sie antiseptisch. Sie kann bei allen Problemen des Harnwegsystems benutzt werden, vor allem bei Infektionen, wie z. B. einer *Blasenentzündung*.

ZUBEREITUNG, DOSIERUNG — Aufguß: 1 Teelöffel der getrockneten Wurzel mit einer Tasse kochendem Wasser übergießen und 10–15 Minuten ziehen lassen. Dreimal täglich trinken.
Tinktur: 1–2 Milliliter dreimal täglich.

Ehrenpreis, Virginianischer

Rhizoma Leptandrae virginicae
Leptandra virginica
Rachenblütler

VERWENDETER TEIL Wurzelstock und Wurzel.

SAMMELN Diese Wurzel, die in die europäische Kräuterkunde auf dem Weg über die Seneca-Indianer eingeführt wurde, sollte im Herbst ausgegraben werden und muß vor Gebrauch ein Jahr gelagert werden.

INHALTSSTOFFE Leptandrin, ein Bitterstoff, Glykoside, Phytosterin, Saponine, Gerbstoffe, Harz.

HEILWIRKUNGEN Gallenflußfördernd, leicht abführend, schweißtreibend, krampflösend.

HEILANZEIGEN Der Virginianische Ehrenpreis wird zur Linderung von *Leberstau* und bei *entzündeter Gallenblase* eingesetzt. Bei einer *Gelbsucht,* die durch einen Stauungszustand der Leber hervorgerufen ist, soll ebenfalls der Virginianische Ehrenpreis eingesetzt werden, da er bei allen Anzeichen von Leberproblemen hilft. Bei *chronischer Verstopfung,* die häufig auf Leberstörungen zurückgeht, ist dieses Heilkraut ebenfalls zu empfehlen.

MISCHUNGEN Virginianischer Ehrenpreis läßt sich gut mit Berberitze und Löwenzahn kombinieren.

ZUBEREITUNG, DOSIERUNG Abkochung: 1 – 2 Teelöffel getrocknetes Kraut mit einer Tasse Wasser zum Kochen bringen und 10 Minuten leicht kochen lassen. Dreimal täglich trinken.
Tinktur: 2 – 4 Milliliter dreimal täglich.

Eibisch

Radix und Folia Althaeae *Althaea officinalis*
Malvengewächse

VERWENDETER TEIL Wurzel und Blatt.

SAMMELN Die Blätter sollten im Sommer nach der Blütezeit gesammelt, die Wurzeln im Spätsommer ausgegraben werden. Sie sollten von Wurzelfasern und Rinde befreit und sofort getrocknet werden.

INHALTSSTOFFE Wurzel: 25–35 Prozent Pflanzenschleim, Gerbstoffe, Pektin, Asparagin.
Blätter: Pflanzenschleim; wenig ätherisches Öl.

HEILWIRKUNGEN Wurzel: Schleimhautschützend, harntreibend, erweichend, wundheilend.
Blätter: Schleimhautschützend, schleimlösend, harntreibend, erweichend.

HEILANZEIGEN Der hohe Schleimgehalt des Eibisch macht ihn zu einem ausgezeichneten schleimhautschützenden Mittel. Während sich ihre Wirkungen ähneln, wird die Wurzel vor allem bei Verdauungs- und Hautproblemen und die Blätter bei Lungen- und Harnwegsproblemen angewendet. Bei allen Entzündungen des Verdauungssystems, wie z. B. *Entzündungen im Mund, Magenschleimhautentzündungen, Magengeschwür, Dünndarm-* und *Dickdarmentzündung,* ist die Wurzel sehr zu empfehlen. Eibischblätter können bei *Bronchitis, Katarrhen der Atemwege* und *Reizhusten* verwendet werden. Bei *Harnröhrenentzündung* und *Harngrieß* wirken Eibischblätter stark lindernd. Äußerlich ist die Wurzel bei *Krampfadern* und *Unterschenkelgeschwüren* sowie bei *Abszessen* und *Furunkeln* angezeigt.

MISCHUNGEN Bei geschwürartigen Problemen, ob innerlich oder äußerlich, kann er mit Beinwell gemischt werden. Bei *Bronchitis* kann er mit Süßholz oder Weißem Andorn kombiniert werden. Zur Herstellung von Salben wird er oft mit der Amerikanischen Ulme gemischt.

ZUBEREITUNG, DOSIERUNG Abkochung: Die Wurzel sollte in einer Abkochung verwendet werden. Hierzu einen Teelöffel der zerkleinerten Wurzel in eine Tasse Wasser geben und 10–15 Minuten leicht kochen. Dreimal täglich trinken.
Aufguß: 1–2 Teelöffel der getrockneten Blätter mit einer Tasse kochendem Wasser übergießen und 10 Minuten ziehen lassen. Ebenfalls dreimal täglich trinken.
Umschlag: Aus diesem Kraut können sehr gut Kompressen oder Umschläge gemacht werden.
Tinktur: 1–4 Milliliter dreimal täglich.

Eichenrinde

Cortex Quercus
Quercus robur
Buchengewächse

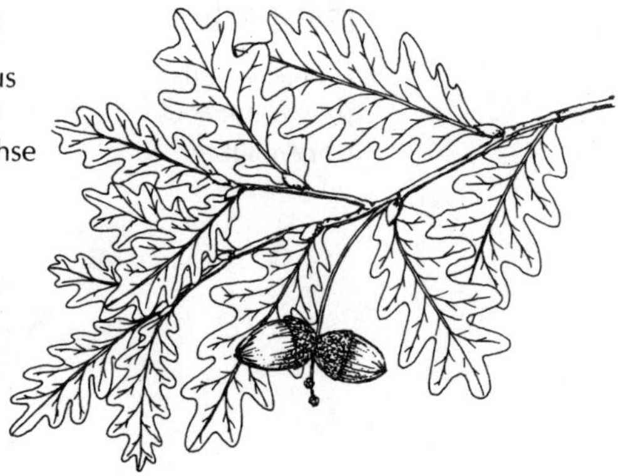

VERWENDETER TEIL Rinde.

SAMMELN Die junge Rinde wird vorsichtig von Stämmen oder von Ästen geschält, deren Durchmesser geringer als 10 Zentimeter ist. Es ist darauf zu achten, immer nur kleine Stücke abzuschälen, niemals einen ganzen Ring um den Stamm zu entfernen, um den Baum nicht zu gefährden. Die Rinde wird im April und Mai gesammelt. Sie muß glatt und frei von Verunreinigungen sein.

INHALTSSTOFFE Bis zu 20 Prozent Gerbstoffe, Gallensäure, Ellagengerbstoff.

HEILWIRKUNGEN Adstringierend, entzündungshemmend, antiseptisch.

HEILANZEIGEN Die Eiche kann immer dann verwendet werden, wenn ein wirkungsvolles, adstringierendes Mittel benötigt wird, z. B. bei *Durchfall, Ruhr* oder *Hämorrhoiden*. Als Gurgelmittel kann die Abkochung bei *Mandel-, Rachen-* und *Kehlkopfentzündung* benutzt werden. Zur Behandlung von *Hämorrhoiden* kann sie als Einlauf und bei *Weißfluß* als Scheidenspülung verwendet werden. Sie ist vor allem bei akutem *Durchfall* angezeigt und wird in diesem Fall in geringen Mengen häufig getrunken.

MISCHUNGEN Zusammen mit Ingwer vor den Mahlzeiten zugeben.

ZUBEREITUNG, DOSIERUNG Abkochung: 1 Teelöffel der Rinde in eine Tasse Wasser geben, zum Kochen bringen und 10–15 Minuten leicht kochen. Dreimal täglich trinken.

Tinktur: 1–2 Milliliter dreimal täglich.

Eisenkraut

Herba Verbenae
Verbena officinalis
Lippenblütler

VERWENDETER TEIL	Oberirdische Teile.
SAMMELN	Dieses Heilkraut sollte kurz vor dem Öffnen der Blüten gesammelt werden, normalerweise im Juli. Schnell trocknen.
INHALTSSTOFFE	Das Bitterstoffglykosid Verbenalin, ätherisches Öl, Pflanzenschleim, Gerbstoff.
HEILWIRKUNGEN	Nervenstärkend, beruhigend, krampflösend, schweißtreibend, möglicherweise milchtreibend, leberstärkend.
HEILANZEIGEN	Eisenkraut kann das Nervensystem stärken und gleichzeitig *Spannungszustände* und *Streß* lösen. Es kann verwendet werden, um *Depressionen* und *Melancholie* zu lindern, vor allem wenn sie als Folge einer Krankheit, wie z. B. *Grippe*, auftreten. Eisenkraut kann bei *Anfällen* und *Hysterie* helfen. Als schweißtreibendes Mittel kann es in den Anfangsstadien eines *Fiebers* verwendet werden. Als leberstärkendes Mittel erweist es sich bei *Entzündungen der Galle* und bei *Gelbsucht* als nützlich. Es kann als Mundspülung bei *Karies* und *Zahnfleischerkrankungen* verwendet werden.
MISCHUNGEN	Zur Behandlung von *Depressionen* kann es mit Helmkraut, Hafer und Frauenschuh gemischt werden.
ZUBEREITUNG, DOSIERUNG	Aufguß: 1 – 3 Teelöffel des getrockneten Krauts mit einer Tasse kochendem Wasser übergießen und 10 – 15 Minuten ziehen lassen. Dreimal täglich trinken. Tinktur: 2 – 4 Milliliter dreimal täglich.

Engelwurz

Radix Angelicae
Angelica archangelica
Doldenblütler

VERWENDETER TEIL Wurzeln und Blätter dienen medizinischen Heilzwecken, Stengel und Samen werden für Süßigkeiten verwendet.

SAMMELN Die Wurzel wird im Herbst des ersten Jahres gesammelt. Sehr dicke Wurzeln können der Länge nach aufgeschnitten werden, um die Trocknung zu beschleunigen. Die Blätter sollten im Juni gesammelt werden.

INHALTSSTOFFE Ätherische Öle, darunter Phellandren, Pinen, Angelikasäure, Cumarin-Verbindungen, Bitterstoffe, Gerbsäure.

HEILWIRKUNGEN Blähungstreibend, krampflösend, schleimlösend, harntreibend, schweißtreibend.

HEILANZEIGEN Bei *Husten, Bronchitis* und *Rippenfellentzündung*, besonders wenn sie von *Fieber, Erkältungen* oder *Grippe* begleitet werden, ist dieses Heilkraut ein sehr nützliches schleimlösendes Mittel. Bei *Entzündungen des Brustkorbs* können die Blätter als Kompressen benutzt werden. Ihr Gehalt an blähungstreibenden ätherischen Ölen erklärt ihre Verwendung zur Linderung von *Darmkoliken* und *Blähungen*. Als verdauungsförderndes Mittel stimuliert die Engelwurz den Appetit und kann z. B. bei *Magersucht* benutzt werden. Es hat sich erwiesen, daß die Engelwurz hilft, *rheumatische Entzündungen* zu lindern. Bei *Blasenentzündungen* wirkt sie antiseptisch im Harnsystem.

MISCHUNGEN Für *bronchiale Beschwerden* läßt sie sich gut mit Huflattich und Weißem Andorn mischen; für *Verdauungsbeschwerden, Blähungen* und *Appetitlosigkeit* mit Kamille.

ZUBEREITUNG, DOSIERUNG Abkochung: 1 Teelöffel der geschnittenen Wurzel pro Tasse Wasser zum Kochen bringen und zwei Minuten leicht kochen lassen. Vom Feuer nehmen und 15 Minuten ziehen lassen. Dreimal täglich trinken.

Tinktur: 2–5 Milliliter dreimal täglich.

Enzianwurzel

Radix Gentianae
Gentiana lutea
Enziangewächse

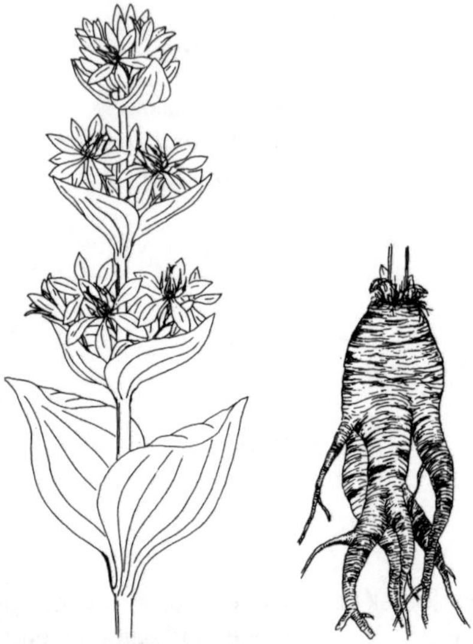

VERWENDETER TEIL	Der getrocknete Wurzelstock und die Wurzel.
SAMMELN	Die unterirdischen Teile werden im Herbst ausgegraben, in Scheiben geschnitten und langsam getrocknet. Geruch, Farbe und Geschmack entwickeln sich während des Trocknens.
INHALTSSTOFFE	Bitterstoffe, darunter Gentiopicrin und Amarogentin, Peltin, Gerbstoff, Pflanzenschleim, Zucker.
HEILWIRKUNGEN	Magenanregend, speicheltreibend, verdauungsfördernd, gallenflußfördernd.
HEILANZEIGEN	Der Enzian ist ein ausgezeichnetes Bittermittel und regt Appetit und Verdauung an. Er fördert die Produktion von Speichel, Magensäften und Galle. Außerdem beschleunigt er die Entleerung des Magens. Er ist bei *Appetitmangel* und *Trägheit des Verdauungssystems* angezeigt und wirkt stärkend auf den ganzen Körper.
MISCHUNGEN	Enzian wird oft mit anderen verdauungsfördernden Mitteln, wie Ingwer und Kardamom, genommen.
ZUBEREITUNG, DOSIERUNG	Abkochung: ½ Teelöffel der zerkleinerten Wurzel in eine Tasse Wasser geben und 5 Minuten kochen. Diesen Tee 15–30 Minuten vor den Mahlzeiten warm trinken oder immer dann nehmen, wenn Magenschmerzen aus Völlegefühl entstehen. Tinktur: 1–4 Milliliter dreimal täglich.

Erdrauchkraut

Herba Fumariae
Fumaria officinalis
Mohngewächse

VERWENDETER TEIL Oberirdische Teile.

SAMMELN Es kann während des ganzen Sommers gesammelt werden.

INHALTSSTOFFE Alkaloide, Bitterstoffe, Pflanzenschleim, Fumarinsäure, Aminosäure, Harz.

HEILWIRKUNGEN Harntreibend, abführend, blutreinigend.

HEILANZEIGEN Das Erdrauchkraut wird seit langer Zeit zur Behandlung von Hautproblemen, wie z. B. *Ekzemen* und *Akne,* verwendet. Es kann auch als Augenbad zur Linderung von *Bindehautentzündung* Anwendung finden.

MISCHUNGEN Als sinnvolle Mischung empfiehlt sich Erdrauchkraut, Große Klette, Klettenlabkraut oder Braunwurz.

ZUBEREITUNG, DOSIERUNG Aufguß: 1 – 2 Teelöffel des getrockneten Krauts mit einer Tasse kochendem Wasser übergießen und 10 – 15 Minuten ziehen lassen. Dreimal täglich trinken.
Tinktur: 1 – 2 Milliliter dreimal täglich.

Faulbaum, Amerikanischer

Cortex Rhamni Purshianae
Rhamnus purshiana
Kreuzdorngewächse

VERWENDETER TEIL	Getrocknete Rinde.
SAMMELN	Die Rinde dieses amerikanischen Baums wird im Frühling und Sommer vom Baum geschält und zur Ausreifung einige Jahre gelagert. Aufgrund rücksichtsloser Abholzung durch weiße Siedler hat sich die Zahl dieser Bäume im letzten Jahrhundert stark verringert.
INHALTSSTOFFE	Anthrachinone, Gerbstoff, ätherisches Öl.
HEILWIRKUNGEN	Leicht abführend, stärkend, bitter, verdauungsfördernd.
HEILANZEIGEN	Die Amerikanische Faulbaumrinde kann bei *chronischer Verstopfung* verwendet werden, da sie die Darmtätigkeit anregt und erschlaffte Muskeln des Verdauungssystems kräftigt.
MISCHUNGEN	Der Faulbaum sollte mit aromatischen und blähungstreibenden Mitteln, wie z. B. Süßholz, gemischt werden.
ZUBEREITUNG, DOSIERUNG	Abkochung: 1 – 2 Teelöffel der Rinde in eine Tasse Wasser geben, zum Kochen bringen, vom Feuer nehmen und 10 Minuten ziehen lassen. Vor dem Einschlafen eine Tasse. Tinktur: 1 – 2 Milliliter vor dem Einschlafen.

Fenchel

Fructus Foeniculi
Foeniculum vulgare
Doldenblütler

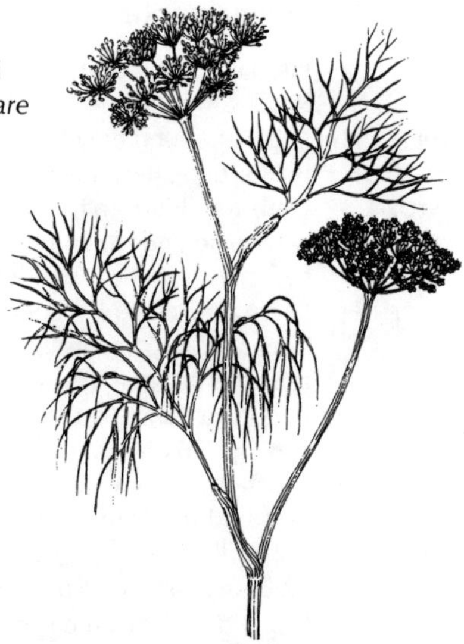

VERWENDETER TEIL Die Samen.

SAMMELN Die Samen sollten im Herbst gesammelt werden, sobald sie reif sind und sich öffnen. Dazu sollte die braune Dolde abgeschnitten werden. Die Samen werden ausgekämmt und gesäubert. Im Schatten trocknen.

INHALTSSTOFFE Bis zu 6 Prozent ätherische Öle, darunter Anethol und Fenchon; 10 Prozent fettes Öl.

HEILWIRKUNGEN Blähungstreibend, aromatisch, krampflösend, anregend, milchtreibend, hautreizend, schleimlösend.

HEILANZEIGEN Fenchel ist ein ausgezeichnetes Heilmittel für Magen und Darm, lindert *Blähungen* und *Koliken* und regt gleichzeitig die Verdauung und den Appetit an. In seiner beruhigenden Wirkung bei *Bronchitis* und *Husten* ähnelt er dem Anis. Er kann zur Geschmacksverbesserung von Hustenmischungen benutzt werden. Fenchel regt den *Milchfluß bei stillenden Müttern* an. Bei äußerlicher Anwendung lindert sein Öl *muskuläre* und *rheumatische Schmerzen.* Der Teeaufguß kann als Kompresse zur Behandlung von *Bindehautentzündung* oder einer *Entzündung der Augenlider* benutzt werden.

ZUBEREITUNG, DOSIERUNG Aufguß: 1–2 Teelöffel der leicht zerdrückten Samen mit einer Tasse kochendem Wasser übergießen und 10 Minuten ziehen lassen. Dreimal täglich trinken. Zur Linderung von *Blähungen* eine Tasse eine halbe Stunde vor den Mahlzeiten trinken.
Tinktur: 2–4 Milliliter dreimal täglich.

Frauenmantel

Herba Alchemilla vulgaris *Alchemilla vulgaris*
Rosengewächse

VERWENDETER TEIL Die Blätter und die blühenden Sprosse.

SAMMELN Blätter und Stengel werden im Juli und August gesammelt.

INHALTSSTOFFE Gerbstoff, Bitterstoff, wenig ätherisches Öl, Salizylsäure.

HEILWIRKUNGEN Adstringierend, harntreibend, entzündungshemmend, menstruationsfördernd, wundheilend.

HEILANZEIGEN Diese und andere Alchemilla-Arten sind in der Volksmedizin in ganz Europa sehr verbreitet. Frauenmantel lindert *Schmerzen*, die mit der Monatsblutung zusammenhängen, und verringert *zu starke Blutungen.* Er kann auch bei den Veränderungen der *Wechseljahre* eine wichtige Rolle spielen. Als menstruationsförderndes Mittel regt er die Monatsblutung an. Seine adstringierende Wirkung weist ihm eine Rolle bei der Behandlung von *Durchfall* zu. Auch zur Mundspülung bei *Abszessen* und *Geschwüren* sowie als Gurgelmittel bei *Kehlkopfentzündung* zu empfehlen.

ZUBEREITUNG, DOSIERUNG Aufguß: 2 Teelöffel des getrockneten Krauts mit einer Tasse kochendem Wasser übergießen und 10–15 Minuten ziehen lassen. Dreimal täglich trinken. Um *Durchfall* wirksam zu bekämpfen sowie bei Verwendung als Mundspülung wird ein stärkeres Mittel hergestellt, indem man das Kraut für einige Minuten kocht, um alle Gerbstoffe zu extrahieren.
Tinktur: 2–4 Milliliter dreimal täglich.

Frauenminze

Herba Pulegii *Mentha pulegium* Lippenblütler

VERWENDETER TEIL Oberirdische Teile.

SAMMELN Die Stengel sollten kurz vor der Blütezeit im Juli gesammelt werden.

INHALTSSTOFFE Ätherisches Öl, Gerbstoff, Flavonglykoside.

HEILWIRKUNGEN Blähungstreibend, schweißtreibend, anregend, menstruationsfördernd.

HEILANZEIGEN Durch ihr stark aromatisches ätherisches Öl kann die Frauenminze *Schmerzen* und *Bauchkrämpfe* lindern, die durch Blähungen verursacht werden. Sie entspannt *krampfartige Schmerzen* und lindert *Angstzustände.* Hauptsächlich wird sie zur Anregung der Menstruation und zur Stärkung der Gebärmutterkontraktion angewendet. Da sie in hoher Dosierung abtreibend wirkt, nicht während der Schwangerschaft einnehmen! Das Öl der Frauenminze sollte ebenfalls gemieden werden, da es eine sehr starke Wirkung entfalten kann.

VORSICHT Frauenminze sollte während der Schwangerschaft keinesfalls angewendet werden.

ZUBEREITUNG, DOSIERUNG Aufguß: 1 – 2 Teelöffel der getrockneten Blätter mit einer Tasse kochendem Wasser übergießen und 10 – 15 Minuten ziehen lassen. Dreimal täglich trinken.
Tinktur: 1 – 2 Milliliter dreimal täglich.

Frauenschuh

Radix Cypripedii *Cypripedium pubescens*
Orchideengewächse

VERWENDETER TEIL Die Wurzel.

SAMMELN Da der Frauenschuh in den meisten Gebieten Europas unter Naturschutz steht, sollte er nicht gesammelt werden.

INHALTSSTOFFE Ätherisches Öl, Harze, Glykoside, Gerbstoff.

HEILWIRKUNGEN Beruhigend, schlaffördernd, krampflösend, nervenstärkend.

HEILANZEIGEN Unter den nervenstärkenden Kräutern hat der Frauenschuh ein vergleichsweise breites Wirkungsspektrum. Er kann bei allen Arten nervlicher Belastung, bei emotionaler Anspannung und Angstzuständen genommen werden. Er hebt die Stimmung, besonders bei *depressiven Zuständen*. Er kann *nervlich bedingte Schmerzen* lindern, wird dann aber am besten in Verbindung mit anderen Kräutern eingenommen. Seine beste Wirkung zeigt er wohl bei der Behandlung von *Angstzuständen*, die von *Schlafstörungen* begleitet werden.

MISCHUNGEN Eine gute Mischung besteht aus Frauenschuh, Helmkraut und Hafer. Bei *nervlich bedingten Schmerzen* kann er mit Piscidiarinde, Passionsblume und Baldrian gemischt werden.

ZUBEREITUNG, DOSIERUNG Aufguß: 1 – 2 Teelöffel der Wurzel mit einer Tasse kochendem Wasser übergießen und 10 – 15 Minuten ziehen lassen. Je nach Bedarf trinken.
Tinktur: 1 – 4 Milliliter dreimal täglich.

Gänseblümchen

Flores Bellidis minor
Bellis perennis
Korbblütler

VERWENDETER TEIL	Frische oder getrocknete Blütenköpfe.
SAMMELN	Die Blüten können zwischen März und Oktober gepflückt werden.
INHALTSSTOFFE	Saponine, Gerbstoff, ätherisches Öl, Flavone, Bitterstoffe, Pflanzenschleim.
HEILWIRKUNGEN	Schleimlösend, adstringierend.
HEILANZEIGEN	Das Gänseblümchen, eine hierzulande weitverbreitete Pflanze, kann vor allem bei *Husten* und *Katarrhen* benutzt werden. Es hat einen guten Ruf sowohl bei *Arthritis* und *Rheuma* als auch bei *Leber-* und *Nierenproblemen.* Aufgrund seiner adstringierenden Wirkung kann es auch bei *Durchfall* hilfreich sein.
MISCHUNGEN	Für einen *Katarrh der Atemwege* kann es mit Goldraute oder Huflattich gemischt werden.
ZUBEREITUNG, DOSIERUNG	Aufguß: 1 Teelöffel der getrockneten Blüten mit einer Tasse kochendem Wasser übergießen und 10 Minuten ziehen lassen. Drei- oder viermal täglich trinken. Tinktur: 2–4 Milliliter dreimal täglich.

Gänsefingerkraut

Herba Anserinae *Potentilla anserina* Rosengewächse

VERWENDETER TEIL Getrocknete oberirdische Teile.

SAMMELN Es sollte im Juni gesammelt werden, dabei alle verfärbten oder angefressenen Blätter entfernen. Im Schatten trocknen.

INHALTSSTOFFE Gerbstoffe, Flavonoide, Bitterstoffe, organische Säuren.

HEILWIRKUNGEN Adstringierend, gegen Katarrh, harntreibend, (örtlich) entzündungshemmend.

HEILANZEIGEN Das Gänsefingerkraut ist ein wirkungsvolles Mittel gegen Katarrh und kann immer verwendet werden, wenn zuviel Schleim gebildet wird. Bei *Hämorrhoiden* kann es eingenommen oder als Kompresse benutzt werden. Es ist bei *Durchfall* angezeigt, besonders dann, wenn er von Verdauungsstörungen begleitet ist. Wenn Entzündungen im Mund auftreten, z. B. bei *Zahnfleischentzündung* oder bei *Aphthen,* erweist sich eine Mundspülung als wirkungsvoll. Als Gurgelmittel lindert es *Halsentzündungen.*

ZUBEREITUNG, DOSIERUNG Aufguß: 2 Teelöffel des getrockneten Krauts mit einer Tasse kochendem Wasser übergießen und 15 Minuten ziehen lassen. Dreimal täglich trinken bzw. gurgeln.

Kompresse: 1–2 Eßlöffel zerkleinertes Gänsefingerkraut mit einem halben Liter Wasser zum Kochen bringen, vom Feuer nehmen und 20 Minuten ziehen lassen. Mit der lauwarmen Flüssigkeit eine feuchte Kompresse machen. Sobald die Kompresse trocken wird, erneut tränken.

Tinktur: 2–4 Milliliter dreimal täglich.

Galgantwurzel

Rhizoma Galangae *Alpina officinarum* Ingwergewächse

VERWENDETER TEIL Wurzelstock.

SAMMELN Dieses Heilkraut wird in China angebaut, wo sein Wurzelstock im Spätsommer und Frühherbst ausgegraben wird. Er wird gewaschen, in Stücke geschnitten und getrocknet.

INHALTSSTOFFE Ätherisches Öl, scharfes Harz, Galangol, Kämpferol, Galangin.

HEILWIRKUNGEN Anregend, blähungstreibend.

HEILANZEIGEN Galgantwurzel ist ein vorzügliches anregendes und blähungstreibendes Mittel, das bei *Blähungen, Verdauungsschwäche* und *Übelkeit* hilft, besonders wenn sie durch trägen Stoffwechsel verursacht werden.

ZUBEREITUNG, DOSIERUNG Aufguß: ½ Teelöffel des pulverisierten Wurzelstocks mit einer Tasse kochendem Wasser übergießen und 10–15 Minuten ziehen lassen. Dreimal täglich trinken.

Tinktur: 1–2 Milliliter dreimal täglich.

Geißraute

Herba Galegae *Galega officinalis* Schmetterlingsblütler

VERWENDETER TEIL Getrocknete oberirdische Teile.

SAMMELN Die Stengel werden mit Blättern und Blüten während der Blütezeit im Juli und August gesammelt. Im Schatten trocknen.

INHALTSSTOFFE Alkaloide, Saponine, Flavonglykoside, Bitterstoffe, Gerbstoff.

HEILWIRKUNGEN Senkt den Blutzuckerspiegel, milchtreibend, harntreibend, schweißtreibend.

HEILANZEIGEN Die Geißraute senkt den Blutzuckerspiegel; deshalb ist ihr Gebrauch bei *Diabetes mellitus* angezeigt. Sie kann jedoch eine Insulinbehandlung nicht ersetzen und sollte nur unter qualifizierter Aufsicht angewendet werden. Geißraute wirkt auch stark milchtreibend und regt sowohl die Bildung als auch den Fluß der Muttermilch an. Sie kann nachweislich in manchen Fällen die Milchmenge um 50 Prozent steigern.

ZUBEREITUNG, DOSIERUNG Aufguß: 1 Teelöffel der getrockneten Blätter mit einer Tasse kochendem Wasser übergießen und 10–15 Minuten ziehen lassen. Zweimal täglich trinken.
Tinktur: 1–2 Milliliter dreimal täglich.

Gelbholzrinde

Cortex und Fructus Xanthoxyli *Zanthoxylum americanum* Rautengewächse

VERWENDETER TEIL Rinde und Beeren.

SAMMELN Die Beeren werden im Spätsommer gesammelt, die Rinde wird im Frühling von den Ästen geschält.

INHALTSSTOFFE Alkaloide, in den Beeren ätherische Öle.

HEILWIRKUNGEN Anregend (vor allem für die Durchblutung), stärkend, blutreinigend, blähungstreibend, schweißtreibend.

HEILANZEIGEN Die Gelbholzrinde wird bei vielen chronischen Beschwerden, wie z. B. bei *Rheuma* und bei *Hautkrankheiten*, benutzt. Bei allen Anzeichen schlechter Durchblutung ist sie angezeigt, so z. B. bei *Frostbeulen, Krämpfen in den Beinen, Krampfadern* und *Krampfadergeschwüren.* Äußerlich wird sie als anregendes Einreibemittel bei *Rheuma* und *Bindegewebsentzündungen* verwendet. Aufgrund ihrer anregenden Wirkung auf das Lymphsystem, die Durchblutung und die Schleimhäute spielt sie bei der ganzheitlichen Behandlung vieler Krankheiten eine Rolle.

ZUBEREITUNG, DOSIERUNG Aufguß: 1–2 Teelöffel der Rinde mit einer Tasse kochendem Wasser übergießen und 10–15 Minuten ziehen lassen. Dreimal täglich trinken.
Tinktur: 2–4 Milliliter dreimal täglich.

Gelbwurzel, Kanadische

Rhizoma Hydrastis
Hydrastis canadensis
Hahnenfußgewächse

VERWENDETER TEIL Wurzel und Wurzelstock.

SAMMELN Wurzeln und Wurzelstock dreijähriger Pflanzen werden im Herbst ausgegraben, nachdem die Samen ausgereift sind. Sorgfältig reinigen und langsam an der Luft trocknen.

INHALTSSTOFFE Die Alkaloide Hydrastin, Berberin und Canadin; Spuren ätherischen Öls; Harz; fettes Öl.

HEILWIRKUNGEN Stärkend, adstringierend, gegen Katarrh, abführend, muskelanregend, wehenanregend, bitter.

HEILANZEIGEN Die Kanadische Gelbwurzel ist eines der nützlichsten Heilkräuter, die uns zur Verfügung stehen. Die meisten ihrer spezifischen Anwendungen beruhen darauf, daß sie stärkend auf alle Schleimhäute des Körpers wirkt. So hilft sie bei allen Verdauungsproblemen, z. B. bei *Magenschleimhautentzündung* und *Dickdarmentzündung*. Ihre anregende Wirkung aufgrund des bitteren Geschmacks weist ihr bei *Appetitmangel* eine Rolle zu. Die Kanadische Gelbwurzel hilft bei allen Katarrhen, besonders bei *Katarrhen der oberen Atemwege.* Ihre kräftigende und adstringierende Wirkung spielen bei ihrer Verwendung für Gebärmutterprobleme, wie *übermäßig starke Monatsblutungen* und bei *nichtmenstruellen Blutungen aus der Gebärmutter,* eine Rolle. Da sie außerdem die glatte Muskulatur anregt, kann sie beim *Geburtsvorgang* helfen, sollte aber aus eben diesem Grund während der Schwangerschaft gemieden werden. Äußerlich wird sie zur Behandlung von *Ekzemen, Fadenpilzerkrankungen, Hautjucken, Ohrenschmerzen* und *Bindehautentzündung* benutzt.

VORSICHT Da die Kanadische Gelbwurzel die glatte Muskulatur der Gebärmutter anregt, sollte sie während der Schwangerschaft gemieden werden!

MISCHUNGEN Bei Magenproblemen läßt sie sich gut mit Mädesüß und Kamille kombinieren. Bei *nichtmenstruellen Blutungen der Gebärmutter* wird sie am besten mit der Amerikanischen Waldlilie gemischt. Zur äußerlichen Waschung von *Reizungen* und *Hautjucken* läßt sie sich gut mit Hamameliswasser mischen. Für Ohrentropfen kann sie mit der Kleinen Königskerze gemischt werden.

ZUBEREITUNG, DOSIERUNG Aufguß: ½–1 Teelöffel der pulverisierten Wurzel mit einer Tasse kochendem Wasser übergießen und 10–15 Minuten ziehen lassen. Dreimal täglich trinken.
Tinktur: 2–4 Milliliter dreimal täglich.

Gewürznelken

Flores Caryophylli *Eugenia caryophyllus* Myrtengewächse

VERWENDETER TEIL Getrocknete Blüten und Öl.

SAMMELN Die Blütenknospen dieses Baums werden gesammelt, sobald sich ihre untersten Teile von Grün zu Purpur verfärben. Sie wachsen rund um den Indischen Ozean.

INHALTSSTOFFE Bis zu 20 Prozent ätherische Öle.

HEILWIRKUNGEN Anregend, blähungstreibend, aromatisch.

HEILANZEIGEN Gewürznelken können zur Linderung von *Übelkeit, Brechreiz* und *Blähungen* und zur Anregung des Verdauungssystems benutzt werden. Sie wirken lokal als starkes Antiseptikum und als mildes schmerzlinderndes Mittel, das äußerlich bei *Zahnschmerzen* verwendet werden kann.

ZUBEREITUNG, DOSIERUNG Gewürznelken können zum Würzen von Speisen und als Tee benutzt werden. Einige Nelken in eine Tasse mit kochendem Wasser geben und 10 Minuten ziehen lassen. Bei *Zahnschmerzen* eine Nelke an den Zahn legen und auf den Zahn wirken lassen. Oder etwas Nelkenöl auf Watte tropfen und diese neben den Zahn legen.

Gewürzsumachrinde

Cortes Rhois aromaticae Radicis *Rhus aromatica* Anacardiaceae

VERWENDETER TEIL Wurzelrinde.

INHALTSSTOFFE Gerbstoff.

HEILWIRKUNGEN Adstringierend.

HEILANZEIGEN Die Gewürzsumachrinde ist ein wirkungsvolles Adstringens, das besonders bei der Behandlung von *unwillkürlichem Harnlassen* bei jungen und bei älteren Menschen angezeigt ist, aber auch bei *Durchfall* oder *Blutungen.*

MISCHUNGEN Zur Regulierung *unwillkürlichen Harnlassens* kann sie mit Ackerschachtelhalm und Odermennig gemischt werden.

ZUBEREITUNG, DOSIERUNG 1 Teelöffel der Wurzelrinde in eine Tasse Wasser geben, zum Kochen bringen und 10 Minuten leicht kochen. Dreimal täglich trinken.

Tinktur: 1 – 2 Milliliter dreimal täglich.

Giftlattich

Herba Lactucae virosae *Lactuca virosa* Korbblütler

VERWENDETER TEIL Getrocknete Blätter.

SAMMELN Die Blätter sollten im Juni und Juli gesammelt werden.

INHALTSSTOFFE Der Milchsaft enthält Laktuzin, Laktucerol, Laktueopikrin und Laktuzinsäure; Alkaloide; Triterpene.

HEILWIRKUNGEN Beruhigend, schmerzlindernd, schlaffördernd.

HEILANZEIGEN Der Milchsaft des Giftlattichs wurde früher gelegentlich unter dem Namen ›Lattich-Opium‹ verkauft, was den Gebrauch dieses Heilkrauts gut umschreibt! Er ist ein sehr gutes Heilmittel zur Behandlung von *Schlaflosigkeit, Ruhelosigkeit* und *Erregbarkeit* (besonders bei Kindern). Als krampflösendes Mittel kann er als Bestandteil einer ganzheitlichen Behandlung von *Keuchhusten* und allgemein bei *trockenem Reizhusten* verwendet werden. Er lindert *Kolikschmerzen* in den Därmen und der Gebärmutter und kann daher auch bei *schmerzhafter Monatsblutung* benutzt werden. Er schwächt Muskelschmerzen, die in Verbindung mit *Rheuma* auftreten. Er wurde manchmal als anaphrodisierendes Mittel verwendet.

MISCHUNGEN Bei *Reizhusten* kann er mit Wildkirschenrinde gemischt werden. Bei *Schlaflosigkeit* läßt er sich gut mit Baldrian und Küchenschelle mischen.

ZUBEREITUNG, DOSIERUNG Aufguß: 1–2 Teelöffel der Blätter mit einer Tasse kochendem Wasser übergießen und 10–15 Minuten ziehen lassen. Dreimal täglich trinken.
Tinktur: 2–4 Milliliter dreimal täglich.

Ginseng

Radix Ginseng *Panax ginseng* Efeugewächse

VERWENDETER TEIL Wurzel.

SAMMELN Ginseng wird vor allem in China, Korea, Rußland und im Nordosten von Amerika angebaut.

INHALTSSTOFFE Steroidglykoside, Sterole, Vitamine der D-Gruppe.

HEILWIRKUNGEN Antidepressiv, stärkt die Widerstandskraft und verbessert körperliche und geistige Leistungsfähigkeit.

HEILANZEIGEN Ginseng hat eine sehr lange Geschichte, über seine Wirkungen und Anwendungsbereiche hat sich entsprechend allerlei Volksbrauchtum gesammelt. Wenn auch viele Behauptungen übertrieben sein mögen, ist Ginseng doch auf jeden Fall eine einzigartige Pflanze. Ginseng kann die Vitalität und körperliche Ausdauer erhöhen und uns in körperliche Höchstform bringen. Insbesondere steigert er *niedrigen Blutdruck* auf normales Niveau. Er beeinflußt *Depressionen,* besonders wenn sie mit Schwäche- und Erschöpfungszuständen zusammenhängen. Ganz allgemein kann er bei *Erschöpfungs-* und *Schwächezuständen* benutzt werden. Auch soll er aphrodisierend wirken. Gelegentlich kann es bei der Verwendung von Ginseng zu Kopfschmerzen kommen.

ZUBEREITUNG, DOSIERUNG Die Wurzel wird entweder gekaut, oder es wird eine Abkochung gemacht. 1/2 Teelöffel der pulverisierten Wurzel in eine Tasse Wasser geben, zum Kochen bringen und 10 Minuten leicht kochen. Dreimal täglich trinken.

Goldkreuzkraut

Herba Senecionis Aurei *Senecio aureus* Korbblütler

VERWENDETER TEIL Getrocknete oberirdische Teile.

SAMMELN Das Kraut sollte im Sommer gesammelt werden, kurz bevor sich die Blüten öffnen.

INHALTSSTOFFE Alkaloide, darunter Senecionin und Senecin; Harze.

HEILWIRKUNGEN Gebärmutterstärkend, harntreibend, schleimlösend, menstruationsfördernd.

HEILANZEIGEN Als gebärmutterstärkendes Mittel kann das Goldkreuzkraut immer dann ohne Bedenken angewendet werden, wenn ein diesbezüglich kräftigendes Mittel gebraucht wird. Besonders bei Störungen in den *Wechseljahren* kann es sehr nützlich sein. Auch bei *verzögerter* oder *gehemmter Menstruation* kann das Goldkreuzkraut genommen werden. Bei *Weißfluß* kann es als Scheidenspülung benutzt werden. Gilt als allgemeines Stärkungsmittel bei *Schwächezuständen* wie auch bei *Tuberkulose*.

MISCHUNGEN Bei Beschwerden in den Wechseljahren kann es sinnvoll mit Johanniskraut, Hafer oder Küchenschelle gemischt werden.

ZUBEREITUNG, DOSIERUNG Aufguß: 1–3 Teelöffel der getrockneten Kräuter mit einer Tasse kochendem Wasser übergießen und 10–15 Minuten ziehen lassen. Dreimal täglich trinken.
Tinktur: 1–4 Milliliter dreimal täglich.

Goldrute

Herba Solidaginis *Solidago virgauria* Korbblütler

VERWENDETER TEIL Getrocknete oberirdische Teile.

SAMMELN Man sammle die Stengel der Goldrute zur Blütezeit zwischen Juli und Oktober, am besten von Pflanzen, die noch nicht aufgeblüht sind. Im Schatten oder bei Temperaturen unter 40° C trocknen.

INHALTSSTOFFE Saponine, ätherisches Öl, Bitterstoff, Gerbstoffe, Flavonoide.

HEILWIRKUNGEN Gegen Katarrh, entzündungshemmend, antiseptisch, schweißtreibend, blähungstreibend, harntreibend.

HEILANZEIGEN Bei *akutem oder chronischem Katarrh der oberen Atemwege* sollte man zuerst an Goldrute denken. Zusammen mit anderen Heilkräutern kann sie bei der Behandlung von *Grippe* benutzt werden. Die blähungstreibende Wirkung teilt ihr eine Rolle zu bei der Behandlung von *mit Blähungen verbundenen Verdauungsstörungen*. Als entzündungshemmendes und antiseptisches Mittel für die Harnwege kann Goldrute bei *Blasen-* und *Harnröhrenentzündungen* benutzt werden. Sie kann die *Wundheilung* anregen. Als Gurgelmittel kann sie bei *Kehlkopf-* und *Rachenentzündung* benutzt werden.

MISCHUNGEN Bei *Katarrh der oberen Atemwege* mischt man sie mit Sumpfruhrkraut, Sonnenhutwurzel, Kermesbeere und Wildem Indigo.

ZUBEREITUNG, DOSIERUNG Aufguß: 2–3 Teelöffel des getrockneten Krauts mit einer Tasse kochendem Wasser übergießen und 10–15 Minuten ziehen lassen. Dreimal täglich trinken.
Tinktur: 2–4 Milliliter dreimal täglich.

Granatbaum

Cortex Granati *Punica granatum* Weiderichgewächse

VERWENDETER TEIL Rinde.

INHALTSSTOFFE Gerbstoffe, Alkaloide.

HEILWIRKUNGEN Wurmtreibend.

HEILANZEIGEN Verschiedene Teile des Granatbaums können medizinisch genutzt werden, aber die Rinde besitzt eine stark wurmtreibende Wirkung, besonders bei *Bandwürmern*. Ihre Wirkung kann ziemlich stark und traumatisch sein, da sie oft von Übelkeit und Erbrechen begleitet ist, denn die Behandlung von Bandwürmern erfordert strenges Fasten, dem stark abführende Mittel und Einläufe folgen.

ZUBEREITUNG, DOSIERUNG Abkochung: 20 Gramm Rinde werden mit 100 Milliliter Wasser zu einer Abkochung verarbeitet. Davon werden 15 Milliliter getrunken.

Graupappel

Gemmae Populi gileadensii *Populus gileadensis*
Weidengewächse

VERWENDETER TEIL Geschlossene Knospen.

INHALTSSTOFFE Oleoresin, Salizin.

HEILWIRKUNGEN Stimulierend, schleimlösend, antiseptisch, reizlindernd, wundheilend.

HEILANZEIGEN Da die Graupappel die Schleimhäute beruhigt sowie desinfizierend und adstringierend auf sie wirkt, ist sie besonders gut als Mittel bei *Husten, Halsschmerzen* und *Kehlkopfentzündung* geeignet. Besonders bei einer *Kehlkopfentzündung,* die von Stimmverlust begleitet ist, wird sie als spezifisches Heilmittel betrachtet. Sie kann bei *chronischer Bronchitis* eingesetzt werden. Äußerlich kann sie zur Linderung von Entzündungen bei *Rheuma* und *Arthritis* wie auch für trockene und schorfige Hautkrankheiten, wie *Schuppenflechte* und *trockene Ekzeme,* verwendet werden.

MISCHUNGEN Ihre Wirkung auf das Atmungssystem kann durch die Beimischung von Huflattich, Salbei oder Weißem Andorn verstärkt werden, während Vogelmiere die Wirkung bei äußerlicher Anwendung erhöht.

ZUBEREITUNG, DOSIERUNG Aufguß: 2 Teelöffel der Knospen mit einer Tasse kochendem Wasser übergießen und 10–15 Minuten ziehen lassen. Dreimal täglich trinken.
Tinktur: 1–2 Milliliter dreimal täglich.

Grieswurzel

Radix Collisoniae canadensis *Collisonia canadensis*
Lippenblütler

VERWENDETER TEIL Wurzel und Wurzelstock.

SAMMELN Wurzel und Wurzelstock werden im Herbst ausgegraben.

INHALTSSTOFFE Saponine, Harz, Gerbstoff, organische Säuren, Alkaloide.

HEILWIRKUNGEN Verhindert Steinbildung, harn- und schweißtreibend.

HEILANZEIGEN Wie der Name vermuten läßt, wird die Grieswurzel vor allem zur Behandlung und Vorbeugung gegen Steine und Grieß im Harnsystem und in der Galle verwendet.

MISCHUNGEN Bei *Harnsteinen* oder *-grieß* kann sie mit Ackerfrauenmantel, Rotem Wasserhanf, Mauerkraut oder der Baumartigen Hortensie gemischt werden.

ZUBEREITUNG, DOSIERUNG Abkochung: 1–3 Teelöffel der getrockneten Wurzel in eine Tasse Wasser geben, zum Kochen bringen und 10–15 Minuten leicht kochen. Dreimal täglich trinken.
Tinktur: 2–4 Milliliter dreimal täglich.

Grindeliakraut

Herba Grindeliae *Grindelia camporum* Korbblütler

VERWENDETER TEIL Getrocknete oberirdische Teile.

SAMMELN Die oberirdischen Teile werden gesammelt, bevor sich die Blütenknospen öffnen. Sie werden so bald wie möglich in der Sonne getrocknet.

INHALTSSTOFFE Saponine, ätherisches Öl, Bitterstoffalkaloide, Harze, Gerbstoffe.

HEILWIRKUNGEN Krampflösend, schleimlösend, blutdrucksenkend.

HEILANZEIGEN Grindeliakraut entspannt glatte Muskulatur und die Herzmuskeln. Dies erklärt seinen Gebrauch bei *Asthma* und *Bronchialerkrankungen,* besonders wenn sie mit beschleunigtem Herzschlag und nervösen Reaktionen einhergehen. Es kann bei *Asthma, Bronchitis, Keuchhusten* und *Katarrh der oberen Atemwege* benutzt werden. Äußerlich kann es bei *Hautausschlägen* verwendet werden, die durch Giftsumach verursacht wurden.

MISCHUNGEN Zur Behandlung *asthmatischer Erkrankungen* kann es mit Lobelie oder Pillenwolfsmilch gemischt werden.

ZUBEREITUNG, DOSIERUNG Aufguß: 1 Teelöffel des getrockneten Krauts mit einer Tasse kochendem Wasser übergießen und 10–15 Minuten ziehen lassen. Dreimal täglich trinken.
Tinktur: 1–2 Milliliter dreimal täglich.

Guajakbaum

Lignum Guajaci *Guaiacum officinale* Zygophyllaceae

VERWENDETER TEIL Das Kernholz.

SAMMELN Das Harz des Baums quillt auf natürliche Weise hervor und wird oft als solches gesammelt und verwendet, ansonsten wird das Kernholz fein zerkleinert. Der Baum wächst in Südamerika und in der Karibik.

INHALTSSTOFFE Guajakharzsäuren; Saponine; Polyterpenoide; Vanillin.

HEILWIRKUNGEN Antirheumatisch, entzündungshemmend, abführend, schweißtreibend, harntreibend.

HEILANZEIGEN Der Guajakbaum wirkt spezifisch bei *chronischem Rheuma* und *rheumatischer Arthritis,* besonders wenn ein Adstringens benötigt wird. Er unterstützt die *Gicht*behandlung und kann verhindern, daß diese Krankheit erneut auftritt.

MISCHUNGEN Er kann zusammen mit Bitterklee, Mädesüß oder Selleriesamen benutzt werden.

ZUBEREITUNG, DOSIERUNG Abkochung: 1 Teelöffel des zerkleinerten Kernholzes in eine Tasse Wasser geben, zum Kochen bringen und 15–20 Minuten leicht kochen. Dreimal täglich trinken.

Gundelrebe

Herba Hederae terrestris *Nepeta hederacea* Lippenblütler

VERWENDETER TEIL Oberirdische Teile.

SAMMELN Die blühenden Stengel sollten zwischen April und Juni gesammelt werden.

INHALTSSTOFFE Bitterstoffe, Gerbstoff, ätherisches Öl, Harz, Saponin.

HEILWIRKUNGEN Gegen Katarrh, adstringierend, schleimlösend, harntreibend, wundheilend.

HEILANZEIGEN Die Gundelrebe kann zur Behandlung *katarrhalischer Probleme* in den Stirnhöhlen oder im Brustbereich benutzt werden. Sie unterstützt die Heilung von *Husten* und *Bronchitis*, wirkt aber hier besser in Verbindung mit anderen Kräutern. Lösen Schleimhautansammlungen im Mittelohr, die durch einen Katarrh verursacht sind, *Ohrenklingen* aus, kann die Gundelrebe sehr wirkungsvoll sein. Ihre adstringierende Wirkung hilft bei der Behandlung von *Durchfall* und bei *Hämorrhoiden*. Sie kann auch bei *Blasenentzündungen* benutzt werden.

MISCHUNGEN Bei *Husten* kann sie mit Huflattich, Weißem Andorn oder Alant gemischt werden, bei *Stirnhöhlenkatarrh* mit Goldrute.

ZUBEREITUNG, DOSIERUNG Aufguß: 1 Teelöffel der getrockneten Blätter mit einer Tasse kochendem Wasser übergießen und 10–15 Minuten ziehen lassen. Dreimal täglich trinken.
Tinktur: 1–4 Milliliter dreimal täglich.

Gurke

Cucumis sativa Kürbisgewächse

VERWENDETER TEIL Die ganze Frucht, die Samen.

HEILWIRKUNGEN Schleimhautschützend, wundheilend, schwach harntreibend. Samen: wurmtreibend.

HEILANZEIGEN Die Gurkensamen wirken ähnlich wie Kürbissamen, da diese auch gegen *Bandwürmer* wirken. Vor allem findet die Gurke Anwendung in der Kosmetik. Ihr Saft und die frische Frucht sind kühlend, heilen und entspannen die Haut.

ZUBEREITUNG, DOSIERUNG Zur Behandlung von *Bandwürmern* werden 60 Gramm gemahlene Samen mit Zucker oder Honig gemischt. Diese Mischung sollte auf nüchternen Magen genommen und nach zwei Stunden durch ein sehr starkes Abführmittel ergänzt werden.

Habichtskraut, Kleines

Herba Auriculae muris
Pilosella officinarum
Korbblütler

VERWENDETER TEIL	Oberirdische Teile.
SAMMELN	Das Kleine Habichtskraut sollte zur Blütezeit im Mai oder Juni gesammelt werden.
INHALTSSTOFFE	Das Cumarin Umbelliferon; Flavone und Flavonoide; Koffeinsäure; Chlorogensäure.
HEILWIRKUNGEN	Krampflösend, schleimlösend, gegen Katarrh, adstringierend, speichelfördernd, wundheilend.
HEILANZEIGEN	Das Kleine Habichtskraut ist eines der ältesten Heilkräuter, die in England und Wales benutzt werden. Es wird bei *Problemen der Atmungsorgane* verwendet, bei denen sehr viel Schleim gebildet wird, die Schleimhäute gereizt sind und vielleicht sogar Blut gehustet wird. Bei *Keuchhusten* gilt es als das angezeigte Mittel. Es kann auch bei *Bronchitis* und *bronchitischem Asthma* helfen. Äußerlich kann es als Packung die Heilung von *Wunden* fördern oder auch zur Behandlung von *Eingeweide-* oder *Knochenbrüchen* benutzt werden.
MISCHUNGEN	Bei *Keuchhusten* kann es mit Sonnentau, Weißem Andorn, Kleiner Königskerze oder Huflattich gemischt werden.
ZUBEREITUNG, DOSIERUNG	Aufguß: 1 – 2 Teelöffel der getrockneten Kräuter mit einer Tasse kochendem Wasser übergießen und 10 – 15 Minuten ziehen lassen. Dreimal täglich trinken. Tinktur: 1 – 4 Milliliter dreimal täglich.

Hafer

Semen Stramentum Avenae *Avena sativa* Süßgräser

VERWENDETER TEIL Samen und Stroh werden zur Erntezeit im August gesammelt, ungefähr vier Wochen nach der Roggenernte. Die Stengel werden geschnitten und zusammengebunden, zum Trocknen stehen gelassen und danach ausgedroschen.

INHALTSSTOFFE Samen: 50 Prozent Stärke; Alkaloide, darunter Trigonellin und Avenin; Saponine; Flavone; Sterine; Vitamin B.
Stroh: Reich an Kieselsäure, Schleimstoff, Kalzium.

HEILWIRKUNGEN Nervenstärkend, gegen Depressionen, nahrhaft, schleimhautschützend, wundheilend.

HEILANZEIGEN Hafer ist eines der besten Mittel, um das Nervensystem zu ›füttern‹, ganz besonders, wenn es streßbelastet ist. Er gilt als besonders angezeigt in Fällen *nervöser Erschöpfungs-* und *Schwächezustände*, vor allem, wenn sie von *Depressionen* begleitet werden. Er kann zusammen mit den meisten anderen Nervenmitteln zur Stärkung des gesamten Nervensystems benutzt werden. Er wird auch bei allgemeinen *Schwäche-* und *Erschöpfungszuständen* verwendet. Der hohe Anteil an Kieselsäure im Stroh erklärt seine Anwendung bei Hautproblemen, besonders für die äußerliche Anwendung.

MISCHUNGEN Bei *Depressionen* kann Hafer mit Helmkraut oder Frauenschuh gemischt werden.

ZUBEREITUNG, DOSIERUNG Hafer kann am einfachsten als Frischkornbrei, Haferflocken oder Haferschleim genommen werden.
Fluidextrakt: in flüssiger Form wird er meist als Fluidextrakt gegeben. 3–5 Milliliter dreimal täglich.
Bad: Bei *Neuralgie* und *gereizter Haut* kann ein linderndes Bad helfen: 500 Gramm des zerkleinerten Strohs eine halbe Stunde in 2 Liter Wasser kochen. Absieben und ins Badewasser geben.

Hagebutte

Fructus Cynosbati
Rosa canina
Rosengewächse

VERWENDETER TEIL Die Früchte und Samen der Heckenrose.

SAMMELN Die Hagebutten werden im Herbst gesammelt.

INHALTSSTOFFE Vitamin C, Gerbstoff, Pektin, Karotin, Fruchtsäuren, fettes Öl.

HEILWIRKUNGEN Nahrhaft, leicht abführend, leicht harntreibend, leicht adstringierend.

HEILANZEIGEN Die Hagebutte ist eine der besten natürlichen und frei verfügbaren Quellen von Vitamin C. Sie kann immer genommen werden, wenn dieses Vitamin benötigt wird. Sie unterstützt die Abwehrmechanismen des Körpers gegen Infektionen und vor allem gegen das Auftreten von *Erkältungen*. Sie eignet sich besonders als Stärkungsmittel bei einer Frühjahrskur und hilft bei *allgemeinen Erschöpfungs-* und *Schwächezuständen*. Sie hilft bei *Verstopfung* und leichten Gallenproblemen wie auch bei *Erkrankungen von Nieren und Blase*.

ZUBEREITUNG, DOSIERUNG Abkochung oder Sirup können ohne Bedenken je nach Bedarf getrunken werden.

Abkochung: 2½Teelöffel der geschnittenen Hagebutten in eine Tasse Wasser geben, zum Kochen bringen und 10 Minuten leicht kochen.

Sirup: Um einen Sirup herzustellen, sollten die Anwendungen im Kapitel über die Zubereitung der Heilpflanzen befolgt werden. Für diese und alle anderen eßbaren Zubereitungen ist es wichtig, sowohl die Samen aus der Frucht als auch die feinen, harten Haare zu entfernen.

Tinktur: 2 – 4 Milliliter dreimal täglich.

Hamamelis

Cortex Folia Hamamelidis *Hamamelis virginia*
Hamamelisgewächse

VERWENDETER TEIL Rinden oder Blätter.

SAMMELN Die Blätter können den ganzen Sommer über gesammelt werden; damit sie sich nicht verfärben, sollten sie schnell getrocknet werden. Die Rinde wird im Frühling gesammelt, nachdem sich neue Triebe gebildet haben.

INHALTSSTOFFE Viel Gerbstoff und Gallussäure, Bitterstoffe, wenig ätherisches Öl.

HEILWIRKUNGEN Adstringierend.

HEILANZEIGEN Hamameliswasser (in Apotheken erhältlich) ist das beste und einfachste adstringierende Mittel und kann immer dann verwendet werden, wenn Blutungen auftreten, sowohl innerlich als auch äußerlich. Es eignet sich besonders zur Linderung von *Hämorrhoiden.* Es hat den verdienten Ruf, bei der Behandlung von *Prellungen, entzündeten Schwellungen* und bei *Krampfadern* zu helfen. Hamamelis reguliert *Durchfall* und hilft bei der Linderung von *Ruhr.*

MISCHUNGEN Zur Linderung von *Hämorrhoiden* läßt sich Hamamelis gut mit Scharbockskraut mischen.

ZUBEREITUNG, DOSIERUNG Aufguß: 1 Teelöffel der getrockneten Blätter mit einer Tasse kochendem Wasser übergießen und 10–15 Minuten ziehen lassen. Dreimal täglich trinken.
Salbe: Hamamelis läßt sich zu einer ausgezeichneten Salbe verarbeiten.
Tinktur: 1–2 Milliliter dreimal täglich.

Helmkraut

Herba Scutellariae *Scutellaria laterifolia* Lippenblütler

VERWENDETER TEIL Oberirdische Teile.

SAMMELN Alle oberirdischen Teile sollten zu Ende der Blütezeit im August oder September gesammelt werden.

INHALTSSTOFFE Flavonoidglykoside, darunter Scutellarin und Scutellarein; wenig ätherisches Öl; Bitterstoff.

HEILWIRKUNGEN Nervenstärkend, beruhigend, krampflösend.

HEILANZEIGEN Das Helmkraut ist wahrscheinlich das wichtigste Nervenmittel, das uns in der Heilkunde zur Verfügung steht. Es beruhigt *nervöse Spannungszustände,* während es gleichzeitig das Zentralnervensystem belebt und erneuert. Es findet besonders bei der Behandlung von *Anfällen, hysterischen Zuständen* und auch bei *Epilepsie* Verwendung wie auch bei allen *Erschöpfungs-* und *Depressionszuständen.* Helmkraut ist ohne Bedenken zur Linderung von *vormenstruellen Spannungszuständen* anwendbar.

MISCHUNGEN Es läßt sich gut mit Baldrian mischen.

ZUBEREITUNG, DOSIERUNG Aufguß: 1–2 Teelöffel des getrockneten Krauts mit einer Tasse kochendem Wasser übergießen und 10–15 Minuten ziehen lassen. Bei Bedarf oder dreimal täglich trinken.
Tinktur: 2–4 Milliliter dreimal täglich oder bei Bedarf einnehmen.

Heloniaswurzel

Radix Helonias dioicae *Chamaelirium luteum*
Liliengewächse

VERWENDETER TEIL Getrockneter Wurzelstock und Wurzel.

SAMMELN Die unterirdischen Teile werden im Herbst ausgegraben.

INHALTSSTOFFE Steroidsaponine, darunter Chamaelirin.

HEILWIRKUNGEN Gebärmutterstärkend, harntreibend, wurmtreibend, brechreizfördernd.

HEILANZEIGEN Dieses Heilkraut, das wir durch die Indianer kennengelernt haben, ist eines unserer besten Stärkungsmittel für das Sexualsystem. Obwohl es vor allem für das weibliche System benutzt wird, kann es auch Männern helfen. Wir wissen, daß Heloniaswurzel Östrogenvorstufen (weibliches Hormon) enthält. Grundsätzlich wirkt die Wurzel aber amphoterisch und normalisierend. Der Körper kann sie ausgleichend und zur Stärkung verwenden und sie in scheinbar gegensätzlichen Situationen nutzen. Während sie bei allen Gebärmutterproblemen hilft, ist sie besonders bei *verspäteter* oder *fehlender Menstruation* angezeigt. Bei *Schmerzen der Eierstöcke* kann die Heloniaswurzel ohne Bedenken angewendet werden. Sie ist auch bei *drohender Fehlgeburt* angezeigt und kann außerdem zur Linderung von bei Schwangerschaft auftretendem *Brechreiz* verwendet werden. Allerdings führt eine zu hohe Dosierung zu Übelkeit und Erbrechen.

ZUBEREITUNG, DOSIERUNG Abkochung: 1–2 Teelöffel der getrockneten Wurzel in eine Tasse Wasser geben, zum Kochen bringen und 10–15 Minuten leicht kochen. Dreimal täglich trinken.
Bei *drohender Fehlgeburt* kann davon häufig getrunken werden.
Tinktur: 2–4 Milliliter dreimal täglich.

Herzgespann, Echtes

Herba Leonuri cardiacae
Leonures cardiaca
Lippenblütler

VERWENDETER TEIL Oberirdische Teile.

SAMMELN Die Stengel sollten zur Blütezeit zwischen Juni und September gesammelt werden.

INHALTSSTOFFE Bitterstoffglykoside, darunter Leonurin und Leonuridin; Alkaloide, darunter Leonuinin und Stachydren; ätherisches Öl; Gerbstoff.

HEILWIRKUNGEN Beruhigend, menstruationsfördernd, krampflösend, herzstärkend.

HEILANZEIGEN Das Echte Herzgespann wirkt vor allem auf zwei Bereiche. Zum einen, wie der Name schon andeutet, kann es zur Behandlung von Herz und Kreislauf benutzt werden. Außerdem wird es bei Menstruations- und Gebärmutterproblemen verwendet. Zur Anregung *verzögerter* oder *gehemmter Monatsblutung* kann es sehr nützlich sein, vor allem wenn diese Beschwerden mit Angst- und Spannungszuständen einhergehen. Als entspannendes Stärkungsmittel kann es die *Veränderungen während der Wechseljahre* erleichtern. Es kann zur Linderung *falscher Wehenschmerzen* eingesetzt werden. Das Echte Herzgespann ist ein ausgezeichnetes herzstärkendes Mittel; es kräftigt, ohne zu belasten. Bei *zu schneller Herztätigkeit*, die durch Angst oder ähnliche Zustände verursacht wird, ist das Echte Herzgespann ein spezifisches Mittel.

ZUBEREITUNG, DOSIERUNG Aufguß: 1 – 2 Teelöffel des getrockneten Krauts mit einer Tasse kochendem Wasser übergießen und 10 – 15 Minuten ziehen lassen. Dreimal täglich eine Tasse.
Tinktur: 1 – 4 Milliliter dreimal täglich.

Himbeere

Folia Fructus Rubia Idaei
Rubus idaeus
Rosengewächse

VERWENDETER TEIL Blätter und Frucht.

SAMMELN Die Blätter können während der gesamten Wachstumszeit gesammelt werden. Sie sollten langsam in einem gut durchlüfteten Raum getrocknet werden, um sicherzustellen, daß ihre Wirkung erhalten bleibt.

INHALTSSTOFFE Blätter: Fruchtzucker, ätherisches Öl, Pektin, Zitronensäure, Apfelsäure.

HEILWIRKUNGEN Adstringierend, kräftigend, kühlend, wehenfördernd.

HEILANZEIGEN Himbeerblätter haben eine lange Tradition als Mittel, das während der Schwangerschaft das Gewebe der Gebärmutter kräftigt und tonisiert, die Kontraktionen unterstützt und *Blutungen* während des Geburtsvorgangs in Grenzen hält. Diese Wirkung tritt ein, wenn Himbeerblätter während der Schwangerschaft und während der Wehen regelmäßig als Tee getrunken werden. Als adstringierendes Mittel können sie bei sehr vielen verschiedenen Beschwerden verwendet werden, einschließlich *Durchfall, Weißfluß.* Sie lindern Erkrankungen im Mundbereich, z. B. *Mundgeschwüre, Zahnfleischbluten* und *Entzündungen*. Als Gurgelmittel hilft die Himbeere bei *Halsentzündungen*.

ZUBEREITUNG, DOSIERUNG Aufguß: 2 Teelöffel des getrockneten Krauts mit einer Tasse kochendem Wasser übergießen und 10–15 Minuten ziehen lassen. Sooft wie gewünscht trinken.
Tinktur: 2–4 Milliliter dreimal täglich.

Hirtentäschel

Herba Bursae pastoris
Capsella bursa-pastoris
Kreuzblütler

VERWENDETER TEIL Oberirdische Teile.

SAMMELN Dieses Heilkraut kann zwischen Februar und Oktober gesammelt werden.

INHALTSSTOFFE Tyramin, Cholin, Acetylcholin, Gerbstoff, ätherisches Öl, Harz, Saponine, Flavonoide, Diosmin, Kalium.

HEILWIRKUNGEN Gebärmutteranregend, harntreibend, adstringierend.

HEILANZEIGEN Diese leicht erkennbare Heilpflanze kann immer dann benutzt werden, wenn ein mildes harntreibendes Mittel benötigt wird, z. B. bei *Wasseransammlungen* aufgrund von Nierenproblemen. Als adstringierendes Mittel erwiest es sich bei der Behandlung von *Durchfall, Wunden, Nasenbluten* und anderen Erkrankungen als sehr wirksam. Es hat besondere Bedeutung als Mittel zur Anregung des Menstruationsvorgangs und kann auch zur Verringerung von zu starken Blutungen benutzt werden.

ZUBEREITUNG, DOSIERUNG Aufguß: 1 – 2 Teelöffel des getrockneten Krauts mit einer Tasse kochendem Wasser übergießen und 10 Minuten ziehen lassen. Wenn es für Menstruationsbeschwerden verwendet wird, sollte es während und kurz vor der Periode alle 2 – 3 Stunden getrunken werden. Sonst kann der Tee dreimal täglich getrunken werden.
Tinktur: 1 – 2 Milliliter dreimal täglich.

Holunder

Radix, Flores, Fructus
und Folia Sambuci
Sambucus nigra
Geißblattgewächse

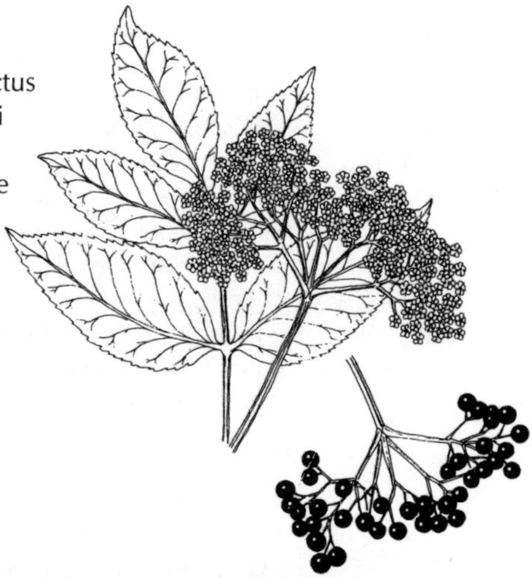

VERWENDETER TEIL Rinde, Blüten, Beeren, Blätter.

SAMMELN Die Blüten werden im Frühling oder Frühsommer gesammelt und so schnell wie möglich im Schatten getrocknet. Rinde und Beeren werden am besten im August und September gesammelt.

INHALTSSTOFFE Blüten: Flavonoide, darunter Rutin, Isoquercitrin und Kämpferol; das Blausäureglykosid Sambunigrin; Gerbstoffe; ätherisches Öl.

Beeren: Invertzucker, Fruchtsäuren, Gerbstoffe, Vitamin C und P, Anthocyanfarbstoff, sehr wenig ätherisches Öl.

HEILWIRKUNGEN Rinde: Stark abführend, brechreizfördernd, harntreibend.

Blätter: Äußerlich erweichend und wundheilend, innerlich stark abführend, schleimlösend, harntreibend, schweißtreibend.

Blüten: Schweißtreibend, gegen Katarrh.

Beeren: Schweißtreibend, harntreibend, abführend.

HEILANZEIGEN Der Holunderstrauch ist ein wahrer Arzneischrank! Die Blätter werden vor allem bei *Prellungen, Verstauchungen, Wunden* und *Frostbeulen* benutzt. Der Salbe aus Holunderblättern wird nachgesagt, daß sie bei *Tumoren* hilft. Holunderblüten eignen sich ausgezeichnet zur Behandlung von *Erkältungen* und *Grippe*. Sie sind bei allen katarrhalischen Entzündungen der oberen Atemwege, wie z. B. *Heuschnupfen* und *Nebenhöhlenentzündungen*, angezeigt. *Schwerhörigkeit,* die durch Katarrh bedingt ist, läßt sich sehr gut mit Holunderblüten behandeln. Holunderbeeren wirken ähnlich wie die Blüten, zusätzlich erweisen sie sich noch bei *Rheuma* als nützlich.

MISCHUNGEN Bei *Erkältungen* und *Fieber* kann er mit Pfefferminz, Schafgarbe oder Ysop benutzt werden. Bei *Grippe* wird Holunder mit dem Amerikanischen Wasserhanf gemischt, bei katarrhalischen Zuständen mit Goldraute.

ZUBEREITUNG, DOSIERUNG Aufguß: 2 Teelöffel der frischen oder getrockneten Blüten mit einer Tasse kochendem Wasser übergießen und 10 Minuten ziehen lassen. Diesen Tee so heiß wie möglich trinken.

Saft: Die frischen Beeren in wenig Wasser 2–3 Minuten kochen, dann den Saft auspressen. Um ihn zu konservieren, werden 10 Teile Saft mit einem Teil Honig kurz aufgekocht und dann abgefüllt. Ein Glas gemischt mit heißem Wasser zweimal täglich trinken.

Salbe: Drei Teile frische Holunderblätter mit sechs Teilen geschmolzenem Vaselin erhitzen, bis die Blätter spröde sind. Absieben und abfüllen. Eine ausgezeichnete kühlende und heilende Salbe läßt sich nach folgendem Rezept herstellen: Man nehme 200 Gramm frische Holunderblätter, 100 Gramm frische Breitwegerichblätter, 50 Gramm Gundelrebe, 100 Gramm frischen Wermut. Kleinschneiden und in 1500 Gramm Vaselin erhitzen, bis die Blätter spröde sind. Absieben, auspressen und abfüllen.

Tinktur: 2–4 Milliliter Tinktur (aus den Blüten) dreimal täglich.

Hopfen

Strobuli Lupuli *Humulus lupulus* Hanfgewächse

VERWENDETER TEIL Blüten.

SAMMELN Die Hopfenzapfen werden im August und September gesammelt, bevor sie ganz ausgereift sind. Sie sollten vorsichtig im Schatten getrocknet werden.

INHALTSSTOFFE Lupulin, Bitterstoffe, Harz, ätherisches Öl, Gerbstoff, östrogenartige Substanz.

HEILWIRKUNGEN Beruhigend, schlaffördernd, antiseptisch, adstringierend.

HEILANZEIGEN Hopfen wirkt auf das Zentralnervensystem stark entspannend. Er wird sehr oft zur Behandlung von *Schlaflosigkeit* verwendet. Er lindert *Angst-* und *Spannungszustände* und kann daher benutzt werden, wenn diese zu *Ruhelosigkeit, Kopfschmerzen* oder sogar *Verdauungsstörungen* führen. Mit diesen entspannenden Eigenschaften kann er als Adstringens bei Problemen, wie z. B. *entzündeter Dickdarmschleimhaut,* genommen werden. Hopfen sollte jedoch nicht bei depressiven Zuständen benutzt werden, da er diese noch verstärken kann. Bei äußerlicher Anwendung wird seine antiseptische Wirkung zur Behandlung von Geschwüren genutzt.

VORSICHT Hopfen sollte nicht bei ausgesprochen depressiven Zuständen benutzt werden.

MISCHUNGEN Bei *Schlaflosigkeit* kann er mit Baldrian und Passionsblume gemischt werden.

ZUBEREITUNG, DOSIERUNG Aufguß: 1 Teelöffel der getrockneten Blüten mit einer Tasse kochendem Wasser übergießen und 10–15 Minuten ziehen lassen. Um den Schlaf zu fördern, sollte vor dem Schlafengehen eine Tasse getrunken werden. Bei Bedarf kann die Dosis erhöht werden.
Tinktur: 1–4 Milliliter dreimal täglich.

Hortensie, Baumartige

Rhizoma Hydrangeae *Hydrangea arborescens*
Steinbrechgewächse

VERWENDETER TEIL Getrocknete Wurzeln und Wurzelstock.

SAMMELN Die Wurzeln sollten im Herbst ausgegraben werden. Man sollte sie in frischem Zustand waschen und in Scheiben schneiden, da sie beim Trocknen hart werden.

INHALTSSTOFFE Glykoside, Saponine, Harze.

HEILWIRKUNGEN Harntreibend, Steinbildung verhindernd.

HEILANZEIGEN Die Baumartige Hortensie wird vor allem zur Behandlung einer *entzündeten* oder *vergrößerten Prostata* benutzt. Sie kann auch bei *Nieren-* oder *Blasensteinen* bzw. *-grieß* in Verbindung mit einer *Blasenentzündung* verwendet werden.

MISCHUNGEN Bei *Nierensteinen* wird sie oft mit Ackerfrauenmantel, Bärentraube oder Rotem Wasserhanf gemischt. Bei *Prostataproblemen* wirkt sie gut in Verbindung mit Ackerschachtelhalm.

ZUBEREITUNG, DOSIERUNG Abkochung: 2 Teelöffel der Abkochung in eine Tasse Wasser geben, zum Kochen bringen und 10–15 Minuten leicht kochen. Dreimal täglich eine Tasse.
Tinktur: 2–4 Milliliter dreimal täglich.

Huflattich

Folia und Flores Farfarae *Tussilago farfara* Korbblütler

VERWENDETER TEIL Getrocknete Blüten und Blätter.

SAMMELN Die Blüten sollten gesammelt werden, bevor sie ganz aufgeblüht sind (Ende Februar bis April) und sorgfältig im Schatten getrocknet werden. Die Blätter werden am besten im Mai oder Juni gesammelt. Bevor man sie trocknet und lagert, sollten sie kleingeschnitten werden. Die frischen Blätter können bis in den Herbst hinein benutzt werden.

INHALTSSTOFFE Blüten: Schleimstoffe; die Flavonoide Rutin und Karotin; Taraxacin; Arnidiol und Faradiol; Gerbstoff; ätherisches Öl.
Blätter: Schleimstoff; sehr viel Gerbstoff; glykosidische Bitterstoffe; Inulin; Sitosterin; Zink.

HEILWIRKUNGEN Schleimlösend, hustenstillend, schleimhautschützend, gegen Katarrh, harntreibend.

HEILANZEIGEN Huflattich vereinigt eine lindernde und schleimlösende mit einer krampflösenden Wirkung. Die Blätter enthalten wirksame Mengen Zink. Dieses Metall hat nachweislich entzündungshemmende Wirkung. Huflattich kann bei *chronischer* oder *akuter Bronchitis, nervösem Husten, Keuchhusten* und bei *Asthma* verwendet werden. Aufgrund seiner lindernden schleimlösenden Wirkung kann Huflattich eine Rolle bei den meisten Erkrankungen des Atmungssystems spielen, einschließlich *chronischer Lungenerweiterung.* Als mildes harntreibendes Mittel wird er bei *Blasenentzündungen* eingesetzt. Die frischen, zerdrückten Blätter können als Auflage bei *Furunkeln, Abszessen* und bei *eiternden Geschwüren* verwendet werden.

MISCHUNGEN Bei der Behandlung von *Husten* kann Huflattich mit Weißem Andorn und der Kleinen Königskerze gemischt werden.

ZUBEREITUNG, DOSIERUNG Aufguß: 1–2 Teelöffel der getrockneten Blätter oder Blüten mit einer Tasse kochendem Wasser übergießen und 10 Minuten ziehen lassen. Dreimal täglich so heiß wie möglich trinken.
Tinktur: 2–4 Milliliter dreimal täglich.

Immergrün

Vinca major Immergrüngewächse

VERWENDETER TEIL Oberirdische Teile.

SAMMELN Diese Heilpflanze wird im Frühling gesammelt.

INHALTSSTOFFE Alkaloide, Gerbstoffe.

HEILWIRKUNGEN Das Immergrün ist ein ausgezeichnetes, allgemein wirkendes adstringierendes Mittel und kann sowohl innerlich als auch äußerlich angewendet werden. Es wird vor allem zur Behandlung von *zu übermäßigen Regelblutungen* eingesetzt, entweder während der Menstruation selbst oder bei Zwischenblutungen. Es kann bei Verdauungsbeschwerden, wie z. B. *Dickdarmentzündung* oder *Durchfall,* verwendet werden, wobei es hier vor allem den Flüssigkeits- oder Blutverlust verringert, während es gleichzeitig die Schleimhäute kräftigt. Es hilft auch bei *Nasenbluten, Zahnfleischbluten, Mundgeschwüren* oder *Halsentzündungen.* Immergrün wird eine Heilwirkung bei der Behandlung von *Diabetes* nachgesagt.

MISCHUNGEN Es läßt sich gut mit Geflecktem Storchschnabel und Odermennig mischen. Bei Menstruationsbeschwerden kann es mit der Amerikanischen Waldlilie gemischt werden.

ZUBEREITUNG, DOSIERUNG Aufguß: 1 Teelöffel des getrockneten Krauts mit einer Tasse kochendem Wasser übergießen und 10–15 Minuten ziehen lassen. Dreimal täglich eine Tasse.
Tinktur: 1–2 Milliliter dreimal täglich.

Indigo, Wilder

Radix Baptisia tinctoriae *Baptisia tinctoria*
Schmetterlingsblütler

VERWENDETER TEIL Wurzel.

SAMMELN Die Wurzel wird nach der Blütezeit im Herbst ausgegraben, sorgfältig gereinigt, in Stücke geschnitten und getrocknet.

INHALTSSTOFFE Alkaloide, Glykoside, Oleoresin.

HEILWIRKUNGEN Keimhemmend, gegen Katarrh, fiebersenkend.

HEILANZEIGEN Der Wilde Indigo sollte bei allen lokalen Infektionen in Erwägung gezogen werden. Er wirkt besonders gut bei Infektionen und Katarrhen in Ohren, Nase und Hals. Er kann bei *Kehlkopf-, Mandel-* und *Rachenentzündung* und bei katarrhalischen Infektionen in Nase und Nebenhöhlen verwendet werden. Wenn er innerlich wie auch als Mundspülung benutzt wird, kann er *Mundgeschwüre* und *Zahnfleischentzündungen* heilen und *Zahnfleischvereiterungen* eindämmen. Systemisch kann er die Behandlung von *geschwollenen* und *entzündeten Lymphdrüsen* unterstützen sowie *Fieber* senken. Äußerlich hilft eine Salbe gegen *entzündete Geschwüre* und schützt *empfindliche Brustwarzen*. Eine Scheidenspülung aus der Abkochung hilft bei *Weißfluß*.

MISCHUNGEN Zur Behandlung von Infektionen kann der Wilde Indigo mit Sonnenhutwurzel und Myrrhe gemischt werden. Bei lymphatischen Beschwerden kann er mit Klettenlabkraut und Kermesbeere kombiniert werden.

ZUBEREITUNG, DOSIERUNG Abkochung: 1/2 – 1 Teelöffel der Wurzel in eine Tasse Wasser geben, zum Kochen bringen und 10 – 15 Minuten leicht kochen. Dreimal täglich eine Tasse.

Tinktur: 1 – 2 Milliliter dreimal täglich.

Ingwer

Rhizoma Zingiberis *Zingiber officinale* Ingwergewächse

VERWENDETER TEIL Der Wurzelstock.

SAMMELN Der Wurzelstock wird ausgegraben, sobald die Blätter vertrocknet sind. Überreste von Stengeln und Wurzelfasern sollten entfernt werden. Gründlich waschen und in der Sonne trocknen.

INHALTSSTOFFE Reich an ätherischem Öl, darunter Zingiberen, Zingiberol, Phellandren, Borneol, Cineol und Zitral; Stärke; Pflanzenschleim; Harz.

HEILWIRKUNGEN Anregend, blähungstreibend, hautreizend, schweißtreibend.

HEILANZEIGEN Ingwer kann zur Anregung der Durchblutung in den Extremitäten bei *Durchblutungsstörungen, Frostbeulen* und *Krämpfen* benutzt werden. Bei *fiebrigen Erkrankungen* wirkt Ingwer sehr gut schweißtreibend. Als blähungstreibendes Mittel fördert er die Magensaftabsonderung und wird bei *Verdauungsstörungen, Blähungen* und *Koliken* benutzt. Als Gurgelmittel kann er *Halsschmerzen* lindern. Äußerlich dient er als Grundlage bei der Behandlung von *Bindegewebsentzündungen* und *Muskelzerrungen*.

ZUBEREITUNG, DOSIERUNG Aufguß: 1 Teelöffel der frischen Wurzel mit einer Tasse kochendem Wasser übergießen und 5 Minuten ziehen lassen. Je nach Bedarf trinken.

Abkochung: Wenn man die getrocknete Wurzel als Pulver oder kleingeschnitten verwendet, wird eine Abkochung hergestellt. 1 1/2 Teelöffel in eine Tasse Wasser geben, zum Kochen bringen und 5 – 10 Minuten leicht kochen. Ebenfalls je nach Bedarf trinken.

Tinktur: Die Tinktur wird in zwei Stärken hergestellt. Die schwache Tinktur (1:5) sollte in einer Dosis von 1,5 – 3 Milliliter, die starke Tinktur (1:2) in einer Dosis von 0,25 – 0,5 Milliliter je dreimal täglich eingenommen werden.

Jakobskreuzkraut

Herba Senecionis Jacobaeae *Senecio jacobaea* Korbblütler

VERWENDETER TEIL Oberirdische Teile.

SAMMELN Diese Pflanze wird zur Blütezeit zwischen Juni und September gesammelt.

INHALTSSTOFFE Ätherisches Öl, Rutin, ein Alkaloid, Pflanzenschleim.

HEILWIRKUNGEN Hautreizend.

HEILANZEIGEN Da das Jakobskreuzkraut potentiell giftig auf die Leber wirkt, darf es auf keinen Fall innerlich angewendet oder eingenommen werden. Als Einreibemittel liefert es eine anregende und wärmende Zubereitungsform für die äußerliche Anwendung bei *rheumatischen Muskelbeschwerden.*

VORSICHT Diese Pflanze darf niemals innerlich angewendet werden!

ZUBEREITUNG, DOSIERUNG Diese Heilpflanze kann entsprechend den Anweisungen im Kapitel über die Zubereitung der Heilpflanzen für Packungen verarbeitet werden.

Jamboul

Fructus Syzygii Jambolani *Syzygium cumini*
Myrtengewächse

VERWENDETER TEIL Getrocknete Früchte.

SAMMELN Die Frucht dieses Baums, der von Indien bis Australien verbreitet ist, wird im Spätsommer gesammelt.

INHALTSSTOFFE Ätherisches Öl, gebundenes Öl, Harz mit Gallussäure, Gerbstoff.

HEILWIRKUNGEN Adstringierend, blähungstreibend, angeblich blutzuckersenkend.

HEILANZEIGEN Jamboul kann bei *Durchfall* oder bei solchen Beschwerden, bei denen ein mildes und wirksames Adstringens benötigt wird, verwendet werden. Seine blähungstreibenden Eigenschaften, die auf seinem ätherischen Öl beruhen, machen es besonders für Beschwerden geeignet, bei denen *Durchfall* von starken *Bauchschmerzen* begleitet wird. Medizinisch wurde Jamboul zur Behandlung von *Diabetes* angewendet.

ZUBEREITUNG, DOSIERUNG Aufguß: 1 – 2 Teelöffel der Früchte mit einer Tasse kochendem Wasser übergießen und 10 – 15 Minuten ziehen lassen. Dreimal täglich eine Tasse.

Tinktur: 1 – 4 Milliliter dreimal täglich.

Johanniskraut

Herba Hyperici
Hypericum perforatum
Johanniskrautgewächse

VERWENDETER TEIL	Oberirdische Teile.
SAMMELN	Die ganze oberirdische Pflanze sollte gesammelt werden, wenn sie blüht, und so schnell wie möglich getrocknet werden.
INHALTSSTOFFE	Glykoside, darunter Rutin; ätherisches Öl; Gerbstoff; Harz; Pektin.
HEILWIRKUNGEN	Entzündungshemmend, adstringierend, wundheilend, beruhigend.
HEILANZEIGEN	Bei innerlicher Anwendung hat Johanniskraut beruhigende und schmerzlindernde Wirkung, was ihm eine Rolle bei der Behandlung von *Nervenschmerzen, Angst-* und *Spannungszuständen* sowie bei ähnlichen Beschwerden gibt. Es wird als besonders geeignetes Heilkraut für die *Wechseljahre* angesehen, wenn es durch die Umstellung zu *Reizbarkeit* oder *Angstzuständen* kommt. Es wird jedoch empfohlen, es nicht bei stark depressiven Zuständen zu verwenden. Neben *Nervenschmerzen* kann es auch die Schmerzen von *Bindegewebsentzündungen, Ischias* und *rheumatischen Erkrankungen* lindern. Äußerlich angewendet ist es ein wertvolles entzündungshemmendes und heilendes Mittel. Als Lotion beschleunigt es die Heilung von *Wunden, Prellungen, Krampfadern* und *leichten Verbrennungen.* Johanniskrautöl eignet sich besonders gut zur Heilung von *Sonnenbrand.*
ZUBEREITUNG, DOSIERUNG	Aufguß: 1–2 Teelöffel des getrockneten Krauts mit einer Tasse kochendem Wasser übergießen und 10–15 Minuten ziehen lassen. Diesen Tee dreimal täglich trinken. Äußerliche Anwendung: siehe Kapitel über die Haut. Tinktur: 1–4 Milliliter dreimal täglich.

Kalmus

Rhizoma Calami *Acorus calamus* Aronstabgewächse

VERWENDETER TEIL Getrockneter Wurzelstock.

SAMMELN Der Wurzelstock sollte im September oder Oktober geerntet werden. Um ihn aus dem schlammigen Boden zu lösen, wird eventuell ein Haken benötigt. Der Wurzelstock muß von Blättern und Wurzeln befreit und sorgfältig gereinigt werden. Der Länge nach halbieren und im Schatten trocknen.

INHALTSSTOFFE Pflanzenschleim, bis zu 3 Prozent ätherisches Öl, Bitterstoffe, Glykoside, Gerbsäure.

HEILWIRKUNGEN Blähungstreibend, schleimhautschützend, krampflösend.

HEILANZEIGEN Kalmus vereinigt die schleimhautschützende Wirkung des Pflanzenschleims mit dem blähungstreibenden Effekt des ätherischen Öls und der anregenden Wirkung der Bitterstoffe. Er stellt ein ausgezeichnetes Stärkungsmittel für den gesamten Magen- und Darmtrakt dar. Kalmus kann bei *Verdauungsstörungen* jeder Art, bei *Magenschleimhautentzündung* und bei *Magengeschwüren* benutzt werden. Er kann *schwachen Appetit* anregen und bei *Schwäche-* und *Erschöpfungszuständen* helfen, sofern das Verdauungssystem an der Entstehung beteiligt ist. Er kann als spezifisches Mittel bei *Koliken* in Betracht gezogen werden, die durch *Blähungen* verursacht werden.

MISCHUNGEN Bei *kolikartigen Blähungen* empfiehlt sich eine Mischung mit Ingwer und Yamswurzel. Bei *Magenbeschwerden* nimmt man Kalmus am besten mit Mädesüß und Eibisch.

ZUBEREITUNG, DOSIERUNG Aufguß: 2 Teelöffel der getrockneten Wurzel mit einer Tasse kochendem Wasser übergießen und 10–15 Minuten ziehen lassen. Eine Tasse Tee eine halbe Stunde vor den Mahlzeiten trinken.
Tinktur: 2–4 Milliliter dreimal täglich.

Kamille, Römische

Flores Chamomillae Romanae *Anthemus nobile* Korbblütler und

Kamille, Echte

Flores Chamomillae germanae
Matricaria chamomilla
Korbblütler

VERWENDETER TEIL Die Blüten.

SAMMELN Die Blüten sollten zwischen Mai und August gesammelt werden, dürfen aber nicht tau- oder regenfeucht sein. Sie müssen behutsam und bei nicht zu hoher Temperatur getrocknet werden.

INHALTSSTOFFE Ätherische Öle, darunter Chamazulen und Isadol; Pflanzenschleim; Cumarin; Flavonglykoside.

HEILWIRKUNGEN Krampflösend, blähungstreibend, entzündungshemmend, schmerzlindernd, keimhemmend, wundheilend.

HEILANZEIGEN Die Kamille ist gleichermaßen als Hausmittel und in der Medizin bewährt. Die scheinbar endlose Liste von Beschwerden, die sich mit Kamille behandeln lassen, läßt sich in solche unterteilen, die sich mit ihrer entspannenden, ihrer blähungstreibenden oder ihrer entzündungshemmenden Wirkung heilen lassen. Die Kamille ist ein ausgezeichnetes, mildes Beruhigungsmittel, das auch unbedenklich für Kinder ist. Sie unterstützt mit ihrer entspannenden Wirkung andere Kräutermischungen und wird bei *Angstzuständen* und *Schlaflosigkeit* oft beigemischt. *Verdauungsstörungen* und *Entzündungen,* wie z. B. *Magenschleimhautentzündung,* werden oft durch Kamille gelindert. Sie kann zur Mundspülung bei Entzündungen im Mund, wie z. B. *Zahnfleischentzündung,* und zum Baden von *entzündeten Augen* angewendet werden. Als Gurgelmittel hilft sie bei *Halsentzündungen.* Die Ausheilung eines *Schnupfens* kann Kamille durch Inhalieren über einem Dampfbad fördern. Bei äußerlicher Anwendung beschleunigt sie die *Wundheilung* und reduziert *Schwellungen*, die durch Entzündungen verursacht werden. Als blähungstreibendes Mittel mit entspannenden Eigenschaften lindert sie *Blähungen* und *Magenschmerzen.*

ZUBEREITUNG, DOSIERUNG Aufguß: 2 Teelöffel der getrockneten Blüten mit einer Tasse kochendem Wasser übergießen und 5 – 10 Minuten ziehen lassen. Bei *Verdauungsproblemen* sollte dieser Tee nach den Mahlzeiten getrunken werden. Zur Mundspülung bei *Zahnfleischentzündung* sollte ein stärkerer Aufguß verwendet werden. Eine halbe Tasse der Blüten, in zwei Litern Wasser gekocht, ergeben ein Dampfbad. Den Kopf mit einem Handtuch bedecken und den Dampf einatmen.
Tinktur: 2 – 4 Milliliter dreimal täglich.

Kapuzinerkresse

Herba Tropaeoli *Tropaeolum majus*
Kapuzinerkressengewächse

VERWENDETER TEIL Die oberirdischen Teile.

SAMMELN Blätter und Blüten sollten zwischen Juli und Oktober gesammelt werden.

INHALTSSTOFFE Glukosilinate, unbekannte keimhemmende Stoffe, Vitamin C.

HEILWIRKUNGEN Keimhemmend.

HEILANZEIGEN Die Kapuzinerkresse ist ein sehr stark keimhemmend wirkendes Mittel, besonders wenn sie zur lokalen Behandlung bakterieller Infektionen eingesetzt wird. Innerlich kann sie bei allen bakteriellen Infektionen helfen, insbesondere aber ist sie bei Infektionen des Atmungssystems, z. B. bei *Bronchitis*, angezeigt. Sie hat sich bei *Grippe* und *Erkältungen* als hilfreich erwiesen. Einige Heilkräuterkundige verwenden sie zur Behandlung von *Infektionen der weiblichen Sexualorgane.*

ZUBEREITUNG, DOSIERUNG Die Kapuzinerkresse wirkt am besten, solange sie frisch ist. Äußerlich wird sie am besten als Packung oder Kompresse benutzt. Für einen Aufguß: 1 – 2 Teelöffel der frischen Blätter mit einer Tasse kochendem Wasser übergießen und 10 – 15 Minuten ziehen lassen. Dreimal täglich eine Tasse.
Tinktur: 1 – 4 Milliliter dreimal täglich.

Kardamom

Fructus Cardamomi *Elattaria cardamomum*
Ingwergewächse

VERWENDETER TEIL Die Samen.

SAMMELN Die Samen werden vor allem von Anbaupflanzen in Sri Lanka oder Südindien zwischen Oktober und Dezember gesammelt.

INHALTSSTOFFE Bis zu 4 Prozent ätherische Öle, darunter Terpineol, Cineol, Limonen, Sabinen und Pinen.

HEILWIRKUNGEN Blähungstreibend, speicheltreibend, appetitanregend, aromatisch.

HEILANZEIGEN Dieses wertvolle Würzkraut kann zur Behandlung von *Verdauungsstörungen mit Blähungen* und zur Linderung *krampfartiger Schmerzen* benutzt werden. Kardamom regt den *Appetit* an und fördert den Speichelfluß. Er wird oft zusammen mit starken Abführmitteln als blähungstreibendes und geschmacksverbesserndes Mittel gegeben.

ZUBEREITUNG, DOSIERUNG Aufguß: 1 Teelöffel der frisch zerdrückten Samen mit einer Tasse kochendem Wasser übergießen und 10–15 Minuten ziehen lassen. Dreimal täglich eine Tasse. Zur Behandlung von *Blähungen* oder *Appetitmangel* eine halbe Stunde vor den Mahlzeiten trinken.

Katechu

Catechu *Acacia catechu* Schmetterlingsblütler

VERWENDETER TEIL Getrockneter Extrakt aus dem Kernholz des Baums.

INHALTSSTOFFE 20–35 Prozent Katechu-Gerbsäure, Acacatechin, Quercetin.

HEILWIRKUNGEN Adstringierend, antiseptisch.

HEILANZEIGEN Katechu ist ein sehr stark adstringierendes Mittel, das bei *chronischen Durchfällen, Ruhr* und *entzündeter Dickdarmschleimhaut (Reizkolon)* Anwendung findet. Bei *Weißfluß* hilft es als Scheidenspülung. Es dient als Mund- oder Gurgelwasser bei *Zahnfleisch-, Mundschleimhaut-, Rachen-* und *Kehlkopfentzündungen.*

MISCHUNGEN Bei Darmbeschwerden läßt es sich gut mit Kalmus, Mädesüß, Odermennig und Pfefferminz mischen. Als Mundwasser kann es mit Myrrhe gemischt werden.

ZUBEREITUNG, DOSIERUNG Aufguß: 1 Teelöffel trockenes Kraut mit einer Tasse kochendem Wasser übergießen und 10–15 Minuten ziehen lassen. Dreimal täglich eine Tasse.

Katzenminze, Echte

Herba Nepetae catariae
Nepeta cataria
Lippenblütler

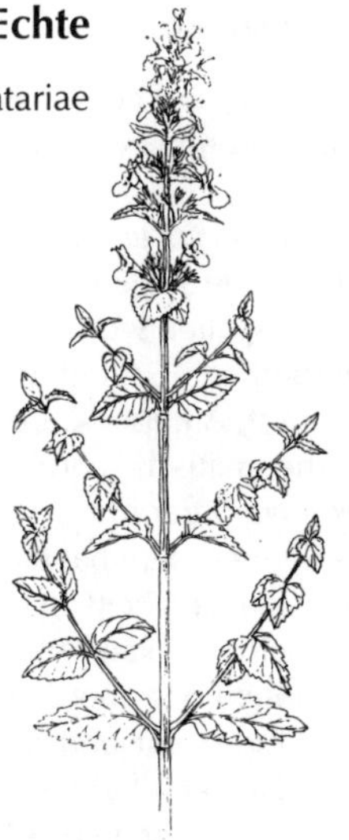

VERWENDETER TEIL Blätter und Blütenstände.

SAMMELN Blätter und Blütenstände werden zwischen Juni und September gesammelt.

INHALTSSTOFFE Ätherische Öle, darunter Zitronellol und Zitral; Bitterstoffe; Gerbstoffe.

HEILWIRKUNGEN Die Echte Katzenminze ist eines unserer altgebräuchlichsten *Schnupfen-* und *Grippe*mittel. Sie ist ein starkes schweißtreibendes Mittel, das bei allen *fieberhaften Erkrankungen* und besonders bei *Bronchitis* benutzt werden kann. Als blähungstreibendes Mittel mit krampflösenden Eigenschaften lindert die Echte Katzenminze alle Arten von *Magenverstimmungen, Verdauungsstörungen, Blähungen* und *Koliken.* Sie ist für die Behandlung von *Durchfall bei Kindern* besonders geeignet. Ihre nervenberuhigenden Eigenschaften ergänzen ihre allgemein beruhigende Wirkung.

MISCHUNGEN Kann bei *Erkältung* zusammen mit Amerikanischem Wasserhanf, Holunder, Schafgarbe oder Paprika genommen werden.

ZUBEREITUNG, DOSIERUNG Aufguß: 2 Teelöffel des getrockneten Krauts mit einer Tasse kochendem Wasser übergießen und 10–15 Minuten ziehen lassen. Dreimal täglich trinken.

Tinktur: 2–4 Milliliter dreimal täglich.

Kermesbeere

Radix Phytolaccae decandrae *Phytolacca americana*
Kermesbeerengewächse

VERWENDETER TEIL Wurzel

SAMMELN Die Wurzel sollte im Spätherbst oder im Frühling ausgegraben werden. Sie sollte gereinigt und vor dem Trocknen der Länge nach gespalten werden.

INHALTSSTOFFE Triterpenoid, Saponine, Alkaloid, Harze, Phytolaccasäure, Gerbstoff, Ameisensäure.

HEILWIRKUNGEN Antirheumatisch, anregend, gegen Katarrh, stark abführend, brechreizfördernd.

HEILANZEIGEN Die Kermesbeere hat ein weites Anwendungsgebiet und kann bei vielen ganzheitlichen Behandlungen eine wertvolle Ergänzung sein. Sie kann vor allem als Mittel zur Behandlung von Infektionen der oberen Atemwege angesehen werden, wo sie Katarrh beseitigt und die Reinigung der Lymphdrüsen unterstützt. Sie kann bei *Katarrh, Mandelentzündung, Kehlkopfentzündung, Drüsenschwellungen (Adenitis), Mumps* usw. benutzt werden. Sie kann auch bei anderen lymphatischen Problemen in anderen Körperbereichen von Wert sein. Besonders bei *Brustdrüsenentzündung* kann sie sowohl innerlich als auch äußerlich als Packung verwendet werden. Die Kermesbeere kann auch besonders bei *Rheuma* von Nutzen sein, das schon lange andauert. Mit diesem Heilkraut sollte vorsichtig umgegangen werden, da es bei hoher Dosierung stark abführend wirkt und einen Brechreiz auslöst. Äußerlich kann es als Lotion oder Salbe verwendet werden, um die Haut von *Krätze* oder anderen Parasiten zu befreien.

VORSICHT In hoher Dosierung wirkt die Kermesbeere stark abführend und löst Brechreiz aus!

MISCHUNGEN Bei lymphatischen Beschwerden kann sie mit Klettenlabkraut oder der Buntfarbigen Schwertlilie gemischt werden.

ZUBEREITUNG, DOSIERUNG Abkochung: Von diesem Heilkraut sollte nur eine kleine Menge benutzt werden. $\frac{1}{4}$ – $\frac{1}{2}$ Teelöffel der Wurzel mit einer Tasse Wasser zum Kochen bringen und 10–15 Minuten leicht kochen. Dreimal täglich eine Tasse.
Tinktur: $\frac{1}{2}$ – 1 Milliliter dreimal täglich.

Kiefer

Turiones Pini *Pinus sylvestris* Kieferngewächse
Andere Arten wie *Pinus pinaster, Pinus pinea* und *Pinus nigra* können ebenfalls verwendet werden.

VERWENDETER TEIL Die Nadeln und jungen Knospen.

SAMMELN Die Nadeln und jungen Knospen werden am besten als junge Triebe mit den Zweigen im Frühling gesammelt.

INHALTSSTOFFE Gerbstoff, Harz, ätherisches Öl, Terpene, Pinipicrin.

HEILWIRKUNGEN Antiseptisch, gegen Katarrh, anregend, stärkend.

HEILANZEIGEN Die Kiefer kann bei *Bronchitis, Nebenhöhlenentzündung* oder bei *Katarrhen der oberen Atemwege* sowohl zur Inhalierung als auch innerlich angewendet werden. Sie kann oft auch bei *Asthma* helfen. Durch ihre anregende Wirkung kann diese Pflanze eine Rolle bei der innerlichen Behandlung von *Rheuma* und *Arthritis* spielen. Seit langem wird ein Aufguß der Zweige als Badewasserzusatz verwendet, um *Erschöpfung, Nervenschwäche* und *Schlaflosigkeit* zu lindern, als auch die Heilung von *Schnittwunden* zu unterstützen und *Hautreizungen* zu mildern.

ZUBEREITUNG, DOSIERUNG Aufguß: 1/2 Teelöffel der Zweige mit kochendem Wasser übergießen und 10–15 Minuten ziehen lassen. Dreimal täglich eine Tasse.
Inhalation: 2–3 Handvoll Zweige werden mit 2 Litern Wasser zum Kochen gebracht und 5 Minuten auf kleiner Flamme gekocht. Dann wird der Dampf für ungefähr 15 Minuten inhaliert; der Kopf wird dabei mit einem Handtuch abgedeckt. Dies sollte oft wiederholt werden.
Bad: 3 Handvoll Zweige in 3/4 Liter Wasser eine halbe Stunde ziehen lassen, dann zum Kochen bringen und 10 Minuten leicht kochen. Absieben und ins heiße Badewasser schütten.
Tinktur: 1–2 Milliliter dreimal täglich.

Klette, Große

Radix Bardanae
Arctium lappa
Korbblütler

VERWENDETER TEIL Wurzeln und Wurzelstock.

SAMMELN Wurzeln und Wurzelstock sollten im September oder Oktober ausgegraben werden.

INHALTSSTOFFE Flavonoidglykoside, glykosidische Bitterstoffe, Alkaloid, keimhemmende Substanz, Inulin.

HEILWIRKUNGEN Alterierend, harntreibend, verdauungsfördernd.

HEILANZEIGEN Die Große Klette ist eines der wertvollsten Heilmittel bei allen Hauterkrankungen mit trockener oder schuppiger Haut. Bei *Schuppenflechte* kann sie sehr wirkungsvoll sein, wenn sie über einen längeren Zeitraum eingenommen wird. Auf ähnliche Weise können alle Arten von *Ekzemen* (hauptsächlich jedoch die trockenen Arten) wirksam behandelt werden, wenn die Große Klette über längere Zeit eingenommen wird. Sie kann als Teil einer umfassenden Behandlung *rheumatischer Beschwerden* eingesetzt werden, besonders wenn sie von *Schuppenflechte* begleitet werden. Dieses Heilkraut wirkt zum Teil aufgrund seiner bitteren stimulierenden Wirkung auf die Verdauungssäfte und besonders den Gallenfluß. Auf diese Weise unterstützt es die Verdauung und fördert den Appetit. Die Große Klette wird bei *Magersucht* und ähnlichen Problemen verwendet, aber auch zur Unterstützung der Nierenfunktion und bei der Heilung von Blasenentzündungen. Sie dient ganz allgemein vor allem dazu, den Körper in einen gesunden und integrierten Zustand zu bringen und darüber hinaus Anzeichen körperlicher Unausgewogenheit, wie Hautprobleme und *Schuppen*, zu beseitigen. Äußerlich kann die Große Klette zur beschleunigten Heilung von *Wunden* und *Geschwüren* als Kompresse oder als warmer Umschlag benutzt werden. *Ekzeme* und *Schuppenflechte* können auf diese Weise ebenfalls von außen behandelt werden, wobei aber nicht vergessen werden sollte, daß derartige Hautprobleme nur von innen heraus mit Hilfe entsprechender, innerlich angewendeter Mittel geheilt werden können.

MISCHUNGEN — Bei Hautproblemen kann die Große Klette mit Krausem Ampfer, Rotklee oder Klettenlabkraut gemischt werden.

ZUBEREITUNG, DOSIERUNG — Abkochung: 1 Teelöffel der Wurzel in eine Tasse Wasser geben, zum Kochen bringen und 10–15 Minuten leicht kochen lassen. Dreimal täglich eine Tasse. Über die äußerliche Anwendung siehe Kapitel über die Haut.
Tinktur: 2–4 Milliliter dreimal täglich.

Klettenlabkraut

Herba Galii aparines *Galium aparine* Rötegewächse

VERWENDETER TEIL — Getrocknete oberirdische Teile und der frisch ausgepreßte Saft.

SAMMELN — Die Pflanze sollte vor der Blütezeit gesammelt und im Schatten getrocknet werden.

INHALTSSTOFFE — Glykosid Asperulosid, Gerbstoffe (Gallotannin), Zitronensäure.

HEILWIRKUNGEN — Harntreibend, blutreinigend, entzündungshemmend, stärkend, adstringierend, tumorhemmend.

HEILANZEIGEN — Das Klettenlabkraut ist eine sehr wertvolle Pflanze und möglicherweise das beste Mittel zur Stärkung des Lymphsystems, das uns zur Verfügung steht. Als lymphatisches Stärkungsmittel mit blutreinigender und harntreibender Wirkung kann es bei vielen Problemen eingesetzt werden, bei denen das Lymphsystem beteiligt ist. Von daher kann es bei allen *Drüsenschwellungen (Lymphadenitis)* benutzt werden, besonders bei *Mandelentzündung* und bei Problemen mit *Nasen-* und *Rachenmandelwucherungen.* Es wird sehr oft bei Hautproblemen benutzt, besonders bei trockenen Varianten, wie *Schuppenflechte.* Es kann zur Behandlung einer *Blasenentzündung* und anderer Probleme des Harnwegsystems hilfreich sein und mit schleimhautschützenden Mitteln kombiniert werden. Traditionell wird das Klettenlabkraut zur Behandlung von *Geschwüren* und *Tumoren* eingesetzt, was auf seiner reinigenden Wirkung auf das Lymphsystem beruht. Das Klettenlabkraut läßt sich gut als Gemüse essen.

MISCHUNGEN — Zur Reinigung des Lymphsystems läßt es sich gut mit Kermesbeere, Sonnenhutwurzel und Ringelblume mischen. Für Hautprobleme kombiniert man es am besten mit Krausem Ampfer und Großer Klette.

ZUBEREITUNG, DOSIERUNG — Aufguß: 2–3 Teelöffel des getrockneten Krauts mit einer Tasse kochendem Wasser übergießen und 10–15 Minuten ziehen lassen. Dreimal täglich eine Tasse.
Tinktur: 2–4 Milliliter dreimal täglich.

Knoblauch

Bulbus Allii sativi
Allium sativum
Liliengewächse

VERWENDETER TEIL Zwiebel.

SAMMELN Die Zwiebel mit ihren vielen Zehen sollte im September ausgegraben werden, wenn die Blätter zu welken beginnen. Sie sollten an einem kühlen, trockenen Ort gelagert werden.

INHALTSSTOFFE Ätherisches Öl, Pflanzenschleim, Glukokinine, Germanium.

HEILWIRKUNGEN Keimtötend, gegen Viren, schweißtreibend, gallenflußfördernd, blutdrucksenkend, krampflösend.

HEILANZEIGEN Knoblauch ist eines der wenigen Heilkräuter, die weltweit benutzt und anerkannt werden. Sein täglicher Gebrauch hilft dem Körper und unterstützt ihn auf eine Weise, wie es kein anderes Heilkraut vermag. Er ist eines der besten keimhemmenden Kräuter und wirkt gegen Bakterien, Viren und Parasiten im Verdauungssystem. Das ätherische Öl ist sehr wirksam, und da es vor allem über die Lunge ausgeschieden wird, kann es bei Infektionen der Lunge benutzt werden, z. B. bei *chronischer Bronchitis, Katarrhen der Atemwege, ständigen Erkältungen* und bei *Grippe*. Knoblauch kann bei der Behandlung von *Keuchhusten* helfen und Teil eines breiten Heilansatzes von *bronchitischem Asthma* bilden. Ganz allgemein kann er zur Vorbeugung gegen die meisten Infektionen des Verdauungs- und Atmungssystems dienen. Im Verdauungssystem unterstützt Knoblauch die Entwicklung der natürlichen Bakterienflora, während er Krankheitserreger tötet. Neben diesen erstaunlichen Fähigkeiten kann er den *Blutdruck* senken, wenn er über längere Zeit genommen wird, und den *Cholesteringehalt des Blutes* verringern. Knoblauch sollte als Grundnahrungsmittel betrachtet werden, das die Gesundheit des Körpers steigert und allgemein schützt. Auch wird er zur Behandlung von *Fadenpilz* und *Fadenwurm* benutzt.

MISCHUNGEN Bei Infektionen durch Mikroorganismen läßt er sich gut mit Sonnenhutwurzel mischen.

ZUBEREITUNG, DOSIERUNG Dreimal täglich sollte eine Zehe gegessen werden. Verursacht der Geruch Probleme, kann Knoblauchöl in Kapseln genommen werden. Davon drei pro Tag zur Vorbeugung oder dreimal täglich bei Infektionen.

Königskerze, Kleine

Flores und Herba Verbasci
Verbascum thapsus
Rachenblütler

VERWENDETER TEIL Getrocknete Blätter und Blüten.

SAMMELN Die Blätter sollten mitten im Sommer gesammelt werden, bevor sie braun werden. Im Schatten trocknen. Die Blüten sollten bei trockenem Wetter zwischen Juli und September gesammelt und im Schatten oder bei künstlicher Hitze unter 40° C getrocknet werden. Die Blüten werden bei Feuchtigkeit braun und verlieren ihre Wirkung.

INHALTSSTOFFE Pflanzenschleim und Gummi; Saponine; ätherisches Öl; Flavonoide, darunter Hesperidin und Verbascosid; Glykoside, darunter Aucubin.

HEILWIRKUNGEN Schleimlösend, schleimhautschützend, leicht harntreibend, leicht beruhigend, wundheilend.

HEILANZEIGEN Die Kleine Königskerze kann bei allen Beschwerden, die das Atmungssystem betreffen, mit großem Erfolg angewendet werden. Sie ist das beste Mittel, die Schleimhäute zu stärken; sie lindert Entzündungen, während gleichzeitig die Schleimproduktion gesteigert und somit die Schleimlösung begünstigt wird. Bei *Bronchitis* mit hartem und schmerzhaftem Husten gilt die Kleine Königskerze als das angezeigte Mittel. Ihre entzündungshemmende und schleimhautschützende Wirkung machen sie für *Entzündungen der Luftröhre* und ähnliche Zustände geeignet. Zur äußerlichen Linderung und Heilung entzündeter Stellen eignet sich ein Auszug in Olivenöl.

MISCHUNGEN Bei Bronchitis läßt sich die Kleine Königskerze gut in Verbindung mit Weißem Andorn, Huflattich und Lobelie nehmen.

ZUBEREITUNG, DOSIERUNG Aufguß: 1–2 Teelöffel der getrockneten Blätter oder Blüten mit einer Tasse kochendem Wasser übergießen und 10–15 Minuten ziehen lassen. Dreimal täglich eine Tasse.
Tinktur: 1–4 Milliliter dreimal täglich.

Königin der Nacht

Flores Cacti grandiflori *Selewicereus grandiflorus*
Kaktusgewächse

VERWENDETER TEIL Frischer Stamm und Blüten.

HEILWIRKUNGEN Herzstärkend, harntreibend.

HEILANZEIGEN Dieses Heilkraut hat als herzstärkendes Mittel einen ausgezeichneten Ruf, besonders bei *nervösen Störungen* und *Schwäche-* und *Erschöpfungszuständen.*

ZUBEREITUNG, DOSIERUNG Die Königin der Nacht sollte nur unter qualifizierter Anleitung benutzt werden.

Kolanuß

Nuces Colae *Cola vera* Sterculiaceae

VERWENDETER TEIL Kern des Samens.

SAMMELN Die Heimat des Kolabaumes ist das tropische Afrika, er wird aber auch in Südamerika kultiviert. Die Samen werden nach dem Ausreifen gesammelt, sind anfangs weiß und nehmen erst beim Trocknen die charakteristische rote Färbung an.

INHALTSSTOFFE Alkaloide, darunter mehr als 1,25 Prozent Koffein und Theobromine; Gerbstoff; ätherisches Öl.

HEILWIRKUNGEN Anregung des Zentralnervensystems, antidepressiv, adstringierend, harntreibend.

HEILANZEIGEN Die Kolanuß wirkt auf das menschliche Bewußtsein deutlich anregend. Sie kann immer dann benutzt werden, wenn eine direkte Anregung nötig ist, was allerdings seltener der Fall ist, als normalerweise angenommen wird. Oft ist es besser, das Nervensystem zu unterstützen, indem der allgemeine Gesundheitszustand verbessert wird. Für eine kurzfristige Symptombehandlung kann sie allerdings bei *nervösen Erschöpfungszuständen*, bei *Schwächezuständen (Atonie)* benutzt werden. Bei *nervlich bedingtem Durchfall* gilt sie als eines der besten Mittel. Sie unterstützt die Behandlung von *Depressionen* und führt bei manchen Menschen zu euphorischen Zuständen. Bei einigen *Migränearten* kann sie sehr gut helfen. Durch ihre anregende Wirkung kann sie bei der Behandlung von *Appetitmangel* eine wichtige Rolle spielen. Bei *Depressionen,* die mit Schwäche- und Erschöpfungszuständen zusammenhängen, gilt sie als geeignetes Mittel.

MISCHUNGEN Sie läßt sich gut mit Hafer, Damiana und Helmkraut mischen.

ZUBEREITUNG, DOSIERUNG Abkochung: 1–2 Teelöffel der pulverisierten Nuß in eine Tasse Wasser geben, zum Kochen bringen und 10–15 Minuten leicht kochen. Je nach Bedarf trinken.
Tinktur: 1–4 Milliliter dreimal täglich.

Kolombowurzel

Radix Colombo *Jateorhiza palmata* Menispermaceae

VERWENDETER TEIL Wurzel.

SAMMELN Die Wurzel wird von einer Pflanze gesammelt, die in den Wäldern von Mosambik und Madagaskar beheimatet ist.

INHALTSSTOFFE Alkaloide, darunter Calumbamin, Jateorhizin und Palmitin; glykosidische Bitterstoffe.

HEILWIRKUNGEN Stärkend, bitter, verdauungsanregend, speicheltreibend.

HEILANZEIGEN Die Kolombowurzel ist ein ausgezeichnetes Verdauungsmittel, welches das gesamte System stärkt und schonend anregt, ohne adstringierend zu wirken. Sie kann bei allen *Schwächezuständen* benutzt werden, die mit Verdauungsproblemen zusammenhängen.

ZUBEREITUNG, DOSIERUNG Abkochung: 1 – 2 Teelöffel der Rinde in eine Tasse kaltes Wasser geben und zum Kochen bringen. Vom Feuer nehmen und 10 Minuten ziehen lassen. Eine halbe Stunde vor den Mahlzeiten eine Tasse trinken.
Tinktur: 1 – 4 Milliliter dreimal täglich.

Koriander

Fructus Coriandri *Coriandrum sativum* Doldenblütler

VERWENDETER TEIL Die reifen Samen.

SAMMELN Die Blütendolden werden im Spätsommer gesammelt und bis zum Ausreifen gelagert. Die Samen lassen sich dann ausschütteln und leicht einsammeln.

INHALTSSTOFFE Ätherische Öle, darunter Coriandrol; fettes Öl; Gerbstoff; Zucker.

HEILWIRKUNGEN Blähungstreibend, aromatisch.

HEILANZEIGEN Dieses ausgezeichnete Gewürz kann medizinisch als Heilpflanze genutzt werden, um das Verdauungssystem von *Blähungen* zu befreien und die *Krampfschmerzen (Kolik)* zu lindern, die sie manchmal begleiten. Koriander lindert *Durchfall*, besonders bei Kindern. Das Korianderöl regt den Magen an, indem es die Absonderung von Magensäften fördert und den Appetit anregt.

ZUBEREITUNG, DOSIERUNG Aufguß: 1 Teelöffel der zerdrückten Samen mit einer Tasse kochendem Wasser übergießen und 5 Minuten in einem geschlossenen Topf ziehen lassen. Vor den Mahlzeiten zu trinken.

Kreuzdorn, Echter

Fructus Rhamni catharticae *Rhamnus catharticus* Kreuzdorngewächse

VERWENDETER TEIL Frische oder getrocknete Früchte.

SAMMELN Die Frucht kann im September und Oktober gesammelt werden.

INHALTSSTOFFE Anthrachinonderivate, darunter Rhamnocathartin; Vitamin C.

HEILWIRKUNGEN Abführend, harntreibend, blutreinigend.

HEILANZEIGEN Der Echte Kreuzdorn ist ein wirkungsvolles und unbedenklich anwendbares Abführmittel.

ZUBEREITUNG, DOSIERUNG Aufguß: 2 Teelöffel der Frucht und Blätter mit einer Tasse kochendem Wasser übergießen und 10–15 Minuten ziehen lassen. Dieser Tee sollte entweder morgens oder abends getrunken werden, da es ungefähr 12 Stunden dauert, bis er wirkt. Die Samen (circa 10) können auch vor dem Frühstück gekaut werden. Wird zuviel eingenommen, kann der Echte Kreuzdorn starken Durchfall und Erbrechen verursachen.
Tinktur: 1–2 Milliliter morgens und abends einnehmen.

Küchenschelle

Herba Pulsatillae *Anemone pulsatilla* Hahnenfußgewächse

VERWENDETER TEIL Oberirdische Teile.

SAMMELN Die Stengel sollten während der Blütezeit im März oder April gesammelt werden.

INHALTSSTOFFE Glykoside, Saponine, Gerbstoffe, Harz.

HEILWIRKUNGEN Beruhigend, schmerzlindernd, krampflösend, keimhemmend.

HEILANZEIGEN Die Küchenschelle ist ein ausgezeichnetes entspannendes Nervenmittel zur Behandlung von Beschwerden, die mit nervösen Spannungen und mit Krämpfen im Sexualsystem zusammenhängen. Sie kann ohne Bedenken zur Linderung *schmerzhafter Monatsblutungen, Eierstockschmerzen* und *schmerzhafter Erkrankungen der Hoden* verwendet werden. Sie kann zur Linderung von *Spannungszuständen* und von *Kopfschmerzen* benutzt werden. Sie hilft bei *Schlaflosigkeit* und allgemeiner *Überaktivität*. Durch ihre antibakterielle Wirkung spielt dieses Heilkraut eine Rolle bei der Behandlung von Hautinfektionen, im besonderen bei *Furunkeln*. Sie hilft auch bei der Behandlung von *Infektionen der Atemwege* und bei *Asthma*. Ihr Öl oder ihre Tinktur lindern Ohrenschmerzen.

VORSICHT Die frische Pflanze darf nicht verwendet werden!

MISCHUNGEN Für *schmerzhafte Monatsblutungen* läßt sie sich gut mit Schneeball mischen. Bei Hautproblemen wirkt sie gut in Verbindung mit Sonnenhutwurzel.

ZUBEREITUNG, DOSIERUNG Aufguß: ½–1 Teelöffel der getrockneten Küchenschelle mit einer Tasse kochendem Wasser übergießen und 10–15 Minuten ziehen lassen. Dreimal täglich oder bei Bedarf trinken.
Tinktur: 1–2 Milliliter dreimal täglich.

Kümmel

Fructus Carvi *Carum carvi* Doldenblütler

VERWENDETER TEIL Die Samen.

SAMMELN Die Blütenköpfe (Dolden) werden im Juli gesammelt. Ausreifen lassen. Die Samen werden anschließend herausgeschüttelt.

INHALTSSTOFFE Bis zu 6 Prozent ätherisches Öl, darunter Carvon und Limonen; fettes Öl und Gerbstoffe.

HEILWIRKUNGEN Blähungstreibend, krampflösend, schleimlösend, menstruationsfördernd, milchtreibend, adstringierend, aromatisch.

HEILANZEIGEN Kümmel wird als linderndes Mittel bei *Verdauungsstörungen*, die mit *Blähungen* verbunden sind, und bei *Darmkoliken* verwendet, besonders bei Kindern. Er regt den *Appetit* an. Durch seine adstringierende Wirkung hilft er bei *Durchfall*, aber auch als Gurgelmittel bei *Kehlkopfentzündung*. Er kann bei *Bronchitis* und *Bronchialasthma* benutzt werden. Seine krampflösende Wirkung hilft lindernd bei Menstruationsschmerzen. Kümmel wird benutzt, den *Milchfluß bei stillenden Müttern* anzuregen.

MISCHUNGEN Bei *Blähungen* und *Koliken* läßt sich Kümmel gut zusammen mit Kamille und Kalmus verwenden, bei *Durchfall* zusammen mit Odermennig und Wachsmyrte, bei *Bronchitis* mit Weißem Andorn.

ZUBEREITUNG, DOSIERUNG Aufguß: 1 Teelöffel der frisch zerdrückten Samen mit einer Tasse kochendem Wasser übergießen und 10–15 Minuten ziehen lassen. Dreimal täglich eine Tasse.
Tinktur: 1–4 Milliliter dreimal täglich.

Kürbis

Semen Cucurbitae incortica excortica *Cucurbita pepo* Kürbisgewächse

VERWENDETER TEIL Die Samen.

SAMMELN Die Samen werden aus dem Fruchtfleisch von Kürbissen gesammelt, die im Spätsommer geerntet werden.

INHALTSSTOFFE Fettes Öl, Cucurbitin, Albumin, Lezithin, Harz, Phytosterin.

HEILWIRKUNGEN Wurmtreibend.

HEILANZEIGEN
Die Samen dieses wertvollen Gemüses werden seit langer Zeit als Mittel gegen *Würmer* und *Bandwürmer* benutzt. Die Wirkung scheint auf mechanischen Ursachen zu beruhen. Die Samen sollten frisch verwendet werden, wenn sie reif sind.

ZUBEREITUNG, DOSIERUNG
Man schlage 60 Gramm Samen mit ebenso viel Zucker und füge Milch und Wasser hinzu, bis ½ Liter Mischung bereit sind. Diese Mischung wird auf leeren Magen genommen. In drei Portionen (eine alle zwei Stunden), wobei einige Stunden nach der letzten Dosis Rizinusöl zu nehmen ist.

Lavendel

Flores Lavendulae *Lavendula officinalis* Lippenblütler

VERWENDETER TEIL
Blüten.

SAMMELN
Die Blüten sollten kurz vor dem Aufblühen zwischen Juni und September gesammelt und bei Temperaturen unter 35° C behutsam getrocknet werden.

INHALTSSTOFFE
Die frischen Blüten enthalten bis zu 0,5 Prozent ätherisches Öl, das neben anderen Bestandteilen Linalylacetat, Linalol, Geraniol, Cineol, Limonen und Sesquiterpene enthält.

HEILWIRKUNGEN
Blähungstreibend, krampflösend, antidepressiv, hautreizend.

HEILANZEIGEN
Diese schöne Pflanze hat sowohl kulinarischen, kosmetischen als auch medizinischen Wert. Lavendel wirkt sehr gut bei *Kopfschmerzen*, besonders wenn sie mit Streß zusammenhängen. Lavendel kann sehr wirkungsvoll *Depressionen* beseitigen, besonders in Verbindung mit anderen Heilkräutern. Als sanftes Nervenstärkungsmittel kann er bei *nervösen Schwächezuständen* und bei *Ermüdungszuständen* benutzt werden. Er kann den natürlichen Schlaf fördern und erleichtern. Äußerlich kann das Öl als anregendes Einreibemittel zur Linderung *rheumatischer Schmerzen* benutzt werden.

MISCHUNGEN
Bei *Depressionen* kann er gut zusammen mit Rosmarin, Kolanuß oder Helmkraut gemischt werden. Bei *Kopfschmerzen* kann er mit Frauenschuh oder Baldrian genommen werden.

ZUBEREITUNG, DOSIERUNG
Aufguß: Zur innerlichen Anwendung einen Teelöffel des getrockneten Krauts mit einer Tasse kochendem Wasser übergießen und 10 Minuten ziehen lassen.
Dreimal täglich eine Tasse.
Äußerliche Anwendung: Das Öl sollte nicht innerlich genommen werden, kann aber zur Inhalation, zum Einreiben der Haut oder im Badewasser verwendet werden.

Lebensbaum

Herba Thuja occidentalis *Thuja occidentalis*
Zypressengewächse

VERWENDETER TEIL Junge Zweige.

SAMMELN Die Zweige dieses immergrünen Nadelbaumes können das ganze Jahr über gesammelt werden, am besten jedoch im Sommer.

INHALTSSTOFFE 1 Prozent ätherisches Öl, darunter Thujon; Flavonoidglykoside; Pflanzenschleim; Gerbstoff.

HEILWIRKUNGEN Schleimlösend, regt die glatte Muskulatur an, harntreibend, adstringierend, blutreinigend.

HEILANZEIGEN Die Hauptwirkung des Lebensbaums beruht auf seinem anregenden und blutreinigenden ätherischen Öl. Für *Bronchialkatarrhe* kombiniert der Lebensbaum seine schleimlösende Wirkung mit einer allgemein systemanregenden Eigenschaft, die besonders nützlich ist, wenn gleichzeitig *Herzschwäche* vorliegt. Der Lebensbaum sollte gemieden werden, wenn *Husten* aufgrund zu starker Stimulierung entsteht, wie das bei *trockenem Reizhusten* der Fall ist. Lebensbaum wirkt spezifisch reflexartig auf die Gebärmutter und kann bei *verzögerter* Monatsblutung helfen, sollte aber aufgrund dieser Wirkung während der Schwangerschaft gemieden werden. Bei *unwillkürlichem Harnlassen* aufgrund eines zu schwachen Muskeltonus kann der Lebensbaum verwendet werden. Er kann eine Rolle für die Behandlung von *Schuppenflechte* und *Rheuma* spielen. Äußerlich kann er zur Behandlung von *Warzen* benutzt werden. Angeblich hilft er gegen die Nebenwirkungen von *Pockenimpfungen.* Er wirkt deutlich gegen Pilzinfektionen, z. B. bei einer äußerlichen Anwendung gegen *Fadenpilz-* und *Soorpilzerkrankungen.*

VORSICHT Der Lebensbaum sollte während der Schwangerschaft gemieden werden!

MISCHUNGEN Bei Lungenerkrankungen kann er mit Senega, Grindeliakraut oder Lobelie gemischt werden.

ZUBEREITUNG, DOSIERUNG Aufguß: 1 Teelöffel der getrockneten Wurzel mit einer Tasse kochendem Wasser übergießen und 10–15 Minuten ziehen lassen. Dreimal täglich eine Tasse.
Tinktur: 1–2 Milliliter dreimal täglich.

Leinsamen

Semen Lini *Linum usitatissimum* Leingewächse

VERWENDETER TEIL Reife Samen.

SAMMELN Die Samenhülsen werden im September gesammelt, sobald sie ganz ausgereift sind.

INHALTSSTOFFE 30–40 Prozent festes Öl, darunter Linol-, Linolen- und Ölsäure; Pflanzenschleim; Eiweiß; das Glykosid Linamarin.

HEILWIRKUNGEN Schleimhautschützend, hustenreizlindernd, abführend, erweichend.

HEILANZEIGEN Leinsamen kann bei Infektionen der Lunge verwendet werden, vor allem bei *Bronchitis*, die von starkem Katarrh begleitet ist. Er wird oft als Packung bei *Rippenfellentzündungen* und anderen Lungenproblemen sowie bei *Furunkeln* und *Karbunkeln*, bei *Gürtelrose* und *Schuppenflechte* verwendet. Als Abführmittel hilft er bei *Verstopfung.*

MISCHUNGEN Als Brustwickel läßt er sich gut zusammen mit Senf einsetzen. Bei *Furunkeln, Schwellungen* und *Entzündungen* kann er gut mit Eibischwurzel und Amerikanischer Ulmenrinde gemischt werden.

ZUBEREITUNG, DOSIERUNG Aufguß: 2–3 Teelöffel der Samen mit einer Tasse kochendem Wasser übergießen und 10–15 Minuten ziehen lassen. Morgens und abends trinken.

Packung: Über die Herstellung einer Packung siehe Kapitel über ›Zubereitungen‹.

Tinktur: 2–6 Milliliter dreimal täglich.

Lindenblüten

Flores Tiliae *Tilia europea* Lindengewächse

VERWENDETER TEIL Getrocknete Blüten.

SAMMELN Die Blüten sollten im Sommer kurz nach dem Aufblühen gesammelt werden. Sie sollten an einem trockenen Tag gepflückt und im Schatten getrocknet werden.

INHALTSSTOFFE Ätherisches Öl, das Farneol enthält; Pflanzenschleim; Flavonoide; Hesperidin; Cumarinfraxinit; Vanillin.

HEILWIRKUNGEN Nervenstärkend, krampflösend, schweißtreibend, harntreibend, leicht adstringierend.

HEILANZEIGEN Die Lindenblüten sind als Beruhigungsmittel bei *nervlicher Anspannung* bekannt. Sie haben auch den Ruf, vorbeugend gegen *Arteriosklerose* oder *Bluthochdruck* zu wirken. Sie gelten als spezifisches Mittel zur Behandlung von *erhöhtem Blutdruck,* wenn dieser mit *Arteriosklerose* und *nervlicher Anspannung* zusammenhängt. Durch ihre entspannenden und kreislaufbeeinflussenden Eigenschaften spielen die Lindenblüten eine Rolle bei der Behandlung bestimmter *Migräne*-Arten. Die schweißtreibende und entspannende Wirkung erklärt ihren Wert bei *fiebrigen Erkältungen* und *Grippe*.

MISCHUNGEN Bei *erhöhtem Blutdruck* kann sie mit Weißdorn und Mistel, bei *nervlicher Anspannung* mit Hopfen und bei *Erkältungen* mit Holunder gemischt werden.

ZUBEREITUNG, DOSIERUNG Aufguß: 1 Teelöffel der Blüten mit einer Tasse kochendem Wasser übergießen und 10 Minuten ziehen lassen. Dreimal täglich eine Tasse. Um bei Fieber eine schweißtreibende Wirkung zu erzielen, sollten 2 – 3 Teelöffel genommen werden.
Tinktur: 1 – 2 Milliliter dreimal täglich.

Lobelie

Herba Lobeliae *Lobelia inflata* Glockenblumengewächse

VERWENDETER TEIL Oberirdische Teile.

SAMMELN Die ganze oberirdische Pflanze sollte am Ende ihrer Blütezeit im August oder September gesammelt werden (auch die Samenhülsen).

INHALTSSTOFFE Alkaloide, darunter Lobelin, Lobelidin, Lobelanin und Isolobelanin; Bitterstoffglykoside; ätherische Öle; Harz; Gummi.

HEILWIRKUNGEN Atmungsanregend, antiasthmatisch, krampflösend, schleimlösend, brechreizfördernd.

HEILANZEIGEN Unter den auf das ganze Körpersystem wirkenden Entspannungsmitteln ist die Lobelie eines der besten. Sie wirkt auf das zentrale- und das autonome Nervensystem ebenso dämpfend wie auf die Muskeln. Sie kann mit vielen anderen Heilkräutern kombiniert werden, um deren Wirksamkeit zu steigern, wenn eine entspannende Wirkung erzielt werden soll. Vor allem wird sie aber bei *Bronchialasthma* und *Bronchitis* benutzt. Eine Untersuchung ihrer Alkaloide zeigt scheinbar gegensätzliche Wirkungen auf. Lobelin wirkt stark anregend auf die Atmung, während Isolobin den Brechreiz fördert und entspannend auf die Atmung wirkt, wodurch Absonderung und das Lösen von Schleim gefördert werden; gleichzeitig wird die Atemmuskulatur entspannt. Das Resultat ist eine wirklich ganzheitliche Kombination von Anregung und Entspannung!

MISCHUNGEN Zur Behandlung von *Asthma* läßt sie sich gut mit Paprika, Grindeliakraut, Pillenwolfsmilch, Sonnentau und Meerträubchen mischen.

ZUBEREITUNG, DOSIERUNG Aufguß: 1/4 – 1/2 Teelöffel der getrockneten Blätter mit einer Tasse kochendem Wasser übergießen und 10 – 15 Minuten ziehen lassen. Dreimal täglich eine Tasse.
Tinktur: 1/2 – 1 Milliliter dreimal täglich.

Löwenblattwurzel

Radix Caulophylli *Caulophyllum thalictrioides*
Berberitzengewächse

VERWENDETER TEIL Wurzelstock und Wurzel.

SAMMELN Wurzeln und Wurzelstock werden im Herbst gesammelt, da sie dann am reichsten an Inhaltsstoffen sind.

INHALTSSTOFFE Steroidsaponine, Alkaloide.

HEILWIRKUNGEN Gebärmutterstärkend, menstruationsfördernd, krampflösend, antirheumatisch.

HEILANZEIGEN Die Löwenblattwurzel kam von den Indianern zu uns, was auch ihre anderen Namen, wie Squaw-Wurzel oder Indianerkind-Wurzel, beweisen. Sie ist ein ausgezeichnetes Stärkungsmittel für die Gebärmutter bei Schwäche und Verlust von Muskeltonus. Sie kann während der Schwangerschaft jederzeit verwendet werden, falls eine *Fehlgeburt* droht. Auf ähnliche Weise kann sie aufgrund ihrer krampflösenden Wirkung bei *falschen Wehenschmerzen* benutzt werden. Trotzdem kann die Löwenblattwurzel, wenn sie bei echten Geburtswehen benutzt wird, den Geburtsvorgang erleichtern. Als menstruationsförderndes Mittel findet sie Anwendung, um eine *verzögerte* oder *gehemmte Menstruation* einzuleiten, wobei gleichzeitig die eventuell damit verbundenen Schmerzen gelindert werden. Die Löwenblattwurzel kann immer verwendet werden, wenn ein krampflösendes Mittel gebraucht wird, wie z. B. bei *Koliken, Asthma* oder *nervösem Husten.* Ihr wird nachgesagt, daß sie *rheumatische Schmerzen* lindert.

MISCHUNGEN Zur Stärkung der Gebärmutter kann sie mit Heloniaswurzel, Echtem Herzgespann und Schafgarbe gemischt werden.

ZUBEREITUNG, DOSIERUNG Abkochung: 1 Teelöffel der getrockneten Rinde in eine Tasse Wasser geben, zum Kochen bringen und 10 Minuten leicht kochen. Dreimal täglich eine Tasse.
Tinktur: 1 – 2 Milliliter dreimal täglich.

Löwenzahn

Radix und Herba Taraxaci *Taraxacum officinale* Korbblütler

VERWENDETER TEIL Wurzel oder Blatt.

SAMMELN Die Wurzeln werden am besten zwischen Juni und August gesammelt, da sie dann am bittersten sind. Teile sie der Länge nach vor dem Trocknen. Die Blätter können jederzeit gesammelt werden.

INHALTSSTOFFE Glykoside, Triterpenoide, Cholin, bis zu 5 Prozent Kalium.

HEILWIRKUNGEN Harntreibend, gallenflußfördernd, antirheumatisch, abführend, stärkend.

HEILANZEIGEN Der Löwenzahn ist ein sehr starkes harntreibendes Mittel und in seiner Wirkung mit gebräuchlichen Medikamenten vergleichbar. Normalerweise führt die medikamentöse Anregung der Nierenfunktion zu Kaliumverlust des Körpers, was zur Verschlechterung bereits vorhandener kardiovasculärer Probleme führen würde. Löwenzahn ist aber eine der besten natürlichen Kaliumquellen. Er ist deshalb als ideales harntreibendes Mittel anzusehen, das immer ohne Bedenken angewendet werden kann, auch bei *Wasseransammlungen aufgrund von Herzproblemen*. Als gallenflußförderndes Mittel kann er bei Entzündungen und Stauungen in Leber und Gallenblase benutzt werden. Er gilt als spezifisches Mittel bei *Stauungsgelbsucht*. Als Teil einer umfassenden Behandlung von *Muskelrheuma* kann er sehr wirksam sein. Dieses Kraut ist ein sehr wertvolles allgemeines Stärkungsmittel und vielleicht das beste allgemein anwendbare harntreibende und leberstärkende Mittel.

MISCHUNGEN Bei Leber- und Gallenblasenproblemen kann er mit Berberitze oder dem Kahlen Schildblumenkraut, bei *Wasseransammlungen* mit Queckenwurzel oder Schafgarbe gemischt werden.

ZUBEREITUNG, DOSIERUNG Abkochung: 2–3 Teelöffel der Wurzel in eine Tasse Wasser geben, zum Kochen bringen und 10–15 Minuten leicht kochen. Dreimal täglich eine Tasse. Die Blätter können roh als Salat verzehrt werden.

Tinktur: 5–10 Milliliter dreimal täglich.

Lungenflechte

Lichen Pulmonarius *Lobaria pulmonaria* Stictaceae

VERWENDETER TEIL Getrocknete Flechte.

SAMMELN Diese Flechte wächst auf Eichenrinde und ab und zu auf Heidekraut oder moosbewachsenen Felsen.

INHALTSSTOFFE Arabitol, Gyrophorsäure, Stictinsäure, Ergostelin, Fucosterin; Palmitin-, Olein- und Linolensäuren.

HEILWIRKUNGEN Schleimlösend, Lungenschleimhäute schützend.

HEILANZEIGEN Die Lungenflechte kann ohne Bedenken angewendet werden, wenn ein linderndes schleimlösendes Mittel benötigt wird. Sie kann bei allen Arten von Bronchitis benutzt werden, besonders bei *asthmatischen Neigungen*. Bei *Kinderhusten* kann sie sehr heilsam sein.

MISCHUNGEN Die Lungenflechte wird oft in Verbindung mit Huflattich und Weißem Andorn benutzt.

ZUBEREITUNG, DOSIERUNG Aufguß: 1 Teelöffel der getrockneten Flechte mit einer Tasse kochendem Wasser übergießen und 10 Minuten ziehen lassen. Dreimal täglich eine Tasse.

Tinktur: 1–2 Milliliter dreimal täglich.

Lungenkraut

Herba Pulmonariae
Pulmonaria officinalis
Rauhblattgewächse

VERWENDETER TEIL Blätter.

SAMMELN Die Blätter können während und nach der Blütezeit zwischen März und September gesammelt werden.

INHALTSSTOFFE Schleimstoffe, Kieselsäure, Gerbstoff, Saponin, Allantoin, Quercitin, Kämpferol, Vitamin C.

HEILWIRKUNGEN Schleimhautschützend, schleimlösend, adstringierend, wundheilend.

HEILANZEIGEN Lungenkraut wird vor allem für zwei Anwendungsbereiche benutzt. Der Bereich, auf den auch schon der Name hinweist, hängt mit der Verwendung bei *Husten* und *Bronchitis* zusammen, besonders bei gleichzeitigem *Katarrh der oberen Atemwege*. Der andere Bereich hängt mit seiner adstringierenden Wirkung zusammen. Sie erklärt die Anwendung bei *Durchfall*, besonders bei Kindern, und zur Linderung von *Hämorrhoiden*. Wie bei allen Heilpflanzen müssen diese beiden Anwendungsbereiche im Zusammenhang mit der Gesamtwirkung der Pflanze, die als Einheit wirkt, gesehen werden. Äußerlich kann diese Pflanze zur Heilung von *Schnittverletzungen* und *Wunden* benutzt werden.

MISCHUNGEN Bei Lungenerkrankungen kann Lungenkraut mit Huflattich, Lobelie oder Weißem Andorn gemischt werden.

ZUBEREITUNG, DOSIERUNG Aufguß: 1 – 2 Teelöffel des getrockneten Krauts mit einer Tasse kochendem Wasser übergießen und 10 – 15 Minuten ziehen lassen. Dreimal täglich eine Tasse.
Tinktur: 1 – 4 Milliliter dreimal täglich.

Mädesüß

Herba Spiraeae ulmariae *Filipendula ulmaria*
Rosengewächse

VERWENDETER TEIL Oberirdische Teile.

SAMMELN Die ganz geöffneten Blüten und die Blätter werden zur Blütezeit zwischen Juni und August gesammelt. Sie sollten vorsichtig bei Temperaturen unter 40° C getrocknet werden.

INHALTSSTOFFE Ätherisches Öl mit Salizylsäurebestandteilen Spiraein und Gaultherin; Salizylsäure; Gerbstoff; Zitronensäure.

HEILWIRKUNGEN Antirheumatisch, entzündungshemmend, verdauungsfördernd, säurebindend, brechreizstillend, adstringierend.

HEILANZEIGEN Mädesüß ist eine der besten Heilpflanzen für das Verdauungssystem und ist als solche bei den meisten Beschwerden angezeigt, wenn sie ganzheitlich angegangen werden. Sie wirkt schützend und lindernd auf die Schleimhäute des Verdauungssystems, verringert *Übersäuerung* und lindert *Übelkeit.* Sie wird zur Behandlung von *Sodbrennen, Übersäuerung, Magenschleimhautentzündung* und *Magengeschwüren* benutzt. Ihre leicht adstringierende Wirkung macht sie für die Behandlung von *Durchfall* bei Kindern geeignet. Der Gehalt Aspirinähnlicher Substanzen erklärt die Wirkung von Mädesüß bei *Fieber* und bei der Linderung *rheumatischer Schmerzen* in Muskeln und Gelenken.

ZUBEREITUNG, DOSIERUNG Aufguß: 1–2 Teelöffel des getrockneten Krauts mit einer Tasse kochendem Wasser übergießen und 10–15 Minuten ziehen lassen. Dreimal täglich oder bei Bedarf zu trinken.
Tinktur: 1–4 Milliliter dreimal täglich.

Mahonienrinde

Radix Mahoniae *Berberis aquifolium* Berberitzengewächse

VERWENDETER TEIL Wurzelstock und Wurzel.

SAMMELN Die unterirdischen Teile werden im Herbst ausgegraben, sorgfältig gereinigt, in Scheiben geschnitten und getrocknet.

INHALTSSTOFFE Alkaloide, darunter Berberin, Oxyacanthin und Berbamin.

HEILWIRKUNGEN Blutreinigend, gallenflußfördernd, abführend, brechreizstillend, gegen Katarrh, stärkend.

HEILANZEIGEN Die Mahonienrinde ist in ihrer Wirkung sowohl der Kanadischen Gelbwurzel als auch der Berberitze ähnlich. Sie findet vor allem bei der Behandlung chronischer und schuppiger Hauterkrankungen, wie *Schuppenflechte* und *Ekzeme*, Verwendung. Da solche Hautprobleme mit systemischen Ursachen im Körper zusammenhängen, erklärt die kräftigende Wirkung der Mahonienrinde auf Leber und Galle teilweise ihre starke Wirksamkeit. Sie kann bei *Magen-* und *Gallenbeschwerden* benutzt werden, vor allem, wenn sie von *Übelkeit* und *Erbrechen* begleitet sind. Bei *chronischer Verstopfung* kann sie unbedenklich als Abführmittel angewendet werden.

MISCHUNGEN Bei Hautproblemen kann die Mahonienrinde gut mit der Großen Klette, dem Krausen Ampfer und Klettenlabkraut kombiniert werden. Bei Gallenblasenproblemen kann sie mit Virginianischem Ehrenpreis oder Benediktinendistel gemischt werden.

ZUBEREITUNG, DOSIERUNG Abkochung: 1–2 Teelöffel der Wurzel in eine Tasse Wasser geben, zum Kochen bringen und 10–15 Minuten leicht kochen. Dreimal täglich eine Tasse.
Tinktur: 1–4 Milliliter dreimal täglich.

Maiglöckchen

Herba Convallariae majalis *Convallaria majalis*
Liliengewächse

VERWENDETER TEIL Getrocknete Blätter.

SAMMELN Die Blätter werden zur Blütezeit im Mai oder Juni gesammelt.

INHALTSSTOFFE Herzglykoside, darunter Convallatoxin und Convallatoxol; Saponine, darunter Convallarin und Convallarinsäure; Asparagin; Flavonoide; ätherisches Öl mit Farnesol.

HEILWIRKUNGEN Herzwirksam, harntreibend.

HEILANZEIGEN Das Maiglöckchen ist wahrscheinlich das beste Herzmittel, das heutzutage von Heilpflanzenspezialisten benutzt wird. Einzelheiten ihrer Wirkung sind im Abschnitt über die chemische Zusammensetzung der Heilkräuter besprochen; hier soll nur daran erinnert werden, daß es gleiche Wirkungen wie Fingerhut (Digitalis) besitzt, ohne jedoch dessen potentiell giftige Nebenwirkungen zu zeigen. Maiglöckchen kann bei *Herzversagen* und bei *schlechter Flüssigkeitsausscheidung (Wassersucht)* benutzt werden, die mit Herzproblemen zusammenhängt. Es hilft dem Körper bei Atemschwierigkeiten, die aus Stauungszuständen im Herzen resultieren.

MISCHUNGEN Es läßt sich gut mit echtem Herzgespann und Weißdorn mischen.

ZUBEREITUNG, DOSIERUNG Maiglöckchen sollte nur unter qualifizierter Aufsicht benutzt werden.

Maisgriffel

Stigmata Maidis *Zea mays* Süßgräser

VERWENDETER TEIL Griffel der weiblichen Blüten des Mais. Dünne Fäden von 10 bis 20 Zentimeter Länge.

SAMMELN Die Griffel sollten kurz vor der Befruchtung gesammelt werden, wobei dieser Zeitpunkt vom örtlichen Klima abhängt. Sie werden am besten frisch verwendet, da ihre Wirkung mit der Zeit abnimmt.

INHALTSSTOFFE Saponine, ein leicht flüchtiges Alkaloid, Sterine, Allantoin, Gerbstoff.

HEILWIRKUNGEN Harntreibend, schleimhautschützend, stärkend.

HEILANZEIGEN Als reizlinderndes Diuretikum können Maisgriffel bei allen Reizzuständen des Harnsystems helfen. Sie werden bei *Nierenbeschwerden bei Kindern* verwendet und als schleimhautschützendes Mittel für die Harnwege in Kombination mit anderen Kräutern zur Behandlung von *Blasenentzündungen, Harnröhrenentzündungen, Prostataentzündung* und ähnlichem gegeben.

MISCHUNGEN Mit Queckenwurzel, Bärentraube oder Schafgarbe zur Behandlung einer *Blasenentzündung*.

ZUBEREITUNG, DOSIERUNG Aufguß: 2 Teelöffel des getrockneten oder frischen Krauts mit einer Tasse kochendem Wasser übergießen und 10–15 Minuten ziehen lassen. Dreimal täglich eine Tasse.
Tinktur: 3–6 Milliliter dreimal täglich.

Malve

Flores und Herba
Malvae silvestris
Malva sylvestris
Malvengewächse

VERWENDETER TEIL Blüten und Blätter.

SAMMELN Blüten und Blätter werden zwischen Juli und September gesammelt und vorsichtig getrocknet.

INHALTSSTOFFE Pflanzenschleim, ätherisches Öl, wenig Gerbstoff.

HEILWIRKUNGEN Schleimhautschützend, entzündungshemmend, schleimlösend, adstringierend.

HEILANZEIGEN Die Malve kann ähnlich wie Eibisch benutzt werden, wirkt jedoch im allgemeinen weniger stark. Innerlich angewendet unterstützt sie die Gesundung bei *Magenschleimhautentzündungen* und *Magengeschwüren,* bei *Kehlkopf-* und *Rachenentzündung,* bei *Katarrhen der oberen Atemwege* und bei *Bronchitis.* Äußerlich kann sie als Badewasserzusatz oder als Umschlag gegen *Abszesse, Furunkel* und leichte *Verbrennungen* benutzt werden.

ZUBEREITUNG, DOSIERUNG Aufguß: Zur innerlichen Anwendung 2 Teelöffel des getrockneten Krauts mit einer Tasse kochendem Wasser übergießen und 10–15 Minuten ziehen lassen. Dreimal täglich eine Tasse.
Umschlag: Zur äußerlichen Anwendung 1 Teelöffel des Krauts in eine Tasse Wasser geben, zum Kochen bringen und 10–15 Minuten leicht kochen. Diese Abkochung kann für einen Umschlag verwendet werden.
Tinktur: 2–4 Milliliter dreimal täglich.

Mariendistel

Semen Cardui Mariae *Silybum marianum* Korbblütler

VERWENDETER TEIL Die Samen.

SAMMELN Die ausgereiften Samenkapseln werden abgeschnitten und an einem warmen Ort gelagert. Nach einigen Tagen können sie geöffnet und die Samen entnommen werden.

INHALTSSTOFFE Die Flavone Silybin, Silydianin und Silychristin; ätherisches Öl; Bitterstoff; Pflanzenschleim.

HEILWIRKUNGEN Gallenflußfördernd, milchtreibend, schleimhautschützend.

HEILANZEIGEN Die Mariendistel fördert den *Muttermilchfluß* und kann unbedenklich von allen stillenden Müttern benutzt werden. Sie kann auch die Absonderung und den Fluß der Gallenflüssigkeit aus Leber und Gallenblase verstärken und zu diesem Zweck immer verwendet werden, wenn Probleme im Zusammenhang mit der Gallenblase auftreten.

ZUBEREITUNG, DOSIERUNG Aufguß: 1 Teelöffel der getrockneten Samen mit einer Tasse kochendem Wasser übergießen, 10–15 Minuten ziehen lassen. Dreimal täglich eine Tasse.
Tinktur: 1–2 Milliliter dreimal täglich.

Mauerkraut

Parietaria diffusa Nesselgewächse

VERWENDETER TEIL Oberirdische Teile.

SAMMELN Die oberirdischen Teile werden zwischen Juni und September gesammelt.

INHALTSSTOFFE Bitterstoffe, Gerbstoffe.

HEILWIRKUNGEN Harntreibend, schleimhautschützend.

HEILANZEIGEN Mauerkraut kann zur Behandlung aller Entzündungen im Harnsystem dienen, besonders zur Linderung von Reizungen. Es kann bei *Blasen-* und *Nierenbeckenentzündungen* helfen. Es ist ein gutes, allgemeinwirkendes harntreibendes Mittel, das zur Beseitigung von Wasseransammlungen verwendet werden kann, wenn diese von Nierenstörungen verursacht werden. Es kann eine wertvolle Rolle bei der Behandlung von *Nierensteinen* und *-grieß* spielen.

MISCHUNGEN Es läßt sich gut mit Ackerfrauenmantel, Bucco, Bärentraube oder Wacholder mischen.

ZUBEREITUNG, DOSIERUNG Aufguß: 1–2 Teelöffel des getrockneten Krauts mit einer Tasse kochendem Wasser übergießen und 10–15 Minuten ziehen lassen. Dreimal täglich eine Tasse.
Tinktur: 2–4 Milliliter dreimal täglich.

Meerrettich

Radix Armoraciae *Armoracia rusticana* Kreuzblütler

VERWENDETER TEIL Die Pfahlwurzel.

SAMMELN Die Wurzeln werden im Winter ausgegraben und in Sand gelagert.

INHALTSSTOFFE Senföl-Glykoside enthaltendes ätherisches Öl; Sinigrin.

HEILWIRKUNGEN Anregend, blähungstreibend, hautreizend, leicht abführend, harntreibend.

HEILANZEIGEN Der Meerrettich ist ein altes Hausmittel, das immer genommen werden kann, wenn ein anregendes Heilkraut benötigt wird. Bei *Grippe* und *Fieber* kann er ähnlich wie Paprika verwendet werden. Er regt die Verdauung an und lindert gleichzeitig *Blähungen* und *Bauchschmerzen*. Er wird gelegentlich bei *Infektionen der Harnwege* benutzt. Äußerlich wirkt er, ähnlich wie Senfsamen, anregend. Er kann bei *Rheuma* und als Packung bei *Bronchitis* benutzt werden.

ZUBEREITUNG, DOSIERUNG Die frische Wurzel wird oft als Gemüse gegessen.

Aufguß: 1 Teelöffel der zu Pulver zerstoßenen oder zerkleinerten Wurzel mit einer Tasse kochendem Wasser übergießen und 5 Minuten ziehen lassen. Dreimal täglich oder häufiger trinken, falls er zur Behandlung von *Grippe* oder *Fieber* verwendet wird.

Meerträubchen

Herba Ephedrae *Ephedra sinica* Ephedraceae

VERWENDETER TEIL Oberirdische Zweige.

SAMMELN Sammle die jungen Zweige im Herbst vor dem ersten Frost, da ihr Gehalt an Alkaloiden dann am größten ist.

INHALTSSTOFFE Mehr als 1,25% Alkaloide, darunter Ephedrin und Pseudoephedrin; Gerbstoffe; Saponin; Flavone; ätherisches Öl.

HEILWIRKUNGEN Gefäßerweiternd, blutdrucksteigernd, kreislaufanregend, antiallergisch.

HEILANZEIGEN Die Alkaloide, die das Meerträubchen enthält, haben anscheinend entgegengesetzte Auswirkungen auf den Körper. Insgesamt wirkt es jedoch ausgleichend und heilend. Es wird sehr erfolgreich bei der Behandlung von *Asthma* und ähnlichen Zuständen eingesetzt, da es Krämpfe in den Bronchien lösen kann. Von daher wird es bei *Bronchialasthma*, bei *Bronchitis* und bei *Keuchhusten* benutzt. Es verringert außerdem allergische Reaktionen und spielt deshalb eine Rolle bei der Behandlung von *Heuschnupfen* und anderen *Allergien*. Es kann bei der Behandlung von *niedrigem Blutdruck* und bei *Kreislaufschwäche* benutzt werden.

ZUBEREITUNG, DOSIERUNG — Abkochung: 1–2 Teelöffel des getrockneten Krauts in eine Tasse Wasser geben, zum Kochen bringen und 10–15 Minuten leicht kochen. Dreimal täglich eine Tasse.
Tinktur: 1–4 Milliliter dreimal täglich.

Meerzwiebel

Bulbus Scillae *Urginea maritima* Liliengewächse

VERWENDETER TEIL — Die Zwiebel.

SAMMELN — Die Zwiebel sollte kurz nach der Blütezeit gesammelt werden.

INHALTSSTOFFE — Herzwirksame Glykoside, Pflanzenschleim, Gerbstoff.

HEILWIRKUNGEN — Schleimlösend, stark abführend, brechreizfördernd, herzwirksam.

HEILANZEIGEN — Die Meerzwiebel ist ein stark schleimlösendes Mittel, das bei *chronischer Bronchitis* verwendet werden kann. Sie ist zu empfehlen, wenn dabei wenig Schleim produziert wird und der Husten trocken und gereizt ist. Durch die Meerzwiebel wird dünnflüssiger Speichel produziert, wodurch der Schleimauswurf erleichtert wird. Der Schleimgehalt der Pflanze entspannt und lockert die Bronchien, wodurch die stimulierende Wirkung der ebenfalls enthaltenen Glykoside ausgeglichen wird. Sie kann bei *Bronchialasthma* und bei *Keuchhusten* verwendet werden. Auf das Herz übt sie eine anregende Wirkung aus und wird zur Unterstützung bei *Herzversagen* und bei *Wasseransammlungen*, durch Herzprobleme verursacht, gegeben.

MISCHUNGEN — Bei *Bronchitis* kann sie mit Weißem Andorn und Huflattich, bei *Keuchhusten* mit Sonnentau gemischt werden.

ZUBEREITUNG, DOSIERUNG — Aufguß: Die Dosis ist ziemlich klein, nur 0,06–0,2 Gramm der Zwiebel. Da diese kleine Dosis sehr schlecht abzuwägen ist, sollten jeweils ein halber Liter des Aufgusses auf einmal hergestellt werden: ½–1 Teelöffel der Zwiebel mit einem halben Liter kochendem Wasser übergießen und 10–15 Minuten ziehen lassen. Die Flüssigkeit im Kühlschrank aufbewahren und dreimal täglich eine Tasse trinken.
Tinktur: ½–1 Milliliter dreimal täglich.

Melisse

Folia Melissae
Melissa officinalis
Lippenblütler

VERWENDETER TEIL Getrocknete oberirdische Teile.

SAMMELN Die Blätter können zwei- oder dreimal jährlich zwischen Juni und September geerntet werden. Die jungen Schößlinge werden gesammelt, wenn sie ungefähr 30 Zentimeter hoch sind. Sie sollten im Schatten bei Temperaturen unter 35° C getrocknet werden.

INHALTSSTOFFE Reich an ätherischen Ölen, einschließlich Zitral, Zitronellal, Geraniol und Linalol; Bitterstoffe; Flavone; Harze.

HEILWIRKUNGEN Blähungstreibend, krampflösend, antidepressiv, schweißtreibend, blutdrucksenkend.

HEILANZEIGEN Die Melisse ist ein ausgezeichnetes Mittel bei allen *Krämpfen im Verdauungssystem* und wird vor allem bei Verdauungsstörungen mit Blähungen verwendet. Aufgrund ihrer antidepressiven Eigenschaften ist sie besonders bei solchen *Verdauungsstörungen* angezeigt, die mit *Angst* oder *Depressionen* auftreten, da die Öle bei *Anspannung* und *Streßreaktionen* leicht entspannend wirken und so *depressive Zustände* lösen. Melisse stärkt das Herz und den Kreislauf und bewirkt eine leichte Gefäßerweiterung der äußeren Blutgefäße, wodurch der *Blutdruck* sinkt. Sie kann bei Fieberzuständen, z. B. bei *Grippe*, benutzt werden.

MISCHUNGEN Bei *Verdauungsstörungen* kann sie mit Hopfen, Kamille oder Mädesüß gemischt werden. Für *Streß* und *Anspannung* eignet sich eine Mischung mit Lavendel und Lindenblüten.

ZUBEREITUNG, DOSIERUNG Aufguß: 2–3 Teelöffel der getrockneten Pflanze mit einer Tasse kochendem Wasser übergießen und 10–15 Minuten ziehen lassen. Morgens und abends oder bei Bedarf eine Tasse.
Tinktur: 2–6 Milliliter dreimal täglich.

Mistel

Herba Visci albi
Viscum alba
Mistelgewächse

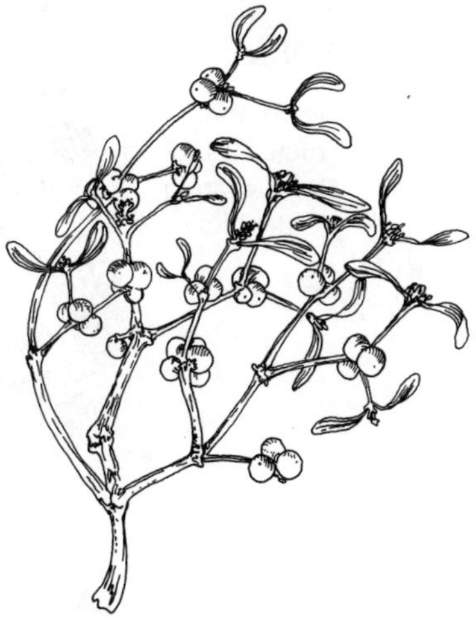

VERWENDETER TEIL Getrocknete Zweige und Blätter.

SAMMELN Die jungen Zweige und Blätter sollten im Frühling gesammelt werden.

VORSICHT Nicht die Beeren verwenden!

INHALTSSTOFFE Viscotoxin (ein herzwirksames Polypeptid), triterpenoide Saponine, Cholin, Histamin, tumorhemmende Proteine.

HEILWIRKUNGEN Nervenstärkend, blutdrucksenkend, beruhigt die Herztätigkeit, möglicherweise tumorhemmend.

HEILANZEIGEN Die Mistel ist als ausgezeichnetes entspannendes Nervenmittel in vielen Fällen angezeigt. Sie beruhigt und stärkt das Nervensystem. Sie wirkt direkt auf den Vagusnerv und verringert so den Herzschlag, während sie gleichzeitig die Wände der äußeren Kapillargefäße stärkt. Von daher verringert sie den Blutdruck und lindert *Arteriosklerose.* Bei *nervlich bedingter beschleunigter Herztätigkeit (nervöser Tachykardie)* kann sie sehr gut helfen. Die Mistel lindert *Kopfschmerzen,* die durch Bluthochdruck verursacht werden. Von Krebsforschern wurde nachgewiesen, daß sie gewisse Wirkungen gegen Tumore hat.

MISCHUNGEN Zur Behandlung von *erhöhtem Blutdruck* läßt sie sich gut mit Weißdornbeeren und Lindenblüten mischen.

ZUBEREITUNG, DOSIERUNG 1–2 Teelöffel des getrockneten Krauts mit einer Tasse kochendem Wasser übergießen und 10–15 Minuten ziehen lassen. Dreimal täglich eine Tasse.
Tinktur: 1–4 Milliliter dreimal täglich.

Möhre

Herba und
Fructus Dauci
Daucus carota
Doldenblütler

VERWENDETER TEIL Getrocknete oberirdische Teile und Samen.

SAMMELN Die oberirdischen Teile dieser Heilpflanze sollen in der Blütezeit zwischen Juni und August, oder wenn die Samen im August und September reif sind, gesammelt werden.

INHALTSSTOFFE Ätherisches Öl, ein Alkaloid.

HEILWIRKUNGEN Harntreibend, steinbildungsverhindernd, blähungstreibend.

HEILANZEIGEN Das in der Möhre enthaltene ätherische Öl wirkt antiseptisch auf das Harnsystem, was ihre Verwendung in der Behandlung von Beschwerden, wie z. B. *Blasen-* und *Prostataentzündung,* erklärt. Sie wird schon seit langem als spezifisches Mittel zur Behandlung von *Nierensteinen* angesehen. Zur Behandlung von *Gicht* und *Rheuma* wird sie in Verbindung mit anderen Heilmitteln eingesetzt, da sie reinigend und harntreibend wirkt. Die Samen können als blähungstreibendes Mittel gegen *Koliken* und *Blähungen* verwendet werden.

MISCHUNGEN Bei Infektionen der Harnwege kann sie mit Schafgarbe und Bärentraube verwendet werden. Bei *Nierensteinen* sollte sie mit Baumartiger Hortensie, Rotem Wasserhanf oder Mauerkraut gemischt werden.

ZUBEREITUNG, DOSIERUNG Aufguß: 1 Teelöffel des getrockneten Krauts mit einer Tasse kochendem Wasser übergießen und 10 – 15 Minuten ziehen lassen. Dreimal täglich eine Tasse. Um aus den Samen einen Aufguß zu machen, werden $^1/_3$ – 1 Teelöffel auf eine Tasse Wasser verwendet.

Tinktur: 1 – 2 Milliliter, dreimal täglich.

Mönchspfeffer

Semen Agni casti *Vitex agnus-castus* Eisenkrautgewächse

VERWENDETER TEIL Die Frucht.

SAMMELN Die sehr dunklen Beeren sollten gepflückt werden, wenn sie im Oktober oder November ausgereift sind. Sie können in der Sonne oder im Schatten getrocknet werden.

INHALTSSTOFFE Iridoid-Glykoside, darunter Aucubin und Agnusid; Flavonoide, darunter Kasticin, Isovitexin und Orientin; ätherisches Öl.

HEILWIRKUNGEN Stärkungsmittel für die Geschlechtsorgane.

HEILANZEIGEN Mönchspfeffer stimuliert und normalisiert die Funktion der Hypophyse, besonders die Progesteron-Funktion. Er könnte den amphoteren Mitteln zugeordnet werden, da er scheinbar widersprüchliche Wirkungen zeigt, die aber in Wirklichkeit auf seiner normalisierenden Wirkung beruhen. So hat er beispielsweise den Ruf, ein Aphrodisiakum als auch ein Anti-Aphrodisiakum zu sein. Er wird jeweils bewirken, was gerade nötig ist. Mönchspfeffer hat sich vor allem zur Normalisierung der Aktivität weiblicher Sexualhormone bewährt, und er ist deshalb bei *schmerzhafter Regelblutung, prämenstruellen Spannungen* und anderen Unregelmäßigkeiten angezeigt, die mit Hormonaktivitäten zusammenhängen. Besonders während der *Umstellung in den Wechseljahren* kann er sehr hilfreich sein. Ähnlich kann er nach dem *Absetzen der Pille* den Körper unterstützen, sein natürliches Gleichgewicht wiederzufinden.

ZUBEREITUNG, DOSIERUNG Aufguß: 1 Teelöffel der reifen Früchte mit einer Tasse kochendem Wasser übergießen und 10–15 Minuten ziehen lassen. Dreimal täglich eine Tasse.
Tinktur: 1–2 Milliliter dreimal täglich.

Mohn

Flores Rhoeados
Papaver rhoeas
Mohngewächse

VERWENDETER TEIL Blütenblätter.

SAMMELN Die Blütenblätter sollten an einem trockenen Morgen, nachdem der Tau verflogen ist, in den Monaten Juli oder August gesammelt und behutsam getrocknet werden.

INHALTSSTOFFE Gerbstoff, Pflanzenschleim, wenig Alkaloid.

HEILWIRKUNGEN Leicht beruhigend, schleimlösend.

HEILANZEIGEN Dieses schöne, an den Wegrändern wachsende Heilkraut hat nicht die starke Wirkung seines nahen Verwandten, des Schlafmohns. Er kann angewendet werden, um *Reizhusten* zu lindern, und bei *Katarrhen der Atemwege.* Die Blütenblätter werden oft Kräutertees und Duftmischungen beigegeben, um ihnen Farbe zu verleihen.

ZUBEREITUNG, DOSIERUNG Aufguß: 1–2 Teelöffel der getrockneten Blütenblätter mit einer Tasse kochendem Wasser übergießen und 10–15 Minuten ziehen lassen. Dreimal täglich eine Tasse.
Tinktur: 2–4 Milliliter dreimal täglich.

Mohn, Kalifornischer

Herba Eschscholtziae
Eschscholtzia california
Mohngewächse

VERWENDETER TEIL Getrocknete oberirdische Teile.

SAMMELN Die oberirdischen Teile werden in der Blütezeit zwischen Juni und September gesammelt. Sie sollten im Schatten getrocknet werden.

INHALTSSTOFFE Alkaloide ähnlich wie der Schlafmohn, Flavonglykoside.

HEILWIRKUNGEN Beruhigend, schlaffördernd, krampflösend, schmerzstillend.

HEILANZEIGEN Dem Kalifornischen Mohn wird nachgesagt, er sei eine nicht süchtig machende Alternative zum Schlafmohn, obwohl er weniger stark wirkt. Er findet als Beruhigungs- und Schlafmittel für Kinder in Fällen von *Übererregbarkeit* und *Schlaflosigkeit* Anwendung. Er kann immer dann genommen werden, wenn ein krampflösendes Mittel benötigt wird. Die Indianer nahmen ihn bei *kolikartigen Schmerzen*. Auch bei der Behandlung von *Gallenkoliken* kann er hilfreich sein.

ZUBEREITUNG, DOSIERUNG Aufguß: 1 – 2 Teelöffel des getrockneten Krauts mit einer Tasse kochendem Wasser übergießen und 10 Minuten ziehen lassen. Eine Tasse sollte vor dem Schlafengehen getrunken werden, um einen erholsamen Schlaf zu fördern.
Tinktur: 1 – 4 Milliliter vor dem Schlafengehen einnehmen.

Moos, Irländisches

Carrageen *Chondrus crispus* Rhodophyta

VERWENDETER TEIL Der getrocknete Pflanzenkörper. Es ist eine Seealge.

SAMMELN Es wird an den felsigen Küsten Nordwesteuropas, vor allem in Irland, das ganze Jahr über bei Ebbe gesammelt.

INHALTSSTOFFE Bis zu 80 Prozent Pflanzenschleim; Carrageene; Jod; Brom; Eisen; andere Mineralsalze; Vitamine A und B_1.

HEILWIRKUNGEN Schleimlösend, schleimhautschützend.

HEILANZEIGEN Die in der Pflanze enthaltenen Schleimstoffe werden von der Nahrungsmittelindustrie in großen Mengen zur Herstellung von Gelees oder Sülze und als glattes Bindemittel benutzt. Die gleichen Eigenschaften sind auch die Grundlage für seine Verwendung bei Verdauungserkrankungen, bei denen ein schleimschützendes Mittel benötigt wird, wie z. B. *Magenschleimhautentzündung* oder *Magengeschwür*. Vor allem wird es aber bei Atmungserkrankungen, wie z. B. *Bronchitis,* benutzt. Für Kosmetika wird es zum Erweichen der Haut benutzt.

ZUBEREITUNG, DOSIERUNG Aufguß: 1–17 Teelöffel des getrockneten Krauts mit einer Tasse kochendem Wasser übergießen, 10 Minuten ziehen lassen. Dreimal täglich 1 Tasse.
Tinktur: 1–2 Milliliter dreimal täglich.

Moos, Isländisches

Lichen islandicus *Cetraria islandica* Flechten

VERWENDETER TEIL Die ganze Pflanze; es ist eine Flechte.

SAMMELN Diese Flechte kann das ganze Jahr über gesammelt werden, am besten aber zwischen Mai und September. Sie sollte von Verunreinigungen befreit und in der Sonne oder im Schatten getrocknet werden.

INHALTSSTOFFE Reich an Pflanzenschleim; Bitterstoff Fumarinsäure; Usnonsäure; etwas Jod; Spuren von Vitamin A.

HEILWIRKUNGEN Schleimhautschützend, brechreizstillend, schleimlösend.

HEILANZEIGEN Als linderndes schleimhautschützendes Mittel mit hohem Schleimstoffgehalt findet Isländisches Moos bei der Behandlung von *Magenschleimhautentzündungen, Erbrechen* und *Verdauungsstörungen* Verwendung. Es wird oft bei *Katarrhen der Atemwege* und bei *Bronchitis* benutzt. Es wirkt allgemein lindernd auf die Schleimhäute. Außerdem unterstützt seine Nahrhaftigkeit die Behandlung von *Kachexie,* einem *Mangelernährungs-* und *Schwächezustand.*

MISCHUNGEN Zur Behandlung von *Erbrechen* und *Übelkeit* kann es mit Schwarznessel gemischt werden.

ZUBEREITUNG, DOSIERUNG
Abkochung: 1 Teelöffel der zerkleinerten Flechte in eine Tasse kaltes Wasser geben, 3 Minuten kochen, dann 10 Minuten ziehen lassen. Morgens und abends eine Tasse.
Tinktur: 1 – 2 Milliliter dreimal täglich.

Myrrhe

Myrrha *Commiphora molmol* Burseraceae

VERWENDETER TEIL Gummiharz.

SAMMELN Das Gummiharz wird von den Myrrhebüschen in Trockengebieten Ostafrikas und Arabiens gesammelt.

INHALTSSTOFFE Bis zu 17 Prozent ätherisches Öl, bis zu 40 Prozent Harz, Gummi.

HEILWIRKUNGEN Keimhemmend, adstringierend, blähungstreibend, gegen Katarrh, schleimlösend, wundheilend.

HEILANZEIGEN Myrrhe ist ein sehr wirkungsvolles keimhemmendes Mittel, das nachweislich auf zwei Arten arbeitet. Es regt vor allem die Bildung weißer Blutkörperchen an (die gegen Krankheitserreger wirken) und wirkt außerdem direkt keimhemmend. Somit unterstützt Myrrhe die natürlichen Abwehrprozesse des Körpers; eine besonders wichtige Eigenschaft, denn dieser Vorgang wird heute oft durch die Verwendung von Antibiotika ersetzt. Myrrhe kann bei vielen Krankheiten verwendet werden, die nach keimhemmenden Mitteln verlangen. Sie kann besonders bei Entzündungen im Mundbereich, wie *Mundgeschwüren, Zahnfleischentzündungen* und *Zahnfleischeiterungen*, ebenso wie bei katarrhalischen Beschwerden, wie *Rachen-* und *Nebenhöhlenentzündungen*, benutzt werden. Sie kann bei *Kehlkopfentzündung* und *Beschwerden der Atmungsorgane* helfen. Ganzheitlich kann sie bei *Furunkeln* und ähnlichem sowie bei *Drüsenfieber* und *Brucellenfieber* Verwendung finden. Sie wird oft als Teil der Behandlung einer *Erkältung* verwendet. Äußerlich wirkt Myrrhe heilend und antiseptisch bei *Wunden* und *Abschürfungen*.

MISCHUNGEN Myrrhe kann bei *Infektionen* und zur Mundspülung bei *Geschwüren* und ähnlichen Beschwerden gut mit Sonnenhutwurzel gemischt werden. Für eine äußerliche Anwendung kann sie mit Hamamelis gemischt werden.

ZUBEREITUNG, DOSIERUNG
Aufguß: Da sich das Harz nur sehr schlecht in Wasser löst, sollte es sorgfältig pulverisiert werden. 1 – 2 Teelöffel des Pulvers mit einer Tasse kochendem Wasser übergießen und 10 – 15 Minuten ziehen lassen. Dreimal täglich eine Tasse.
Tinktur: Da sich das Harz sehr gut in Alkohol löst, wird am besten die Tinktur verwendet, die überall erhältlich ist. 1 – 4 Milliliter dreimal täglich.

Nabelkraut

Umbilicus rupestris Dickblattgewächse

VERWENDETER TEIL Frische Blätter.

HEILWIRKUNGEN Schleimhautschützend, schmerzlindernd.

HEILANZEIGEN Ich habe herausgefunden, daß Nabelkraut bei *Ohrenschmerzen* besonders gut wirkt, wobei diese Tatsache allerdings an keiner Stelle in der Heilpflanzenliteratur erwähnt wird. Um den Saft zu gewinnen, werden die frischen Blätter gepreßt. Dies geschieht am besten mit Hilfe eines Metallsiebs. Die Flüssigkeit aus den sehr saftigen Blättern wird ins Ohr eingetropft und durch einen Wattepropfen am Ausfließen gehindert. Ich habe festgestellt, daß selbst starke *Ohrenschmerzen* in sehr kurzer Zeit gänzlich beseitigt wurden. Dieses Mittel kann unbedenklich sogar bei sehr kleinen Kindern angewendet werden. Wenn allerdings der Verdacht besteht, daß das Trommelfell beschädigt ist, sollte es nicht verwendet werden.

Nelkenpfeffer

Fructus Amoni *Pimento officinalis* Myrtengewächse

VERWENDETER TEIL Früchte.

HEILWIRKUNGEN Blähungstreibend, verdauungsanregend, aromatisch.

HEILANZEIGEN Der Nelkenpfeffer ist ein wohltuendes blähungstreibendes Mittel und kann ohne Einschränkungen verwendet werden. Er lindert *Blähungen* und *Magenschmerzen.*

Nelkenwurz

Radix und Herba Gei urbani
Geum urbanum
Rosengewächse

VERWENDETER TEIL Wurzeln und oberirdische Teile.

SAMMELN Die Wurzeln werden im Frühling gesammelt, der Gehalt an ätherischen Ölen ist dann am höchsten. Die oberirdischen Teile werden im Juli gesammelt, wenn die Blüte ihren Höhepunkt erreicht hat.

INHALTSSTOFFE Ätherische Öle mit Gein und Eugenol; Gerbsäure; Bitterstoffe; Flavone; Harz; organische Säuren.

HEILWIRKUNGEN Adstringierend, blutstillend, schweißtreibend, aromatisch.

HEILANZEIGEN Durch ihre stark adstringierende Wirkung in Verbindung mit verdauungsfördernden Eigenschaften spielt die Nelkenwurz eine Rolle bei Darmproblemen, wie z. B. *Durchfall, Ruhr, entzündeter Dickdarmschleimhaut* und ähnlichen Krankheitserscheinungen. Sie findet Verwendung, wenn *Brechreiz* zu beruhigen und *Erbrechen* zu lindern sind. Durch ihre adstringierende Wirkung eignet sie sich zur Mundspülung und als Gurgelwasser bei *Zahnfleisch-* und *Halsentzündungen.* Sie kann innerlich bei *fiebrigen Erkältungen* und *Katarrhen* angewendet werden. Bei *Weißfluß* ist die Nelkenwurz ein wertvolles Mittel für Scheidenspülungen.

MISCHUNGEN Bei der Behandlung von Verdauungsproblemen, wie *Darmentzündungen,* wird Nelkenwurz oft mit Odermennig gemischt.

ZUBEREITUNG, DOSIERUNG Abkochung: 1 Teelöffel der Wurzel in eine Tasse kaltes Wasser geben, zum Kochen bringen und fünf Minuten leicht kochen lassen. Dreimal täglich eine Tasse.
Tinktur: Dreimal täglich 1 – 3 Milliliter einnehmen.

Odermennig

Herba Agrimoniae
Agrimonia eupatoria
Rosengewächse

VERWENDETER TEIL Getrocknete oberirdische Teile.

SAMMELN Der ganze oberirdische Teil der Pflanze wird gesammelt, sobald die Blüten sich öffnen. Im Schatten unter 40° C trocknen.

INHALTSSTOFFE Gerbstoffe, glykosidische Bitterstoffe, Nikotinsäure, Kieselsäure, Eisen, Vitamine B und K, ätherische Öle.

HEILWIRKUNGEN Adstringierend, stärkend, harntreibend, wundheilend, gallenflußfördernd.

HEILANZEIGEN Die Verbindung von adstringierenden und stärkenden Wirkungen macht Odermennig zu einem wertvollen Heilmittel, besonders wenn eine adstringierende Wirkung auf das Verdauungssystem notwendig ist. Bei *Durchfallerkrankungen von Kindern* gilt dieses Kraut als spezifisches Heilmittel. Durch seine Eigenschaften findet es bei *Entzündungen der Darmschleimhaut* Verwendung. Odermennig ist das beste Kraut bei einer bestehenden *Blinddarmentzündung.* Er kann bei *Verdauungsstörungen* verwendet werden, außerdem bei *Reizblase* und *Blasenentzündung.* Er wird seit langem als *Frühjahrstonikum* verwendet. Bei *Halsschmerzen* und *Kehlkopfentzündung* ist er als Gurgelmittel wirksam. Als Salbe fördert er die Heilung von *Wunden* und *Prellungen.*

MISCHUNGEN Zusammen mit blähungstreibenden Mitteln wird er oft bei Verdauungsproblemen verwendet.

ZUBEREITUNG, DOSIERUNG 1 – 2 Teelöffel getrocknetes Kraut mit einer Tasse kochendem Wasser übergießen und 10 – 15 Minuten ziehen lassen. Dreimal täglich eine Tasse.
Tinktur: 1 – 3 Milliliter dreimal täglich.

Paprika

Fructus Capsici *Capsicum minimum*
Nachtschattengewächse

VERWENDETER TEIL Die Frucht.

SAMMELN Die Frucht sollte gepflückt werden, sobald sie ausgereift ist. Anschließend wird sie im Schatten getrocknet.

INHALTSSTOFFE Capsaicin, Carotinoide, Flavonoide, ätherisches Öl, Vitamin C.

HEILWIRKUNGEN Anregend, blähungstreibend, stärkend, speicheltreibend, hautreizend, antiseptisch.

HEILANZEIGEN Paprika ist das beste Anregungsmittel für alle Körpersysteme. Es regelt den Blutfluß, stärkt und reguliert Herz, Arterien, Kapillargefäße und Nerven. Es ist ein allgemeines Stärkungsmittel und wirkt besonders auf das Kreislauf- und Verdauungssystem. Es kann bei *Verdauungsstörungen mit Blähungen* und bei *Koliken* benutzt werden. Bei schlechter Durchblutung der peripheren Blutgefäße mit *kalten Händen* und *Füßen* oder sogar *Frostbeulen* kann Paprika verwendet werden. Es wird zur Behandlung von *Schwächezuständen* und zur Abwehr von *Erkältungen* benutzt. Äußerlich wird es als Hautreizmittel bei Problemen wie *Hexenschuß* und *rheumatischen Schmerzen* verwendet. Als Salbe hilft es bei geschlossenen *Frostbeulen,* solange nicht zu viel davon genommen wird! Bei *Kehlkopfentzündungen* kann es zusammen mit Myrrhe als Gurgelmittel verwendet werden. Diese Mischung eignet sich auch für antiseptische Waschungen.

ZUBEREITUNG, DOSIERUNG Aufguß: ½–1 Teelöffel Paprika mit einer Tasse kochendem Wasser übergießen und 10 Minuten ziehen lassen. Ein Teelöffel von diesem Aufguß sollte mit heißem Wasser gemischt und bei Bedarf getrunken werden.
Tinktur: 0,25–1 Milliliter dreimal täglich oder bei Bedarf einnehmen.

Passionsblume

Herba Passiflorae incarnatae *Passiflora incarnata*
Passionsblumengewächse

VERWENDETER TEIL Getrocknete Blätter.

SAMMELN Das Laub kann zwischen Mai und Juli gesammelt werden, kurz bevor sich die Blüten öffnen. Es kann aber auch zusammen mit den Früchten nach der Blüte geerntet werden. Es sollte im Schatten getrocknet werden.

INHALTSSTOFFE Alkaloide, darunter Harmin, Harman, Harmol und Passiflorin; Flavonglykoside; Sterine.

HEILWIRKUNGEN Beruhigend, schlaffördernd, krampflösend, schmerzstillend.

HEILANZEIGEN Die Passionsblume ist das beste Heilkraut zur Behandlung *hartnäckiger Schlaflosigkeit*. Sie hilft zum Übergang in einen erholsamen Schlaf, ohne ›narkotische‹ Nachwirkungen zu hinterlassen. Sie kann immer verwendet werden, wenn ein krampflösendes Mittel benötigt wird, z. B. bei der *Parkinsonschen Krankheit,* bei *Krampfanfällen* und bei *Hysterie.* Sie kann bei Nervenschmerzen, wie z. B. *Neuralgie* und der *Gürtelrose* genannten Virusinfektion von Nerven, sehr wirkungsvoll sein. Sie kann bei *Asthma* benutzt werden, das von häufigen Krämpfen begleitet ist, besonders dann, wenn es mit Spannungszuständen einhergeht.

MISCHUNGEN Bei *Schlaflosigkeit* läßt sie sich gut mit Baldrian, Hopfen oder Piscidiarinde mischen.

ZUBEREITUNG, DOSIERUNG Aufguß: 1 Teelöffel des getrockneten Krauts mit einer Tasse kochendem Wasser übergießen und 15 Minuten ziehen lassen. Bei Schlaflosigkeit diesen Tee abends trinken, zur Linderung anderer Beschwerden zweimal täglich.
Tinktur: 1–4 Milliliter entsprechend der Anweisung für den Aufguß verwenden.

Pestwurz

Radix und Folia Petasitides *Petasites hybridus* Korbblütler

VERWENDETER TEIL Wurzelstock oder Blätter.

SAMMELN Der Wurzelstock wird im Sommer gesammelt, die Blätter während der gesamten Wachstumsperiode.

INHALTSSTOFFE Ätherisches Öl, Pflanzenschleim, glykosidische Bitterstoffe, Gerbsäure.

HEILWIRKUNGEN Krampflösend, harntreibend, schweißtreibend.

HEILANZEIGEN Die Pestwurz ist ein wirksames Muskelentspannungsmittel, das bei Problemen wie *Darmkolik, Asthma* oder *schmerzhafter Regelblutung* benutzt werden kann. Sie mildert nicht nur Muskelkrämpfe, sondern wirkt auch schmerzlindernd. Sie kann auch bei Fieber benutzt werden. Die frischen Blätter können äußerlich als *Wund*auflagen verwendet werden.

ZUBEREITUNG, DOSIERUNG Abkochung: 1 Teelöffel der Rinde in eine Tasse Wasser geben, zum Kochen bringen und 10–15 Minuten leicht kochen. Dreimal täglich eine Tasse.
Tinktur: 1–2 Milliliter dreimal täglich.

Petersilie

Radix, Herba und Fructus Petroseline *Petroselinum crispum*
Doldenblütler

VERWENDETER TEIL Die Pfahlwurzel, Blätter und Samen.

SAMMELN Die Wurzel wird im Herbst von zweijährigen Pflanzen gesammelt. Die Blätter können jederzeit während der Wachstumsperiode verwendet werden.

INHALTSSTOFFE Ätherisches Öl, darunter Apiol und Myristicin; Vitamin C; Glykosid Apiin; Stärke.

HEILWIRKUNGEN Harntreibend, schleimlösend, menstruationsfördernd, blähungstreibend, angeblich aphrodisierend.

HEILANZEIGEN Das frische Kraut, das so vielfältige Verwendung in der Küche findet, ist eine unserer ergiebigsten Quellen für Vitamin C. Medizinisch wird Petersilie vor allem in drei Bereichen eingesetzt. Zum einen ist sie ein sehr wirkungsvolles harntreibendes, zum anderen ein wichtiges menstruationsförderndes Mittel. Der dritte Anwendungsbereich ist ihr Gebrauch als blähungstreibendes Mittel zur Linderung von *Blähungen* und etwaigen *Krampfschmerzen.*

VORSICHT Petersilie sollte während der Schwangerschaft nicht in medizinisch wirksamer Dosierung benutzt werden!

ZUBEREITUNG, DOSIERUNG Aufguß: 1–2 Teelöffel der getrockneten Blätter oder Wurzel mit einer Tasse kochendem Wasser übergießen und 5–10 Minuten in einem geschlossenen Gefäß ziehen lassen. Dreimal täglich eine Tasse.
Tinktur: 2–4 Milliliter dreimal täglich.

Pfaffenhütchen

Cortex Euonymi Radicis *Euonymus atropurpureus*
Spindelbaumgewächse

VERWENDETER TEIL Wurzelrinde.

SAMMELN Die Rinde wird von Wurzeln abgeschält, die im Herbst ausgegraben werden. Ersatzweise kann auch die Rinde des Stammes verwendet werden.

INHALTSSTOFFE Euonymol, Euonysterol, Atropurpurol, Dulcitol, Citrullol, Fettsäuren.

HEILWIRKUNGEN Gallenflußfördernd, abführend, harntreibend, kreislaufanregend.

HEILANZEIGEN Das Pfaffenhütchen zählt zu den besten Kräutern für die Leber. Es wirkt durch die Beseitigung von Stauzuständen in der Leber; es ermöglicht den freien Fluß des Gallensafts und hilft damit dem Verdauungsprozeß. Es kann zur Behandlung von *Gelbsucht* und *Gallenbeschwerden*, wie z. B. *Entzündungen* und *Schmerzen* oder *Stauungszuständen aufgrund von Steinen*, benutzt werden. Es wirkt gegen *Verstopfung*, wenn sie durch Leber- oder Gallenbeschwerden verursacht wird. Durch seine normalisierende Wirkung auf die Leber kann es bei einer Reihe von *Hautproblemen* helfen, die möglicherweise mit der Leber zusammenhängen.

ZUBEREITUNG, DOSIERUNG Abkochung: ½–1 Teelöffel der Rinde mit einer Tasse Wasser übergießen, zum Kochen bringen und 10–15 Minuten ziehen lassen. Dreimal täglich eine Tasse.
Tinktur: 1–2 Milliliter dreimal täglich.

Pfefferminze

Folia Menthae piperitae *Mentha piperita* Lippenblütler

VERWENDETER TEIL Oberirdische Teile.

SAMMELN Die oberirdischen Teile werden kurz vor dem Öffnen der Blüten gesammelt.

INHALTSSTOFFE Bis zu 2 Prozent ätherisches Öl, das Menthol, Menthon und Jasmon enthält; Gerbstoffe; Bitterstoff.

HEILWIRKUNGEN Blähungstreibend, krampflösend, aromatisch, schmerzstillend, schweißtreibend, brechreizstillend, nervenstärkend, antiseptisch.

HEILANZEIGEN Die Pfefferminze ist eines der besten blähungstreibenden Mittel, die uns zur Verfügung stehen. Sie wirkt entspannend auf die Muskeln der inneren Organe, hilft gegen Blähungen und regt den Fluß von Gallensaft und anderer Verdauungssäfte an. Alle diese Eigenschaften erklären, warum sie bei der Linderung von *Darmkrämpfen,* bei *Verdauungsstörungen*, die mit *Blähungen* verbunden sind, und bei ähnlichen Beschwerden eine wichtige Rolle spielen kann. Ihr ätherisches Öl wirkt leicht betäubend auf die Magenwand, wodurch Gefühle von *Übelkeit* und *Brechreiz* gemildert werden können. Sie hilft bei der Linderung von *Brechreiz während der Schwangerschaft* und bei *Reisekrankheit.* Pfefferminze spielt eine Rolle bei der Behandlung von *Dickdarmgeschwüren* und *Morbus Crohn*. Besonders wertvoll ist die Pfefferminze bei der Behandlung von *Fieber* bei *Erkältungen* und *Grippe*. Zur kurzfristigen Behandlung von *Schnupfen* kann sie inhaliert werden. Dieses Heilkraut kann auch bei *migräneartigen Kopfschmerzen*, die mit Verdauungsproblemen zusammenhängen, verwendet werden. Als Nervenmittel wirkt die Pfefferminze stärkend, lindert *Angstzustände, Anspannung, Hysterie* usw. Bei *schmerzhaften Monatsblutungen* lindert sie die Schmerzen und mildert damit verbundene Spannungszustände. Äußerlich kann sie zur Linderung von *Juckreiz* und *Entzündungen* verwendet werden.

MISCHUNGEN Bei *Erkältungen* und *Grippe* kann Pfefferminze mit Amerikanischem Wasserhanf, Holunderblüten oder Schafgarbe gemischt werden.

ZUBEREITUNG, DOSIERUNG Aufguß: 1 gehäufter Teelöffel des getrockneten Krauts mit einer Tasse kochendem Wasser übergießen und 10 Minuten ziehen lassen. Je nach Bedarf zu trinken.
Tinktur: 1 – 2 Milliliter dreimal täglich.

Pfirsich

Prunus persica Rosengewächse

VERWENDETER TEIL Blätter oder Rinde.

SAMMELN Die Rinde wird im Frühjahr gesammelt, indem man kleinste Mengen von jungen Bäumen schält. Die Blätter werden im Juni und Juli gesammelt.

HEILWIRKUNGEN Schleimhautschützend, beruhigend, harntreibend, schleimlösend.

HEILANZEIGEN Die Blätter dieses Baums, der uns die so wohlschmeckenden Pfirsiche schenkt, liefern ein nützliches, linderndes und schleimhautschützendes Mittel, das dem Verdauungssystem bei Beschwerden, z. B. *Magenschleimhautentzündung,* hilft. Traditionell hat es außerdem den Ruf, bei *Keuchhusten* und *Bronchitis* wirksam zu sein.

ZUBEREITUNG, DOSIERUNG Aufguß: 1 Teelöffel der Rinde, oder 2 Teelöffel der Blätter, mit einer Tasse kochendem Wasser übergießen und 10 Minuten ziehen lassen. Dreimal täglich eine Tasse.

Pillenwolfsmilch

Herba Euphorbiae Piluliferae *Euphorbia pilulifera*
Wolfsmilchgewächse

VERWENDETER TEIL Oberirdische Teile.

SAMMELN Die oberirdischen Teile sollten während der Blütezeit gesammelt werden.

INHALTSSTOFFE Glykoside, Alkaloide, Sterine, Gerbstoffe, Euphorbinsäure.

HEILWIRKUNGEN Antiasthmatisch, schleimlösend, krampflösend.

HEILANZEIGEN Pillenwolfsmilch wirkt entspannend auf die glatte Muskulatur der Lunge und ist äußerst hilfreich bei Beschwerden wie *Asthma* und *Bronchitis*. Sie lindert außerdem Krämpfe im Kehlkopf und hilft so bei *nervösem Husten*. Sie hilft zur Linderung von *Katarrhen der oberen Atemwege.* Dieses Heilkraut hat die besondere Eigenschaft, Organismen zu zerstören, die Amöbeninfektionen im Darm verursachen.

MISCHUNGEN Zur Behandlung von asthmatischen Beschwerden läßt sie sich gut mit Grindeliakraut und Lobelie mischen.

ZUBEREITUNG, DOSIERUNG Aufguß: ½–1 Teelöffel des getrockneten Krauts mit einer Tasse kochendem Wasser übergießen und 10–15 Minuten ziehen lassen. Dreimal täglich eine Tasse.
Tinktur: 1–2 Milliliter dreimal täglich.

Piscidiarinde

Cortex Piscidiae *Piscidia erythrina* Schmetterlingsblütler

VERWENDETER TEIL Stammrinde.

SAMMELN Die Rinde wird in langen Streifen von Bäumen geschält, die in der Karibik, Mexiko und Texas wachsen.

INHALTSSTOFFE Glykoside, darunter Piscidin, Jamaicin, Icthyon; Flavonoide, darunter Sumatrol, Lisetin, Piscerythron, Piscidin und Rotenone; Harz-Alkaloid.

HEILWIRKUNGEN Beruhigend, schmerzlindernd.

HEILANZEIGEN Die Piscidiarinde ist ein starkes Beruhigungsmittel und wird in ihrer Heimat, den Westindischen Inseln, als Fischgift benutzt. Obwohl sie für den Menschen nicht giftig ist, sollte die angegebene Dosierung nicht überschritten werden. Sie wirkt sehr gut bei der Behandlung von Schmerzen, z. B. bei *Migräne* oder *Nervenschmerzen*. Sie kann zur Linderung von *Eileiter-* und *Gebärmutterschmerzen* benutzt werden. Vor allem wird sie aber bei *Schlaflosigkeit* benutzt, wenn sie mit Schmerzen oder nervlicher Anspannung zusammenhängt.

MISCHUNGEN Zur Behandlung von *Schlaflosigkeit* wird sie am besten mit Hopfen oder Baldrian, zur Behandlung von *schmerzhafter Regelblutung* mit dem Amerikanischen Schneeballbaum gemischt.

ZUBEREITUNG, DOSIERUNG Abkochung: 1–2 Teelöffel der Wurzel in einer Tasse Wasser 10–15 Minuten leicht kochen. Bei Bedarf trinken.
Tinktur: 1–4 Milliliter dreimal täglich.

Queckenwurzel

Rhizoma Graminis *Agropyron repens* Süßgräser

VERWENDETER TEIL Wurzelstock.

SAMMELN Der Wurzelstock sollte im Frühjahr oder im Frühherbst ausgegraben werden. Vorsichtig waschen und in der Sonne oder im Schatten trocknen.

INHALTSSTOFFE Triticin, Pflanzenschleim, Kieselsäure, Kalium, Inosit, Mannit, Glykosid.

HEILWIRKUNGEN Harntreibend, schleimhautschützend, keimhemmend.

HEILANZEIGEN Die Queckenwurzel kann bei Infektionen des Harnsystems, wie *Blasenentzündung, Harnröhrenentzündung* und *Entzündung der Prostata* benutzt werden. Ihre schleimhautschützenden Eigenschaften lindern Reizungen und Entzündungen. Sie kann eine Rolle bei der Behandlung einer *vergrößerten Prostata* spielen. Außerdem kann sie bei *Nierensteinen* und *-grieß* verwendet werden. Als stärkendes und harntreibendes Mittel wird die Queckenwurzel auch zusammen mit anderen Mitteln zur Behandlung von *Rheuma* eingesetzt.

MISCHUNGEN Bei *Blasen-, Harnröhren-* und *Prostataentzündung* kann sie mit Bucco, Bärentraube oder Schafgarbe genommen werden. Sie kann bei *Prostatabeschwerden* mit der Baumartigen Hortensie gemischt werden.

ZUBEREITUNG, DOSIERUNG Abkochung: 2 Teelöffel des geschnittenen Wurzelstocks in eine Tasse Wasser geben, zum Kochen bringen und 10 Minuten leicht kochen lassen. Dreimal täglich eine Tasse.
Tinktur: 3–6 Milliliter dreimal täglich.

Quitte

Semen Cydoniae *Cydonia oblonga* Rosengewächse

VERWENDETER TEIL Die Samen.

SAMMELN Die Samen werden aus der Quittenfrucht entfernt, die im Herbst gesammelt wird.

INHALTSSTOFFE Pflanzenschleim, Gerbstoff, fettes Öl, Pektin, Amygdalin, Vitamin C.

HEILWIRKUNGEN Adstringierend, entzündungshemmend, schleimhautschützend, abführend.

HEILANZEIGEN Die Quittensamen können als wirkungsvolles und mildes Abführmittel bei *Verstopfung* und auch als linderndes adstringierendes Mittel bei Beschwerden wie *Magenschleimhautentzündung* und *Dünndarmerkrankungen* wirken. Als Mundspülung lindern sie *Wunden* und *Entzündungen* im Mund. Sie können auch bei *trockenem Reizhusten* verwendet werden, der ein schleimlösendes Mittel erfordert. Äußerlich können sie bei leichten *Verbrennungen* angewendet werden.

ZUBEREITUNG, DOSIERUNG Aufguß: Die Samen sollten 3–5 Stunden in Wasser eingeweicht werden, um eine Lösung des Schleims zu erhalten, der die Samen umhüllt. Diesen bei Bedarf bis zu dreimal täglich trinken.
Tinktur: 1–2 Milliliter bei Bedarf oder dreimal täglich einnehmen.

Rainfarn

Herba und Flores Tanaceti *Tanacetum vulgare* Korbblütler

VERWENDETER TEIL Oberirdische Teile.

SAMMELN Blätter und Blüten werden während der Blütezeit zwischen Juni und September gesammelt.

INHALTSSTOFFE Ätherisches Öl, darunter Thujon; Bitterstoffglykoside; Sesquiterpenlactone; Terpenoide; Flavonoide; Gerbstoff.

HEILWIRKUNGEN Wurmtreibend, blähungstreibend, verdauungs- und menstruationsfördernd.

HEILANZEIGEN Der Rainfarn ist ein wirksames Mittel, um das Verdauungssystem von Wurmbefall zu befreien. Während er hierzu ohne große Bedenken verwendet werden kann, sollte er nicht für längere Zeit eingenommen werden, da einige der Bestandteile des darin enthaltenen Öls in hoher Dosierung ziemlich gefährlich sein können. Dieses Heilkraut wirkt gegen *Spul-* und *Fadenwürmer* und kann bei Kindern als Einlauf verwendet werden. Auch lindert der Rainfarn *Verdauungsstörungen*, da er alle Eigenschaften eines Bitterstofftonikums besitzt. Äußerlich kann er als Lotion bei *Krätze* angewandt werden.

VORSICHT Rainfarn nicht während einer Schwangerschaft verwenden.

MISCHUNGEN Bei *Würmern* kann er mit Wermut und einem blähungstreibenden Mittel wie Kamille in Verbindung mit einem stark abführenden Heilkraut (z. B. Senna) gemischt werden.

ZUBEREITUNG, DOSIERUNG Aufguß: 1 Teelöffel des getrockneten Krauts mit einer Tasse kochendem Wasser übergießen und 10–15 Minuten ziehen lassen. Zweimal täglich eine Tasse.
Tinktur: 1–2 Milliliter dreimal täglich.

Raute

Herba Rutae hortensis *Ruta graveolens* Rautengewächse

VERWENDETER TEIL Getrocknete oberirdische Teile.

SAMMELN Dieses Heilkraut sollte gesammelt werden, bevor sich die Blüten im Sommer öffnen, und ist im Schatten zu trocknen.

INHALTSSTOFFE Ätherisches Öl, Rutin, Furocumarine, Alkaloide.

HEILWIRKUNGEN Krampflösend, menstruationsfördernd, hustenstillend, abtreibend.

HEILANZEIGEN Die Raute ist ein Heilkraut mit bis in die Antike zurückreichender Geschichte. Der Gattungsname ›Ruta‹ hat seinen Ursprung im griechischen ›reuo‹ (›freisetzen‹) und deutet auf ihren Ruf als Befreier von Krankheiten hin. Sie wird vor allem zur Regulierung der Monatsblutung eingesetzt, wobei sie zur Einleitung einer *unterdrückten Menstruation* verwendet werden kann. Ein anderer Anwendungsbereich begründet sich auf ihrer krampflösenden Wirkung. Sie kann zur Entspannung der glatten Muskulatur dienen und wirkt besonders auf das Verdauungssystem, wo sie *Bauchschmerzen* und *Anspannung in den Därmen* lindert. Ihre krampflösende Wirkung weist ihr eine Rolle bei der Heilung von *krampfartigem Husten* zu. Außerdem steigert sie die Durchblutung der äußeren Blutgefäße und verringert erhöhten Blutdruck. Wenn das frische Blatt gekaut wird, beseitigt es *spannungsbedingte Kopfschmerzen,* lindert *Herzklopfen* und andere Spannungszustände.

VORSICHT Die Raute sollte während der Schwangerschaft gemieden werden!

MISCHUNGEN Um das Auftreten der Monatsblutung zu regulieren, kann die Raute mit Heloniaswurzel oder Goldkreuzkraut gemischt werden.

ZUBEREITUNG, DOSIERUNG Aufguß: 1 – 2 Teelöffel des getrockneten Krauts mit einer Tasse kochendem Wasser übergießen und 10 – 15 Minuten ziehen lassen. Dreimal täglich eine Tasse.
Tinktur: 1 – 4 Milliliter dreimal täglich.

Rebhuhnbeere

Herba Mitchellae *Mitchella repens* Rötegewächse

VERWENDETER TEIL Oberirdische Teile.

SAMMELN Da sie ein immergrünes Kraut ist, kann die Rebhuhnbeere das ganze Jahr in Wäldern gefunden werden. Sie wird am besten blühend, zwischen April und Juni, gesammelt.

INHALTSSTOFFE Saponine, Pflanzenschleim.

HEILWIRKUNGEN Wehenerleichternd, menstruationsfördernd, harntreibend, adstringierend, stärkend.

HEILANZEIGEN Die Rebhuhnbeere ist eines der Heilkräuter, das von den Indianern Nordamerikas stammt. Sie zählt zu den besten Heilmitteln, um die Gebärmutter und den ganzen Körper auf die Geburt vorzubereiten. Zu diesem Zweck sollte sie bereits einige Wochen vor der Geburt genommen werden, um eine sichere und schöne Geburt für Mutter und Kind zu gewährleisten. Sie kann auch zur Linderung *schmerzhafter Monatsblutungen* verwendet werden. Als adstringierendes Mittel wird sie zur Behandlung von *Dickdarmentzündungen* benutzt, vor allem, wenn viel Schleim produziert wird.

MISCHUNGEN Als wehenerleichterndes Mittel kann sie zur Vorbereitung auf die Geburt zusammen mit Himbeerblättern genommen werden. Bei *schmerzhafter Monatsblutung* kann sie mit Schneeball oder Küchenschelle gemischt werden.

ZUBEREITUNG, DOSIERUNG Aufguß: 1 Teelöffel des getrockneten Krauts mit einer Tasse kochendem Wasser übergießen und 10 – 15 Minuten ziehen lassen. Dreimal täglich eine Tasse.
Tinktur: 1 – 2 Milliliter dreimal täglich.

Rhabarber, Echter

Radix Rhei *Rheum palmatum* Knöterichgewächse

VERWENDETER TEIL Wurzelstock von *Rheum palmatum* und anderen Arten, aber *nicht* vom Speiserhabarber.

SAMMELN Die Wurzel wird in China und der Türkei geerntet.

INHALTSSTOFFE Anthrachinone, Gerbstoffe, aromatische Bitterstoffe.

HEILWIRKUNGEN Magenbitter, abführend, adstringierend.

HEILANZEIGEN Der Echte Rhabarber wirkt bei *Verstopfung* stark abführend, danach aber adstringierend und antiseptisch.

ANMERKUNG Der Echte Rhabarber kann Urin gelb oder rot färben.

MISCHUNGEN Er sollte mit einem blähungstreibenden Mittel gemischt werden, um eventuell auftretende Bauchschmerzen zu lindern.

ZUBEREITUNG, DOSIERUNG Abkochung: ½ – 1 Teelöffel der Wurzel in eine Tasse Wasser geben, zum Kochen bringen und 10 Minuten leicht kochen. Morgens und abends zu trinken.
Tinktur: 1 – 2 Milliliter dreimal täglich.

Rhatanhiar

Radix Ratanhiae *Krameria triandra* Krameriaceae

VERWENDETER TEIL Wurzel.

SAMMELN Die Wurzel dieses Busches wird in Peru geerntet.

INHALTSSTOFFE Bis zu 9 Prozent Rhatanhiargerbsäure.

HEILWIRKUNG Adstringierend.

HEILANZEIGEN Rhatanhiar ist ein sehr starkes adstringierendes Mittel, das bis vor kurzem in offiziellen Arzneibüchern geführt wurde. Es kann immer eingesetzt werden, wenn ein adstringierendes Mittel angezeigt ist, z. B. bei *Durchfall*, bei *Hämorrhoiden* und *Blutungen* oder als äußerliches blutstillendes Mittel. Rhatanhiar ist oft Bestandteil von Zahnpasten auf Kräuterbasis und Kräuterpulvern, da es besonders gut bei *blutendem Zahnfleisch* wirkt. Es kann als Schnupftabak zusammen mit Kanadischer Blutwurzel zur Behandlung von *Nasenpolypen* verwendet werden.

ZUBEREITUNG, DOSIERUNG Abkochung: 1 – 2 Teelöffel der Wurzel in eine Tasse Waser geben, zum Kochen bringen und 10 – 15 Minuten leicht kochen. Dreimal täglich eine Tasse.
Tinktur: 1 – 4 Milliliter dreimal täglich.

Ringelblume

Flores Calendulae
Calendula officinalis
Korbblütler

VERWENDETER TEIL Gelbe Blütenblätter.

SAMMELN Es werden entweder die ganzen Blütenstände oder nur die Blütenblätter zwischen Juni und September gesammelt. Sie sollten sehr vorsichtig getrocknet werden, damit sie sich nicht verfärben.

INHALTSSTOFFE Saponine, Carotinoide, Farbstoffe, Bitterstoffe, ätherisches Öl, Sterine, Flavonoide, Pflanzenschleim.

HEILWIRKUNGEN Entzündungshemmend, adstringierend, wundheilend, pilzhemmend, gallenflußfördernd, menstruationsfördernd.

HEILANZEIGEN Die Ringelblume ist eines der besten Heilkräuter, um lokale Hautprobleme zu behandeln. Sie kann unbedenklich bei allen *Hautentzündungen* benutzt werden, egal ob sie von Infektionen oder Verletzungen herrühren. Sie kann bei allen *äußerlichen Blutungen* und *Wunden*, bei *Prellungen* oder *Zerrungen* benutzt werden. Sie hilft auch bei *langsam heilenden Wunden* und *Hautgeschwüren*. Die Ringelblume eignet sich besonders zur ersten Hilfe bei *leichten Verbrennungen* und *Verbrühungen*. Die äußerliche Behandlung kann mit einer Lotion, einer Packung oder einem Umschlag vorgenommen werden. Innerlich hilft die Ringelblume bei *Entzündungen* oder *Geschwüren im Verdauungssystem*. Daher kann sie bei der Behandlung von *Magen-* und *Zwölffingerdarmgeschwüren* benutzt werden. Als gallenflußförderndes Mittel hilft sie bei *Gallenerkrankungen* und bei allgemeinen *Verdauungsstörungen*. Die Ringelblume wirkt gegen *Pilzinfektionen* und kann sowohl innerlich als auch äußerlich eingesetzt werden. Als menstruationsförderndes Mittel hilft sie bei *verspäteter* und bei *schmerzhafter Monatsblutung*. Sie wirkt allgemein normalisierend auf die Menstruation.

MISCHUNGEN Bei Verdauungsproblemen kann sie mit Eibischwurzel und Geflecktem Storchschnabel benutzt werden. Zur äußerlich lindernden Anwendung kann sie mit Amerikanischer Ulme oder anderen entsprechenden Mitteln benutzt werden. Eine wirkungsvolle antiseptische Lotion kann durch Mischen mit Kanadischer Gelbwurzel oder Myrrhe hergestellt werden.

ZUBEREITUNG, DOSIERUNG Aufguß: 1–2 Teelöffel Blütenblätter mit kochendem Wasser übergießen und 10–15 Minuten ziehen lassen. Dreimal täglich eine Tasse.
Äußerliche Anwendung: Siehe Kapitel über Haut.
Tinktur: 1–4 Milliliter dreimal täglich.

Rosmarin

Folia Rosmarini *Rosemarinus officinalis* Lippenblütler

VERWENDETER TEIL Blätter und Zweige.

SAMMELN Die Blätter können den ganzen Sommer über gesammelt werden, sind aber während der Blütezeit am besten.

INHALTSSTOFFE 1 Prozent ätherisches Öl, darunter Borneol, Linalool, Camphen, Cineol und Kampfer; Gerbstoffe; Bitterstoff; Harz.

HEILWIRKUNGEN Blähungstreibend, aromatisch, krampflösend, antidepressiv, antiseptisch, hautreizend, gegen Parasiten.

HEILANZEIGEN Rosmarin wirkt auf die Durchblutung und das Nervensystem anregend, was es neben seiner stärkenden und beruhigenden Wirkung auf die Verdauung zu einem Mittel macht, das bei psychischer Anspannung verwendet werden kann. Dies kann sich z. B. in von *Blähungen* begleiteten *Verdauungsstörungen,* in *Kopfschmerzen* oder *Depressionen* äußern, die von Schwächezuständen begleitet werden. Äußerlich kann es zur Linderung von *Muskelschmerzen,* bei *Ischias* oder *Nervenschmerzen* benutzt werden. Es regt die Haarwurzeln an und kann bei *vorzeitigem Haarausfall* verwendet werden. Hier wirkt das Öl am besten.

MISCHUNGEN Bei Depressionen kann es mit Helmkraut, Kolanuß oder Hafer gemischt werden.

ZUBEREITUNG, DOSIERUNG Aufguß: 1–2 Teelöffel des getrockneten Krauts mit einer Tasse kochendem Wasser übergießen und in einem geschlossenen Gefäß 10–15 Minuten ziehen lassen. Dreimal täglich eine Tasse.
Tinktur: 1–2 Milliliter dreimal täglich.

Roßkastanie

Fructus Hippocastani *Aesculus hippocastanum*
Roßkastaniengewächse

VERWENDETER TEIL Die Frucht, d. h. die Roßkastanie selbst.

SAMMELN Die Kastanien sollten im September oder Oktober gesammelt werden, wenn sie reif vom Baum fallen.

INHALTSSTOFFE Saponine, Gerbstoff, Flavone, Stärke, festes Öl, die Glykoside Aesculin und Fraxin.

HEILWIRKUNGEN Adstringierend, kreislaufstärkend.

HEILANZEIGEN Die Roßkastanie wirkt auf die Gefäße des Kreislaufsystems. Dies scheint besonders die Stärke und Festigkeit der Venen zu steigern. Innerlich kann sie zur Unterstützung der körpereigenen Heilkräfte bei Problemen wie *Venenentzündungen, Krampfadern* und *Hämorrhoiden* benutzt werden. Äußerlich kann sie als Lotion bei den gleichen Problemen und zusätzlich bei *Beingeschwüren* benutzt werden.

ZUBEREITUNG, DOSIERUNG Aufguß: 1 – 2 Teelöffel der getrockneten Frucht mit einer Tasse kochendem Wasser übergießen und 10 – 15 Minuten ziehen lassen. Dreimal täglich eine Tasse oder als Lotion verwenden.
Tinktur: 1 – 4 Milliliter dreimal täglich.

Rotklee

Flores Trifolii rubri *Trifolium pratense* Schmetterlingsblütler

VERWENDETER TEIL Blütenköpfe.

SAMMELN Die Blütenköpfe zwischen Mai und September sammeln.

INHALTSSTOFFE Phenolglykoside, Flavonoide, Cumarine, Cyanglykoside.

HEILWIRKUNGEN Alterierend, schleimlösend, krampflösend.

HEILANZEIGEN Rotklee ist eines der besten Heilmittel für Kinder mit Hautproblemen. Er kann ohne Bedenken in allen Fällen von *Hautausschlag* benutzt werden. Er kann auch bei anderen chronischen Hautbeschwerden, wie z. B. *Schuppenflechte*, helfen. Seine schleim- und krampflösende Wirkung weist diesem Mittel eine Rolle bei der Behandlung von *Husten* und *Bronchitis* zu, vor allem aber bei *Keuchhusten*. Als alterierendes Mittel ist er bei vielen Erkrankungen angezeigt, wenn sie ganzheitlich angegangen werden. Es gibt Hinweise darauf, daß er bei Tieren hemmend auf Tumorbildung wirkt.

MISCHUNGEN Bei Hautproblemen läßt er sich gut mit Krausem Ampfer und Brennessel mischen.

ZUBEREITUNG, DOSIERUNG Aufguß: 1 – 3 Teelöffel des getrockneten Krauts mit einer Tasse kochendem Wasser übergießen und 10 – 15 Minuten ziehen lassen. Dreimal täglich eine Tasse.
Tinktur: 2 – 6 Milliliter dreimal täglich.

Sägepalme

Fructus Sabalae serrulatae *Serenoa serrulata*
Palmengewächse

VERWENDETER TEIL Beeren.

SAMMELN Die Beeren werden zwischen September und Januar gesammelt.

INHALTSSTOFFE Ätherisches Öl, Steroide, Dextrose, Harze.

HEILWIRKUNGEN Harntreibend, antiseptisch im Harnsystem, Drüsenmittel.

HEILANZEIGEN Die Sägepalme ist eine Heilpflanze, die das männliche Sexualsystem stärkt und tonisiert. Sie kann ohne Bedenken eingesetzt werden, wenn die männlichen Sexualhormone gesteigert werden müssen. Bei einer *Vergrößerung der Prostata* gilt sie als spezifisches Mittel. Sie hilft bei allen *Infektionen des Verdauungssystems* und der *Harnwege.*

MISCHUNGEN Bei Schwäche- und Erschöpfungszuständen, die mit dem Sexualsystem in Verbindung stehen, läßt sich die Sägepalme gut mit Damiana oder der Kolanuß mischen. Zur Behandlung einer *vergrößerten Prostata* kann sie mit Ackerschachtelhalm und der Baumartigen Hortensie verwendet werden.

ZUBEREITUNG, DOSIERUNG Abkochung: 1/2 – 1 Teelöffel der Beeren in eine Tasse Wasser geben, zum Kochen bringen und 5 Minuten leicht kochen. Dreimal täglich eine Tasse.
Tinktur: 1 – 2 Milliliter dreimal täglich.

Salbei

Folia Salviae *Salvia officinalis* Lippenblütler

VERWENDETER TEIL Blätter.

SAMMELN Die Blätter werden kurz vor oder zu Beginn der Blütezeit bei trockenem, sonnigem Wetter im Mai oder Juni gesammelt.

INHALTSSTOFFE Ätherisches Öl, darunter 30 Prozent Thujone, 5 Prozent Cineol, Linalol, Borneol, Kampfer, Salven und Pinen; ein Bitterstoff; Gerbstoffe; Triterpenoide; Flavenoide; östrogenartige Substanzen; Harz.

HEILWIRKUNGEN Blähungstreibend, krampflösend, antiseptisch, adstringierend, schweißhemmend.

HEILANZEIGEN Salbei ist das klassische Mittel für Entzündungen im Mundbereich, im Hals und an den Mandeln, da sein ätherisches Öl die Schleimhäute beruhigt. Er kann eingenommen und zur Mundspülung bei *entzündetem und blutendem Zahnfleisch,* bei *entzündeter Zunge* oder bei *Entzündungen im gesamten Mund* benutzt werden. Bei Mundgeschwüren (Aphten) ist er besonders geeignet. Als Gurgelmittel unterstützt er die Behandlung von *Kehlkopf- und Rachenentzündungen* sowie *Entzündun-*

gen im Mandelbereich. Bei *Verdauungsstörungen* ist er ein wertvolles blähungstreibendes Mittel. Er verringert die Schweißproduktion und den Muttermilchfluß. Als Auflage fördert er die Heilung von Wunden.

VORSICHT Salbei regt die Muskeln der Gebärmutter an und sollte daher während der Schwangerschaft gemieden werden!

MISCHUNGEN Als Gurgelmittel läßt er sich gut mit Blutwurz oder Graupappel mischen. Bei *Verdauungsschwäche* kann er mit Mädesüß oder Kamille gemischt werden.

ZUBEREITUNG, DOSIERUNG Aufguß: 1–2 Teelöffel der Blätter mit einer Tasse kochendem Wasser übergießen und 10 Minuten ziehen lassen. Dreimal täglich eine Tasse.

Mundspülung: 2 Teelöffel der Blätter in einen halben Liter Wasser geben, zum Kochen bringen, vom Feuer nehmen und 15 Minuten in einem geschlossenen Gefäß ziehen lassen. Mehrmals täglich 5–10 Minuten gurgeln.

Tinktur: 2–4 Milliliter dreimal täglich.

Salbei-Gamander

Herba Teucrii Scorodoniae *Teucrium scorodonia* Lippenblütler

VERWENDETER TEIL Oberirdische Teile.

SAMMELN Dieses Heilkraut kann den ganzen Sommer über während seiner Blütezeit gesammelt werden.

INHALTSSTOFFE Ätherisches Öl, Bitterstoff, Gerbstoff, Polyphenole, Flavonoide, Saponine.

HEILWIRKUNGEN Adstringierend, schweißtreibend, blähungstreibend, wundheilend, antirheumatisch, keimhemmend.

HEILANZEIGEN Salbei-Gamander kann für alle Infektionen der oberen Atemwege verwendet werden, besonders bei *Erkältungen* und *Grippe*. Er kann bei allen Arten von *Fieber* als schweißtreibendes Mittel angewendet werden. Auch bei manchen Formen von *Rheuma* hilft seine Anwendung. Indem er die Verdauungssäfte deutlich anregt, unterstützt er die Verdauung und lindert *Verdauungsstörungen mit Blähungen.* Die äußerliche Anwendung von Salbei-Gamander beschleunigt die Heilung von *Wunden, Furunkeln* und *Abszessen.*

MISCHUNGEN Zur Behandlung von *Erkältungen* und *Grippe* läßt er sich gut mit Schafgarbe, Pfefferminz und Holunder mischen. Als Packung oder Salbe kann er mit Vogelmiere gemischt werden.

ZUBEREITUNG, DOSIERUNG Aufguß: 1–2 Teelöffel des getrockneten Krauts mit einer Tasse kochendem Wasser übergießen und 10 Minuten ziehen lassen. Dreimal täglich eine Tasse.

Tinktur: 2–4 Milliliter dreimal täglich.

Sarsaparilla

Radix Sarsaparillae *Smilax officinalis* Liliengewächse

VERWENDETER TEIL Wurzeln und Wurzelstock.

SAMMELN Wurzeln und Wurzelstock können das ganze Jahr hindurch ausgegraben werden.

INHALTSSTOFFE Sapogenine, Glykoside, ätherisches Öl, Harz.

HEILWIRKUNGEN Blutreinigend, antirheumatisch, harntreibend, schweißtreibend.

HEILANZEIGEN Sarsaparilla ist ein blutreinigendes Mittel mit breitem Anwendungsspektrum. Es kann verwendet werden, um das richtige Arbeiten des gesamten Körpers zu unterstützen, aber auch, um Probleme wie Haut- und rheumatische Erkrankungen zu korrigieren. Es wirkt besonders gut bei schuppigen Hautproblemen, z. B. der *Schuppenflechte,* ganz besonders, wenn sie von starken Hautreizungen und Juckreiz begleitet wird. Sie sollte als Teil einer umfassenden Behandlung von *chronischem Rheuma* in Erwägung gezogen werden und wirkt besonders gut bei *rheumatischen Gelenkentzündungen.* Es wurde nachgewiesen, daß Sarsaparilla chemische Substanzen enthält, welche die Wirkung von Testosteron im Körper unterstützen.

MISCHUNGEN Für die Behandlung der *Schuppenflechte* läßt es sich gut mit der Großen Klette, Krausem Ampfer oder Klettenlabkraut mischen.

ZUBEREITUNG, DOSIERUNG Abkochung: 1 – 2 Teelöffel der Wurzel in eine Tasse Wasser geben; 10 – 15 Minuten leicht kochen. Dreimal täglich eine Tasse.

Tinktur: 1 – 2 Milliliter dreimal täglich.

Sassafras

Cortex Sassafras Radicis *Sassafras albidum* Lorbeergewächse

VERWENDETER TEIL Wurzelrinde.

SAMMELN Die Wurzel wird zur Gewinnung der Rinde dieses Heilkrauts ausgegraben, das in weiten Gebieten Nordamerikas wächst.

INHALTSSTOFFE Ätherisches Öl, darunter Safrol und Sesamin; Gerbstoffe; Harz.

HEILWIRKUNGEN Blutreinigend, blähungstreibend, schweißtreibend, harntreibend.

HEILANZEIGEN Sassafras wird vor allem bei Hautproblemen wie *Ausschlag* und *Schuppenflechte* verwendet. Aufgrund seiner Wirkung auf den ganzen Körper kann es mit Erfolg bei der Behandlung von *Rheuma* und *Gicht* verwendet werden. Als schweißtreibendes Mittel kann es bei *Fieber* und Infektionen des ganzen Körpers benutzt werden. Da die Pflanze desinfizierend wirkt, kann sie gut zur Mundspülung und als Zahnputzmittel verwendet werden. Sassafras wirkt spezifisch gegen *Kopfläuse* und andere Parasiten.

MISCHUNGEN Bei Hautproblemen kann es mit der Großen Klette, Brennessel oder Krausem Ampfer gemischt werden.

ZUBEREITUNG, DOSIERUNG Aufguß: 1 – 2 Teelöffel des getrockneten Krauts mit einer Tasse kochendem Wasser übergießen und 10 – 15 Minuten ziehenlassen. Dreimal täglich eine Tasse.

Öl: Sassafrasöl sollte ausschließlich zur äußerlichen Behandlung bei Läusebefall und niemals innerlich eingenommen werden.

Tinktur: 1 – 2 Milliliter dreimal täglich.

Schafgarbe

Herba Flores Millefolii *Achillea millefolium* Korbblütler

VERWENDETER TEIL Oberirdische Teile.

SAMMELN Der ganze oberirdische Teil sollte während der Blütezeit zwischen Juni und September gesammelt werden.

INHALTSSTOFFE Bis zu 0,5 Prozent ätherisches Öl, Flavonoide, Gerbstoffe, ein Bitterstoffalkaloid.

HEILWIRKUNGEN Schweißtreibend, blutdrucksenkend, adstringierend, harntreibend, antiseptisch.

HEILANZEIGEN Die Schafgarbe ist eines der besten schweißtreibenden Heilkräuter; sie ist ein Standardmittel zur Unterstützung des Körpers bei *Fieber*. Sie senkt den Blutdruck, da sie die äußeren Blutgefäße erweitert. Sie regt die Verdauung an und unterstützt die Blutgefäße. Als Mittel, das im Harnsystem antiseptisch wirkt, ist die Schafgarbe bei Infektionen wie *Blasenentzündung* angezeigt. Bei äußerlicher Anwendung unterstützt sie die *Wund*heilung. Bei Thrombose-Erkrankungen in Verbindung mit Bluthochdruck gilt sie als spezifisches Mittel.

MISCHUNGEN Bei *Fieber* läßt sie sich gut mit Holunderblüten, Pfefferminz, Amerikanischem Wasserhanf, Paprika und Ingwer mischen. Bei *Bluthochdruck* kann sie mit Weißdorn, Lindenblüten und Mistel gemischt werden.

ZUBEREITUNG, DOSIERUNG Aufguß: 1 – 2 Teelöffel des getrockneten Krauts mit einer Tasse kochendem Wasser übergießen und 10 – 15 Minuten ziehen lassen. Dreimal täglich so heiß wie möglich trinken. Bei *Fieber* stündlich trinken.

Tinktur: 2 – 4 Milliliter dreimal täglich.

Scharbockskraut

Radix Chelidonii minoris *Ranunculus ficaria*
Hahnenfußgewächse

VERWENDETER TEIL Die Wurzel.

SAMMELN Die Wurzel sollte im Mai oder Juni ausgegraben werden.

INHALTSSTOFFE Anemonin, Protoanemonin, Gerbstoff.

HEILWIRKUNG Adstringierend.

HEILANZEIGEN Scharbockskraut gilt als besonders geeignet für die Behandlung von *Hämorrhoiden.* Zu diesem Zweck kann es eingenommen oder zur Herstellung einer sehr wirkungsvollen Salbe verwendet werden. Es kann auch immer benutzt werden, wenn ein adstringierendes Mittel benötigt wird.

MISCHUNGEN Scharbockskraut läßt sich gut mit Breitwegerich, Odermennig oder Ringelblume für die innerliche Behandlung von *Hämorrhoiden* mischen.

ZUBEREITUNG, DOSIERUNG Aufguß: 1–2 Teelöffel der getrockneten Wurzel mit einer Tasse kochendem Wasser übergießen und 10 Minuten ziehen lassen. Dreimal täglich eine Tasse.
Salbe: Die Salbe wird am besten auf Vaselinebasis hergestellt, wie es im Kapitel über die Zubereitung der Heilpflanzen beschrieben ist.
Tinktur: 2–4 Milliliter dreimal täglich.

Schildblumenkraut, Kahles

Herba Chelone glabra *Chelone glabra* Rachenblütler

VERWENDETER TEIL Getrocknete oberirdische Teile.

SAMMELN Die oberirdischen Teile werden während der Blütezeit zwischen Juli und September gesammelt und getrocknet.

HEILWIRKUNGEN Gallenflußfördernd, brechreizstillend, anregend, abführend.

HEILANZEIGEN Das Kahle Schildblumenkraut ist ein sehr gutes Mittel bei *Leberproblemen.* Es wirkt kräftigend auf das gesamte Verdauungs- und Absorptionssystem. Es stimuliert die Absonderung von Verdauungssäften und wirkt so auf natürlichem Weg abführend. Das Kahle Schildblumenkraut wird bei *Gallensteinen, Gallenblasenentzündungen* und bei *Gelbsucht* verwendet. Es fördert den *Appetit,* lindert *Koliken, Verdauungsstörungen* und *Gallenbeschwerden* und wirkt bei allgemeinen *Erschöpfungszuständen* stärkend. Äußerlich wurde es bei *entzündeten Brüsten,* bei *schmerzhaften Geschwüren* und bei *Hämorrhoiden* eingesetzt. Bei *Gallensteinen,* die zu einer *gestauten Gelbsucht* führen, gilt es als spezifisches Mittel.

MISCHUNGEN Bei *Gelbsucht* kann das Kahle Schildblumenkraut am besten mit der Kanadischen Gelbwurzel kombiniert werden.

ZUBEREITUNG, DOSIERUNG Aufguß: 2 Teelöffel getrocknetes Kraut mit einer Tasse kochendem Wasser übergießen, 10–15 Minuten ziehen lassen. Dreimal täglich eine Tasse.
Tinktur: 1–2 Milliliter dreimal täglich.

Schlangenwurzel, Schwarze

Rhizoma Cimicifugae *Cimicifuga raceomosa*
Hahnenfußgewächs

VERWENDETER TEIL Wurzel und Wurzelstock.

SAMMELN Die Wurzeln werden mit dem Wurzelstock im Herbst ausgegraben, nachdem die Früchte ausgereift sind. Sie sollten der Länge nach geteilt und vorsichtig getrocknet werden.

INHALTSSTOFFE Harz, glykosidische Bitterstoffe, Ranunculin (das sich beim Trocknen in Anemonin verwandelt), Salizylsäure, Gerbstoffe, Östrogengrundstoffe.

HEILWIRKUNGEN Menstruationsfördernd, krampflösend, blutreinigend, beruhigend.

HEILANZEIGEN Die Schwarze Schlangenwurzel ist eines der wertvollsten Heilkräuter, die wir durch die Indianer kennengelernt haben. Sie wirkt stark entspannend und normalisierend auf die weiblichen Sexualorgane. Sie hilft bei *schmerzhafter* oder *verzögerter Menstruation; Krämpfe im Unterleib* oder der Gebärmutter werden durch die Schwarze Schlangenwurzel gelindert. Sie normalisiert das Gleichgewicht der weiblichen Sexualhormone und läßt sich ohne Bedenken einsetzen, um einen normalen Hormonhaushalt zu erzielen. Sie kann bei *rheumatischen Schmerzen,* aber auch bei *rheumatischer Arthritis, Knochen-* und *Gelenkentzündungen, bei Muskel-* und *neuralgischen Schmerzen* sowie bei *Ischias* benutzt werden. Als entspannendes Nervenmittel kann sie in vielen Fällen eingesetzt werden, in denen ein solches Mittel angezeigt erscheint. Während der *Wehen* hilft sie, die Gebärmutter zu unterstützen und begleitende *Nervosität* zu lindern. Die Schwarze Schlangenwurzel verringert *Muskelkrämpfe* und kann daher bei Lungenbeschwerden, wie z. B. *Keuchhusten,* helfen. In Fällen von *Ohrenklingen* kann ihre Verwendung helfen.

MISCHUNGEN Bei *Gebärmutterproblemen* kann sie mit Löwenblattwurzel gemischt und bei *rheumatischen Zuständen* mit Bitterklee genommen werden.

ZUBEREITUNG, DOSIERUNG Abkochung: ½–1 Teelöffel getrocknete Wurzel mit einer Tasse Wasser übergießen und zum Kochen bringen. 10–15 Minuten leicht kochen lassen. Dreimal täglich eine Tasse.
Tinktur: 2–4 Milliliter dreimal täglich.

Schlangenwurzel, Virginische

Radix Serpentariae virginianae *Aristolachia serpentaria*
Osterluzeigewächse

VERWENDETER TEIL Wurzelstock und Wurzel.

SAMMELN Die unterirdischen Teile der Pflanze werden im Herbst in Waldgebieten im östlichen Nordamerika ausgegraben.

INHALTSSTOFFE Aristolochiasäure, ätherisches Öl, Gerbstoff, Bitterstoff.

HEILWIRKUNGEN Anregend, verdauungsfördernd, stärkend, schweißtreibend.

HEILANZEIGEN Es gab eine Zeit, da wurde die Virginische Schlangenwurzel als eine der wichtigsten Pflanzen angesehen, die von Amerika nach Europa gelangte, obwohl sie heute kaum noch verwendet wird. Ihr Name stammt aus ihrer Anwendung zur Unterstützung des Körpers bei *Nesselfieber (Efeuvergiftung)* und bestimmten *Schlangenbissen.* Diese offensichtlich entzündungshemmende Wirkung erklärt zum Teil ihre Verwendung bei der Behandlung von *Rheuma* und *Gicht*. Ihre hauptsächliche Verwendung findet sie bei der Behandlung von *Verdauungsstörungen, Übelkeit, Kolikschmerzen* und ähnlichen Beschwerden.

ZUBEREITUNG, DOSIERUNG Aufguß: 1 Teelöffel der pulverisierten Wurzel mit einer Tasse kochendem Wasser übergießen und 10–15 Minuten ziehen lassen. Dreimal täglich eine Tasse.
Tinktur: 1–2 Milliliter dreimal täglich.

Schlüsselblume

Flores Radix Primulae
Primula veris
Primelgewächse

VERWENDETER TEIL Die gelben Blütenblätter und die Wurzel.

SAMMELN Die Blütenblätter sollten (ohne die grünen Kelche) zwischen März und Mai gesammelt werden. Schnell im Schatten trocknen. Die Wurzeln sollten entweder vor dem Blühen der Schlüsselblume oder im Herbst ausgegraben werden. In manchen Gegenden ist diese Pflanze selten geworden, deshalb sollte sie nur in begrenzten Mengen gesammelt werden.

INHALTSSTOFFE Bis zu 10 Prozent Saponine, Glykoside, ätherisches Öl, Flavonoide.

HEILWIRKUNGEN Beruhigend, krampflösend, schleimlösend.

HEILANZEIGEN Die Schlüsselblume ist ein ausgezeichnetes, allgemein anwendbares, entspannendes und beruhigendes Heilmittel. Sie mildert körperliche Reaktionen auf *Streß* und *Anspannung*, entspannt bei nervlicher Aufregung und verhilft zu erholsamem Schlaf. Sie kann ohne Bedenken bei *Bronchitis, Erkältungen, Schüttelfrost* und bei *Husten* benutzt werden. Auch bei nervlich bedingten *Kopfschmerzen* und bei *Schlaflosigkeit* kann sie helfen.

MISCHUNGEN Bei Problemen, die mit *Streß* zusammenhängen, kann sie mit anderen entspannenden Nervenmitteln, wie Lindenblüte oder Helmkraut, gemischt werden. Bei *Husten* kann sie mit Huflattich oder Anis genommen werden.

ZUBEREITUNG, DOSIERUNG Aufguß der Blütenblätter: 2 Teelöffel der Blütenblätter mit einer Tasse kochendem Wasser übergießen und 10–15 Minuten ziehen lassen. Dreimal täglich eine Tasse.

Abkochung der Wurzel: 1 Teelöffel der Wurzel in eine Tasse Wasser geben, zum Kochen bringen und 5 Minuten leicht kochen lassen. Dreimal täglich eine Tasse.

Tinktur: 2–4 Milliliter dreimal täglich.

Schneeball

Cortex Viburni opuli *Viburnum opulus* Geißblattgewächse

VERWENDETER TEIL Getrocknete Rinde.

SAMMELN Die Rinde wird im April und Mai gesammelt, in Stücke geschnitten und getrocknet.

INHALTSSTOFFE Der Bitterstoff Viburnin, Baldriansäure, Salikoside, Harz, Gerbstoff.

HEILWIRKUNGEN Krampflösend, beruhigend, adstringierend.

HEILANZEIGEN Der Schneeball verdient Beachtung als Entspannungsmittel bei *Muskelspannungen* und *Krämpfen*. Er wird vor allem in zwei Bereichen eingesetzt. Zum einen bei *Muskelbeschwerden* von *Eierstock* und *Gebärmutter*. Der Schneeball kann die Gebärmutter entspannen und somit *schmerzhafte Krämpfe* während der *Menstruation* lindern. Auf ähnliche Weise kann er eine *drohende Fehlgeburt* verhindern. Durch seine adstringierende Wirkung spielt der Schneeball eine Rolle bei der Behandlung von *zu großem Blutverlust während der Periode* und besonders bei *Blutungen, die mit den Wechseljahren zusammenhängen*.

MISCHUNGEN Zur Linderung von *Krämpfen* kann er mit Gelbholzrinde und Yamswurzel gemischt werden. Bei *Gebärmutter-* oder *Eierstockschmerzen* oder bei *drohender Fehlgeburt* kann er mit dem Amerikanischen Schneeballbaum oder mit Baldrian gemischt werden.

ZUBEREITUNG, DOSIERUNG Abkochung: 2 Teelöffel der getrockneten Rinde in eine Tasse Wasser geben, zum Kochen bringen und 10–15 Minuten leicht kochen. Dreimal täglich heiß trinken.
Tinktur: 4–8 Milliliter dreimal täglich.

Schneeballbaum, Amerikanischer

Cortex Viburni prunifolii *Viburnum prunifolium* Geißblattgewächse

VERWENDETER TEIL Getrocknete Rinde der Wurzel oder des Stammes.

SAMMELN Die Rinde von Wurzeln und Stamm wird im Herbst gesammelt. Die Büsche sollten dabei ausgegraben und dann die Rinde von Wurzeln und Stamm entfernt werden. Die Rinde der Zweige sollte im Frühjahr oder im Sommer gesammelt werden. In beiden Fällen wird die gesammelte Rinde im Schatten getrocknet.

INHALTSSTOFFE Triterpenoide, Cumarine, Bitterstoffe, Baldriansäure, Salikoside, Gerbstoffe.

HEILWIRKUNGEN Krampflösend, beruhigend, blutdrucksenkend, adstringierend.

HEILANZEIGEN Der Amerikanische Schneeballbaum wird ähnlich wie Schneeball verwendet, mit dem er nahe verwandt ist. Er wirkt stark entspannend auf die Gebärmutter und wird bei *Gebärmutterkrämpfen* und *falschen Wehenschmerzen* benutzt. Wenn eine *Fehlgeburt* droht, kann er ebenfalls eingesetzt werden. Seine entspannende Wirkung erklärt seine Wirksamkeit bei der Senkung des *Blutdrucks,* was durch eine Erweiterung der peripheren Blutgefäße erreicht wird. Er kann als krampflösendes Mittel bei der Behandlung von *Asthma* verwendet werden.

MISCHUNGEN Falls eine *Fehlgeburt* droht, kann er gut mit Heloniaswurzel und Schneeball genommen werden.

ZUBEREITUNG, DOSIERUNG 2 Teelöffel getrocknete Rinde in eine Tasse Wasser geben, zum Kochen bringen und 10 Minuten leicht kochen lassen. Dreimal täglich eine Tasse.
Tinktur: 5 – 10 Minuten dreimal täglich.

Schneeflockenbaum

Cortex Chionanthi virginicae fadicis *Chionanthus virginicus*
Ölbaumgewächse

VERWENDETER TEIL Die Rinde der Wurzel.

SAMMELN Die Wurzeln werden im Frühling oder Herbst ausgegraben. Vorsichtig waschen, die Rinde abschälen und behutsam trocknen.

INHALTSSTOFFE Phyllirin, ein Ligninglykosid; Saponine.

HEILWIRKUNGEN Leberstärkend, gallenflußfördernd, blutreinigend, harntreibend, stärkend, brechreizlindernd, abführend.

HEILANZEIGEN Dieses wertvolle Heilkraut kann ohne Bedenken bei allen Leberproblemen benutzt werden, besonders wenn sie sich zu einer Gelbsucht entwickeln. Der Schneeflockenbaum ist ein spezifisches Mittel zur Behandlung von *Gallenblasenentzündungen* und kann eine wichtige Rolle bei der Behandlung von Gallensteinen spielen. Er wirkt allgemein heilend auf die Leber und wird in dieser Funktion oft als Teil einer umfassenden Behandlung des ganzen Körpers verwendet. Da er den Gallenfluß anregt, wirkt er als mildes und wirksames Abführmittel.

MISCHUNGEN Zur Behandlung von Leber- und Gallenproblemen kann er mit Berberitze, Pfaffenhütchen oder Yamswurzel gemischt werden.

ZUBEREITUNG, DOSIERUNG Aufguß: 1 – 2 Teelöffel der Rinde mit einer Tasse kochendem Wasser übergießen und 10 – 15 Minuten ziehen lassen. Dreimal täglich eine Tasse.
Tinktur: 1 – 2 Milliliter dreimal täglich.

Schöllkraut

Radix Herba Chelidonii *Chelidonium majus* Mohngewächse

VERWENDETER TEIL Wurzel und oberirdische Teile.

SAMMELN Die Wurzel sollte im Spätsommer oder im Herbst ausgegraben werden. Sie kann im Schatten oder in der Sonne getrocknet werden. Die Blätter sollten zur Blütezeit (Mai und Juni) gesammelt und so schnell wie möglich im Schatten getrocknet werden.

INHALTSSTOFFE Wurzeln: Alkaloide, darunter Chelidonin, Chelerythrin, Coptisin und Protopin; Chelidonsäure; ätherisches Öl; Milchsaftröhren mit orangegelbem Milchsaft.

HEILWIRKUNGEN Krampflösend, gallenflußfördernd, schmerzlindernd, stark abführend, harntreibend.

HEILANZEIGEN In therapeutischer Dosierung ist Schöllkraut ein sehr gutes Mittel zur Behandlung von *Infektionen der Gallenblase* und bei *Gallensteinen*. Bei hoher Dosierung wirkt diese Pflanze giftig und hat eine sehr stark abführende Wirkung. Schöllkraut kann als krampflösendes Mittel bei *Magenschmerzen* benutzt werden. Äußerlich kann der orangegelbe gummiartige Milchsaft des Stiels zur Behandlung von *Warzen, Hautgeschwulsten* und bei einer *Fadenpilzinfektion der Haut* verwendet werden. Es hat sich herausgestellt, daß das Alkaloid Chelidonin die Zellteilung unterdrückt.

VORSICHT Die unten angegebene Dosierung darf nicht überschritten werden!

MISCHUNGEN Bei *Gallenblasenerkrankungen* kann Schöllkraut gut mit Berberitze oder Löwenzahn gemischt werden.

ZUBEREITUNG, DOSIERUNG Abkochung: 2 Teelöffel des Krauts oder 1 Teelöffel der Wurzel in eine Tasse kaltes Wasser geben, zum Kochen bringen und dann vom Feuer nehmen. 10 Minuten ziehen lassen. Zweimal täglich eine Tasse.

ANMERKUNG Es ist gefährlich, die angegebene Menge zu überschreiten!
Tinktur: 1 – 2 Milliliter dreimal täglich.

Schwalbenwurzel, Knollige

Radix Asclepiadis tuberosae *Asclepias tuberosa* Asclepiadaceae.

VERWENDETER TEIL Wurzelstock.

SAMMELN Der Wurzelstock sollte im März oder April ausgegraben werden. Gut reinigen und zerschneiden. Im Schatten oder in der Sonne trocknen.

INHALTSSTOFFE Glykoside, darunter Asclepiadin und wahrscheinlich herzwirksame Glykoside; ätherisches Öl.

HEILWIRKUNGEN Schweißtreibend, schleimlösend, krampflösend, blähungstreibend.

HEILANZEIGEN Die Knollige Schwalbenwurzel verringert Entzündungen, unterstützt die Schleimlösung und wirkt so gegen Infektionen der Atemwege. Sie kann zur Behandlung von *Bronchitis* und anderen Brustbeschwerden benutzt werden. Durch ihre schweißtreibenden und krampflösenden Eigenschaften ist sie bei der Behandlung von *Rippenfell-* und *Lungenentzündung* geeignet. Sie kann auch bei *Grippe* angewendet werden.

MISCHUNGEN Sie läßt sich gut mit Paprika, Lobelie und Grindeliakraut zur Behandlung von blockierten Atemwegen mischen.

ZUBEREITUNG, DOSIERUNG Aufguß: ½–1 Teelöffel des Wurzelstocks mit einer Tasse kochendem Wasser übergießen und 10–15 Minuten ziehen lassen. Dreimal täglich eine Tasse.
Tinktur: 1–2 Milliliter dreimal täglich.

Schwarznessel

Herba Ballotae nigrae *Ballota nigra* Lippenblütler

VERWENDETER TEIL Getrocknete oberirdische Teile.

SAMMELN Dieses Heilkraut sollte gesammelt werden, wenn es gerade zu blühen beginnt (meist im Juli).

INHALTSSTOFFE Flavonoide.

HEILWIRKUNGEN Brechreizstillend, leicht adstringierend, menstruationsfördernd, schleimlösend.

HEILANZEIGEN Die Schwarznessel eignet sich besonders gut als Mittel gegen *Übelkeit* und *Erbrechen,* wenn die Ursachen nicht im Magen, sondern im Nervensystem liegen. So kann sie ohne Bedenken bei *Reisekrankheit* verwendet werden, da hier die *Übelkeit* durch den Gleichgewichtssinn im Innenohr und über das Zentralnervensystem ausgelöst wird. Dieses Heilkraut kann auch sehr gut bei *Schwangerschaftsübelkeit* oder bei *Übelkeit* und *Erbrechen* aufgrund von *Nervosität* verwendet werden. Außerdem wirkt es ausgleichend auf die *Menstruation* und ist ein mildes schleimlösendes Mittel.

MISCHUNGEN Um *Übelkeit* und *Erbrechen* zu lindern, kann die Schwarznessel mit Mädesüß und Kamille genommen werden.

ZUBEREITUNG, DOSIERUNG Aufguß: 1 – 2 Teelöffel getrocknetes Kraut mit einer Tasse kochendem Wasser übergießen und 10 – 15 Minuten ziehen lassen. Dreimal täglich eine Tasse.
Tinktur: 1 – 2 Milliliter dreimal täglich.

Schwarzweide

Cortex Salicis *Salix nigra* Weidengewächse

VERWENDETER TEIL Die Rinde.

SAMMELN Die Rinde wird im Frühjahr gesammelt, sobald das neue Wachstum beginnt.

INHALTSSTOFFE Salizin, Gerbsäure.

HEILWIRKUNGEN Entzündungshemmend, fiebersenkend, schmerzlindernd, antiseptisch, adstringierend.

HEILANZEIGEN Die Schwarzweide ist eine natürliche und sichere Quelle Aspirin-ähnlicher Substanzen, was auch ihren Ruf bei der Behandlung von *Rheuma* und *Arthritis* erklärt, die von starken Schmerzen und Entzündungen begleitet werden. Als Teil einer umfassenden Behandlung kann sie bei jeder *Bindegewebsentzündung* im Körper angewendet werden, ist aber besonders nützlich bei *rheumatischer Arthritis.* Sie kann außerdem bei *fiebriger Grippe* verwendet werden.

MISCHUNGEN Bei der Behandlung *rheumatischer Arthritis* kann sie zusammen mit der Schwarzen Schlangenwurzel, Selleriesamen, dem Guajakbaum und Bitterklee verwendet werden.

ZUBEREITUNG, DOSIERUNG Abkochung: 1 – 2 Teelöffel der Rinde in eine Tasse Wasser geben, zum Kochen bringen und 10 Minuten leicht kochen. Dreimal täglich eine Tasse.
Tinktur: 2 – 4 Milliliter dreimal täglich.

Schwertlilie, Buntfarbige

Rhizoma Iridis versicoloris *Iris versicolor*
Schwertliliengewächse

VERWENDETER TEIL Wurzelstock.

SAMMELN Der Wurzelstock wird am besten im Herbst gesammelt.

INHALTSSTOFFE Oleoresin, Salizylsäure, Alkaloide, Gerbsäure.

HEILWIRKUNGEN Gallenflußfördernd, blutreinigend, abführend, harntreibend, entzündungshemmend.

HEILANZEIGEN Dieses sehr nützliche Heilmittel hat besonders bei Hauterkrankungen einen großen Anwendungsbereich und unterstützt offenbar die Haut durch seine Wirkung auf die Leber, das wichtigste Reinigungsorgan des Körpers. Die Buntfarbige Schwertlilie kann bei Hautverunreinigungen wie *Ekzemen, Pickeln* und Flecken benutzt werden. Für die eher chronischen Hautprobleme wie *Schuppenflechte* oder bei *langdauernden Ekzemen* kann sie wertvoller Bestandteil einer umfassenden Behandlung sein. Sie kann bei *Verstopfung* wertvolle Hilfe leisten, wenn diese mit *Leberproblemen* oder *Gallenerkrankungen* zusammenhängt.

MISCHUNGEN Die Buntfarbige Schwertlilie läßt sich gut mit der Sonnenhutwurzel, der Großen Klette und Krausem Ampfer kombinieren.

ZUBEREITUNG, DOSIERUNG Abkochung: 1/2–1 Teelöffel des getrockneten Krauts in eine Tasse Wasser geben und zum Kochen bringen. 10–15 Minuten leicht kochen lassen. Dreimal täglich eine Tasse.
Tinktur: 2–4 Milliliter dreimal täglich.

Seifenwurzel, Rote

Radix Saponariae rubrae
Saponaria officinalis
Caryophyllaceae

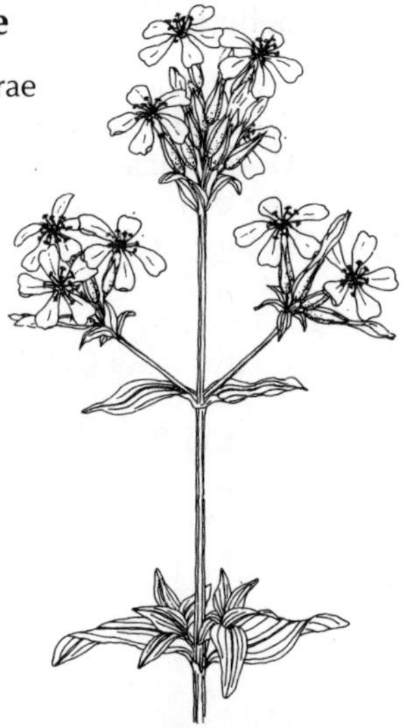

VERWENDETER TEIL Wurzel und Wurzelstock werden am besten im September oder Oktober ausgegraben und getrocknet. Die Blätter werden im Juli oder August gesammelt.

INHALTSSTOFFE Saponine.

HEILWIRKUNGEN Schleimlösend, abführend, leicht harntreibend.

HEILANZEIGEN Die Rote Seifenwurzel kann medizinisch als wirkungsvolles schleimlösendes Mittel bei *bronchitischem* und *trockenem Husten* verwendet werden. Ihr wird außerdem nachgesagt, daß sie auf *Gallensteine* einwirkt. In hoher Dosierung wirkt die Rote Seifenwurzel stark abführend, kann aber dabei zu Magenverstimmungen führen. Äußerlich kann sie zur Waschung bei Hauterkrankungen, wie z. B. *Ausschlag,* verwendet werden.

ZUBEREITUNG, DOSIERUNG Abkochung: Am besten läßt sich eine Abkochung dieser Wurzel herstellen, indem 4 Eßlöffel der getrockneten Wurzel (oder 2 der kleingeschnittenen frischen Wurzel) in einem Liter kaltem Wasser 5 Stunden eingeweicht werden. Anschließend 10 Minuten leicht kochen. Drei- bis viermal täglich eine Tasse.
Tinktur: 1 – 2 Milliliter dreimal täglich.

Sellerie

Semen Apii graveolentis
Apium graveolens
Doldenblütler

VERWENDETER TEIL Getrocknete reife Früchte.

SAMMELN Die Samen sollten im Herbst gesammelt werden, wenn sie ausgereift sind.

INHALTSSTOFFE 2–3 Prozent ätherisches Öl.

HEILWIRKUNGEN Antirheumatisch, harn- und blähungstreibend, beruhigend.

HEILANZEIGEN Selleriesamen werden vor allem bei der Behandlung von *Rheuma, Arthritis* und *Gicht* eingesetzt. Besonders hilfreich sind sie bei *rheumatischer Arthritis,* die von Depressionen begleitet wird. Ihre harntreibende Wirkung spielt vor allem bei rheumatischen Problemen eine Rolle, aber sie werden auch als Antiseptikum bei Infektionen im Harnwegssystem verwendet, da sie das ätherische Öl Apiol enthalten.

MISCHUNGEN Bei *rheumatischen Problemen* lassen sie sich gut mit Bitterklee mischen. Ihre Wirkung wird anscheinend durch Hinzufügen von Löwenzahn verstärkt.

ZUBEREITUNG, DOSIERUNG Aufguß: 1–2 Teelöffel der frisch zerdrückten Samen mit einer Tasse kochendem Wasser übergießen und 10–15 Minuten ziehen lassen. Dreimal täglich eine Tasse.
Tinktur: 2–4 Milliliter dreimal täglich.

Senega

Radix Senega *Polygala senega* Polygalaceae

VERWENDETER TEIL Wurzel und Wurzelstock.

SAMMELN Wurzeln und Wurzelstock werden im September und Oktober gesammelt.

INHALTSSTOFFE 5–6 Prozent Saponine, festes Öl, Pflanzenschleim, Salizylsäure, Harz.

HEILWIRKUNGEN Schleimlösend, schweißtreibend, speicheltreibend, brechreizfördernd.

HEILANZEIGEN Über Senega haben wir von den Indianern Nordamerikas erfahren. Es wurde vom Stamm der Seneka bei Schlangenbissen verwendet. Es besitzt eine ausgezeichnete schleimlösende Wirkung, die bei der Behandlung von *Bronchialasthma* nützlich sein kann, ganz besonders bei Schwierigkeiten mit Schleimauswurf. Es hat ganz allgemein die Fähigkeit, Drüsenabsonderungen einschließlich Speichel anzuregen. Es kann als Mundspülung und als Gurgelmittel zur Behandlung von *Rachen-* und *Kehlkopfentzündungen* verwendet werden. Wenn zuviel Senega eingenommen wird, reizt es die Magen- und Darmschleimhäute und führt zu Erbrechen.

MISCHUNGEN Bei bronchialen Erkrankungen kann es mit Kanadischer Blutwurzel, Weißem Andorn, Grindeliakraut oder Pillenwolfsmilch gemischt werden.

ZUBEREITUNG, DOSIERUNG Aufguß: ½–1 Teelöffel der getrockneten Wurzel mit einer Tasse kochendem Wasser übergießen und 10–15 Minuten ziehen lassen. Dreimal täglich eine Tasse.
Tinktur: 1–2 Milliliter dreimal täglich.

Senf

Semen Erucae und
Semen Sinapis
Brassica alba und
Brassica nigra
Kreuzblütler

VERWENDETER TEIL Die Samen.

SAMMELN Die reifen Samenhülsen werden im Spätsommer gesammelt. Die Samen ausschütteln und zum Trocknen ausbreiten.

INHALTSSTOFFE Pflanzenschleim, festes Öl, ätherisches Öl, Sinigrin.

HEILWIRKUNGEN Harntreibend, anregend, brechreizfördernd.

HEILANZEIGEN Dieses bekannte Gewürz wird medizinisch vor allem äußerlich als anregendes Mittel verwendet. Die leicht hautreizende Wirkung regt die Durchblutung der Haut an und lindert *Muskel-* und *Knochenschmerzen.* Seine anregende und schweißtreibende Wirkung kann aber auch ähnlich der von Paprika oder Ingwer genutzt werden. Bei *Fieberzuständen, Erkältungen* oder *Grippe* kann Senf als Tee getrunken oder pulverisiert dem Badewasser hinzugegeben werden. Durch die Anregung des Kreislaufs werden auch *Frostbeulen* gelindert. Ein Aufguß oder eine Packung mit Senf hilft bei *Bronchitis.*

ZUBEREITUNG, DOSIERUNG Packung: Senf wird vor allem bei Packungen benutzt. 100 Gramm frisch gemahlener Senf wird mit warmem Wasser (ca. 45 °C) zu einer dicken Paste verrührt. Dieser wird auf ein Tuch gestrichen, das die Größe des zu bedeckenden Körperteils hat. Damit die Paste nicht an der Haut klebt, wird eine feuchte Gaze auf die Haut gelegt. Der Umschlag sollte für zirka eine Minute aufgelegt werden. Falls sich die Haut dadurch rötet, kann sie mit Olivenöl eingerieben werden.

Aufguß: 1 Teelöffel Senf-Pulver mit einer Tasse kochendem Wasser übergießen und 5 Minuten ziehen lassen. Dreimal täglich eine Tasse.

Fußbad: 1 Teelöffel zerquetschte Samen in einem Liter Wasser aufkochen, abkühlen lassen.

Senna

Folliculi Sennae *Cassia angustifolia* und *Cassia senna*
Schmetterlingsblütler

VERWENDETER TEIL Getrocknete Fruchtschoten.

SAMMELN Die Schoten werden im Winter in Ägypten, Indien, Jordanien und im Sudan gesammelt.

INHALTSSTOFFE Anthrachinone.

HEILWIRKUNG Stark abführend.

HEILANZEIGEN Die Sennaschoten werden als stark abführendes Mittel bei der Behandlung von *Verstopfung* verwendet. Es muß jedoch unbedingt bedacht werden, daß die Verstopfung eine Ursache hat und nicht selbst der auslösende Faktor ist, daß somit die eigentliche Ursache zu suchen und zu behandeln ist. Das Kapitel über die Verdauung gibt hierzu nähere Erläuterungen.

MISCHUNGEN Am besten werden die Sennaschoten mit aromatischen und blähungstreibenden Heilkräutern gemischt, die den Geschmack verbessern und Krämpfe vermindern; es können z. B. Kardamom, Ingwer oder Fenchel verwendet werden.

ZUBEREITUNG, DOSIERUNG Aufguß: Die getrockneten Schoten 6 – 12 Stunden in warmem Wasser einweichen. Wenn Alexandriner Sennaschoten verwendet werden, nehme man 3 – 6 pro Tasse Wasser, sind es Tinnevelly Sennaschoten, werden 4 – 12 benutzt. Senna ist unter diesen Namen in zwei Arten im Handel erhältlich.
Tinktur: 2 – 7 Milliliter dreimal täglich.

Sonnenhutwurzel

Radix Echinaceae angustifoliae *Echinacea angustifolia*
Korbblütler

VERWENDETER TEIL Die Wurzel.

SAMMELN Die Wurzeln sollten im Herbst ausgegraben werden. Es wird angenommen, daß der frische Auszug besser wirkt als die getrocknete Wurzel.

INHALTSSTOFFE Ätherisches Öl, Glykoside, Echinacin, Phenolsubstanzen.

HEILWIRKUNGEN Keimhemmend, blutreinigend.

HEILANZEIGEN Die Sonnenhutwurzel ist das beste Heilkraut, um den Körper zu unterstützen, sich von Infektionen durch Mikroben zu befreien. Sie wirkt sowohl gegen Bakterien- als auch gegen Virusangriffe. Sie kann in Fällen wie *Furunkeln, Blutvergiftungen* und ähnlichen Infektionen benutzt werden. Zusammen mit anderen Kräutern kann sie bei allen Infektionen des Körpers eingesetzt werden; so kann sie z. B. zusammen mit der Bärentraube oder Schafgarbe eine *Blasenentzündung* erfolgreich stoppen. Besonders gut hilft sie bei Infektionen der oberen

Atemwege, bei *Kehlkopfentzündung, Mandelentzündung* und bei *Katarrhen* der Nase oder der Nebenhöhlen. Die Tinktur oder eine Abkochung können zur Mundspülung bei *Zahnfleischvereiterung* und bei *Zahnfleischentzündung* genommen werden. Bei äußerlicher Anwendung kann sie *eitrigen Wunden* und *Schnitten* helfen.

MISCHUNGEN Diese nützliche Pflanze kann zusammen mit vielen anderen Heilkräutern verwendet werden.

ZUBEREITUNG, DOSIERUNG Abkochung: 1–2 Teelöffel der Wurzel in eine Tasse Wasser geben und langsam zum Kochen bringen. 10–15 Minuten leicht kochen lassen. Dreimal täglich eine Tasse.
Tinktur: 1–4 Milliliter dreimal täglich.

Sonnentau

Herba Droserae rotundifoliae *Drosera rotundifolia*
Sonnentaugewächse

VERWENDETER TEIL Die ganze Pflanze.

SAMMELN Die ganze Pflanze wird während der Blütezeit im Juli oder August gesammelt.

INHALTSSTOFFE Nahpthochinone, darunter Plumbagin; Flavonoide; Gerbstoffe; Zitronen- und Apfelsäure.

HEILWIRKUNGEN Krampflösend, schleimhautschützend, schleimlösend.

HEILANZEIGEN Der Sonnentau kann bei *Bronchitis* und *Keuchhusten* sehr nützlich sein. Seine Nützlichkeit erklärt sich vor allem durch seinen Gehalt an Plumbagin, da nachgewiesen wurde, daß er gegen die Bakterienstämme Streptokokken, Staphylokokken und Pneumokokken wirkt. Der Sonnentau hilft auch bei Infektionen in anderen Bereichen des Atmungssystems. Eine entspannende Wirkung auf die glatte Muskulatur hilft bei der Linderung von *Asthma.* Neben seiner Wirkung auf Lungenerkrankungen hat er eine lange Tradition bei der Behandlung von *Magengeschwüren.*

MISCHUNGEN Der Sonnentau kann zur Behandlung von *Asthma* mit Grindeliakraut und Pillenwolfsmilch gemischt werden.

ZUBEREITUNG, DOSIERUNG Aufguß: 1 Teelöffel des getrockneten Krauts mit einer Tasse kochendem Wasser übergießen und 10–15 Minuten ziehen lassen. Dreimal täglich eine Tasse.
Tinktur: 1–2 Milliliter dreimal täglich.

Sternwurzel

Rhizoma und Radix Aletris farinosae *Aletris farinosa*
Liliengewächse

VERWENDETER TEIL Wurzelstock und Wurzel.

SAMMELN Die unterirdischen Teile werden gegen Ende der Blütezeit im August ausgegraben, gewaschen, in Stücke geschnitten und getrocknet.

INHALTSSTOFFE Bitterstoff.

HEILWIRKUNGEN Bitter, krampflösend, beruhigend.

HEILANZEIGEN Die Sternwurzel ist ein ausgezeichnetes Mittel bei *träger Verdauung,* die zu *Verdauungsstörungen, Blähungen* und *Schwächezuständen* führen kann. Aufgrund ihres bitteren Geschmacks regt sie die Verdauung an und beseitigt daher oft *Appetitmangel.* Die Sternwurzel kann auch zur Behandlung von *Krämpfen im Verdauungssystem* benutzt werden. Da all diese Probleme mit nervösen Störungen zusammenhängen, wurde die Sternwurzel auch den Nervenmitteln zugeordnet. Ihre Wirkung bei Angstzuständen beruht aber auf einer Linderung der körperlichen Symptome und weniger auf einer direkten Entspannung der Nerven. Ihr wird nachgesagt, daß sie bei *drohender Fehlgeburt* hilft, aber in diesem Fall ist die Heloniaswurzel vorzuziehen.

ZUBEREITUNG, DOSIERUNG Aufguß: 1 – 2 Teelöffel des getrockneten Krauts mit einer Tasse kochendem Wasser übergießen und 10 – 15 Minuten ziehen lassen. Dreimal täglich eine Tasse.
Tinktur: 1 – 2 Milliliter dreimal täglich.

Stillingia

Radix Stillingiae silvaticae *Stillingia sylvatica*
Wolfsmilchgewächse

VERWENDETER TEIL Wurzel.

SAMMELN Die Wurzel wird nach der Blütezeit im Juli ausgegraben.

INHALTSSTOFFE Ätherisches Öl, saures Harz, festes Öl, Gerbstoff.

HEILWIRKUNGEN Blutreinigend, schleimlösend, schweißtreibend, speicheltreibend, adstringierend, krampflösend.

HEILANZEIGEN Dieses nordamerikanische Heilkraut findet bei der Behandlung von chronischen Hautkrankheiten, wie z. B. *Ekzemen* und *Schuppenflechte,* Anwendung. Allerdings muß sich die Behandlung über einen längeren Zeitraum erstrecken. Diese Hautkrankheiten können von einer Vielzahl Faktoren verursacht werden. Stillingia wirkt am besten, wenn das Lymphsystem an der Entstehung beteiligt ist. Ein anderes Anwendungsgebiet sind *Bronchitis* und *Kehlkopfentzündung,* besonders wenn letztere von Stimmverlust begleitet ist. Als adstringierendes Mittel kann es bei vielen Beschwerden verwendet werden, vor allem aber bei *Hämorrhoiden*.

MISCHUNGEN Für die Behandlung von Hautproblemen läßt es sich gut mit der Großen Klette, Krausem Ampfer, Klettenlabkraut und mit der Buntfarbigen Schwertlilie mischen.

ZUBEREITUNG, DOSIERUNG Abkochung: ½–1 Teelöffel der getrockneten Wurzel in eine Tasse Wasser geben und 10–15 Minuten leicht kochen. Dreimal täglich eine Tasse.
Tinktur: 1–2 Milliliter dreimal täglich.

Storchschnabel, Gefleckter

Rhizoma Geranii maculati *Geranium maculatum*
Storchschnabelgewächse

VERWENDETER TEIL Der Wurzelstock.

SAMMELN Der Wurzelstock wird im September und Oktober ausgegraben, kleingeschnitten und getrocknet.

INHALTSSTOFFE 12–25 Prozent Gerbstoffe, wobei der Gehalt kurz vor der Blüte am größten ist.

HEILWIRKUNGEN Adstringierend, blutstillend, entzündungshemmend, wundheilend.

HEILANZEIGEN Der Gefleckte Storchschnabel wird als wirksames Adstringens bei *Durchfall, Ruhr* und *Hämorrhoiden* benutzt. Wenn ein *Magen-* oder *Zwölffingerdarmgeschwür* von Blutungen begleitet ist, wird dieses Mittel mit anderen angezeigten Heilkräutern gegeben. Wenn es zu *Blutungen im Stuhl* kommt, kann dieses Kraut helfen, obwohl hierbei eine genaue Diagnose nötig ist. Er kann bei *zu starken Blutverlusten während der Menstruation* oder bei *Zwischenblutungen* benutzt werden. Als Scheidenspülung kann er bei *Weißfluß* benutzt werden.

MISCHUNGEN Bei *Magengeschwüren* kann er mit Mädesüß, Beinwell, Eibisch oder Odermennig gemischt werden. Bei *Weißfluß* kann er mit der Amerikanischen Waldlilie kombiniert werden.

ZUBEREITUNG, DOSIERUNG Abkochung: 1–2 Teelöffel des Wurzelstocks in eine Tasse kaltes Wasser geben und 10–15 Minuten leicht kochen lassen. Dreimal täglich eine Tasse.
Tinktur: 2–4 Milliliter dreimal täglich.

Strandmannstreu

Radix Eryngii *Eryngium maritimum* Doldenblütler

VERWENDETER TEIL Getrocknete Wurzeln.

SAMMELN Die Wurzeln werden in küstennahen Gebieten am Ende der Blütezeit ausgegraben.

HEILWIRKUNGEN Harntreibend, Steinbildung verhindernd.

HEILANZEIGEN Diese äußerst eindrucksvolle Pflanze, die an sandigen Küsten wächst, wird bei sehr vielen Harnwegserkrankungen verwendet. Im Sinn der Kräuterkunde ist der Strandmannstreu ein harntreibendes Mittel, das eher direkt auf das Harnsystem einwirkt und nicht so sehr durch die Entfernung von Wasser aus dem Körper wirksam ist. Er wird vor allem bei *Nierensteinen* und *-grieß* verwendet, besonders bei zusätzlicher Behinderung des Urinflusses. Er lindert krampfartige Schmerzen, die mit Harnwegserkrankungen zusammenhängen, und verringert auch *Blutungen.* Er kann bei *Blasenentzündung,* bei *Harnleiterinfektion* und bei *vergrößerter* oder *entzündeter Prostata* helfen.

ZUBEREITUNG, DOSIERUNG Abkochung: 1 – 2 Teelöffel der Wurzel in eine Tasse Wasser geben, zum Kochen bringen und 10 Minuten leicht kochen. Dreimal täglich eine Tasse.
Tinktur: 1 – 2 Milliliter dreimal täglich.

Süßholz

Radix Liquiritae
Glycyrrhiza glabra
Schmetterlingsblütler

VERWENDETER TEIL Getrocknete Wurzel.

SAMMELN Die Wurzeln werden im Spätherbst ausgegraben, gründlich gereinigt und getrocknet.

INHALTSSTOFFE Die Glykoside Glyzyrrhin und Glyzirrhinsäure; Saponine; Flavonoide; Bitterstoffe; ätherisches Öl; Cumarine; Asparagin; östrogenartige Stoffe.

HEILWIRKUNGEN Schleimlösend, schleimhautschützend, entzündungshemmend, wirkt auf die Nebennieren, krampflösend, abführend.

HEILANZEIGEN Süßholz gehört zu einer Reihe von Pflanzen, die auf die endokrinen Drüsen einwirken. Die Glykoside, die Süßholz enthält, ähneln in ihrer Struktur den natürlichen Steroiden des Körpers. Im Kapitel über das Drüsensystem werden ihre Auswirkungen näher besprochen. Sie erklären die gute Wirkung, die Süßholz bei der Behandlung von Nebennierenproblemen, wie z. B. der *Addison-Krankheit* (eine Nebennierenschwäche), erzielt. Süßholz hat ein weites Wirkungsspektrum bei der Behandlung von Bronchialerkrankungen, z. B. bei *Katarrh, Bronchitis* und allen Arten von *Husten.* In der Allopathie wird es zur Behandlung von *Magengeschwüren* benutzt; auch die Heilpflanzenkunde verwendet Süßholz bei *Magenschleimhautentzündung* und *Geschwüren*. Es kann zur Linderung von *Unterleibserkrankungen* benutzt werden.

MISCHUNGEN Bei Bronchialerkrankungen wird es mit Huflattich oder Weißem Andorn verwendet. Bei Magenproblemen kann es mit Eibisch, Beinwell und Mädesüß gemischt werden.

ZUBEREITUNG, DOSIERUNG Abkochung: $\frac{1}{2}$–1 Teelöffel der Wurzel in eine Tasse Wasser geben, zum Kochen bringen und 10–15 Minuten ziehen lassen. Dreimal täglich eine Tasse.
Tinktur: 1–3 Milliliter dreimal täglich.

Sumpfruhrkraut

Herba Gnaphalii uliginosi *Gnaphalium uliginosum*
Korbblütler

VERWENDETER TEIL Getrocknete oberirdische Teile.

SAMMELN Die Pflanze wird zur Blütezeit im August gesammelt und sollte im Schatten getrocknet werden.

INHALTSSTOFFE Ätherisches Öl.

HEILWIRKUNGEN Gegen Katarrh, adstringierend, antiseptisch, hustenlindernd.

HEILANZEIGEN Sumpfruhrkraut kann bei allen *Katarrhen der oberen Atemwege* sowie bei *Kehlkopfentzündung, Mandelentzündung* oder *Mandelabszeß* (auch als Gurgelwasser) benutzt werden.

MISCHUNGEN Bei Katarrh kann es mit Goldraute gemischt werden.

ZUBEREITUNG, DOSIERUNG Aufguß: 1 – 2 Teelöffel des getrockneten Krauts mit einer Tasse kochendem Wasser übergießen und 10 Minuten ziehen lassen. Dreimal täglich eine Tasse.
Tinktur: 1 – 4 Milliliter dreimal täglich.

Sumpfziest

Stachys palustris Lippenblütler

VERWENDETER TEIL Oberirdische Teile.

SAMMELN Dieses Heilkraut wird im Juli gesammelt, sobald es zu blühen beginnt.

HEILWIRKUNGEN Wundheilend, antiseptisch, krampflösend, adstringierend.

HEILANZEIGEN Der Sumpfziest ist allgemein vor allem zur Heilung von *Wunden* bekannt. Er kann direkt auf die Wunde aufgelegt oder als Salbe oder Kompresse verwendet werden. Innerlich lindert er *Krämpfe* und verschiedene Formen von *Gelenkschmerzen*, außerdem *Durchfall* und *Ruhr*.

ZUBEREITUNG, DOSIERUNG Aufguß: 1 Teelöffel des getrockneten Krauts mit einer Tasse kochendem Wasser übergießen und 10 – 15 Minuten ziehen lassen. Dreimal täglich eine Tasse.
Äußerliche Anwendung: Bitte die Hinweise im Kapitel über die Zubereitung der Kräuter beachten.
Tinktur: 1 – 2 Milliliter dreimal täglich.

Sumpfzweizahn

Herba Bidentis tripartitae *Bidens tripartita* Korbblütler

VERWENDETER TEIL Oberirdische Teile.

SAMMELN Die ganze oberirdische Pflanze sollte während ihrer Blütezeit zwischen Juli und September gesammelt werden.

HEILWIRKUNGEN Adstringierend, schweißtreibend, harntreibend.

HEILANZEIGEN Obwohl er heute wenig eingesetzt wird, hat der Sumpfzweizahn einen guten Ruf als adstringierendes Mittel bei allen Arten von *Blutungen.* Er kann bei *Fieber* und bei *Wasseransammlungen* benutzt werden, wenn diese durch Nierenprobleme verursacht werden. Verbrennt man das getrocknete Kraut, geben die Blütenköpfe einen zederartigen Geruch ab, der Insekten vertreibt.

ZUBEREITUNG, DOSIERUNG Aufguß: 1–2 Teelöffel des getrockneten Krauts mit einer Tasse kochendem Wasser übergießen und 5–10 Minuten ziehen lassen. Dreimal täglich eine Tasse.
Tinktur: 1–2 Milliliter dreimal täglich.

Tausendgüldenkraut

Herba Centaurii *Centaurium erythraea* Enziangewächse

VERWENDETER TEIL Getrocknete oberirdische Teile.

SAMMELN Die oberirdischen Teile sollten zwischen Juli und September gesammelt und in der Sonne getrocknet werden.

INHALTSSTOFFE Die glykosidischen Bitterstoffe Gentiopikrin und Erythrocentaurin; Nikotinsäure; Spuren von ätherischem Öl; Oleanolsäure und andere Säuren; Harz.

HEILWIRKUNGEN Bitter, aromatisch, leicht nervenstärkend, magenanregend.

HEILANZEIGEN Tausendgüldenkraut ist ein wirksames Anregungsmittel für Magen und Darm. Er ist besonders bei *Appetitlosigkeit* angezeigt, die mit einer *Leberschwäche* zusammenhängt. Tausendgüldenkraut hilft bei *Verdauungsstörungen* und allen Problemen, die mit *träger Verdauung* zusammenhängen.

MISCHUNGEN Bei *Verdauungsstörungen* läßt es sich gut mit Mädesüß, Eibischwurzel und Kamille mischen. Bei *Magersucht* ist es in Verbindung mit Kamille und Großer Klette zu nehmen.

ZUBEREITUNG, DOSIERUNG Aufguß: 1 Teelöffel des getrockneten Krauts mit einer Tasse kochendem Wasser übergießen und 5–10 Minuten ziehen lassen. Eine Tasse eine halbe Stunde vor den Mahlzeiten.
Tinktur: 1–2 Milliliter dreimal täglich.

Teufelskralle

Radix Harpagophyti procumbens
Harpagophytum procumbens Pedaliaceae

VERWENDETER TEIL Wurzelstock.

SAMMELN Diese Pflanze stammt aus Namibia. Die Wurzeln werden am Ende der Regenzeit gesammelt.

INHALTSSTOFFE Harpagosid, Harpagid, Procumbid.

HEILWIRKUNGEN Entzündungshemmend, schmerzlindernd.

HEILANZEIGEN Diese wertvolle Pflanze hat sich bei der Behandlung von *Arthritis* in vielen Fällen als wirkungsvoll erwiesen. Ihre Wirkung beruht wahrscheinlich darauf, daß sie das Glykosid Harpagosid enthält, welches Gelenkentzündungen lindert. Man sollte ihre Anwendung bei *Arthritis* stets in Betracht ziehen, wenn sie von Entzündungen und Schmerzen begleitet wird. Diese Pflanze hilft auch bei *Leber-* und *Gallenbeschwerden.*

MISCHUNGEN Zur Behandlung von Arthritis kann sie mit Selleriesamen, Bitterklee oder Mädesüß gemischt werden.

ZUBEREITUNG, DOSIERUNG Abkochung: ½ – 1 Teelöffel des Wurzelstocks in eine Tasse Wasser geben und 10 – 15 Minuten leicht kochen. Dreimal täglich eine Tasse. Die Behandlung sollte sich mindestens über einen Monat erstrecken.
Tinktur: 1 – 2 Milliliter dreimal täglich.

Thymian

Herba Thymi vulgaris
Thymus vulgaris
Lippenblütler

VERWENDETER TEIL Blätter und Blütenköpfe.

SAMMELN Die blühenden Stengel sollten an einem trockenen und sonnigen Tag zwischen Juni und August gesammelt werden. Die Blätter werden von den getrockneten Zweigen abgestreift.

INHALTSSTOFFE Mehr als 1 Prozent ätherisches Öl, darunter Thymol, Karvakrol, Cymol, Linalol und Borneol; Bitterstoffe; Gerbstoff; Flavonoide; Triterpenoide.

HEILWIRKUNGEN Blähungstreibend, keimhemmend, krampflösend, adstringierend, schleimlösend, wurmtreibend.

HEILANZEIGEN Durch seinen hohen Gehalt an ätherischem Öl ist Thymian ein gutes blähungstreibendes Mittel bei *Verdauungsstörungen* und *träger Verdauung.* Das Öl wirkt außerdem stark antiseptisch. Er kann äußerlich als Lotion bei *infizierten* Wunden, innerlich bei *Infektionen der Atemwege* und des *Verdauungssystems* verwendet werden. Als Gurgelmittel hilft er bei *Kehlkopf-* und *Mandelentzündung,* bei *Halsschmerzen* und *Reizhusten.* Er ist ein ausgezeichnetes Hustenmittel, wirkt schleimlösend und verringert Krämpfe. Er kann bei *Bronchitis, Keuchhusten* und *Asthma* verwendet werden. Als mildes adstringierendes Mittel wird er bei *Durchfall bei Kindern* und bei *Bettnässen* angewendet.

MISCHUNGEN Bei asthmatischen Problemen läßt er sich gut mit Lobelie und Meerträubchen mischen. Bei Keuchhusten sollte er mit Wildkirschenrinde und Sonnentau gemischt werden.

ZUBEREITUNG, DOSIERUNG Aufguß: 2 Teelöffel des getrockneten Krauts mit einer Tasse kochendem Wasser übergießen, 10 Minuten ziehen lassen. Dreimal täglich 1 Tasse.
Tinktur: 2–4 Milliliter dreimal täglich.

Tolubalsam

Balsamum tolutanum *Myroxylon toluifera*
Schmetterlingsblütler

VERWENDETER TEIL Tolubalsam wird von einem großen Baum gewonnen, der nach Behandlung mit Feuer eingeritzt wird. Er stammt aus Kolumbien und Venezuela.

INHALTSSTOFFE 80 Prozent Harz, das reich an Zimt- und Benzoesäure ist, außerdem etwas Vanillin.

HEILWIRKUNGEN Antiseptisch, schleimlösend.

HEILANZEIGEN Tolubalsam wirkt vor allem auf die Schleimhäute der Atmungsorgane. Er wird oft als schleimlösendes Mittel in Hustensirups oder -tinkturen verwendet.

ZUBEREITUNG, DOSIERUNG Dieses Mittel kann zur Inhalation benutzt werden, indem ein Teelöffel des Balsams in einem Dampfbad verwendet wird. Innerlich können $1/2$ – 1 Gramm täglich eingenommen werden.

Ulmenrinde, Amerikanische

Cortex Ulmi pubescens *Ulmus fulva* Ulmengewächse

VERWENDETER TEIL Innere Rinde.

SAMMELN Die Rinde wird im Frühling vom Stamm und dicken Ästen geschält. Bei gewerblichem Abbau führt dies zum Tod des Baumes, da ein großer Teil der Rinde geschält wird. Die Verwendung von zehn Jahre alter Rinde wird empfohlen.

INHALTSSTOFFE Pflanzenschleim, Gerbstoff.

HEILWIRKUNGEN Schleimhautschützend, erweichend, adstringierend.

HEILANZEIGEN Die Amerikanische Ulmenrinde ist ein linderndes, nährstoffreiches und schleimhautschützendes Mittel, das ausgezeichnet für empfindliche oder entzündete Schleimhäute im Verdauungssystem geeignet ist. Sie kann bei *Magenschleimhautentzündung, Magen-* und *Zwölffingerdarmgeschwür, Dünndarm-* und *Dickdarmentzündung* verwendet werden. Sie wird oft während der Rekonvaleszenz als Nahrungsmittel verwendet, da sie leicht aufgenommen wird. Bei *Durchfall* lindert und adstringiert sie gleichzeitig. Äußerlich findet sie Anwendung als Packung bei *Furunkeln, Abszessen* und *Geschwüren.*

MISCHUNGEN Bei Verdauungsbeschwerden kann sie mit Eibisch gemischt werden.

ZUBEREITUNG, DOSIERUNG Abkochung: 1 Teil der pulverisierten Rinde mit acht Teilen Wasser mischen. Um Klumpenbildung zu vermeiden, das Pulver zuerst mit wenig Wasser anrühren. 10 – 15 Minuten leicht kochen. Eine halbe Tasse dreimal täglich.

Packung: Die pulverisierte Rinde mit genügend kochendem Wasser mischen, damit eine dicke Paste entsteht.

Veilchen

Herba und flores Violae odoratae *Viola odorata*
Veilchengewächse

VERWENDETER TEIL Blüten und Blätter.

SAMMELN Blüten und Blätter werden im März oder April gesammelt und behutsam getrocknet.

INHALTSSTOFFE Saponine, Salizylsäuremethylester, Alkaloide, Flavonoide, ätherisches Öl.

HEILWIRKUNGEN Schleimlösend, blutreinigend, entzündungshemmend, harntreibend, tumorhemmend.

HEILANZEIGEN Das Veilchen wird seit langem als Hustenmittel verwendet und besonders bei der Behandlung von *Bronchitis* eingesetzt. Es kann auch bei der Behandlung von *Katarrhen der oberen Atemwege* sowie bei *Ausschlag* und langfristiger Behandlung von *Rheuma* und bei *Harnwegsinfektionen* verwendet werden. Dem Veilchen wird nachgesagt, daß es gegen *Krebs* wirkt; es kann auf jeden Fall eine Rolle bei der ganzheitlichen Behandlung von *Krebs* spielen.

ZUBEREITUNG, DOSIERUNG Aufguß: 1 Teelöffel des Krauts mit einer Tasse kochendem Wasser übergießen und 10–15 Minuten ziehen lassen. Dreimal täglich eine Tasse.
Tinktur: 1–2 Milliliter dreimal täglich.

Vogelmiere

Herba Stellariae mediae *Stellaria media* Nelkengewächse

VERWENDETER TEIL Getrocknete oberirdische Teile.

SAMMELN Dieses Unkraut, das auf Wiesen und im Garten häufig zu finden ist, kann das ganze Jahr über (sogar im Winter) gesammelt werden.

INHALTSSTOFFE Saponine.

HEILWIRKUNGEN Antirheumatisch, wundheilend, erweichend.

HEILANZEIGEN Die Vogelmiere wird äußerlich bei *Schnitten* und *Wunden*, vor allem bei *Juckreiz* und *Reizungen* benutzt. Sehr gut wirkt sie, wenn *Ekzeme* oder *Schuppenflechte* das Jucken verursachen. Innerlich wird Vogelmiere bei *Rheuma* angewandt.

MISCHUNGEN Vogelmiere und Eibisch lassen sich zu einer ausgezeichneten Salbe mischen.

ZUBEREITUNG, DOSIERUNG Aufguß: 2 Teelöffel des getrockneten Krauts mit einer Tasse kochendem Wasser übergießen und 5 Minuten ziehen lassen. Dreimal täglich eine Tasse. Zur äußerlichen Anwendung kann die Vogelmiere zu einer Salbe verarbeitet oder als Packung verwendet werden. Um *Juckreiz* zu lindern, wird ein starker Aufguß der frischen Pflanze dem Badewasser beigegeben.

Wacholderbeeren

Fructus Juniperi
Juniperus communis
Zypressengewächse

VERWENDETER TEIL Die getrockneten reifen Beeren.

SAMMELN Die reifen, noch nicht geschrumpften Beeren sollten im Herbst gesammelt und langsam im Schatten getrocknet werden, damit sie kein ätherisches Öl verlieren.

INHALTSSTOFFE Reich an ätherischen Ölen, die Monoterpene und Sesquiterpene enthalten; Invertzucker; Flavonglykoside; Harz; Gerbstoff; organische Säuren.

HEILWIRKUNGEN Harntreibend, antiseptisch, blähungstreibend, antirheumatisch.

HEILANZEIGEN Die Wacholderbeeren sind etwa bei *Blasenentzündungen* ein ausgezeichnetes antiseptisches Mittel. Ihr bitterer Geschmack fördert die Verdauung und lindert *Blähungskrämpfe*. Sie werden bei *Rheuma* und *Arthritis* benutzt. Äußerlich angewendet lindern sie *Gelenk-* und *Muskelschmerzen*.

VORSICHT Aufgrund ihrer Wirkung auf die Nieren sollten Wacholderbeeren bei allen Nierenerkrankungen und bei Schwangerschaft gemieden werden!

ZUBEREITUNG, DOSIERUNG Aufguß: 1 Teelöffel der leicht zerdrückten Beeren mit einer Tasse kochendem Wasser übergießen und 20 Minuten ziehen lassen. Morgens und abends je eine Tasse. Zur Behandlung von *chronischem Rheuma* sollte diese Behandlung über 4–6 Wochen, jeweils im Frühling und Herbst, durchgeführt werden.

Wachsmyrte

Myrica cerifera Myrtengewächse

VERWENDETER TEIL Rinde der Wurzel.

SAMMELN Die Wurzeln sollten im Frühling oder Herbst ausgegraben werden. Die Rinde wird abgeschält und getrocknet.

INHALTSSTOFFE Gerbsäure, Harz, ätherisches Öl.

HEILWIRKUNGEN Adstringierend, kreislaufanregend, schweißtreibend.

HEILANZEIGEN Als kreislaufanregendes Mittel kann die Wachsmyrte bei vielen Krankheiten eine Rolle spielen, wenn sie ganzheitlich angegangen werden sollen. Sie ist ein wertvolles Adstringens bei *Durchfall* und *Ruhr* und bei *entzündeter Dickdarmschleimhaut* angezeigt. Als Gurgelmittel hilft sie bei *Halsentzündungen* und als Scheidenspülung bei *Weißfluß*. Sie kann bei der Behandlung von *Erkältungen* verwendet werden.

MISCHUNGEN Als Adstringens für das Verdauungssystem kann sie zusammen mit Beinwellwurzel und Odermennig verwendet werden.

ZUBEREITUNG, DOSIERUNG Abkochung: 1 Teelöffel der Rinde in eine Tasse kaltes Wasser geben und zum Kochen bringen. Vom Feuer nehmen und 10 – 15 Minuten ziehen lassen. Dreimal täglich eine Tasse.
Tinktur: 1 – 3 Milliliter dreimal täglich.

Waldlilie, Amerikanische

Rhizoma Trillii erecti *Trillium erectum* Liliengewächse

VERWENDETER TEIL Getrockneter Wurzelstock oder Wurzel.

SAMMELN Wurzel und Wurzelstock sollten im Spätsommer bzw. zum Herbstanfang ausgegraben werden.

INHALTSSTOFFE Steroid-Saponine, Steroid-Glykoside, Gerbstoffe, Öle.

HEILWIRKUNGEN Gebärmutterstärkend, adstringierend, schleimlösend.

HEILANZEIGEN Die Amerikanische Waldlilie enthält eine natürliche Vorstufe weiblicher Sexualhormone, die vom Körper bei Bedarf verwendet werden. Während dieses Mittel sich ausgezeichnet zur Stärkung der Gebärmutter eignet, kann es aufgrund seiner adstringierenden Wirkung bei *Blutungen* und *Blutsturz* verwendet werden. Es kann immer dann eingesetzt werden, wenn es während der Periode zu einem *erhöhten Blutverlust* kommt oder wenn *zwischen den Perioden Blut verloren wird.* Es wird als spezifisches Mittel bei starkem Blutverlust angesehen, wenn er mit dem Übergang in die Wechseljahre zusammenhängt. Bei *Weißfluß* kann es als Scheidenspülung eingesetzt und bei der Behandlung von *Hautgeschwüren* als Packung oder Salbe verwendet werden. Als Adstringens kann es überall im Körper bei *Blutungen* eingesetzt werden, solange auch die Ursache des Blutverlusts behandelt wird.

MISCHUNGEN Bei *übermäßiger Regelblutung* kann sie mit dem Gefleckten Storchschnabel oder Immergrün gemischt werden.

ZUBEREITUNG, DOSIERUNG Abkochung: auf 1 – 2 Teelöffel der getrockneten Pflanze eine Tasse Wasser gießen und 10 Minuten leicht kochen lassen. Dreimal täglich eine Tasse.
Tinktur: 1 – 4 Milliliter dreimal täglich.

Wasserhanf, Amerikanischer

Herba Eupatorii perfoliati *Eupatorium perfoliatum*
Korbblütler

VERWENDETER TEIL Getrocknete oberirdische Teile.

SAMMELN Der Amerikanische Wasserhanf sollte gesammelt werden, sobald sich im August oder September die Blüten öffnen.

INHALTSSTOFFE Euparin, ein glykosidischer Bitterstoff; ätherische Öle; Gallensäure; eine glykosidische Gerbsäure.

HEILWIRKUNGEN Schweißtreibend, abführend, stärkend, krampflösend, entspannt Schleimhäute.

HEILANZEIGEN Der Amerikanische Wasserhanf ist wahrscheinlich die beste Heilpflanze, um jene Symptome zu bekämpfen, die zusammen mit *Grippe* auftreten. Er lindert sehr schnell die Schmerzen und unterstützt außerdem den Körper bei *Fieber*. Der Amerikanische Wasserhanf kann außerdem verwendet werden, um die oberen Atemwege von gestauten Verschleimungen zu befreien. Seine leicht abführende Wirkung hilft dem Körper bei der Beseitigung von Abfallstoffen und lindert *Verstopfungen.* Dieses Heilmittel kann ohne Bedenken bei jeder Art von *Fieber* und auch als allgemeines Mittel zur inneren Reinigung verwendet werden. Bei *Muskelrheuma* kann er oft die Symptome lindern.

MISCHUNGEN Bei der Behandlung von Grippe kann er mit Holunderblüten, Schafgarbe, Paprika oder Ingwer gemischt werden.

ZUBEREITUNG, DOSIERUNG Aufguß: 1 – 2 Teelöffel des getrockneten Krauts mit einer Tasse kochendem Wasser übergießen und 10 – 15 Minuten ziehen lassen. Dieser Tee sollte so heiß wie möglich getrunken werden. Bei Fieber oder Grippe sollte er alle halbe Stunde getrunken werden.
Tinktur: 2 – 4 Milliliter dreimal täglich.

Wasserhanf, Roter

Radix und Rhizoma Eupatorii purpurei
Eupatorium purpureum Korbblütler

VERWENDETER TEIL Wurzelstock und Wurzel.

SAMMELN Wurzel und Wurzelstock sollten im Herbst ausgegraben werden, nachdem die Pflanze verblüht ist. Gründlich waschen, in Scheiben schneiden und trocknen.

INHALTSSTOFFE Enthält bis zu 0,07 Prozent ätherisches Öl, das gelbe Flavonoid Euparin; Harz.

HEILWIRKUNGEN Harntreibend, Steinbildung verhindernd, antirheumatisch.

HEILANZEIGEN Der Rote Wasserhanf wird vor allem bei *Nierensteinen* oder *-grieß* benutzt. Er kann bei Infektionen der Harnwege, wie z. B. *Blasenentzündung* und *Harnröhrenentzündung*, helfen. Auch bei einer ganzheitlichen Behandlung von *Rheuma* und *Gicht* kann er eine wichtige Rolle spielen.

MISCHUNGEN Bei *Nierensteinen* oder *-grieß* läßt er sich gut mit Ackerfrauenmantel oder der Baumartigen Hortensie mischen.

ZUBEREITUNG, DOSIERUNG Abkochung: 1 Teelöffel der Wurzel in eine Tasse Wasser geben und 10 Minuten leicht kochen. Dreimal täglich eine Tasse.
Tinktur: 1 – 2 Milliliter dreimal täglich.

Weißdornbeeren

Fructus Crataegi *Crataegus oxyanthoides* Rosengewächse

VERWENDETER TEIL Die reifen Früchte.

SAMMELN Die Beeren werden im September und Oktober gesammelt.

INHALTSSTOFFE Saponine; Glykoside; Flavonoide; Säuren, einschließlich Ascorbinsäure; Gerbstoff.

HEILWIRKUNGEN Herzstärkend, blutdrucksenkend.

HEILANZEIGEN Die Weißdornbeeren sind eines der besten Stärkungsmittel für Herz und Kreislauf. Sie normalisieren die Herztätigkeit, indem sie je nach Bedarf entweder anregend oder beruhigend wirken. Für eine Langzeitbehandlung können sie gefahrlos bei *unzureichender Herztätigkeit* und *Herzschwäche* benutzt werden. Entsprechend können sie bei *Herzklopfen* sowie bei der Behandlung von *Bluthochdruck, Arteriosklerose* und *Angina pectoris* verwendet werden. Allerdings sollte auf qualifizierte Anleitung nicht verzichtet werden!

MISCHUNGEN Bei *Bluthochdruck* und für das Kreislaufsystem können sie mit Lindenblüten, Mistel und Schafgarbe gemischt werden.

ZUBEREITUNG, DOSIERUNG Aufguß: 2 Teelöffel Beeren mit einer Tasse kochendem Wasser übergießen und 20 Minuten ziehen lassen. Dreimal täglich über einen längeren Zeitraum trinken.
Tinktur: 2 – 4 Milliliter dreimal täglich.

Wermut

Herba Absinthii
Artemisia absinthum
Korbblütler

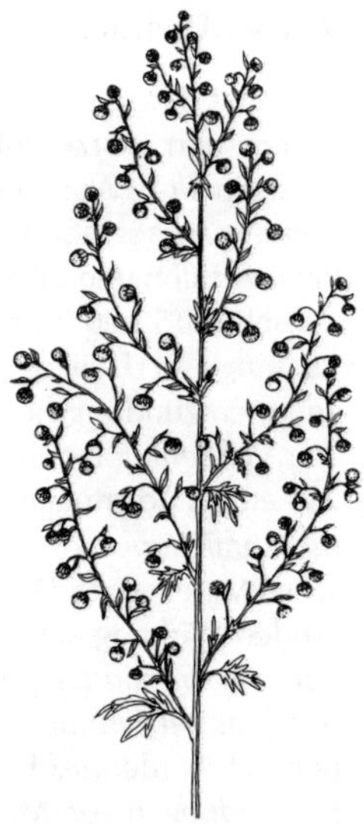

VERWENDETER TEIL Die Blätter oder Blütenstände.

SAMMELN Die Blätter und Blütenstände werden am Ende der Blütezeit zwischen Juli und September gesammelt.

INHALTSSTOFFE Viel ätherisches Öl, darunter Absinthin, Thujol und Isovaleriansäure; Bitterstoffsesquiterpene; Flavonoidglykoside.

HEILWIRKUNGEN Bitteres Stärkungsmittel, blähungstreibend, wurmtreibend, entzündungshemmend.

HEILANZEIGEN Traditionell wird Wermut bei vielen Krankheitserscheinungen verwendet, vor allem als verdauungsförderndes Bittermittel. Er kann bei *Verdauungsstörungen* verwendet werden, vor allem, wenn die Qualität oder die Quantität der Verdauungssäfte unzulänglich ist. Wermut ist ein wirksames Mittel zur Behandlung von Wurmbefall, besonders bei *Spul- und Madenwürmern.* Er kann auch zur Unterstützung des Körpers bei *Fieber* und *Infektionen* eingesetzt werden. Er hilft bei den unterschiedlichsten Erkrankungen, da er den Körper umfassend stärkt.

ZUBEREITUNG, DOSIERUNG Aufguß: 1 – 2 Teelöffel des getrockneten Krauts mit einer Tasse kochendem Wasser übergießen und 10 – 15 Minuten ziehen lassen. Dreimal täglich eine Tasse.
Tinktur: 1 – 4 Milliliter dreimal täglich.

Wiesenknöterich

Rhizoma Bistortae *Polygonum bistorta* Knöterichgewächse

VERWENDETER TEIL Wurzel und Wurzelstock.

SAMMELN Wurzeln und Wurzelstöcke werden im Herbst auf feuchten Weiden ausgegraben. Die großen Wurzeln sollten der Länge nach zerschnitten und in der Sonne getrocknet werden.

INHALTSSTOFFE Zwischen 15–20 Prozent Gerbstoffe.

HEILWIRKUNGEN Adstringierend, gegen Katarrh wirkend, schleimhautschützend, entzündungshemmend.

HEILANZEIGEN Der Wiesenknöterich ist ein starkes und gleichzeitig lindernd wirkendes Adstringens und findet besonders bei *Durchfall* und *ruhrähnlichen Erkrankungen* Verwendung. Er gilt als spezifisches Mittel gegen *Durchfall bei Kindern.* Mit seiner adstringierenden Wirkung kann er jedes Verdauungsmittel unterstützen und bei *Entzündungen der Dickdarmschleimhaut* verwendet werden. Bei *Schnupfen* kann er zusätzlich zu anderen Mitteln benutzt werden. Äußerlich kann er gut zur Mundspülung bei *Entzündungen von Mundhöhle* oder *Zunge,* zum Gurgeln bei *Kehlkopf-* oder *Rachenentzündungen* und als Scheidenspülung bei *Weißfluß* eingesetzt werden. Als Salbe findet er bei *Hämorrhoiden* und *rissiger Anushaut* Verwendung.

ZUBEREITUNG, DOSIERUNG Abkochung: einen Teelöffel der getrockneten Pflanze mit einer Tasse Wasser 10–15 Minuten leicht kochen lassen. Dreimal täglich eine Tasse. Zur äußerlichen Anwendung kann dieser Tee auch als Gurgelwasser und Mundspülung genommen werden.

Tinktur: 2–4 Milliliter dreimal täglich.

Wildkirschenrinde

Cortex Pruni virginianae *Prunus serotina* Rosengewächse

VERWENDETER TEIL Getrocknete Rinde.

SAMMELN Die Rinde wird im Herbst von jungen Pflanzen gesammelt, da sie dann am wirkstoffreichsten ist. Die äußere Rinde wird abgeschält und die innere Rinde sorgsam im Schatten getrocknet. Sie muß in einem luftdichten Gefäß gelagert und vor Lichteinfluß geschützt werden.

INHALTSSTOFFE Cyanogene Glykoside, darunter Prunasin; ätherisches Öl; Cumarine; Gallotannine; Harz.

HEILWIRKUNGEN Hustenstillend, schleimlösend, adstringierend, beruhigend, verdauungsfördernd.

HEILANZEIGEN Aufgrund ihrer beruhigenden Wirkung auf den Hustenreflex wird die Wildkirschenrinde vor allem zur Behandlung von *Reizhusten* verwendet und spielt eine Rolle bei der Behandlung von *Bronchitis* und *Keuchhusten*. Zusammen mit anderen Heilkräutern kann sie bei *Asthma* angewendet werden. Man sollte jedoch darauf achten, daß die Hemmung eines Hustenreflexes nicht mit der Heilung einer Infektion im Brustbereich gleichzusetzen ist, die ebenfalls behandelt werden muß. Die Wildkirschenrinde kann auch als Bittermittel bei *träger Verdauung* verwendet werden. Ein kalter Auszug aus der Rinde kann als Spülung bei *Augenentzündungen* helfen.

ZUBEREITUNG, DOSIERUNG Aufguß: 1 Teelöffel der getrockneten Rinde mit einer Tasse kochendem Wasser übergießen und 10–15 Minuten ziehen lassen. Dreimal täglich eine Tasse.
Tinktur: 1–2 Milliliter dreimal täglich.

Wintergrün, Amerikanisches

Folia Gaultheriae procumbensis *Gaultheria procumbens*
Heidekrautgewächse

VERWENDETER TEIL Blätter.

SAMMELN Die Blätter können das ganze Jahr über gesammelt werden, vorzugsweise aber im Sommer. Im Schatten trocknen.

INHALTSSTOFFE Ätherisches Öl.

HEILWIRKUNGEN Schmerzlindernd, adstringierend, anregend, harntreibend, menstruationsfördernd, milchtreibend.

HEILANZEIGEN Amerikanisches Wintergrün wird vor allem wegen seines Öls verwendet, das von Natur aus reich an Salizylsäuremethylester ist. Dies ist die Grundsubstanz der Aspiringruppe und erklärt zum großen Teil die Wirkung des Amerikanischen Wintergrüns bei der Linderung bei *akuten Rheuma*schmerzen. Meist wird es äußerlich als Einreibemittel zur Behandlung chronischer Muskel- oder Skelettbeschwerden, wie z. B. *Hexenschuß* und *Ischias* verwendet. Innerlich wird diese Pflanze aufgrund ihrer harntreibenden und menstruationsfördernden Wirkung verwendet.

ZUBEREITUNG, DOSIERUNG Aufguß: 1 Teelöffel der Blätter mit einer Tasse kochendem Wasser übergießen und 10–15 Minuten ziehen lassen. Dreimal täglich eine Tasse.
Einreibemittel und Auflage: siehe Kapitel über die Zubereitung der Kräuter.

Wolfstrapp

Herba Lycopi *Lycopus europaeus* Lippenblütler

VERWENDETER TEIL Oberirdische Teile.

SAMMELN Wolfstrapp sollte kurz vor dem Öffnen der Knospen gesammelt werden.

INHALTSSTOFFE Flavonglykoside, ätherisches Öl, Gerbstoffe.

HEILWIRKUNGEN Herzstärkendes harntreibendes Mittel, verengt die peripheren Blutgefäße, adstringierend, beruhigend, wirkt antagonistisch gegenüber Thyroxin, hustenstillend.

HEILANZEIGEN Wolfstrapp ist ein spezifisches Mittel bei *Überfunktion der Schilddrüsen,* besonders wenn sie von Atemschwierigkeiten, Herzklopfen und Zittern begleitet wird. Er kann ohne Bedenken bei *Herzklopfen* eingesetzt werden, das seine Ursache in nervösen Störungen hat. Wolfstrapp unterstützt das *schwache Herz,* besonders bei *Wasseransammlungen* im Körper. Als beruhigendes Hustenmittel lindert er *Reizhusten.*

MISCHUNGEN Wolfstrapp kann zusammen mit den Nervenmitteln Helmkraut oder Baldrian benutzt werden.

ZUBEREITUNG, DOSIERUNG Aufguß: 1 Teelöffel des getrockneten Krauts mit einer Tasse kochendem Wasser übergießen und 10–15 Minuten ziehen lassen. Dreimal täglich eine Tasse.
Tinktur: 1–2 Milliliter dreimal täglich.

Wurmkraut

Flores Cinae *Artemisia cina* Korbblütler

VERWENDETER TEIL Samen.

SAMMELN Die Samen werden im Herbst in Asien gesammelt.

INHALTSSTOFFE Santonin, ätherisches Öl, Artemisin.

HEILWIRKUNGEN Wurmtreibend.

HEILANZEIGEN Das Wurmkraut ist eines der ältesten uns bekannten Wurmmittel. Es erweist sich am wirksamsten gegen *Spulwürmer* und wirkt etwas schwächer gegen *Fadenwürmer,* jedoch nicht gegen Bandwürmer. Dieses Heilkraut sollte aufgrund seiner starken und schon in geringsten Mengen giftigen Wirkung nur unter medizinischer Anleitung verwendet werden!

Wurmfarn

Herba Filicis maris
Dryopteris filix-mas
Schildfarngewächse

VERWENDETER TEIL	Der von den Wurzeln befreite Wurzelstock.
SAMMELN	Der Wurzelstock wird im Herbst ausgegraben.
INHALTSSTOFFE	Filicin, Filixsäure, Gerbstoff, Phloroglucinderivate, wenig ätherisches Öl.
HEILWIRKUNGEN	Wurmmittel.
HEILANZEIGEN	Der Wurmfarn ist eines der wirksamsten Mittel zur Abtötung von *Bandwürmern.* Da er aber bei zu hoher Dosierung potentiell giftig ist, sollte er nur unter ärztlicher Aufsicht verwendet werden!

Yamswurzel

Rhizoma
Dioscoreae villosae
Dioscorea villosa
Dioscoreaceae

VERWENDETER TEIL Getrocknete unterirdische Teile.

SAMMELN Diese tropische Pflanze wird im Herbst ausgegraben; sie stammt hauptsächlich aus Westafrika.

INHALTSSTOFFE Steroidsaponine, darunter Dioscin, Phytosterine, Alkaloide, Gerbstoff, viel Stärke.

HEILWIRKUNGEN Krampflösend, entzündungshemmend, antirheumatisch, gallenflußfördernd.

HEILANZEIGEN Dieses wertvolle Heilkraut war eine Zeitlang die einzige Quelle der chemischen Substanzen, die als Rohstoff für die Herstellung empfängnisverhütender Hormone dienten. In der Heilpflanzenkunde ist die Yamswurzel ein wichtiges Heilkraut, das zur Linderung von *Darmkoliken,* zur Beruhigung von *Divertikelentzündung,* bei *schmerzhafter Menstruation* und bei *Eierstock-* und *Gebärmutterschmerzen* verwendet werden kann. Sie ist sehr gut zur Behandlung von *rheumatischer Arthritis* geeignet, besonders in akuten Phasen, die mit starken Entzündungen einhergehen.

MISCHUNGEN Zur Linderung von *Darmkoliken* kann sie mit Kalmus, Kamille und Ingwer gemischt werden. Bei *rheumatischer Arthritis* kann sie mit Schwarzer Schlangenwurzel genommen werden.

ZUBEREITUNG, DOSIERUNG Abkochung: 1–2 Teelöffel des Krauts in eine Tasse Wasser geben und 10–15 Minuten leicht kochen. Dreimal täglich eine Tasse.

Tinktur: 2–4 Milliliter dreimal täglich.

Ysop

Herba Hyssopi *Hyssopus officinalis* Lippenblütler

VERWENDETER TEIL Getrocknete oberirdische Teile.

SAMMELN Die blühenden Spitzen sollten im August gesammelt und in der Sonne getrocknet werden.

INHALTSSTOFFE Bis zu 1 Prozent ätherisches Öl, Flavonoidglykoside, Diasmin, Gerbstoff.

HEILWIRKUNGEN Krampflösend, schleimlösend, schweißtreibend, beruhigend, blähungstreibend.

HEILANZEIGEN Ysop hat ein breites und interessantes Wirkungsspektrum, das vor allem auf der krampflösenden Wirkung seines ätherischen Öls beruht. Er wird bei *Husten, Bronchitis* und *chronischem Katarrh* benutzt. Seine schweißtreibenden Eigenschaften erklären seine Anwendung bei *Schnupfen.* Als Nervenmittel kann er bei Angstzuständen, *Hysterie* und *Petit mal* (einer Form von *Epilepsie*) genommen werden.

MISCHUNGEN Bei der Behandlung von *Husten* und *Bronchitis* kann er mit Weißem Andorn oder Huflattich gemischt werden. Bei *Erkältungen* und *Schnupfen* kann er mit Amerikanischem Wasserdost, Holunderblüten oder Pfefferminze genommen werden.

ZUBEREITUNG, DOSIERUNG Aufguß: 1 – 2 Teelöffel des getrockneten Krauts mit einer Tasse kochendem Wasser übergießen und 10 – 15 Minuten ziehen lassen. Dreimal täglich eine Tasse.
Tinktur: 1 – 4 Milliliter dreimal täglich.

Zimt

Cortex Cinnamoni ceylanici *Cinnamonum zeylanicum* Lorbeergewächse

VERWENDETER TEIL Getrocknete innere Rinde des Sprosses.

SAMMELN Die Rinden werden überall in den Tropen gewerblich gesammelt.

INHALTSSTOFFE Ätherische Öle.

HEILWIRKUNGEN Blähungstreibend, adstringierend, aromatisch, anregend.

HEILANZEIGEN Zimt wird normalerweise als blähungstreibendes Mittel mit anderen Kräutern gemischt. Er beseitigt *Übelkeit* und Brechreiz. Aufgrund seiner milden adstringierenden Wirkung wird er gegen *Durchfall* benutzt.

ZUBEREITUNG, DOSIERUNG Die Rinde, die normalerweise als Pulver erhältlich ist, kann ohne Bedenken in Mischungen oder allein zur Geschmacksverbesserung von Tees genommen werden.

Zitterpappel

Cortex Populi *Populus tremuloides* Weidengewächse

VERWENDETER TEIL Die Rinde.

SAMMELN Die Rinde sollte im Frühling gesammelt werden, wobei darauf zu achten ist, daß sie nicht rund um den Stamm abgeschält wird, da hierdurch der Baum getötet würde.

INHALTSSTOFFE Glykoside, Flavonoide, ätherisches Öl, Gerbstoff.

HEILWIRKUNGEN Entzündungshemmend, adstringierend, antiseptisch, schmerzlindernd, gallenflußfördernd.

HEILANZEIGEN Die Zitterpappel ist ausgezeichnet zur Behandlung von *Arthritis* und *Rheuma* geeignet, wenn sie von starken Schmerzen und Schwellungen begleitet werden. Sie wird ähnlich wie die Schwarzweide eingesetzt und wirkt am besten in Verbindung mit anderen Kräutern und Behandlungsmethoden. Sie kann besonders gut bei akuten Attacken *rheumatischer Arthritis* helfen. Als gallenflußförderndes Mittel kann sie verwendet werden, um die Verdauung, besonders die Funktion von Magen und Leber, anzuregen, vor allem bei Appetitmangel. Bei *fieberhaften Erkältungen* und bei *Blasenentzündungen* kann sie in Betracht gezogen werden. Als adstringierendes Mittel kann sie bei *Durchfall* verwendet werden.

MISCHUNGEN Zur Behandlung von *rheumatischer Arthritis* kann sie mit Schwarzer Schlangenwurzel, Bitterklee und Sellerie gemischt werden. Als verdauungsförderndes Mittel kann sie mit Kahlem Schildblumenkraut oder Kanadischer Gelbwurzel verwendet werden.

ZUBEREITUNG, DOSIERUNG Abkochung: 1–2 Teelöffel der getrockneten Rinde in eine Tasse Wasser geben und 10–15 Minuten leicht kochen. Dreimal täglich eine Tasse. Wenn der Appetit angeregt werden soll, 30 Minuten vor den Mahlzeiten trinken.

Tinktur: 2–4 Milliliter dreimal täglich.

Vierter Teil

Heilpflanzen bei Krankheitserscheinungen

KRANKHEITEN-REGISTER

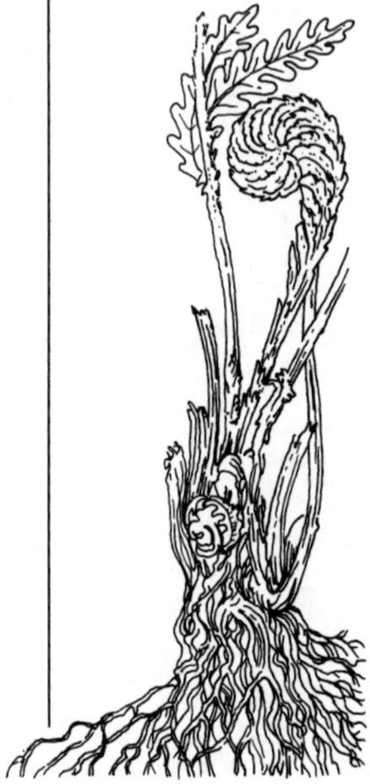

Das Krankheitenregister führt Heilpflanzen auf, die als spezifische Mittel bei spezifischen Krankheitserscheinungen in Erwägung gezogen werden können. Pflanzen, die als spezifische Mittel gelten, sind *kursiv* hervorgehoben.

APPETITMANGEL *Beifuß,* Benediktinendistel, Bitterholz, Colombowurzel, *Condurango,* Eberraute, *Enzian,* Galgantwurzel, Kanadische Gelbwurzel, *Kalmus,* Kamille, Kardamom, Kümmel, Rainfarn, Kahles Schildblumenkraut, *Tausendgüldenkraut, Wermut,* Zitterpappel.

ARTERIENVERKALKUNG (ARTERIOSKLEROSE) *Linde,* Mistel, Weißdorn.

ASTHMA *Alant,* Kanadische Blutwurzel, *Grindeliakraut,* Huflattich, Kleine Königskerze, Küchenschelle, *Lobelie,* Löwenblattwurzel, *Meerträubchen,* Pestwurz, *Pillenwolfsmilch,* Schwarze Schlangenwurzel, Amerikanischer Schneeballbaum, Senega, *Sonnentau,* Tolubalsam, *Wildkirsche.*

AUSSCHLAG (EKZEM) Ackerstiefmütterchen, *Krauser Ampfer,* Beinwell, Bittersüßstengel, *Braunwurz, Brennessel, Kanadische Gelbwurzel,* Graupappel, *Große Klette, Klettenlabkraut,* Mahonienrinde, *Rotklee,* Sarsaparilla, *Buntfarbige Schwertlilie,* Veilchenwurzel, *Vogelmiere.*

BINDEGEWEBSENTZÜNDUNG (FIBROSITIS) *Ingwer,* Johanniskraut, *Jakobskreuzkraut, Kiefer,* Meerrettich, *Paprika,* Rosmarin, *Amerikanisches Wintergrün.*

BINDEHAUTENTZÜNDUNG (KONJUNKTIVITIS) *Augentrost,* Fenchel, *Kanadische Gelbwurzel, Kamille, Ringelblume.*

BLÄHUNGEN Anis, Baldrian, Beifuß, Benediktinendistel, Colombowurzel, *Condurango,* Eberraute, *Engelwurz, Enzian,* Frauenminze, *Fenchel,* Galgantwurzel, *Ingwer, Kalmus,* Kamille, *Kardamom,* Echte Katzenminze, *Koriander, Kümmel,* Majoran, Melisse, Meerrettich, Nelken, Nelkenpfeffer, *Paprika,* Petersilie, Pfefferminze, Tausendgüldenkraut, Thymian, Wacholder, Wermut, *Zimt.*

BLASENENTZÜNDUNG (CYSTITIS) Ackerschachtelhalm, Ackerstiefmütterchen, *Bärentraube,* Benzoeharz, Birke, Boldo, *Bucco,* Gewöhnliche Eberwurz, Engelwurz, Goldrute, Gundelrebe, Baumartige Hortensie, Huflattich, Klettenlabkraut, Maisgriffel, Mauerkraut, *Queckenwurzel, Schafgarbe,* Selleriesamen, Strandmannstreu, *Sonnenhutwurzel, Wacholder,* Roter Wasserhanf.

BLINDDARMENTZÜNDUNG (APPENDICITIS) Kanadische Gelbwurzel, *Odermennig,* Gefleckter Storchschnabel, Yamswurzel.

BLUTDRUCK (HOHER) Knoblauch, *Linde,* Melisse, *Mistel, Schafgarbe,* Schneeball, Amerikanischer Schneeballbaum, *Weißdorn*

BLUTDRUCK (NIEDRIGER) *Besenginster,* Weißdorn.

BRONCHITIS Ackerstiefmütterchen, *Alant,* Anis, Beinwell, *Kanadische Blutwurzel,* Bockshornsamen, Brechwurzel, Breitwegerich, Gewöhnliche Eberwurz, Eibisch, Engelwurz, Fenchel, Graupappel, *Grindeliakraut,* Gundelrebe, *Kleines Habichtskraut, Huflattich,* Kapuzinerkresse, Kiefer, *Knoblauch, Kleine Königskerze,* Kümmel, Leinsamen, *Lobelie,* Malve, Meerrettich, Meerträubchen, Meerzwiebel, Irländisches Moos, Isländisches Moos, *Pillenwolfsmilch,* Schlüsselblume, *Knollige Schwalbenwurzel,* Rote Seifenwurzel, *Senega, Sonnenhutwurzel, Sonnentau,* Süßholz, Thymian, Tolubalsam, Veilchenwurzel, *Weißer Andorn,* Wildkirsche, Ysop.

DEPRESSION Baldrian, Beifuß, *Damiana,* Eberraute, Eisenkraut, *Hafer, Helmkraut,* Mistel, Kamille, *Kolanuß,* Melisse, Rosmarin, Sellerie, *Wermut.*

DICKDARMENTZÜNDUNG (KOLITIS) *Beinwell,* Blutwurz, *Eibisch*, Eichenrinde, Katechu, Mädesüß, *Odermennig, Gefleckter Storchschnabel, Wachsmyrte,* Wiesenknöterich.

DYSMENORRHOE Siehe Menstruation (schmerzhafte)

DIVERTIKELENTZÜNDUNG Beinwell, Eibisch, Kamille, *Yamswurzel.*

DRÜSEN (GESCHWOLLENE) Wilder Indigo, *Kermesbeere, Klettenlabkraut,* Ringelblume, *Sonnenhutwurzel.*

DRÜSENFIEBER Eukalyptus, Wilder Indigo, *Kermesbeere,* Knoblauch, *Myrrhe, Sonnenhutwurzel, Wermut.*

DURCHFALL Augentrost, *Beinwell*, Benediktinendistel, *Blutwurz,* Kleine Braunelle, *Breitwegerich, Eichenrinde, Frauenmantel,* Gänseblümchen, *Gänsefingerkraut,* Gundelrebe, Jambulrinde, *Katechu*, Echte Katzenminze, Kolanuß, Koriander, Kümmel, Mädesüß, Nelkenwurz, *Odermennig, Rhatanhiar, Gefleckter Storchschnabel,* Sumpfzweizahn, *Wachsmyrte, Wiesenknöterich,* Zimt.

DURCHFALL (BEI KINDERN) Frauenmantel, *Mädesüß,* Gefleckter Storchschnabel.

EIERSTOCKSCHMERZEN *Baldrian,* Helmkraut, Johanniskraut, *Küchenschelle,* Passionsblume, *Piscidiarinde,* Yamswurzel.

EKZEM Siehe Ausschlag

EPILEPSIE Baldrian, *Helmkraut,* Passionsblume, *Ysop.*

ERBRECHEN Beinwell, Gewürznelken, Heloniaswurzel, Isländisches Moos, *Mädesüß,* Pfefferminze, Rosmarin, *Schwarznessel*, Zimt.

ERKÄLTUNG Augentrost, Bockshornsamen, Echter Dost, *Engelwurz, Kanadische Gelbwurzel, Goldrute, Holunder, Ingwer,* Echte Katzenminze, *Knoblauch*, Lindenblüten, Nelkenwurz, *Paprika, Pfefferminze, Schafgarbe,* Schlüsselblume, Sonnenhutwurzel, Wachsmyrte, *Ysop.*

FEHLGEBURT (DROHENDE) *Heloniaswurzel, Löwenblattwurzel,* Amerikanischer Schneeballbaum, Schneeball.

FIEBER Borretsch, *Chinarinde,* Gewöhnliche Eberwurz, Eisenkraut, Engelwurz, *Ingwer,* Kamille, *Echte Katzenminze,* Meerrettich, *Paprika,* Pfefferminze, *Knollige Schwalbenwurzel,* Senf, *Amerikanischer Wasserhanf.*

FROSTBEULEN Ackerschachtelhalm, Gelbholzrinde, Ingwer, *Paprika,* Senf.

FURUNKEL Beinwell, Bockshornsamen, Braunwurz, Breitwegerich, Eibisch, Huflattich, *Wilder Indigo, Kermesbeere,* Klettenlabkraut, *Knoblauch, Küchenschelle,* Leinsamen, Malve, *Myrrhe, Buntfarbige Schwertlilie, Sonnenhutwurzel,* Vogelmiere.

GALLENERKRANKUNGEN Berberitze, Bitterklee, Boldo, *Virginischer Ehrenpreis, Eisenkraut,* Kanadische Gelbwurzel, *Löwenzahn, Mariendistel, Pfaffenhütchen, Kahles Schildblumenkraut,* Ringelblume, *Schneeflockenbaum,* Schöllkraut, *Yamswurzel.*

GASTRITIS Siehe Magenschleimhautentzündung

GELBSUCHT *Krauser Ampfer, Berberitze,* Bittersüßstengel, *Virginischer Ehrenpreis, Eisenkraut,* Kanadische Gelbwurzel, *Löwenzahn,* Mahonienrinde, *Pfaffenhütchen, Kahles Schildblumenkraut,* Tausendgüldenkraut, Yamswurzel.

GELENKENTZÜNDUNG Birke, *Bitterklee,* Bittersüßstengel, Gänseblümchen, *Gelbholzrinde, Guajakbaum,* Kiefer, *Mädesüß,* Schafgarbe, *Schwarze Schlangenwurzel, Selleriesamen,* Wacholder, Amerikanisches Wintergrün, *Yamswurzel,* Zitterpappel.

GESCHWÜR (HAUT) Siehe Hautgeschwüre

GESCHWÜR (MAGEN) Siehe Magengeschwür

GESCHWÜR (MUND) Siehe Mundgeschwür

GRIPPE Echter Dost, Gewöhnliche Eberwurz, Engelwurz, *Kanadische Gelbwurzel,* Holunder, Ingwer, Kapuzinerkresse, *Knoblauch,* Lindenblüten, Meerrettich, Melisse, Myrrhe, *Paprika,* Pfefferminze, Schafgarbe, *Knollige Schwalbenwurzel,* Senf, *Sonnenhutwurzel, Amerikanischer Wasserhanf,* Zitterpappel.

GÜRTELROSE Baldrian, Giftlattich, Helmkraut, Hopfen, *Johanniskraut,* Leinsamen, *Mistel, Passionsblume, Piscidiarinde,* Yamswurzel.

HÄMORRHOIDEN Beinwell, *Blutwurz,* Breitwegerich, Eichenrinde, *Frauenmantel, Gänsefingerkraut,* Kahles Schildblumenkraut, Gundelrebe, Rhatanhiar, *Roßkastanie, Scharbockskraut,* Gefleckter Storchschnabel, *Wiesenknöterich.*

HALSENTZÜNDUNG *Eichenrinde,* Gänsefingerkraut, *Kanadische Gelbwurzel,* Goldrute, *Graupappel,* Ingwer, Kamille, Kermesbeere, *Knoblauch,* Myrrhe, Odermennig, Paprika, *Sonnenhutwurzel,* Thymian, Wachsmyrte.

HARNLASSEN (UNWILLKÜRLICHES) *Ackerschachtelhalm, Meerträubchen, Odermennig.*

HAUTGESCHWÜR *Beinwell,* Eibisch, *Kanadische Gelbwurzel, Ringelblume,* Sonnenhutwurzel, *Vogelmiere.*

HEPATITIS Siehe Gelbsucht

HERZKLOPFEN Baldrian, Helmkraut, *Echtes Herzgespann.*

HEUSCHNUPFEN Augentrost, *Kanadische Gelbwurzel,* Holunder, Knoblauch, *Meerträubchen,* Pfefferminze.

HEXENSCHUSS *Jakobskreuzkraut, Paprika, Senf, Amerikanisches Wintergrün.*

HUSTEN *Alant, Weißer Andorn, Anis, Beinwell,* Bockshornsamen, *Breitwegerich,* Echter Dost, Gewöhnliche Eberwurz, Eibisch, *Engelwurz,* Fenchel, Gänseblümchen, *Kanadische Gelbwurzel,* Giftlattich, *Graupappel, Grindeliakraut, Gundelrebe, Kleines Habichtskraut, Huflattich, Kiefer, Knoblauch, Kleine Königskerze,* Kümmel, Lebensbaum, Malve, Mohn, Myrrhe, *Schlüsselblume, Knollige Schwalbenwurzel,* Rote Seifenwurzel, *Senega, Sonnentau,* Süßholz, Thymian, Tolubalsam, Veilchenwurzel, *Ysop.*

INFEKTIONEN Bockshornsamen, *Kanadische Gelbwurzel, Wilder Indigo,* Ingwer, Kapuzinerkresse, *Klettenlabkraut, Knoblauch, Myrrhe,* Paprika, *Sonnenhutwurzel,* Thymian, Wermut.

INKONTINENZ Siehe Harnlassen (unwillkürliches)

ISCHIAS *Johanniskraut, Piscidiarinde,* Schafgarbe, Schwarze Schlangenwurzel.

JUCKREIZ *Kanadische Gelbwurzel,* Gurke, *Johanniskraut,* Kamille, Klettenlabkraut, Pfefferminze, *Ringelblume, Vogelmiere.*

KATARRH *Augentrost,* Bockshornsamen, Gänseblümchen, *Kanadische Gelbwurzel, Goldrute,* Grindeliakraut, Gundelrebe, *Kleines Habichtskraut, Holunder,* Huflattich, Wilder Indigo, Isländisches Moos, Kamille, *Kermesbeere, Kiefer, Knoblauch, Kleine Königskerze,* Malve, Myrrhe, Nelkenwurz, *Pfefferminze,* Pillenwolfsmilch, *Sonnenhutwurzel,* Tolubalsam, Veilchenwurzel, Wiesenknöterich, Ysop.

KEHLKOPFENTZÜNDUNG (LARYNGITIS) Blutwurz, *Kanadische Blutwurzel,* Bockshornsamen, *Eichenrinde,* Frauenmantel, *Kanadische Gelbwurzel,* Goldrute, *Graupappel,* Wilder Indigo, Kamille, Katechu, Kermesbeere, Kümmel, Malve, *Myrrhe,* Obermennig, *Paprika, Salbei, Sonnenhutwurzel, Thymian,* Wachsmyrte, Wiesenknöterich.

KEUCHHUSTEN *Ackerstiefmütterchen, Grindeliakraut, Kleines Habichtskraut, Huflattich, Knoblauch,* Kleine Königskerze, *Lobelie,* Meerträubchen, Rotklee, Schwarze Schlangenwurzel, Sonnentau, Wildkirschenrinde.

KOLIK *Anis, Baldrian,* Beifuß, Benediktinendistel, Blutwurz, *Boldo, Condurango,* Dill, *Engelwurz, Enzian,* Fenchel, Frauenminze, Giftlattich, *Ingwer,* Jambulrinde, *Kalmus,* Kamille, Echte Katzenminze, Kardamom, Koriander, Kümmel, Löwenblattwurzel, Meerrettich, Nelkenpfeffer, Nelkenwurz, Paprika, Pestwurz, *Pfefferminze,* Raute, Kahles Schildblumenkraut, *Schneeball,* Süßholz, Wacholder, Wermut, *Yamswurzel,* Zimt.

KOLITIS Siehe Dickdarmentzündung

KOPFSCHMERZEN Baldrian, Betonienkraut, *Helmkraut,* Hopfen, Johanniskraut, Kamille, Mistel, *Mutterkraut, Echter Dost,* Pfefferminze, Schlüsselblume, Raute, *Rosmarin.*

KRÄMPFE *Baldrian, Giftlattich, Helmkraut,* Ingwer, *Küchenschelle,* Paprika, *Schwarze Schlangenwurzel, Schneeball,* Sumpfziest, *Yamswurzel.*

KRAMPFADERGESCHWÜR Beinwell, Eibisch, *Kanadische Gelbwurzel, Ringelblume, Roßkastanie.*

KRAMPFADERN Hamamelis, Johanniskraut, Lindenblüten, *Roßkastanie,* Weißdornbeeren.

KREISLAUF *Gelbholzrinde, Ingwer,* Meerrettich, *Paprika,* Rosmarin, Senf.

LEBERSTÄRKUNG *Krauser Ampfer,* Bitterklee, *Virginischer Ehrenpreis,* Kanadische Gelbwurzel, Große Klette, Knoblauch, *Löwenzahn,* Mahonienrinde, *Pfaffenhütchen, Kahles Schildblumenkraut, Buntfarbige Schwertlilie, Tausendgüldenkraut,* Yamswurzel.

MAGENGESCHWÜR *Beinwell, Eibisch,* Kanadische Gelbwurzel, Irländisches Moos, Kalmus, *Mädesüß,* Malve, *Gefleckter Storchschnabel,* Süßholz, *Amerikanische Ulmenrinde.*

MAGENSCHLEIMHAUTENTZÜNDUNG (GASTRITIS) *Beinwell, Eibisch, Kanadische Gelbwurzel,* Irländisches Moos, Isländisches Moos, *Kalmus,* Kamille, *Mädesüß,* Malve, Pfirsichblätter, Quitte, *Gefleckter Storchschnabel,* Süßholz, *Amerikanische Ulmenrinde.*

MANDELENTZÜNDUNG *Kanadische Gelbwurzel,* Wilder Indigo, *Kermesbeere, Klettenlabkraut, Knoblauch, Myrrhe, Salbei, Sonnenhutwurzel,* Thymian.

MENSTRUATION (SCHMERZHAFTE) Heloniaswurzel, *Küchenschelle,* Kümmel, Löwenblattwurzel, Mönchspfeffer, Pestwurz, *Piscidiarinde,* Ringelblume, *Schwarze Schlangenwurzel, Schneeball, Amerikanischer Schneeballbaum.*

MENSTRUATION (STARKE) Frauenmantel, Kanadische Gelbwurzel, *Immergrün, Gefleckter Storchschnabel, Amerikanische Waldlilie.*

MENSTRUATION (VERZÖGERTE) Beifuß, *Eberraute, Frauenminze, Goldkreuzkraut, Heloniaswurzel,* Echtes Herzgespann, Lebensbaum, *Löwenblattwurzel, Mönchspfeffer, Petersilie, Rainfarn, Raute,* Ringelblume, Schafgarbe, *Wermut.*

METRORRHAGIE Siehe Zwischenblutung

MIGRÄNE Helmkraut, Kolanuß, Mistel, *Mutterkraut,* Pfefferminze, Piscidiarinde, Wermut.

MILCHBILDUNG Bockshornsamen, Borretsch, Dill, Fenchel, *Geißraute,* Kümmel, *Mariendistel.*

MUNDGERUCH Dill, Fenchel.

MUNDGESCHWÜR Eichenrinde, Frauenmantel, Kamille, *Myrrhe, Salbei,* Wiesenknöterich.

NASENBLUTEN Blutwurz, *Frauenmantel, Hamamelis,* Ringelblume.

NASENPOLYPEN *Kanadische Gelbwurzel, Wilder Indigo, Kermesbeere, Klettenlabkraut, Knoblauch, Ringelblume, Sonnenhutwurzel.*

NEBENHÖHLENENTZÜNDUNG *Augentrost, Eukalyptus, Kanadische Gelbwurzel, Goldrute, Holunder, Wilder Indigo,* Kamille, *Kermesbeere, Kiefer, Knoblauch,* Pfefferminze, Myrrhe, Schafgarbe, Thymian.

NERVENSCHMERZEN (NEURALGIEN) *Baldrian, Betonienkraut, Helmkraut,* Hopfen, *Johanniskraut,* Küchenschelle, *Mistel, Passionsblume, Piscidiarinde,* Rosmarin, *Schwarze Schlangenwurzel.*

NIERENSTEINE *Bärentraube, Grießwurzel, Baumartige Hortensie,* Löwenzahn, *Maisgriffel,* Mannstreu, *Mauerkraut,* Möhre, *Queckenwurzel,* Schafgarbe, *Roter Wasserhanf.*

OHRENKLINGEN *Kanadische Gelbwurzel,* Goldrute, Gundelrebe, *Schwarze Schlangenwurzel.*

OHRENSCHMERZEN (Siehe auch Infektionen) Kleine Königskerze, *Küchenschelle, Nabelkraut.*

PICKEL *Braunwurz, Kermesbeere, Klettenlabkraut, Knoblauch, Buntfarbige Schwertlilie, Sonnenhutwurzel.*

PILZINFEKTION Kanadische Gelbwurzel, Myrrhe, *Ringelblume,* Schöllkraut.

POLYPEN Siehe Nasenpolypen

PRÄMENSTRUELLE SPANNUNGEN Baldrian, *Helmkraut,* Küchenschelle, Lindenblüten, *Mönchspfeffer.*

PRELLUNGEN *Arnika,* Frauenmantel, Gurke, *Holunder,* Johanniskraut, Ringelblume, Vogelmiere.

PROSTATA Siehe Vorsteherdrüse

PSORIASIS Siehe Schuppenflechte

QUETSCHUNGEN Siehe Prellungen

REISEKRANKHEIT Galgantwurzel, Pfefferminze, *Schwarznessel.*

RHEUMATISMUS Ackerschachtelhalm, Arnika, Birke, *Bitterklee,* Bittersüßstengel, *Engelwurz,* Fenchel, Gänseblümchen, *Gelbholzrinde, Giftlattich, Guajakbaum,* Holunder, Jakobskreuzkraut, Johanniskraut, Kermesbeere, Kiefer, Große Klette, Lebensbaum, Löwenblattwurzel, Löwenzahn, *Mädesüß,* Meerrettich, Möhre, Paprika, Queckenwurzel, Sarsaparilla, Sassafras, *Schafgarbe, Schwarze Schlangenwurzel, Selleriesamen,* Senf, Wacholder, Roter Wasserhanf, *Amerikanisches Wintergrün, Yamswurzel, Zitterpappel.*

SCHLAFLOSIGKEIT *Baldrian, Giftlattich,* Helmkraut, *Hopfen,* Kamille, Küchenschelle, Lindenblüten, *Kalifornischer Mohn, Passionsblume, Piscidiarinde,* Schlüsselblume.

SCHMERZEN *Baldrian, Giftlattich,* Guajakbaum, Helmkraut, Hopfen, *Piscidiarinde,* Rosmarin, *Schwarze Schlangenwurzel,* Schneeball, *Schwarzweide.*

Sachverzeichnis

Alle deutschen Pflanzennamen sind zum einfacheren Auffinden *kursiv* gesetzt.

Halbfette Ziffern verweisen auf eine ausführlichere Behandlung des betreffenden Stichwortes.